批評の歩き方

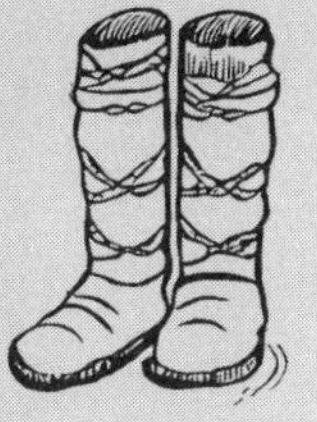

凡例

・書名、雑誌名、新聞名には『 』を、新聞・雑誌等の記事名、論文名には「 」を付した。
・引用文中の〔 〕は引用者による補足、（…）は省略を示す。なお、引用頁数は省略した。

序文──旅する理由

松田樹
赤井浩太

批評家、すなわち地図制作者

松田樹

電車のドアが閉まる直前、ホームに出たとき、目の前の世界はかつてなく明晰に見えた。十年以上前、当時の彼はたまに小説を読むくらいの怠惰で無教養な青年だった。

楽しみといえば、もっぱら、深夜ラジオとお笑い番組。学校までの電車はバナナマンのラジオをPodcastで聞き、授業が終わればそそくさと自宅に帰ってＨＤＤに撮り溜めた漫才やバラエティ番組を見る。受動的に与えられるものだけが快楽で、楽しい世界は電波の向こうにだけ広がっていると思っていた。同い年の粗品は、高校を卒業してすぐオールザッツ漫才で優勝していた。だからお笑い芸人は無理でも、放送作家になろうと彼は思った。

文学部には進学したが、せいぜい話題になった小説を読んだり、有名どころの哲学書や文学作品に目を通したりするくらい。時には興奮を覚えるものもあったが、それが何に由来するのかを言語化することはできなかった。いわんや、それぞれの著作や書き手同士の繋がりに思いを馳せる余裕なんてなかった。**つまり、彼は知の世界に対する地図や座標を持つことができな**

旅人のように、批評へ

赤井浩太

スマートフォンを盗られた。彼がそのことに気づいた時、ハノイの雑踏に響く喧騒はにわかに遠のいていった。十年以上も前、当時の彼は大学を休学したバックパッカーで、ベトナムにいた。旅を始めてからまだ一か月と経たない頃だった。

亀の甲羅のような島々が翠色の海を囲む、そんな風景が広がるハロン湾の観光から帰ってきた彼は、ハノイの街中をぶらぶら歩いていた。そして宿までの道順を確認するために、何気なくズボンのポケットに手を突っ込んだ。スマホを掴もうとしたその手は、しかしポケットの中でむなしく泳いだのだった。たしかな重みをもって数分前までそこに収まっていたはずのスマホは、もはやどこを探しても見つからなかった。宿の人によれば、スリなどによる盗品が売られるマーケットに出ているだろうという。彼はそれを探すのをあきらめた。その旅は、グーグルマップだけでなく、ありとあらゆる便利な機能を搭載したスマホを失うところから、本当の意味で始まった。

シムフリーのスマホを買い直すこともできたはずなのに、彼はそうしなかった。というのも、彼の旅にとってそれはさして重要

かった。自意識だけを持て余した、どこにでもいる残念な文学青年の一人だった。

ある日、神戸六甲駅の書店で、真っ黒な装丁に金文字で『柄谷行人蓮實重彦全対話』と書かれた分厚い文庫を手に取った。柄谷の名前はしばしば日本文学の授業で聞いていたからだろうか。しかしその時は、教授が吐いた「批評」という罵倒語が何を指すのかも分からなければ、「蓮實重彦」という文字面をどう読めば良いのかさえ分からなかった。

が、導入から引き込まれた。こちらに読むべき書き手がおり、あの小説は世界のこうした動向に対応している。あの思想家の核心はここにあり、従来思われている読解は全く間違っている。そうした発言の数々は、曖昧模糊としてどうしようもなかった彼の世界に明確な座標を引いてくれた。しかも、それは一方が押せば他方が引く、彼の好きだった笑い飯のダブルボケにも似た形で展開されていた。電車に揺られながらどっぷり知の話芸に浸り込んだ後、自宅の最寄り駅に着いた時、世界は明晰に輝き、自分の歩いていく道がそこに存在するかのように思えた。

だから、批評家とは地図制作者だ。「見るまえに跳べ」という言葉を知らなかった当時の彼は、まず自分がどこにいて何を知りたがっているのかを指し示す座標軸が欲しかった。それを得て初めて自分の足で歩き出すことができた。


批評や理論の役割は、いわく言い難いディテールを断念し、有用な地図を作ることです。ボルヘスが書いているように、

ではなかったからである。言うまでもなく、スマホは世界中の情報を提供するだけで、旅の道行きを決めるわけではない。どこで、誰と、なにをするのかは、彼自身にしか決められないことだった。しかし、彼の旅にとってより重大なことは、自分で決めたはずの道行きが、しかし自分の頭で考えた通りにはいかないことの連続であるということだった。

「いい匂い」がする。地図を持たない彼の旅において、すべての原則はそれだった。「いい匂い」に誘われて脇道に逸れてしまうこと。たとえば迷路のように入り組んだバザール、細い横路地から漂ってくるスパイスの香り、羊肉を焼くけむりが視界にチラついて、腹は正直にクゥと鳴る。すると、彼の足はそちらの方へと向いてしまうのだ。

しかし、身体ほど保守的なものはない。言いかえれば、不慣れな環境を嫌うのが身体である。彼と同じ旅人の中には、香辛料の刺激で腹をくだしている人もいた。身体を口から肛門にいたるひとつの管として考えれば、旅とは、日常生活の産物とも言えるこの管状の身体の中を、異なるものの群れが通り過ぎていく体験なのだ。

いや、食べものだけではない。あらゆるものの奔流がこの身体に流れ込む。たとえば、シエスタの真っ昼間に降る太陽の日射し、パーニュの衣服に咲くカラフルな色模様、ゲストハウスの夜に煙るジョイントの香り、銃痕だらけの廃墟に広がる沈黙、教会の古い鐘が鳴らす悠久の響き、サハラ砂漠の夜空に沈んだ星々の煌めき。

MATSUDA ITSUKI

実物大の精密な地図など使えない。抽象的で、ハンディで、旅やコミュニケーションの手段になり、常に書き換えられる地図を作ることが必要です。（浅田彰）★1

浅田彰は大江健三郎とのある対談にて、批評家の役割を「地図を作ること」と定義している。創作者は、自身の抱いた漠然としたモチーフから出発し、それを形にすることでまだ見ぬ領土を開拓する。そのような曖昧模糊な――大江のいわゆる「あいまいな」――仕事は、批評家のものではない。自意識に塗れた当時の彼は、創作者の様々な苦闘に丁寧に付き合い続けられるほど心の余裕はなかった。一方、研究者は開拓された領土をくまなく探索し、その上に実寸大の地図を作ろうとする。そのような慎ましやかな努力もまた、批評家のものではない。そして、研究者の地味で小心翼翼とした語り口にも、彼はやはり救われることはなかった。残念な文学青年である彼を救ってくれたのは、あくまでも身軽でハンディな地図を作る批評家の仕事に他ならなかった。

批評家は創作者の領土を不埒に縦断しながら、そこに自分なりの線を引く。それまで見ていた風景が全く違う景色へと塗り替えられる体験。**批評家とは読者の目線を世界に向けて開いてゆく優れた旅行ガイドだ。**実際、そこから彼の目の前の世界は格段に広がり始めた。例えば、ブックオフの均一コーナーはガイドが指し示してくれる宝の山に見えたし、「行くな！」と言われたところにこそ遊びがあることにも気がつくようになっ

AKAI KOUTA

彼にとって旅とは、未知の濁流にこの身体を投げ込み、自身を内側から変えていくことだった。だから、旅路を歩くのに全体を見渡すための地図は要らなかった。「いい匂い」がする方に歩けばよかった。そこまでの道は誰かに訊けばいい。あるいは誰かが自分の知らない「いい匂い」の在り処を教えてくれるかもしれない。そうした旅の道行きが、この世界に自分だけの軌跡を描きだすのだと彼は思った。

彼が旅から帰国したのは、二〇一〇年代の前半だった。月並みな話だが、彼は旅を通してこの世界のことをなにも知らないということを知った。だから、本を読むようになったのだった。しかし彼はすぐに気づいた。大学生に戻った自分の周りには、本を読んでいる人がいないということに。

このとき彼がSNSの世界にいわゆる「同好の士」を求めたことは、まったく平凡な、普通の行動だっただろう。当時のTwitter（現X）で、彼はそれまで使っていたアカウントを消して作り直し、思想や文学や批評の話をツイートしているアカウントを片っ端からフォローしていった。「半年ROMれ」という古式ゆかしい格言に従い、人文学の話が飛び交うタイムラインをロムっていた彼は、その耳学問を元にして図書館や古本屋に出入りするようになった。

旅がそうであったように、SNS上で「転生」した先の新しい世界には、さまざまな出会いがあった。たとえば、彼は都市や郊外に関心があって、秋山駿という批評家の著作を読んでいたが、そんな彼に「アンリ・ルフェーヴルの読書会やらない？」とメッ

た。さらには、この世界には同じような旅行者がいることにも。

だから、本書で批評と呼ばれるのは、いつからかそれが意味してしまった堅苦しくいささか教養主義的な雰囲気を帯びたそれではない。むしろそれは「評判記[★2]」という本来の語義に近しいもの、軽はずみで柔軟なものである。

「地図は開かれたものであり、そのあらゆる次元において接続可能なもの、分解可能、裏返し可能なものであり、たえず変更を受け入れることが可能なものである」（ドゥルーズ+ガタリ[★3]）。批評が提示する人文知の「地図」は簡単に読み捨てられて良いし、いつでも更新されうるものであり、書き手の責任によって引き受けられる誤謬や飛躍をむしろ積極的に歓迎する。

縦横無尽に地図を描くこと。バラバラに見える領域を横断し見たこともない景色を提示すること。批評家とは地図制作者であり、批評を読むことは一種の旅行に他ならない。

さて、『批評の歩き方』にようこそ。

地図の倫理

批評が「旅」の隠喩に彩られていることは、そう珍しいことではない。大衆に対する故郷喪失者（小林秀雄）、党に対する浮動的知識人（吉本隆明）、母から切り離された子供（江藤淳）、村人に対する観光客（東浩紀）……。そのようにみずからを確固とした足場を持たない旅行者として措定することが、批評家としてのアイデンティティ形成の第一歩である。

時に商品の渦へと巻き込まれ、フラフラと作品たちに幻惑さ

セージを送ってきた人がいた。その誘いをきっかけにして、彼は批評の世界に迷い込んだが、偶然の出会いに「いい匂い」を感じることは、旅と同じだった。

そして、批評を読むことは歩くことに似ていた。小説の読み方は人によって異なる。テクストの上を誰かが自分なりに歩いた足跡をなぞるように辿ってみること。そこにはさまざまな歩き方が存在する。深い森を博物学者の目で探索するように、街中になにか面白いものを探す散歩者のように、目的のブツのために用意周到な経路を忍び足で通る盗人のように。

読むことにはさまざまなスタイルが存在するということを、彼はそうした批評家たちの足跡を辿りながら初めて知った。当時の彼には知の全体を見渡すような批評の地図はなかった。ただ、旅をするようにして人に出会い、その足跡を辿りながら批評を歩いたのである。

さて、『批評の歩き方』にようこそ。

地図の呪縛

批評家の役割の一つには、地図制作がある。確かにそうだ。作品や社会に対する既存の認識を批判して新たなパラダイムを打ち出す、作品群を駒のように配列して構図や文脈を作り出す、そのようにして読者に同時代的な地図を提供する。しかし、問題はそうした「地図」が人びとの旅を呪縛するということである。

たとえば、杉田俊介・浜崎洋介・藤田直哉・川口好美による座談会「文芸評論の現状——危機と打開[※1]」。司会の井口時男

れてしまう脆弱な存在。しかし、時にはそこに客観的な分析を差し挟み、現状に対する明晰な地図を与える介入者。批評家とは、そのようなメタとベタを兼ね備えた二重の存在に他ならない。

この中途半端な役割は、なぜ求められるのか。あたかも「旅」が人生において必要不可欠ではないように。批評の必要性は、今日、もはや自明ではなくなっている。批評家は無責任な言及しかなさない。ケチをつけるだけの小うるさい存在は迷惑だ。そんな不満が聞こえてくる。先に挙げた大江健三郎との対談で、浅田彰は批評家として創作者に対して抱いてきたある引け目を、いささかナイーブにも以下のように語っている。

僕は奇妙な形で文学にひかれています。妙に小器用で、他のジャンルのことはよく分かったような気がするのに、文学はどうしても隅々まで理解できない。ただ、そういう不可解なものを語るとき、それをまねるのではなく、明晰な理解可能性という、いわば貧しい領土にとどまって、ギリギリのところで書いていきたい。それが、自分にとって本当に分からないものの発見につながると思っていますから。

（浅田彰、傍点引用者、以下同様）

創作という「あいまい」な営みを活かすには、批評はあくまでも「明晰な理解可能性という、いわば貧しい領土」に留まらねばならない。明晰な地図があるからこそ、未踏の領域を開拓することが可能になる。実際、みずからの日本語とそれがつくり出

によれば、座談会の出席者は「柄谷行人に入れ込んだという点」で共通する。しかし、今や柄谷に代表されるような「批評」は失われている。現在、主流は「小林秀雄や保田與重郎がいて、吉本隆明がいて江藤淳がいて、その最後の方に柄谷行人がいて、という伝統を必ずしも前提としてはいないタイプの批評」であり、それは「アカデミズムとポリティカル・コレクトネスを折衷したような批評」（杉田）であるという。藤田もまた、「伝統」的な批評と近年の批評との差異について、次のように述べる。

「批評の伝統」として小林、江藤、柄谷などを我々は挙げるけども、フェミニズム批評などの人は、そのディシプリンの歴史と伝統との繋がりの中でアイデンティティを持っているわけだから。どっちが良いか、上か下か、というよりも、使っているOSが違うような、互いに多元宇宙にいるようなもんだ、ということなんだと思います。

（藤田直哉）

「OS」や「多元宇宙」という比喩によって両者が没交渉になってしまっているという認識が語られている。**小林から柄谷までの「地図」は、新しく書き換えられることもなく、別の地図と繋ぎ合わせられることもなく、批評家たちを呪縛し続ける――かつて輝かしい時代があった、と。**

本当にそうか。もう少し検証を続けよう。次は、瀬戸夏子＋水上文責任編集による『文藝』「特集 批評」。瀬戸は、「はじめに」で現在の批評の窮状を指摘した上で、しかし「「困難」な

す小説の「あいまい」さを呪いつつ、そのようにしか書けなかった大江は、浅田に見られる「文学」へのリスペクトにこう返答する。「明晰な判断力ではとらえきれないものがあって、それは明晰さより上のレベルだと思っておられる。天才というようなものが働くレベルというか。文学というあいまいな場所で生きている人間からすると、上等な誤解を受けている気がします」。批評が与える地図は、あくまでも手段であって目的ではない。それはいずれ破り捨てられる運命にある。が、その破り捨てられるべくあるささやかな媒介こそが、「本当に分からないものの発見」に繋がっている。上記の対話に演劇的に再現されているのは、文学史上で幾度も反復されてきた創作者と批評家の間の幸福なカップリングである。

翻って、いま創作と批評との間にあるのは相互不信ではないか。柄谷行人が中上健次の死に際して述べた「近代文学の終り」とは、両者の幸福な関係性が終わりを迎えつつあることの宣告に他ならなかった。[★4] 以降は批評の地図ばかりが濫造されてきた。例えば、本書のような形で批評家を列伝的に取り上げた企画として、『批評空間』の「近代日本の批評」(一九八九〜一九九二)、それを受け継ぐ『ゲンロン』の『現代日本の批評』(二〇一五〜二〇一八)が挙げられる。あるいは、個人による仕事としては、永江朗『批評の事情——不良のための論壇案内』(二〇〇二)や佐々木敦『ニッポンの思想』(二〇〇九)。『ニッポンの思想』では「ゼロ年代」には「東浩紀しかいない」と、その時代の地図が「東浩紀ひとり勝ち」[★5]という構図の下に描き出されている。それを受けのは《これまで》の批評でしかないんじゃないだろうか?」と問いかける。

《これまで》の批評の歴史——厄介で、面倒くさくて、けれどたぶん偉大な——そこに殿堂入りしている批評家たち。(…)これからも批評は、存在する。《これまで》を懐かしみ、羨望するだけなんて批評の精神に背きすぎている。批評をやろう、いま、これから。
(瀬戸夏子)

「《これまで》の批評の歴史」とぼんやりとしたイメージを仮想敵にすることで、「これから」の批評の立ち上げが鼓舞される。だが、この勇ましい宣言は、立場は違えども、先の悲痛な面持ちの座談会と奇妙に似通っている。つまり、自分たちの前には「殿堂入りしている批評家」がおり、しかしそこには「困難」がある。だから、かつての輝かしく「偉大」な時代を相対化する「これから」を始めるべきなのだと。

ところが、続く対談であるべき批評を語る水上が参照するのは、またもや柄谷行人なのだ。[※2]「柄谷は批評の役割は「交通」であると言っていました。ひとつの共同体に留まらず、共同体どうしを越境するような「交通」をしていくのが批評なのだと」。水上自身が、「さっきから柄谷の話ばっかりしていますけど……」とセルフツッコミを入れるぐらいには、柄谷のタームや枠組みを参照しなければなにも語れない。

さらに、次。批評の輝かしい時代に愛憎を向けるのは、批評て東は、「批評家の才能とはなにか。もしそれが時代と無意識に共振することなのだとしたら、ぼくにはたしかにその才能があった」と書く。★6 ここではもはや批評が創作と対になる媒介としては捉えられておらず、あたかも批評家の考えていることはそのまま時代に直結するかのようにみなされている。いわばそこにあるのは創作に対して言葉が「貧しい」ことを恥じない明晰さのみであり、**破り捨てられるべくあったはずの地図は永遠のファイナル・ヴァージョンであるかのごとく流通する。**

「批評」は文芸批評に始まった。文芸批評の由来は、「評判記」である。数ある作品や商品に適切なレビューを与え、あるべき位置に配置してゆくこと。すなわち、財宝のような対象をめぐる地図を付与すること。このようなアイデンティティを失えば、批評は「哲学エッセイ」に、アカデミシャンの「アウトリーチ活動」に、世間常識への「逆張り」に、運動への「アジテーション」に、ファンの「考察」に置き換えてしまっても、同じである。そこにはもはや自らの持つ言葉の「貧し」さへの疑いは存在しない。**クリティック・イズ・デッド?** 佐々木は「浅田彰に始まり、東浩紀で終わる。『構造と力』(一九八三)で開始されて『動物化するポストモダン』(二〇〇一)で終了する、というのが「ニッポンの思想」の「歴史=物語」の概略である」とまとめているが、かつては存在していた「批評家とは貧しい地図制作者に過ぎない」という羞恥心とギリギリの倫理が失効していったのが、文芸批評が「ニッポンの思想」にとって代わり、「近代文学の終り」が叫ばれた時代の姿であったのではないか。

家だけではない。石岡良治・入江哲朗・清水知子・橋本一径(司会)「共同討議　表象文化論の批評性」では、研究者によって往時の批評の隆盛の懐古がされている。※3 中心的な問題は、「批評の不可能性」すなわち「ポストクリティーク」である。入江によれば、いま研究者が「批評」を取り上げなければならないのは、蓮實重彦に代表される「批評≒表象文化論」というイメージが「成立しづらくなっている」からである。

> 「批評≒表象文化論」というイメージの問題があり、このイメージがいまや成立しづらくなっているという現実もあります——それが喜ばしいことか、嘆かわしいことか、どうでもいいことかは別にして。
> (入江哲朗)

入江は『フーコー・ドゥルーズ・デリダ』(一九七八)を例に挙げ、蓮實においては「批評家」(ジャーナリズム)と「表象文化論の制度」(アカデミズム)が結び付いていたと言う。ここで述べられる「批評の不可能性」とは、結局、そのような両立が困難になっているという話に過ぎないのだ。そして、ここでもやはり輝かしき時代が前世代へと投影され、それがもはや失効したものとして回顧される。

入江によれば、「「フーコー・ドゥルーズ・デリダ」的な批評観の批判および批評の捉え方の複数化」が必要であるという。すなわち、「山嶺」としての偉大な固有名ではなく、「山裾」のような無名の人びとに注目するべきだというのが、彼らの論調で現在、音楽やファッション、あるいはゲームなど批評の対象となりうるジャンルやコンテンツは、拡大を続ける一方である。しかし、その現象を捉える言葉もなければ、対象を捉えることが批評の使命であるということさえ見失われてしまっている。まず、旅することで宝のような己の対象を探すことから見つけよ。その上で、財宝に地図を与えて自分なりの見取り図を提示せよ。

例えば、批評が旅することであり、そして地図を示すことであることを知っていた小林秀雄は、大阪の道頓堀を歩いていた時のエピソードとして、次のような形で音楽批評を展開する。

> もう二十年も昔の事を、どういう風に思い出したらよいかわからないのであるが、僕の乱脈な放浪時代の或る冬の夜、大阪の道頓堀をうろついていた時、突然、このト短調シンフォニイの有名なテエマが頭の中で鳴ったのである。僕がその時、何を考えていたか忘れた。いずれ人生だとか文学だとか絶望だとか孤独だとか、そういう自分でもよく意味のわからぬやくざな言葉で頭を一杯にして、犬の様にうろついていたのだろう。（小林秀雄）★7

小林秀雄はいつも歩いている。「批評の神様」と呼ばれた彼は、あたかも己を託す対象を探す批評家の使命を体現するかのように、「犬の様にうろつ」き続ける。それだけが「本当に分からないものの発見」（浅田）に繋がっていることを、おそらく彼は本能的に知っていたからである。その時、有名な神田の古書街である。とすれば、フランス現代思想の受容を語る場合も蓮實だけではなく、中村雄二郎、豊崎光一、宮川淳、丹生谷貴志など別の「山嶺」もあるはずだ。入江にとっては、彼らは「山嶺」でさえないのだろうか。固有名の特権性が批判されるわりに、なぜ「批評≠表象文化論」のイメージを確立した蓮實だけが取り上げられて「批評の不可能性」が云々されるのだろうか。

二〇二〇年代に「批評」を語る人びとは、立場は違えども、批評は過去のものであり不可能であると口を揃える——**クリティック・イズ・デッド?** 奇妙なのは、いま「批評」を語るとき、みなが一様に同じ地図ばかりを見ていることである。柄谷行人と蓮實重彥、それこそ批評の現在を呪縛する地図に他ならない。二つの名が大書きされた地図は、**あたかも永遠のファイナル・ヴァージョンであるかのごとく流通している**。彼らの批評は、一九七〇年代以降に制作された地図の一つに過ぎないにもかかわらず。※4

そもそも批評とは、みずからを呪縛する地図を踏み破ることで始まるのではなかったか。小林秀雄によって語られる批評の始まりとは、まさにそのようなものであった。

これは一つの物語。いまだ何者でもない二三歳の彼は、ボードレールによって「比類なく精巧に仕上げられた球体」の中に閉じ込められ、「精緻な体系の俘囚となる息苦しさ」を覚えていた。彼は「ドオムの内面に、ぎっしりと張り詰められた色とりどりの壁画」を仰いでいるばかりであった。

その時、僕は、神田をぶらぶら歩いていた、と書いてもよい。

MATSUDA ITSUKI

のランボー体験と同じく、唐突に彼の頭を「ト短調シンフォニイ」が襲う。

注目すべきは、ここで繰り返し「どういう風に思い出したらよいかわからない」「何を考えていたか忘れた」と、記憶の欠落と改変が強調されている点である。「事件の渦中」にいる時は、それを語ることはできない。モーツァルトやランボーとの出会いは、事後的に、適切な見取り図を獲得してからメロドラマとして書き始められる。

「彼が論じようとするのは、いつでも孤独な天才に限られている」と、蓮實重彦は述べている[★8]。蓮實によれば、小林秀雄の批評を支えるのは、彼の己を託す対象へと与えられる「天才」というフィクションと、それを特権的に感得してしまう批評家に対する「嫉妬を基盤にすえた小林的な説得の文体」である。批評家は明晰さによって読者の理解を超えて対象へと接近する。それを誇ることで、読者の嫉妬を煽り立てる。しかし最終的に、対象はそうした批評家のさかしらな知性を悠々と超えてゆくだろう。こうした過程を読者の前で演じることで、小林は創作物の価値を読者に感得させるのだ。**ここでもやはり作品対象＝「天才」と批評家＝明晰な地図という対関係が成立しており、批評家はそうした出会いをメロドラマとして物語化することで読者を説得するのである。**

浅田にせよ、小林にせよ、絵画や写真や音楽といった活字メディア以外、すなわち言葉を超えたものからしばしば批評を立ち上げた。「原色版の複製書を陳列した閑散な広間をぶらつい

AKAI KOUTA

向うからやって来た見知らぬ男が、いきなり僕を叩きのめしたのである。僕には、何んの準備もなかった。ある本屋の店頭で、偶然見付けたメルキュウル版の「地獄の季節」の見ずぼらしい豆本に、どんなに烈しい爆薬が仕掛けられていたか、僕は夢にも考えてはいなかった。（…）豆本は見事に炸裂し、僕は、数年の間、ランボオという事件の渦中にあった。

（小林秀雄[※5]、傍点引用者、以下同様）

その後、彼はこう書きつける。有名な一節である。「球体は砕けて散った。僕は出発する事が出来た」。既存の地図で覆い尽くされた「球体」は、一冊の豆本の炸裂によって風穴をあけられたのだ。事件は、どうして可能になったのか。彼は「ぶらぶら歩いていた」にすぎない。「何んの準備もなかった」のだ。**小林の身振りが示すのは、「地図」の呪縛を破る方法——それはランボーに魅入られるという「事件」、すなわち「偶然」に巻き込まれるための、アグレッシブな受動態としての旅人的歩行に他ならない。**

小林のように、既存の貧しい「地図」をよそにして、なにかに魅入られた者たちの旅路はすでに始まっている。我々が企画した連載「批評の座標」は、さまざまな批評の来歴を記した旅のノートブックのようなものであった。大澤聡はこれを評して次のように述べる。

いまなお歴史的な負荷や豊饒な系譜を再発掘し、勝手に

ていたところ、ゴッホの書の前に来て、愕然としたのである。それは、麦畑から沢山の鳥が飛び立っている書で、彼が自殺する直前に描いた有名な書の見事な複製であった。最もそんな事は、後で調べた知識であって、その時は、ただ一種異様な書面が突如として現れ、僕は、とうとうその前にしゃがみこんでしまった」（小林[★9]）。財宝自体は物を言わない。時には対象をかたどる言葉によってその財宝の見え方までをも塗り替えてしまうのが、批評という地図製作の面白さである。

明晰であることには倫理が不可欠である。作品の豊かさに比して、批評の言葉はつねに貧しくあってしまうという倫理が。批評家が作品を越えて時代や社会をそのまま語りうるというおこがましい誤解。あるいは、書き手の固有名を数珠繋ぎにしてあたかも何かを語ったようにしてきた「批評史」——そのようなものは存在するのか——の不毛。それらを乗り越えて、地図としての批評は、こうした対象との不即不離の関係性によって成立するものであることが宣言し直される必要がある。

「私」の死、批評の誕生

「人生斫断は人生嫌厭の謂ではない。多く人生嫌厭の形式をとるといふに過ぎない」と彼は「人生斫断家ランボオ」に書いたが、彼の観念の追い求めたものが、いま彼の存在を支えている。「斫断」するためには、人は人生の猥雑な流れのなかにいてはならない。つまり彼は「自殺の理論」を完成していなければならない。この「理論」を完成しえたとき、小林はまさしく「批評家」になっていた。

（江藤淳[1]）

バトンを受け取りなおすところから若手たちは批評家になるものらしい。それを集団で成就しようというのがいかにも現代的である。

（大澤聡[※6]）

適切な表現だろう。いつまで経っても地図が書き換えられないならば、「勝手にバトンを受け取りなお」し走り出すことは、現在の批評家にとって不可避である。批評の「バトン」を手にするのに、誰が許そうが許すまいが、そんなことは知ったことではない。アグレッシブな受動態、すなわちおのれの嗅覚にしたがって過去の対象をみずから引き受けなければならない。「歴史」や「系譜」といった垂直的な関係を横から掻っ攫い、幾多の「事件」を潜り抜けながらみずからの旅路を創りだすこと。アグレッシブであるべきことは、これである。なるほど行儀が悪いには違いない。蛇行や迷走もあるだろう。しかし、その人にしかありえない仕方で対象に出会い、その体験を語りだすとき、人は批評家になるのだ。

批評は、自身の体験を突き放して記述するところから始まる。「人生の猥雑な流れ」に埋没しながらも、それを客観的に眼差すことで、人は批評家になる。ランボーが詩に人生を捧げたことを「人生斫断」と呼ぶ小林は、己もまたランボーに身を捧げながらも、そのように対象に巻き込まれていく自身をランボーに重ねながら分析する。**メタとベタの二重の視点を持つこと。その往復の中で書くこと。批評の体験とは、言ってしまえばこれに尽きる。**もしもわかりにくければ、対象に出会った「私」とは虚構の書かれた存在であるから、いっそのこと「彼」と名指してしまっても良い。例えば、かつて「動くゲイとレズビアンの会（OCCUR）」に登壇した浅田は、性的な問題に対する自身の立場を「彼」という存在に託して語る。集会の中で口にされる様々な活動家の私語りに真摯に耳を傾けながらも、浅田は批評家の倫理として「彼」を取り囲む言説の地図にこそ重きを置いてこう語る。

> 僕は自分の性的アイデンティティについて語る欲望も必要も感じませんので、とりあえず「彼」と呼んでおきたいある人物の性の歴史を語ってしめくくりにしたいと思います。「彼」の初恋は中学二年生の時のことで、その相手は高校一年生の同性の「先輩」でした。「先輩」はテニスの選手で、背が高くて、しなやかで、小麦色で、しかも優等生で、ちょっと単純だけれど、とても優しくて、本当に素敵でした。二人は熱烈なプラトニック・ラヴに落ちた。プラトニックといっても、その年頃の男の子のことですから、いろいろ性的なじゃれ合いはあったみたいですけれど、それを含めてプラトニックと言っておきます。しかしその関係は、一種悲喜劇的な破局を迎える。（…）ゲイ解放運動の文脈の中では、そんな「彼」のいささか軽佻浮薄なエピソードなんかはどうでもいいことのような気もする。にもかかわらず、こういう話をする時に、僕はどこかで途方にくれて立ちつくす「彼」の姿のことも忘れないようにしたいと思っている。
>
> （浅田彰[2]）

自身の内面を吐露する発話が期待された集会の場で、浅田は語る「僕」と語られる「彼」を意識的に分離させる。

語る当人自身を思わせる体験をあえて「彼」という三人称で語り直すことで、ゲイの解放運動自体にはもちろん連帯の姿勢を示しつつも、その閉鎖性をも同時に批判し、当事者でありながら当事者ではない批評家の独自の語りの位置を確保しようとするのである。

小林、江藤、浅田は、世代的にも政治的にも異なる立場にある。にもかかわらず、彼らの語りの姿勢はいずれも共通している。体験の渦中で右往左往しているうちは、言葉にすることは難しい。あるいは、言葉にしたとしてもエモーショナルな共感の内でその個別性は消費されてしまう。**体験に対して距離が生まれ、渦中にいたことを適切な文脈の下に語ることができて初めて批評が立ち上がる。**江藤がまさに「自殺の理論」と呼んだように、現実の自己を切断し、メタとベタを使い分ける態度を身につけてこそ批評家は誕生するのである。

本書が主題化しているのもまた、現実を俯瞰し客観的な眼差しを差し向ける地図制作者（メタ）でありながら、アグレッシブに現実に巻き込まれてゆく旅行者（ベタ）でもある批評家の二重の態度である。「序文」のレイアウト自体、地図と旅行の二重性を体現している。われわれの「序文」は、それぞれ署名が付けられているものの、あくまでも一人二役のものとして読まれたい。

では、本書の内容についても言及しておこう。

第1部は、「批評の座標」と「クエストマップ」によって構成されている。「批評の座標」では、過去の批評家・著述家を紹介しながら、その上に立って各自の問題意識が示される。対して、「クエストマップ」では、書き手が出会ってきた批評と作品が、あたかも旅の足跡のように示される。「批評の座標」が各々の書き手による現在の批評に対する地図制作（メタ）であるとすれば、「クエストマップ」は寄稿者＝紀行者たちがその原稿へと至るまでにどのような読書歴＝旅路を辿ってきたのかという旅行ログ（ベタ）である。

第2部には、座談会、ブックリスト、書き込みカスタムマップを配した。こちらでは、企画全体の振り返りや第

1部の内容に対応したブックリストを作成している。第2部自体が、第1部に対するメタ言及をなしている。座談会では「批評の座標」の企画の経緯から本書のコンセプトまで広く語っているので、もしも本書を読み進めていて方向感覚を失うようであれば、まずはこちらに立ち戻ってほしい。

本書は、まぎれもなく批評書である。が、マップやイラストや判型など、あたかも旅行のガイドブックのようにページをめくるだけでも楽しめることを目指した。そこには批評がもはやエンタメとして読まれなくなっていること、批評の歴史を辿るような知の基盤がすでに解体していること、こういった現状認識が反映されている。しかし、最大の目的は、批評の世界を旅することの面白さと豊かさを伝えることにある。旅行の予定を立て、そこに一歩足を踏み出す時ほど、ワクワクすることはない。

さて、それではよい旅を。願わくば、本書が皆様にとって新たな旅路を告げる、宝の地図の一枚でありますように。

★1 浅田彰・大江健三郎「対談」『朝日新聞』一九九〇年五月一日。
★2 野口武彦『日本近代批評のアングル』青土社、一九九二年。
★3 ジル・ドゥルーズ＋フェリックス・ガタリ『千のプラトー――資本主義と分裂症』宇野邦一他訳、河出文庫、二〇一〇年。
★4 柄谷行人『近代文学の終り――柄谷行人の現在』インスクリプト、二〇〇五年。なお、象徴的なのは、並行する時期に保坂和志と高橋源一郎が対談「小説教室に飽きた人のための小説教室」(『文藝』二〇〇六年冬季号)を発表しており、小説家にしか小説は分からないという意見を創作者の側も提出している点である。
★5 佐々木敦『ニッポンの思想』講談社現代新書、二〇〇九年(増補新版、ちくま文庫、二〇二三年)。
★6 東浩紀「平成という病」『文藝』二〇一九年夏季号。
★7 小林秀雄『モオツァルト・無常という事』新潮文庫、一九六一年。
★8 蓮實重彥「小林秀雄『本居宣長』――方法としての嫉妬」『文学批判序説――小説論=批評論』河出文庫、一九九五年。
★9 小林秀雄『ゴッホの手紙』新潮文庫、二〇二〇年。
※1 杉田俊介・浜崎洋介・藤田直哉・川口好美「文芸評論の現状――危機と打開」(司会：井口時男)『文芸思潮』二〇二一年一〇月。
※2 瀬戸夏子×水上文「なぜ、いま「批評」特集なのか」『文藝』二〇二三年春季号。
※3 石岡良治・入江哲朗・清水知子「共同討議　表象文化論の批評性」(司会：橋本一径)『表象』一七号、二〇二三年八月。
※4 松田樹・白井耕平ほか「「政治と文学」再考――七〇年代の分水嶺」『国文論叢』五九号、二〇二二年三月。
※5 小林秀雄「ランボオIII」『作家の顔』新潮文庫、一九六一年。
※6 大澤聡「文藝評論」『文藝年鑑』二〇二四年六月。
1 江藤淳『小林秀雄』講談社文芸文庫、二〇〇二年。
2 浅田彰「ゲイ・ムーヴメントのために」『インパクション』七一号、一九九一年八月。

第1部

ゼロ距離の批評――小林秀雄論

AKAI KOUTA
赤井浩太

二〇一九年に論考「日本語ラップ feat. 平岡正明」ですばるクリティーク賞を受賞し、日本語ラップについての論考を執筆し続けている赤井浩太。批評界で鮮烈な存在感を放つ赤井が、近代文学批評の確立者と呼ばれる小林秀雄の批評について、真正面から論じる。

KOBAYASHI HIDEO

1 批評家の存在について

人はいかにして批評家になるのだろうか。そしてそのとき人は、どのような存在として批評の言葉を発するのだろうか。

二〇二一年、バーグルエン哲学・文化賞をアジアで初めて受賞し、あらためて話題となった柄谷行人は、かつて批評家を次のように定義した。批評家とは、「何かを断念することによって獲得した一つの精神の存在形態」である、と（「批評家の「存在」」）。つまり、創作者になれず、大学教授になれず、政治家になれず、それらを「断念」しなければならなかった者の悲哀ゆえに人は批評家になる、というわけだろうか。まったく賛同できそうにない。柄谷のこの説には、どこか拗ねたものを感じる。そう、言うなれば、あたかも自分が第二志望の人生を生きなければならなかったかのような、それ。

挫折と諦観の小唄を歌えば批評家だろうか。そうではないと信じよう。僕がいま仮に、批評家だとするならば、この自分の現在が何かの「断念」の結果ではないことだけは誓って言える。

批評家とは、むしろ何かに対する断念とは真逆の心性で動き始めるのではないか。舞台上に広がる他人の世界に魅入ってしまい、みずからもそこへ上がろうとする不穏な観客がそこにいるとしよう。人が舞台の闖入者となるとき、脚本にはありもしない台詞を語り、場面を作りだし、そのために役者の仮面をかぶることになる。そうだとすれば、批評の契機とはまず、自己への反省ではなく、他人への没入であったはずだ。他人に巻き込まれるようにして他人を巻き込み始めるのが、批評のセオリーである。それはなにも狭義の、芸術に対する批評に限らない。人生の様々な場面で、誰しもが他人に巻き込まれるようにして他人を巻き込んでいる。

小林秀雄（一九〇二―一九八三）は、この巻き込まれかつ巻き込む他人との関係を、みずからの批評の原理にした。他人の、つまり役者の顔をして舞台に上がってしまった闖入者。それは役者と観客との距離をゼロにするということに他ならない。文芸批評家の中村光夫は、小林秀雄について次のように書いている。

批評家の仕事は、彼が一人称でものを云うことを強ひられる以上、案外俳優と共通性を持つので、当時の檜舞台をさらつた、この〔小林秀雄という〕若い名優の演技は、今後もながく、青年批評家登場の模範として役立つでせう。（「様々なる意匠」）

小林の一人称は、「名優の演技」として読まれた。その幕開けは一九二九年。若き日の小林秀雄は、『改造』誌上の懸賞論文で、「敗北の文学」を書いた宮本顕治（後の日本共産党書記長）と一等をかけて争うことになる。小林は二等だった。しかし、このとき書かれた「様々なる意匠」は、日本の批評に「私」と「他人」という問題を導入することになる。

2　糸電話のゼロ距離

先ほどの中村によれば、当時の「昭和初期の批評家は、すべて或る流派にぞくし、その発展に寄与すべきもの」であって、「その主張によつて、自己の流派にぞくする作家たちを指導することが、彼等の果すべき役割」であったという（「様々なる意匠」）。ここで言う「流派」とは、自然主義、芸術至上主義、マルクス主義、新感覚派……云々というものである。対して、「様々なる意匠」で書かれた小林秀雄の最も有名な次のテーゼは、様々な文学的・思想的な「流派」の主張や理論とは別のところから立ち上がっている。

人は如何にして批評というものと自意識というものとを区別し得よう。彼の批評の魔力は、彼が批評するとは自覚する事である事を明瞭に悟った点に存する。批評の対象が己れであると他人であるとは一つの事であって二つの事でない。批評とは竟に己れの夢を懐疑的に語る事ではないのか！（「様々なる意匠」）

「批評の対象が己れであると他人であるとは一つの事であって二つの事でない」ということは、言いかえれば、批評において自他の境界はないということだ。日本の近代批評の雛形を作ったと見做される、小林秀雄のこの批評の定義は、しかしあまりにも奇妙な事態を表している。そうだからつまり――、僕は君であり君は僕である。

そうして続く、「批評とは竟に己れの夢を懐疑的に語る事ではないのか！」という小林の決め台詞を読むとき、懐疑的に語られるという「己れの夢」とは、「己れ」に繰り込まれた「他人」に他ならない。小林秀雄は信じた、自分と他人とが一つの事でありうることを。そして、そのことを自覚し疑うことによって批評たりうると思ったのである。

さてしかしそもそも、なぜ小林はそのような批評観に至ったのだろう。そうならなければならなかった経緯があるはずである。僕はそれを一つの恋愛に見る。日本近代文学史上において知られる恋愛の中でも、とりわけ有名なエピソードの一つ。中原中也、小林秀雄、長谷川泰子の三角関係である。

一九二五年二月、中原の恋人であった長谷川は、二人の近くに住んでいた小林のもとへ行ってしまった。そうして同棲を始めた当時の小林と長谷川の様子を、河上徹太郎は次のように伝えている。

その頃彼〔小林秀雄〕は大学生だったが、或る女性〔長谷川泰子〕と同棲していた。彼女は、丁度子供が電話ごっこをして遊ぶように、自分の意識の紐の片端を小林に持たせて、それをうっかり彼が手離すと錯乱するという面倒な心理的な病気を持っていた。意識といっても、日常実に瑣細な、例えば今自分の着物の裾が畳の何番目の目の上にあるかとか、小林が繰る雨戸の音が彼女が頭の中で勝手に数えるどの数に当るかとかいうようなことであった。その数を、彼女の突然の質問に応じて、彼は咄嗟に応えねばならない。それは傍で聞いていて、殆ど神業であった。否、神といって冒瀆なら、それは鬼気を帯びた会話であった。

（『私の詩と真実』）

こうした様子が、本当に「面倒な心理的な病気」かどうかは知らない。ただ、びりびりと震える声の振動が糸を伝って相手の鼓膜へと響く糸電話のように、お互いが「意識の紐」の両端を持ち合って、そこで心が通じ合うことを二人は夢見ていたようである。〈もしもし……もしもし……。あ、聴こえた聴こえた……〉。そんな密閉された声が、二人の混線した意識の内側には反響していたのだろう。

小林が答えなければならない長谷川の問いの正解は、「彼女の頭の中」にしか存在しない。だから小林の答えが当たるということなど、あるはずはない。あるはずはないのだが、二人の間で交わされる「鬼気を帯びた会話」では、小林の答えが当たっていたようである。あたかも二人には、お互いの見えている世界が、そしてお互いの頭の中さえもが繋がってしまっているかのようだ。そんなの嘘だ、あるいは妄想だということは誰にでも言える。しかし真の問題は、こうした「鬼気を帯びた会話」それ自体を、小林は信じていたということだ。

のちに小林は、「Xへの手紙」（一九三二）という文章でこの恋愛について書いている。以下の引用は、あの悪名高い（?）、「女は俺の成熟する場所だった。書物に傍点をほどこしてはこの世を理解して行こうとした俺の小癪な夢を一挙に破ってくれた」という言葉の少しあとに来る一節だ。

惚れた同士の認識が、傍人の窺い知れない様々な可能性をもっているという事は、彼らが夢みている証拠とはならない。世間との交通を遮断したこの極めて複雑な国で、俺たちはむしろ覚め切っている、傍人には酔っていると見えるほど覚め切っているものだ。この時くらい人は他人を間近かで仔細に眺める時はない。あらゆる秩序は消える、従って無用な思案は消える、現実的な歓びや苦痛や退屈がこれに取って代る。一切の抽象は許されない、従って明瞭な言葉なぞの棲息する余地はない、この時くらい人間の言葉がいよいよ曖昧となっていよいよ生き生きとして来る時はない、心から心に直ちに通じて道草を食わない時はない。惟うに人が成熟する唯一の場所なのだ。（「Xへの手紙」）

この一節に記述された小林の恋愛は、彼の批評の構えを決定づけるものだったに違いない。問題は空間と距離なのだ。「世間との交通を遮断したこの極めて複雑な国」こそ、彼の批評が立ち上がる空間であろう。抽象的な理論や道徳の秩序といったものを遠ざけ、寄りかかることのできる審級なしに、自分と他人とが、つまり批評家と批評の対象とが、お互いの顔を「間近かで仔細に眺め」合う。

これが小林秀雄の距離だ。矛盾した言い方になるが、このゼロ距離の二人の間を、「いよいよ曖昧となっていよいよ生き生き」となった言葉が行き交うのだという。同じ言葉でもそれがどのように使われるのかによって言葉の意味は変わる。二人だけの秘密がそこに宿る。河上が「鬼気を帯びた会話」と言った、小林と長谷川の一見して意味不明なやりとりは、おそらく二人の間で刻々と変貌してゆく隠語として囁かれたのだろう。小林によれば、そんな糸電話状態にあっては、「心から心に直ちに通じて道草を食わない時はな」く、そこが「人が成熟する唯一の場所なのだ」という。

だが、小林は二人の「心」が混線するようなその恋愛を通して「成熟」したのではない。自分が混乱したその恋愛を、「成熟」という人生の一段階に位置付けようとする小林の言葉に、僕はどこか苦し紛れの選択を感じる。つまりそれは、「心から心に直ちに通じ」たと信じてしまった人間――自他の境界が不分明な状態に魅入られ、しかし同時に自己を失う不安にも駆られた人間の、ある種の防衛反応のように見えるのである。

そもそも「成熟」とは彼自身が禁じたはずの「抽象」的な言葉ではなかったか。世間での通りが良いその言葉によって二人だけの「現実的」な経験から何が捨象されたのか――、やはり彼は下手くそでも「曖昧」な言葉を使ってみなければならなかった。しかし、それは無理な相談だったのだろう。自他の境界を失くすほどの情熱と、その経験から来る困惑に対し、「成熟」とでも言ってケリをつけなければならなかったその苦しい選択まで含めて、僕は彼を少なくとも嘲笑う気にはなれない。

他人に夢を見るところの恋愛は、己れの思い上がりと手痛い代償を躊躇わないところにしか可能にならない。彼自身がよく使った「宿命」という言葉を用いるならば、その代償の一つは、彼がこの自他の境界を失くす関係こそを自分の批評原理にしなければならなかったところにある。彼は他人とのゼロ距離から逃れられない批評家という宿命を背負うのである。

3 楽屋にいる天才たち

「様々なる意匠」における有名な文句のもう一つは、小林の批評の戦略について――すなわち、「私には常に舞台より楽屋の方が面白い。このような私にも、やっぱり軍略は必要だとするなら、「搦手から」、これが私には最も人性論的法則に適った軍略に見えるのだ」というものである。

小林秀雄の批評は、「舞台」で上演される作品よりも、「楽屋」にいる作家の「私」を狙う。だが、これを額面通りに受け取るわけにはいかない。作家を訪ねて楽屋にやってくる小林は、その搦手の批評を観客に見せているのだから、楽屋を舞台化しているとも言えるのだ。例えば、志賀直哉についての批評を見てみよう。

志賀氏はかかる〔作品から思想を引きだす〕抽象を最も許さない作家である。志賀氏の作品を評する困難はここにある。私は眼前に非凡な制作物を見る代りに、極めて自然に非凡な一人物を眺めて了う。（…）志賀氏は思索する人でもない、感覚する人でもない、何を置いても行動の人である。氏の魂は実行家の魂である。氏の有するあらゆる能力は実生活から離れて何んの意味も持つ事が出来ない。志賀氏にあっては、制作する事は、実生活の一部として、実生活中に没入するのは当然な事である。

（「志賀直哉」）

志賀直哉の「制作物」ではなく「人物」に接近する小林は、志賀を「行動の人」「実行家」として描きだす。なぜなら、「志賀氏にあっては、制作する事は、実生活の一部」であるからだ。小林の搦手は、作家たちの居場所を、芸術上の作品から生活の上へ、つまり舞台化された楽屋へとすり替えた。その手つきは、中原中也に対する分析についても同様である。

彼〔中原中也〕の詩は、彼の生活に密着していた、痛ましい程。笑おうとして彼の笑いが歪んだそのままの形で、歌おうとして詩は歪んだ。これは詩人の創り出した調和ではない。中原は、言わば人生に衝突する様に、詩にも衝突した詩人であった。（…）この生れ乍らの詩人を、こんな風に分析する愚を、私はよく承知している。だが、何故だろう。中原の事を想う毎に、彼の人間の映像が鮮やかに浮かび、彼の詩が薄れる。詩もとうとう救う事が出来なかった彼の悲しみを想うとは。それは確かに在ったのだ。

（「中原中也の思い出」）

小林にとって、中原中也とは「生れ乍らの詩人」であり、三角関係になるほど近くにいた天才であった。そして小林によれば、やはり「彼の詩は、彼の生活に密着して」いて、また志賀についてと同様に、「人間の映像が鮮やかに浮かび、彼の詩が薄れる」のである。

「彼の詩」を論じるわけではなく、中原中也という「人間」の詩情を強調する小林の批評には、「詩（ポエジー）」については倦むことなく語っても、詩作品（ポエム）については頑固に語ろうとしなかった」（「現代詩の展開」）という安東次男の指摘が妥当するだろう。裏返せば、小林秀雄の眼力は、作品をつらぬいて創作者の像を見いだす。否、それを創りだす。小林が好んで論じたところの天才とは、自己の外化として芸術作品を制作する近代人の在りようとは異なり、芸術と生活が分裂していない人物として描きだされる。つまりここでは舞台と楽屋が地続きにあるのだ。

ただ、より穿った見方をするならば、小林は作家や詩人の近くに、より近くにいたかったのではないか。そうだからつまり、あのゼロ距離の糸電話のように、自分に近く、より近くに作家や詩人を引き寄せ、そこで例えば志賀直哉を「行動の人」とし、中原中也を「生れ乍らの詩人」として、そのように自らの周囲に手ずから天才たちを造形し配役し、批評を作品化するのだ。そして僕は邪推する。小林は自分もまた舞台上の人になるために、自らが立つ楽屋を舞台化したのではないか、と。

4 「私」のための文学史

　この小林の批評スタイルを、「私小説的」だと後に中村光夫は指摘した（「『罪と罰』について」）。すなわち、作者と主人公がゼロ距離であるところの日本の私小説のように、批評家と作家が、あるいは批評家と登場人物がベッタリと密着している、と。その指摘が当たっているにせよ、小林自身も「私小説」の問題を考えていた。小林の代表作の一つとして知られる「私小説論」（一九三五）である。本作ではフランス近代文学と日本近代文学を比較しながら、文学史として私小説の問題を論じている。いや、というよりそれはむしろ逆に、ジッドの「私」を演出するために仕組まれた文学史である。

　小林の「私小説論」は、フランス文学の「私」を検討する所から始まる。フランス革命以後に誕生した観念としての「私」という個人は、小林によれば、次のような事態によって文学の問題となった。

> フランスでも自然主義小説が爛熟期に達した時に、私小説の運動があらわれた。バレスがそうであり、つづくジイドもプルウストもそうである。彼らが各自遂にいかなる頂に達したとしても、その創作の動因には、同じ憧憬、つまり十九世紀自然主義思想の重圧のために形式化した人間性を再建しようとする焦燥があった。彼らがこの仕事のために、「私」を研究して誤らなかったのは、彼らの「私」がその時既に充分に社会化した「私」であったからである。
>
> （「私小説論」）

　他方で、日本の私小説はどうであったか。小林が問題視したのは、フランス文学におけるブルジョワ革命や実証科学といった「外的事情」なしに、自然主義文学といった「新しい思想を技法のうちに解消」してしまったことである。つまり、日本の私小説家は、近代的な市民としての「私」を自力で創りださず、私小説を文学の方法として済ませてしまった（同前）。

　だが、「マルクシズム文学が輸入されるに至って」と小林は書く。自然主義文学や私小説が重視した「日常生活」や「個人の明瞭な顔立ち」といったものは、この「個人的技法のうちに解消し難い絶対的な普遍的」な思想によって否定されたという（同前）。だからそれはつまり、フランス文学における自然主義――「私」という個性を社会の一単位へと抽象する思想としての位置が、日本の近代文学においてはマルクス主義だったということだ。ただ一方で、それは「思想によって歪曲され、理論によって誇張された結果」として、小説に「架空的人間の群れ」を生みだした（同前）。

　自然主義文学（私小説）があり、もう一方にはマルクス主義文学（プロレタリア小説）がある。個人の顔立ちがあり、他方には社会の思想がある。大雑把にいえば、小林の「私小説論」はそのように図式化できる。日本近代文学の歴史の中に、そのように相反する状況を描きだしながら、その上で理想の作家としてジッドをドラマティックに再登場させるのが、次の場面である。

ジイドが「私」の像に憑かれた時に置かれた立場は（日本の作家のそれとは）全く異なっている。過去のルッソオを持ち、ゾラを持った彼には、誇張された告白によって社会と対決する仕事にも、「私」を度外視して社会を描く仕事にも不満だったからである。彼の自意識の実験室はそういう処に設けられたのであって、彼は「私」の姿に憑かれたというより「私」の問題に憑かれたのだ。個人の位置、個性の問題が彼の仕事の土台であった。言わば個人性と社会性との各々に相対的な量を規定する変換式の如きものの新しい発見が、彼の実験室内の仕事となったのである。（同前）

強調点を打つべきは、「「私」の姿に憑かれたというより「私」の問題に憑かれた」と言ったところである。「私の問題」は、「自意識の実験室」において対立する「個人性と社会性」だった。つまり、作家の「私」を構成するそれぞれの「量」の問題になる。小林はそうしておきながらしかし、あとのページで「ジイドはこの変換式に第二の「私」の姿を見つけた。しかしそれには三十年を要したのである。彼の仕事は現代個人主義小説なるものの最も美しい最も鮮明な構造を僕らに明かしている」と評価したのである（同前）。

注意しよう。小林が「第二の「私」の姿」と、再び「私」を描いていることに。ジッドの「私」はすぐに「問題」ではなくなる。それは「個人性と社会性」という対立する二項の葛藤を抱え込みながら、両者の「変換式」として生きる役者として「「私」の姿」となっている。ジッドの「「私」の姿」の中に、小林が図式化した日本近代文学の対立が折りたたまれている。むろんそんな都合のいいジッドは現実には存在しなかっただろう。しかしそうであるがゆえに、やはりこれは造形された「私」という役者なのである。

舞台化された楽屋の上で、小林秀雄は一人で幾人もの役を演じた。彼が演じる役の仮面は、他人の顔で作られている。このゼロ距離の批評はオーソドックスというより、むしろ一つの極北なのである。

他人に対する自分だけの距離が己れの存在の説明となるとき、もしくはそれを発明するとき、人は批評家となるのだろう。とすれば、様々なる極北が存在するはずだ、この批評の座標には。

赤井浩太（あかい・こうた）
一九九三年、東京都生まれ。神戸大学大学院在学中、専門は日本近現代文学。「日本語ラップ feat. 平岡正明」により、２０１９すばるクリティーク賞を受賞。Ｘ（旧Twitter）：@rouge_22

1 小林秀雄の「私小説論」とマルクス主義との関係に関してはとりわけ多くの批評・研究が存在するが、本稿では二次言説を紹介するには紙幅が足りないため、以下に論考タイトルを紹介するにとどめる。
・橋川文三「「社会化した私」をめぐって」（『日本浪曼派批判序説』講談社文芸文庫、一九九八）
・平野謙「昭和文学の可能性」（『平野謙全集』第三巻、新潮社、一九七五）
・林淑美「〈小林秀雄〉というイデオロギー」（『昭和イデオロギー――思想としての文学』、平凡社、二〇〇五）
・絓秀実「小林秀雄における講座派的文学史の誕生」（『天皇制の隠語《ジャーゴン》』航思社、二〇一四）

文献

小林秀雄「志賀直哉――世の若く新しい人々へ」「中原中也の思い出」『作家の顔』新潮文庫、一九六一年
「様々なる意匠」「Xへの手紙」「私小説論」『小林秀雄初期文芸論集』岩波文庫、一九八〇年
安東次男「現代詩の展開」『現代詩の展開――安東次男詩論集』増補新装版、思潮社、一九六九年
河上徹太郎『私の詩と真実』講談社文芸文庫、二〇〇七年
柄谷行人「批評家の「存在」」『畏怖する人間』講談社文芸文庫、一九九〇年
中村光夫「様々なる意匠」「『罪と罰』について」『中村光夫全集』第六巻、筑摩書房、一九七二年

青春と悪罵——吉本隆明入門

KOMINE HIZUMI
小峰ひずみ

『共同幻想論』『言語にとって美とはなにか』等で知られ、戦後最大の思想家と呼ばれる吉本隆明。日本の大衆社会を思考した吉本の著作は、いまどう読むことができるのか。政治を語る言葉に切り込んだ著書『悪口論』『平成転向論』をはじめ、ポレミックな批評で話題の小峰ひずみが、その意義をあらためて問う。

YOSHIMOTO
TAKAAKI

ある世代の青春そのものであった人間がいる。吉本隆明（一九二四―二〇一二）だ。ある詩人は吉本を論じるにあたって、次のように述べている。

「吉本、すなわち私たちの世代の青春」（谷川雁『工作者宣言』）

吉本に凝縮された青春とは、誰の青春なのか。戦中派だ。戦中派？　いつの人？　と思われる方も多いだろう。ちょうどいいアニメ映画がある。大ヒットアニメ映画・『この世界の片隅に』だ。この映画の主人公・すずさんこそ、戦中派を生きた人間だ。設定的には、ちょうど吉本隆明と一歳差である。彼／女たちは「闘って死ぬこと」を若くして覚悟した。そんな世代だ。

彼／女らの青春は、日本が軍国主義に傾斜していく過程と並行している。少し長くなるが『この世界の片隅に』に沿って説明しよう。

この映画は、すずさんが軍事国家・日本の中で育ち、嫁に行き、家族と葛藤しつつ成長していく話である。最初は雑草の調理法や嫁ぎ先の家族との葛藤やご近所づきあいなどがポップに描かれていく。しかし、本土空襲が始まると、物語は一気に暗くなる。爆撃に巻き込まれて、すずさんは片腕を失う。それだけではない。一緒に連れていた姪を失ってしまうのだ。家が沈鬱へと呑み込まれる中、隣街の広島に原爆が投下される。そのような苦難を経て、それを跳ね返すように、すずさんは上空を飛ぶ米国爆撃機B29を「こんな暴力に屈するものか」とにらみつける。

ここが転機だ。いままですずさんは周りに言われる通りに生きてきたのだが、積極的に自らを米軍への抵抗主体として作り上げていく。米軍機が撒いたビラを便所のチリ紙（トイレットペーパー）にして節約する。これは違法だった。年長の夫からは「見つかったら憲兵さんに叱られるで」と指摘されるが、「なんでも使って生きていくのが、私たちの闘いですけぇ」と悪びれない。最後まで闘うつもりなのだ。たとえひとりになっても。

しかし、日本は本土決戦の前に降伏する。すずさんは戦って死ぬ前に玉音放送を聞くことになる。すずさんは「なんで!?」と激怒する。隣人が冷静に、原爆の投下やソ連の参戦を指摘し、「これは敵わんわ」と述べるが、すずさんは家を飛び出し大泣きする。「そんなのは覚悟の上じゃなかったんかね!?」と。

文学青年だった吉本もまた、すずさんと同じく闘って死ぬつもりだった。多くの友人が戦死者となった。自分もまた日本が降伏してもパルチザンとして死ぬまで闘うつもりだった。みなそうすると思っていた。しかし、吉本隆明は復員兵が食料などを抱えてぞくぞくと帰ってくる姿を見て深く失望する。死ぬこと。「そんなのは覚悟の上」でこの戦争を耐えてきた。にもかかわらず、こいつらは……。

いままでの言葉は何だったのか！　しかも、いままでファシズムを推し進めてきた連中が、今度は「民主主義万歳」と叫びまわっている。ふざけるな！　これが吉本の原体験だ。言葉を信用しない。自由民主党も日本社会党も日本共産党も「民主」「進歩」などと語っているが、どれも信用ならない。コロコロと言葉を変えていく。その姿勢が気に入らないのだ。

敗戦から一五年後、吉本の怒りと無念が後続の学生たちと同期する瞬間がくる。一九六〇年の安保闘争だ。ここで吉本は、日本共産党や社会党の路線を批判し、より急進的な路線をとった学生団体・全学連に同伴する。既存の革新政党が国会前で整然としたデモを行う中、齢三六歳の吉本、学生たちとともに、国会の敷地にまで突入してしまう。それを共産党や社会党はハネアガリだとして猛批判するのだが、それに対して吉本隆明は猛烈な文体による反批判を展開するのだ。その記念碑的文書『擬制の終焉』（一九六二）の冒頭はこう始まっている。

安保闘争は、戦後史に転機を描くものであった。戦後十五年間、戦中のたいはいと転向をいんぺいして、あたかも戦中もたたかい、戦後もたたかいつづけてきたかのようにつじつまをあわせてきた戦前派の指導する擬制前衛たちが、十数万の労働者・学生・市民眼の前で、ついにみづからたたかいえないことを、みづからたたかいを方向づける能力のないことを、完膚なきまでにあきらかにしたのである。

これを読んだとき、多くの学生が「そうだ！」と叫んだだろう。吉本が嫌ったのは、語感が仰々しいだけで中身の全くない「死語」や「空語」である。「わたしたちはいま、たくさんの思想的な死語にかこまれて生きている」（『自立の思想的拠点』）。この「死語」から脱け出し、大衆の感覚に根差した言葉をつくりだし、闘いを指導できるような思想を再生すること。これが吉本の思想的課題だった。そのために、吉本は、大衆の原像を自らの思想の中に繰り入れろ、と左翼知識人たちに言明する。この繰り入れができない限り、私たちのスローガンは、私たちの思想は大衆には届かない。そう吉本は考えた。

では、それはどのような作業なのか。何を意味しているのか。実を言えば、よくわからない。たぶん吉本もわかってない。ただ、ひとつだけわかっていることがある。六〇年安保の闘争が敗北に終わった以上、政治意識の高い集団を自ら作り、大衆をそこに引きあげようとするやり方はもう通用しない。彼はこのような活動家たちの典型的なふるまいを「「前衛」的コミュニケーション」と呼んで批判する。

> 「前衛」的コミュニケーションの範囲はある限界線をつくり、そのうちでの決議、アッピールは、その外へ、大衆の外から大衆をその限界線のなかへ吸引するように行われる。（『擬制の終焉』）

前衛と大衆の間に線を引き、その大衆を前衛のほうに引き上げようとする。それではダメなのだ。では、どうすればいいのか。先ほどの引用の続きはこうなっている。

> しかし、おそらくこの逆型のコントラ「前衛」的コミュニケーションがありうるはずである。それは、コミュニケーションを拒否する大衆の生活にむかって、その生活のほうへつき放し、その方へ組織化する方法である。（同前）

前衛主義者（党活動家）は、いままでのやり方を放棄し、コントラ「前衛」的コミュニケーションを行わなければならない。すると、「「前衛」主義者は、一般学生大衆や一般労働者大衆のもっとそばにぴったりと付かなければ仕方ないことに気が付く」（『模写と鏡』）。「ぴったりと」付く。生活に根差せ、と。生活に根差さなければ、闘争を指導する言葉をつかむことはできないのだ。これは吉本の一貫した主張である。コントラ「前衛」的コミュニケーションを歌った詩がある。

> わたしたちは信頼をたしかめるために
> 限りなく生活を降りていった
> するとひとりは形どおり〈平凡〉だといった
> 〈そこに思想はあるのかい?〉
> いいやそこでは長ねぎのかわりに玉ねぎをかったり
> 鶏肉のかわりにもつをたべたりするのが思想だ
> 誰とも区別がつかないように生活するのが思想だ
> （同前、傍点引用者）

誰とも区別がつかないように生活するのが思想だ！　驚くべき発想だ。というのも、まず政治は自他を区別するところから始まるからである。集会も勉強会もデモも行わず、ビラもマイクも旗もなしで、どうやって政治運動をするのか。吉本は政治運動をするな、と言っているに等しい。にもかかわらず、吉本は自身の思想を政治思想として打ち出すのだ。

誰とも区別のつかないように行う政治？

むろん、私たちはこのような（政治）思想を持つ人々を、日本列島の随所で見ることができる。たとえば、小泉純一郎や橋下徹。彼らのようなポピュリストは自分自身が業界団体や労働組合の代表ではなく、「普通の人々」の代表であることを強調する。ポピュリストは、デモにも行かず幟も立てず、「誰とも区別がつかないように生活する」人々の代表を自称するのだ。このような論調は吉本の思想に適合する。

このようなポピュリスト的傾向は後年の吉本の思想まで貫かれているように思う。たとえば、政治学者・松谷満によってポピュリストのひとりに数えられている田中康夫は、長野県知事就任の第一声で次のように「普通の人々」を代表し「見えざる敵」と闘っていた。

公共とは一部の政官業の利権構造ではない。まっとうに生きる市民の集合体こそが公共であり、一人ひとりの市民の考えが民意だ。私は挑戦者。民意に耳を澄ませているとは思えない人々や組織、見え隠れはすれども把握し得ぬ、見えざる敵と戦う。

（松谷満『ポピュリズムの政治社会学』）

だが、その一〇年も前に、吉本隆明は次のように書いていたのだ。『超資本主義』（一九九五）のあとがきである。

大衆がすぐに手に入れられる新聞、雑誌、テレビなどの情報のほかに、いわゆる各分野の消息通がルートをたどって手に入れるような情報はいっさい使っていない。誰でもが手に入るような情報をもとに、どれだけの判断ができるのか、またこれくらいの判断を国民大衆の誰もが、もっているのだから、用心召されい、いい気になるな、と何者かにいいたいとおもっていた。

田中が「見えざる敵」に対して「一人ひとりの市民の考え」を対置したのに対し、吉本は「何者か」に対して自分もそのひとりである「国民大衆」を対置した。むろん、田中が代表＝代弁しようとした「市民」と吉本が代弁＝代表しようとした「国民大衆」は異なった存在だろう。しかし、「見えざる敵」や「何者か」という具体的に明示不能な存在を指さし、その指さしによって自らを「普通の人々」を代表する主体として構築していく手法は、まぎれもなくポピュリストのスタイルだ。いまの保守的な構造改革派もこの路線で勢力を拡大している。吉本はその感性を誰よりも早く先取りしていたとみていいだろう。

では、なぜ吉本はこのようなポピュリスト的態度をいち早く体得しえたか。先行世代の左翼知識人の多くが共産党に入った。少なくとも社会党のシンパであったりした。革新勢力に肩入れすることが知識人の必須条件であるような時代があったのだ。それに対し、戦争を経験している吉本は、共産党に入ったり社会党の同伴知識人となるのではなく、むしろ戦争を経て革新勢力に違和感を持ち、彼／女らを指さすような立場にいることができたからだろう。そのような立場を吉本は「大衆」と呼んでいたように思う。

同じような手法を用いながら吉本と異なる立場をとる思想家との違いも見ておこう。たとえば、ローザ・ルクセンブルグや小田実。ドイツ共産党の活動家、ローザ・ルクセンブルクは演説やパンフレットのなかでさまざまなカテゴリーを指さし列挙した。「労働者階級、農民、小ブルジョアジー、民族ブルジョアジーの進歩派」と。そして、これらを「人民セクター」の側の人々としてグループ分けした（ラクラウ／ムフ『民主主義の革命』）。この手法はベトナムに平和を！市民連合を主導した思想家・小田実のスタイルと類似している。小田は「小学校の先生」「大工」「おかみさん」「花屋」など列挙し、あなたこそが「ふつうの市民」なのだと訴えたのだ。

しかし、吉本はこの手法を逆向きに使った。誰かを指さし列挙して、その人々に「一緒にやろう」と呼びかけるのではなく、むしろ、「こいつらは敵だ」と指弾したのだ。同じことをしたのが、小泉純一郎や橋下徹だ。彼らは労働組合・部落解放同盟・医師会・トラック協会・商店街振興組合・市営住宅の住民などを「税金をむさぼり食う連中」と名指しし、そうでない者を「納税者」と否定神学（東浩紀）的に形容することで、自らの票を集めようとした。いわば、「普通の人々」の代表、というわけである。むろん、ここでは「誰にも区別がつかないように」生きている納税者を普通とし、名指された人々を特殊とすることで、名指された人々を攻撃しようとするのである。それはいままでの「名指され」ながらも築き上げてきた政治運動の成果を突き崩そうとするものだ。

吉本は後者の系譜の人間だろう。彼は死ぬまで論争家でありつづけた。それは誰かを指さしつづけた、ということだ。ひとつの論文の中で、丸山真男や久野収や梅本克己など幾人もの知識人を「進歩派」とか「前衛」とか「構造改革派」だと口汚く罵倒している。そして、自らは「大衆」の側に立つと宣言する。なるほど、そのやり方は卑怯に見える。橋下や小泉と同じようにも見える。しかし、忘れてはならない。戦後の「平和と民主主義」というスローガンが実質的に通用しなくなった情況で、吉本は「死語」や「空語」ではない言葉を求めた。だから、自らの言葉が「空語」であることに無自覚な知識人を鏡として、吉本は生きた言葉を求めたのだ。それは、大衆の原像を繰り込まなければ得ることはできないと、吉本は考えた。

その帰結として、彼は膨大な理論的著作を残したのだと、私は思う。彼はプロレタリアートや階級という言葉が使われなくなり、代わりに「社会主義体制と資本主義体制の平和共存」や「核戦争反対」といったスローガンが用いられるようになった六〇年代の政治運動を横目にしつつ、次のように述べている。

> 言葉が失われてゆく痛覚もなしにたどってゆくこの推移は、思想の風流化として古くからわが国の思想的伝統につきまとっている。
>
> （『自立の思想的拠点』）

言葉が変わっていく。それは仕方のないことかもしれない。しかし、そのことに痛覚を持つこと。スローガンが滑るように変わっていくことに対して、なんらかの感覚を持つこと。それが日本という風土（日本的小情況）に抗う術なのだ。その風土を吉本はこう語っている。

> わが国では、文化的な影響をうけるという意味は、取捨選択の問題ではなく、嵐に吹きまくられて正体を見失うということであった。そして、やっと後始末をして掘建小屋でも建てると、また土台もしっかりしていないうちに、つぎの嵐に見舞われて、吹き払われるということであった。
>
> （「初期歌謡論」）

柄谷行人によれば、吉本はこの「掘建小屋」を建てようとした数少ない思想家だ。では、その試みは成功したか？　正直に言えば、私は吉本のこの試みが成功したとは思わない。『共同幻想論』（一九六八）や『言語にとって美とはなにか』（一九六五）や『マス・イメージ論』（一九八四）や『ハイ・イメージ論』（一九八九）などは出来のよい著作とは思わない。だから、吉本にはじめてふれる方は読んでいただく必要はないと思う。しかし、『芸術的抵抗と挫折』（一九五九）『擬制の終焉』（一九六二）『自立の思想的拠点』（一九七〇）といった前期吉本の一連の著作は、「死語」や「空語」を払いのけるための導きであった。

実際、吉本隆明と敵対した思想家の津村喬はどこかで、前期吉本の論争的な文体を「悪罵の美学」と呼んで評価していた。全共闘運動のイデオローグだった津村は、全共闘運動で出現した新しいアジテーターや新しいオルガナイザーを、つまり新しい運動のスタイルを記述しようとした。それは吉本の試みのベクトルとは逆だ。しかし、吉本が、戦後民主主義とは異なる広大な地平――無定形の「大衆」――をその論争的な「悪罵」によって切り開いたからこそ、後の思想家は自らのスタイルを獲得する仕事から始めることができた。その状況は、いまも変わらない。

小峰ひずみ（こみね・ひずみ）
一九九三年、大阪府生まれ。教師、大阪労働学校アソシエ事務員を経て、介護士として働きつつ執筆活動を継続し、現在、執筆業に専念。哲学カフェのファシリテーターを務め、シェアハウスの運営、デモの主催などにも携わる。「平成転向論　鷲田清一をめぐって」で二〇二二年第六五回群像新人評論賞優秀作受賞、『平成転向論　SEALDs 鷲田清一 谷川雁』（講談社、二〇二二）として書籍化。最新論考は「大阪（弁）の反逆　お笑いとポピュリズム」（『群像』二〇二三年三月号）。その他著書に『悪口論――脅しと嘲笑に対抗する技術』（百年書房、二〇二四）。

文献

吉本隆明『擬制の終焉』現代思潮社、一九六二年
『模写と鏡』春秋社、一九六四年
『自立の思想的拠点』徳間書店、一九七〇年
『超資本主義』徳間書店、一九九五年
「初期歌謡論」『吉本隆明全集［1969-1971］』第一四巻、晶文社、二〇一七年
谷川雁『工作者宣言』現代思潮社、一九六三年
松谷満『ポピュリズムの政治社会学――有権者の支持と投票行動』東大出版会、二〇二二年
エルネスト・ラクラウ／シャンタル・ムフ、西永亮／千葉眞訳『民主主義の革命――ヘゲモニーとポスト・マルクス主義』ちくま学芸文庫、二〇一二年

あいまいな批評家の私——柄谷行人

松田樹
MATSUDA ITSUKI

文芸評論はもとより、批評誌『批評空間』の運営やNAMという政治運動体の旗振り役を経て、現在では思想家として世界的な評価を受ける柄谷行人。中上健次研究と小説創作指導の傍ら批評誌『近代体操』を主宰・運営する松田樹が、国際的には「思想家」を、国内的には「文芸批評家」を名乗る柄谷の揺れ動きを出発点に、批評という運動を彼のテキストから浮かび上がらせる。

KARATANI KOJIN

1　文学者か思想家か

批評家とは何か。柄谷行人の活動には、つねにこの問いが取り憑いている。かつて江藤淳は、近代批評の祖・小林秀雄に寄せて「人は詩人や小説家になることができる。だが、いったい、批評家になるということはなにを意味するであろうか」(『小林秀雄』)と問うた。江藤によれば、「小林秀雄以前に批評家がいなかったわけではない。しかし、彼以前に自覚的な批評家はいなかった」。柄谷もまた小林や江藤と同じ問いを引き受けている。というよりむしろ、**柄谷は文学者でも思想家でもない批評家というあいまいな存在**を引き受けることで、今日まで批評を存続させてきた。本稿では、柄谷行人に見られる批評家とは何かという問いとその自問自答を反映させた彼の奇妙な文体を分析することを通じて、今日の批評の在り方について考えたい。

二〇二二年一二月、柄谷行人(一九四一―)は、米国のバーグルエン哲学・文化賞をアジア人として初めて受賞した(図1)。受賞の理由は、「現代哲学、哲学史、政治思想に対する極めて独創的な貢献」とされている。この報は、過去の批評家の歴史的な達成を紐解いていく、本書にはうってつけのものである。われわれが目論んでいるのは、まさにグローバルな思想の文脈とは異なる形で、しかし時にそれに匹敵する強度で展開されてきた、小林秀雄以降の批評という「独創的な」伝統を辿ることであったからである。

ただし、バーグルエン賞の審査委員長アントニオ・ダマシオが「資本主義の本質を深く掘り下げる、哲学の新しい概念を生み出しました」と紹介する通り、そこで歓迎されていたのは、あくまでもグローバル資本主義の席巻に抗する「Japanese philosopher」としての姿であった。受賞を後押しした要因としても、選考委員の一人である汪暉《ワン・フイ》との交流を含めて、東アジアにおける「柄谷思想」の受容の広がりがあったとされている。受賞に先立って刊行された『力と交換様式』（二〇二二）巻末の著者プロフでも、柄谷は「思想家」を名乗っていた。今後、彼が読み継がれてゆくとすれば、その際にはもはや批評という日本のローカルな伝統は払拭されてしまっているのではないか。[2] 突然飛び込んできた受賞の報に賛意を送っていた人々は、彼の業績が「Japanese philosopher」のものとされていたことに何の痛痒も感じなかったのであろうか。そこでは批評という独特のジャンルに対する配慮や彼の議論の背景にある固有名の連なり（小林秀雄・江藤淳・吉本隆明・福田恆存……）が捨象されていたにもかかわらず。

図1

たしかに、バーグルエン賞の場でも「literary critic」に関する彼の業績は紹介されてはいた。だが、そもそも当の柄谷こそが繰り返し「philosophy」や「critic」と日本における「文芸批評」との交換不可能な差異を力説してきたはずであった。思想家と文芸批評家、グローバルな理論と日本の言説空間との間に生じる溝は、マルクス主義に対峙した昭和初期の小林以降、批評に取り憑いてきた問題である。柄谷の代表作『批評とポスト・モダン』（一九八五）はその小林や吉本の独特な位置について言及しながら、ポストモダン哲学に対する批評の優位を以下のように説いていた。

> われわれにとって、《批評》は、哲学者や社会科学者らの批評（批判）とはべつなところに位置していたはずである。（…）もし日本で（少数の）批評家や作家が、それら哲学者や社会科学者と比べて、むしろ〝内容〟的に貧しいにもかかわらず、ある優越性をもちえた（と私は思う）としたら、その理由はいうまでもない。《批評》が方法や理論ではなく、生きられるほかないものだからである。
>
> （『批評とポスト・モダン』傍点原文、以下同様）

『批評とポスト・モダン』は、八〇年代中盤にアメリカと日本を――世界的な「ポスト・モダニズム」の潮流と小林以降の「文芸批評」の伝統を――行き来しながら書かれた著作である。そこではマルクス主義を始めとする外来思想との緊張感を保ち続けたがゆえに、日本の「貧しい」「文芸批評」が「豊かな」「哲学」よりも優位に位置付けられていた。『批評とポスト・モダン』の時期、柄谷は「批評」という営みを日本語の言説空間の下で「生きられるほかない」条件として定位していたのであった。

では、「Japanese philosopher」として世界的な評価を受けている現在、柄谷はその貧しさから脱却し得たのだろうか。かつて力説されていたアメリカ＝「思想」と日本＝「文学」との間の溝は、いかにして埋められたのか。あるいは、国内メディアでは現在でも「僕がやっていることはいまでも文芸批評」と強調されるが、[3]公的には「思想家」を名乗っているそのズレはいかにして考えられるべきであろうか。

性急に判断を下す前に、まずはかつての柄谷にとって批評家という存在がどのように位置付けられ、現在に至るまで自己規定がいかに変遷していったのかという確認から始めよう。**柄谷行人は、果たしてデビュー以来、日本の言説空間の下でどのような役割を担ってきたのだろうか。**

2 「文学」と「思想」の間で

> 私は何か哲学的なことをやりたいと思っていた。しかし、それは大学の哲学科でなされているようなものではなかった。私は、人間について、社会について考えたいと思っていた。が、それは心理学や人類学というようなものとは違っていたし、社会科学というようなものとも違っていた。
> 私がやりたいのは、それら一切合切をふくむものであった。しかも、それは自分自身の生と切り離されたものではあってはならなかった。いったい、そんなものがあるのか。ある。当時、「文学」という言葉は、そのようなものを意味していたのである。
> （「荒ぶる魂」）

本書の共編者である赤井浩太は、小林秀雄を扱った論考で若き柄谷が批評家に与えた存在規定を批判するところから始めている。すなわち、「どこか拗ねたものを感じる」その位置付けを「挫折と諦観の小唄」と一蹴することによって。しかし私の考えでは、それは右に見られる全能感と表裏一体のものである。すなわち、「文芸評論」とは「哲学」でも「心理学や人類学」でもない代わりに、「それら一切合切をふくむもの」であり、「自分自身の生と切り離されたものでない」という意味でそれらの根幹に位置付けられるものである。

重要なことは、「当時、「文学」という言葉は、そのようなものを意味していた」と、その営みに「文学」の名が与えられている点である。柄谷において批評とは「哲学」を始めとする学問体系の範疇には収まらない不安定で根源的なものであり、その余剰性はかつてあったところの「文学」と名指されて初めて措定されることになる。『批評とポスト・モダン』に見られた日本の文芸批評に対する歴史的な位置付けが、彼自身の立場表明に他ならないことをまずは確認しておこう。

管見の限りでは、現在に至るまで柄谷の著者プロフは、

①「文芸批評家・文芸評論家」（一九七二〜）
②「評論家」（二〇〇一〜）
③「思想家・哲学者」（二〇一三〜）

という大まかな変遷を見せている。①から②の転換点となるのは、『トランスクリティーク』（二〇〇一）で

ある。同書を契機に彼は「文芸」という語をみずからのプロフ上から抹消し、「評論家」としてグローバルな資本と政治の動きに運動しようとする。**盟友・中上健次の死**はその転身に拍車を掛けた出来事であり——中上の死は一九九二年であるが、それが柄谷によって理論化されるのは九〇年代後半からゼロ年代初頭である——、中上の死に際して述べられていた「近代文学の終り」という文言には彼の提唱するNAM（New Associationist Movement）という政治運動へのスローガン的な意味が込められていた（『近代文学の終り』）。

②から③の間に挟まるのは、『遊動論——柳田国男と山人』（二〇一四）や『憲法の無意識』（二〇一六）といった原理的な著作である。『世界史の構造』の初版（二〇一〇）時に見られる「評論家」という肩書きが、岩波現代文庫（二〇一五）に収められる際に「思想家」と変更されている点に目を向けておきたい。『遊動論』が二〇一一年の東日本大震災を受けて執筆されていたように（『遊動論』「あとがき」）、柄谷は震災を経て民俗学や人類学などの原理的な「思想」へと遡行してゆくのである。

バーグルエン賞の受賞は、こうした二段階の転身が実を結んだものであった。すなわち、「文芸批評家」から「評論家」へ、そして「思想家」へと。注目すべきは、②の時期に切断されようとしていた「文学」が、③においてまた回帰し始める点である。『世界史の実験』（二〇一九）では、その転機となる出来事が以下のように語られていた。

『世界史の構造』を書き終えたあと、私は急に、柳田国男について考えはじめたのである。それは一つには、二〇一一年に東北大震災があったからだ。だが、別の観点からみれば、それは私の中で、「文学」と「日本」が回帰してきたということなのかもしれない。

（『世界史の実験』）

震災を契機とする柳田の再発見は、「文学」——そこに「日本」も加えられていることについては後に言及しよう——の回帰を伴っている。それに応じて、近年では亡くなった中上の場所に津島佑子が代入されることになる。「あるとき、私は悟った。津島佑子は中上健次の代行者以上のものである、と。（…）その年に刊行した『世界史の構造』と符合するものを感じたからだ」（「私ではなく、風が」）。上記の論考でも「一九九二年に彼（中上健次）が死んだとき、いよいよ文学から離れられると思った」と九〇年代以降の政治運動への傾斜と「評論家」への転身（①→②）が回顧される反面で、さほどの矛盾が感じられることのないまま、無事に**「文学」への回帰**（②→③→①）が果たされることになる。

なぜなのか。政治運動に向かうと宣言し、そこから人類史にまで考察を進めたのにもかかわらず、なぜ彼は出発点に立ち戻らざるを得ないのか。中上の死に際して「文学」に別れを告げたはずではなかったか。しかし、読者から想定されるそうした当惑の声を無視して、今日ではかつて述べられていた「近代文学の終り」という文言さえも、以下のように修正されることになる。

しかし、それによって文学は消滅する、と私は思いません。Aは別の形で強迫的に回帰してくる、すなわち、Dとして。昨日の「近代文学の終り」をめぐる会議で、イギリスの批評家、アンドリュー・ギブソン教授はこういいました。文学は死んでも、終わらない、それは妖怪のように付きまとう（haunt）、と。私も、文学は必ず何らかのかたちで回帰してくる、と思います。「全世界に妖怪が徘徊している、文学という妖怪が」というべき事態が来る、と。

（「「近代文学の終り」再考」）

間接話法的な言い回しを通じて、ここではほとんど彼自身の「文学」回帰が語られている。かつての言動との落差をあげつらうのではなく、「社会科学」や「哲学」の外部にあり、それらを基礎付けているものをやはり過ぎ去った「文学」として名指している彼の態度の一貫性にこそ留意しよう。**柄谷においては、つねに「哲学」を打ち立てたその後に、余剰が「文学」という形で亡霊的に回帰する。**交換様式という世界を秩序立てて説明する体系的な「哲学」は、むしろ逆に、そこから逃れ出てしまう「文学」を呼び込むのだ。柄谷があるときは「評論家」を、またあるときは「思想家」を名乗り、その都度、ヒステリックなまでに繰り返し「近代文学の終り」を宣告し続けねばならないのは、どうしても「文学」という根源的な余剰が自身の理論体系の内部に生まれてしまうことへの否認の身振りに他ならない。

しかし、このようにデビュー時から現在に至るまで「哲学」と「文学」の間をあいまいに揺れ続けているからこそ、柄谷は「批評家」たりえている。冒頭に紹介した通り、そもそも小林が近代批評の祖たる所以は、「詩人や小説家」でもないあいまいな立場を自覚的に引き受けていたからであった。ただし、「Japanese philosopher」として柄谷を評価する今日的な文脈では、彼の不安定な揺れ動きは綺麗に捨象されてしまう。

先に『批評とポスト・モダン』ではアメリカ＝グローバルな「思想」と日本＝ローカルな「文学」という対立が設定されており、その間の溝がいかに克服されたのかを問うておいた。おそらくそれは克服されたのではない。そうでなく、彼はみずから指摘した溝を自覚的に用い始めたのである。つまり、グローバルな舞台においては原理的な体系を打ち立てる「思想家」として振る舞いつつ、そこで抑圧されている余剰を日本のローカルな言説空間において「文学」として回帰させること。柳田や津島の再評価が「「文学」と「日本」が回帰してきた」と述べられる所以である。「僕がやっていることはいまでも文芸批評」などの発言は、バーグルエン賞のような場では発せられることなく、日本の読者に向けられたメッセージ、あるいは読者サービスとしてのみ示される。

まとめておこう。柄谷行人は批評というジャンルに本来的に孕まれるあいまいな両義性を体現している。彼が小林や江藤の直系であるのは、まさにその点にこそ求められるべきである。しかし、今日の彼は「哲学」と「文学」の間の矛盾を、国外と国内の言説空間の差異として上手く棲み分けさせる。かつて彼が繰り返していたクリシェを用いれば、小林以降の批評が体現していたように、そのあいまいさを危機＝臨界点（critic）として保持し続けるのではなく。あまり注目されない事実であるが、『批評とポスト・モダン』は欧米を席巻するポストモダニズムの潮流を批判する傍で、ひっそりと小林秀雄に追悼の意を捧げている（小林は一九八三年没）。そこでは小林に見られる「思想」と「文学」の間の揺れ動きが、まさに批評という営みに内在する危機的な緊張感として定位されていたはずであった。

パスカルについて、小林秀雄さんは、あまりに速く回っているコマは静止しているように見える、といったことがある。その言葉は小林さん自身にあてはまるように思う。死に至るまで迅速に回転しつづけ、しかもあくまで静止しているように見えたコマ。（…）

しかし、考えてみると、小林さんはコマが回っている台座、いいかえれば、我々がそこで回らねばならず、かつそこから逸脱せねばならないような場所そのものを確立したのだといえる。だから、どんなことをいっても、私たちはそういう安定した台座の上にいた。そんな台座がもはやないのだということを考えようとしなかった。

（「私と小林秀雄」）

「思想」でも「文学」でもない批評という奇妙な営みは、あたかも常に回っていなければならない独楽のようなものである。小林が作り出したその緊張感溢れるゲームの場があったからこそ、アメリカ＝「思想」と日本＝「文学」との間で揺れながら、「コマ」としての振る舞いを存続させることができたと柄谷は言う。だが、先に整理した②から③の時期、とりわけ③以降で柄谷は、もはやそのような緊張感の下で回り続けることを辞めてしまう。世界的に資本主義が猛威を振るっているのであるから、カントとマルクスを用いれば、日本の貧しい言説空間をすっ飛ばして普遍的な原理を打ち立てることができる、とでも言うように。

一方、そこで棚上げにされたものは、反動的に日本の言説空間へと回帰してくる。最新作『力と交換様式』は小林も柳田もすっ飛ばし、素手でヘーゲルやマルクスと対峙するような著作になっている。だが、あくまで批評家でしかない彼は、普遍的な原理への決まりの悪さから、あるいは読者サービスから、文芸誌において自身の理論体系と付合するものを日本の文学者の著作に発見したと書き付けざるを得ない。今、我々の前で繰り広げられているのは、このようなうさん臭い分業体制に他ならない。[4]

ただし一点付け加えておくとすれば、小林を見送った後、柄谷は「台座」作りに注力した時代があった。浅田彰との共同編集による雑誌『批評空間』（一九九一〜二〇〇二）の時期であり、とりわけ同誌に掲載された「近代日本の批評」（『季刊思潮』『批評空間』一九八九〜一九九二）というプロジェクトがそれである。この試みは、貧しい日本の言説空間の下で生きられた知性こそが、世界的な思想の潮流に重なり合うという『批評とポスト・モダン』の路線を敷衍したものであった。[5] その試みを継ぐ「現代日本の批評」（『ゲンロン』二〇一五〜二〇一六）にて東浩紀は「近代日本の批評」を通じて「「柄谷行人を中心とする批評の磁場」ができあがる」と述べている。だが、柄谷が「思想家」を名乗り始めた現在、こうした東の観測さえ、もはや過去のものとなりつつあるだろう。

したがって、往時の読者には既視感を呼び起こそうが、改めてまた批評の土台作りは始められる必要がある。批評というあいまいで無根拠な営みは、独楽回しの場と独楽の回転という両義的な振る舞いを要請する。東の言うとおり、「近代日本の批評」も「現代日本の批評」も、柄谷を主軸に置くことで歴史的なパースペクティヴを成立させていたとすれば、その見立ては柄谷のバーグルエン賞受賞によって吹き飛んでしまった。いま我々は、独楽として自由に回ることさえできない。アカデミズムに権威化された「思想」と、そこから分け隔たれた在野・ライター的な「文学」との間で、相互に炎上を繰り返し、不自由な後退戦だけを強いられている。**これが本書を立案した私の現状認識であり、そこにまず柄谷への言及を寄せた理由である。**

では、この不毛な状態を乗り越えて、新たな批評の土台の確立をどこから始めるべきか。その道を柄谷のテキストの読み直しから導くことで、本稿を締め括ろう。ある時期の柄谷が小林の空位を引き受けたように。

3 あいまいな文章とその倫理

> 私の前には幾人かの優れた先達がいて、批評がスリリングな自己表現の形式であることを証し立てている。スリリングというわけは、本来それが自己表現を固く禁じているからだ。これは私には抗しがたい魅力を与える。(…)いかに書くかは技術的な問題ではなく、もっとも倫理的な問題であり、ここにすべてがふくまれる。
>
> 批評が文学となりうるのはこういう地点においてのみだ。そして批評が、批評家自身の存在の一端に確実に触れるのもこういうときだけである。
>
> （「批評家の「存在」」）

右の文章を書いた若き柄谷によれば、批評とは「自己表現の形式」であると同時に、「本来それが自己表現を固く禁じている」奇妙な営みである。しかし、この「スリリング」さが「批評が文学となりうる」地点と述べていたにもかかわらず、ある時期以降の柄谷は「思想」と「文学」を上手く棲み分けさせ、そのあいまい極まる独楽回しのゲームから降りてしまう。彼が書くところによれば、「批評が文学となりうる」のは「倫理的な」姿勢の問題である。その「スリリングな」営みの二重性を読み得ないとすれば、読み手の「技術的な問題」ではなく、やはりこれもまた読者における「倫理的な」姿勢、つまりは「文学」に対するリテラシーの問題であろう。

グローバルに応用可能で普遍的な学としての「思想」と、自己表現の垂れ流しとしての「文学」という安定的な弁別――いまはこればかりだ――は、読む我々を安心させる。対して批評が「思想」と「文学」の間で占めるあいまいな両義性は、書き手の「倫理的な」姿勢によって読み手のあなたにも「倫理」を迫り、我々を確固とした立場のない不安へと陥れる。あいまいな批評家であるところの柄谷行人が、批評を通じて読者に要請するのはこの地点だ。

巷間言われる「批評の衰退」なる現象があるとすれば、それは書き手も読者も互いを安心させるためにしか書いていないからである。『批評とポスト・モダン』までの時期、柄谷においてその緊張感が生きられていたことはすでに述べた。では、読者はいかにしてそこに参入すれば良いのか。柄谷の文章と、これをまさに読者の「倫理」の問いとして読解しているある後続の書き手との関係性を例に取ろう。

スチュアート・ヒューズは、一九三〇年代のフランスが知的鎖国状態にあったことを指摘している。この知的貧血状態がのちにドイツ哲学の生硬な言葉の乱暴な導入を生理的に要求したのは周知の事実である。小林秀雄が受けとったようなフランスの知的洗練は、いいかえれば知的貧血なのだ。すると、小林秀雄の批評が生彩を放っているのが、マルクス主義運動の全盛期、生硬な概念が暴力的にとびかった時期だというのも当然かもしれない。すくなくとも、そこにはダイアローグがあったが、マルクス主義の壊滅後にはそれはない。そして、実際の鎖国状態のなかで異様に美しくとぎすまされていった言葉が残されている。

（「交通について」）

この文章はいまだ小林が存命であり、小林の影響を否認することで柄谷が独り立ちしようとしていた時期に書かれたものである。右の叙述について、批評家の福田和也は「悉く事実に反する」と嘲笑しながらも、「文意に異義と反発を覚えながらも、私は、文の力に圧倒されてしまう事を認めざるを得ない」と書き付ける（「柄谷行人氏と日本の批評」）。福田によれば、「僅か一段落の裡に、三〇年代フランスの洗練＝鎖国＝貧血→小林秀雄の洗練＝鎖国＝とぎすまされた言葉、という図式を作りあげ、マルクス主義との対抗＝ディアレクティーク＝交通、という図式と対置する手腕は見事」であり、ここには「読者を問題の核心に引きずり込む」柄谷批評の本質が隠されている。福田の指摘に付言すれば、「周知の事実である」「いいかえれば」「当然かもしれない」としばしば挟まれる断言と飛躍、「貧血」「暴力」とあえて「生理的」な言葉遣いを用いている点もまた、さらにこの叙述の迫力と緊張感を高めていることは言うまでもない。

福田が驚嘆するように、こうした文章はどのような意味でも**日本語の文章の芸であるところの文芸批評でしかない**。ここで読者に伝達されているのは、説得的な論理展開でもなく、文献調査による成果でもないからである。しかし他方で、小林に託す形でマルクス主義との対決が知的な緊張を強いるはずだという、巧妙に隠された自分語りが秘められている。思えば、読者が右の叙述から何かを感じ取るとすれば、それは全くもって奇妙な営みに他ならない。先に柄谷は、このようなねじくれた日本語を書く「技術」、そしてその「思想」でも「文学」でもないあいまいな立場を文章のみで作り出すことこそが、批評家なるものの「倫理」であると説いていたのである。

翻って、このような文章は読み手の姿勢をも問う。右の文章を「思想」として読み、三〇年代フランスの知的状況や小林の活動に関する実証的な裏付けを掴もうとしても失敗せざるを得ない。同時に、これを安閑とした「文学」的な読み物として捉えてしまう者は、そこに込められた知的緊張や修辞的な技術さえ——つまりは本来的な意味での文学さえ——理解することができない。読者において必要なのは、まさに柄谷からバトンを継いだ福田が正しく読んだように、嘲笑した後に思わず熟考させられてしまうような読み書くことの技術＝「倫理」に他ならない。右のように書いた福田を柄谷が批判するのではなく、むしろ彼に自身の後継を見出した所以である(「禅譲?!」)。

そして、我々はここに文芸批評の伝統の理想的な継承のしかたを見出す。かつて柄谷は、仏文学やマルクス主義理論の継ぎ接ぎによる翻訳調の奇妙な日本語を通じて、根拠のない思考の場を作り出した小林のあいまいな立場を引き受けた。その系譜を意識しながら、福田もまた柄谷の文章に込められた飛躍の数々と読者を引きずり回す言葉の力強さを評価する。小林から柄谷へ、柄谷から福田へ、そしてまたあなたへと、あたかも独楽の回転のように、読み手も気付かぬうちに書き手の思考に巻き込まれてしまうのが、批評というあいまいでねじくれた文章のもつ力に他ならない。

柄谷の文章には、説得的な論理展開が存在しない反面で、緊張感を持って書き手が何かに対峙していることを示す、歪んだ自己表白と読者に対する思考の運動への誘いだけがある。彼はみずからが独楽として回ることで、読者にも回れと迫る。そのような誘いは近年の柄谷の著作からも感じ取ることができよう。例えば、最新作『力と交換様式』の任意の一節を引用してみよう。柄谷はヘーゲルやマルクスの著作を引用しながら、非常に奇妙な形で議論を進める。

たとえば、ヘーゲルは、ダイモン(精霊)に「議会に行くな」といわれたため、広場に行って問答を始めたソクラテスにかんして、次のように述べている。

確信をもって決断をくだす主体性が、ソクラテス自身においてどのように独特の形をとるかは、またべつの問題です。(…)事実、こういう現象はおこるので、ソクラテスの場合には、知は決断と思考に関係し、意識的自覚的に生じたはずのことが、このような無意識の形式でうけとられたのです。(『ヘーゲル哲学史講義』)

なぜソクラテスは広場に行って討議するようになったのか。その理由は不明である。しかし、ここで大事なのは、彼がそのことを意識しておこなったのではない、ということである。であれば、ダイモンとはソクラテスの「無意識」だといえるのではないか。ヘーゲルはそう考えた。「ヘーゲルの弟子」だと公言した時点で、マルクスも同じようなことを考えていたといってよい。実際、『資本論』でマルクスは、交換において何が生じるかについて、つぎのようにいう。

したがって、人間が彼らの労働生産物をたがいに価値として関連させるのは、これらの物が、彼らにとって同種の人間労働のたんなる物的な外皮として見なされるからではない。(…)彼らはこのことを意識しないが、しかしそうやっているのだ。だから価値の額に、価値とは何であるかは書かれていない。(第一巻第一篇第一章)

「ヘーゲルの弟子」としてのマルクスは、『資本論』で「無意識」

をもちこんだ、というより、ダイモン（精霊）をもちこんだ、といってよい。
（『力と交換様式』）

柄谷がヘーゲルとマルクスを参照する二つのブロック引用を挟んで長々と挙げた。『力と交換様式』の右の箇所では、ヘーゲルに関しては単行本の二ページ二八行にわたって、マルクスについても半ページを費やし五行の引用が行われている。見られるように、柄谷はその引用に推論を重ねるだけであり、いかなる注釈も解説も行わない。論文であれば破綻している箇所から読者がかろうじて触知しうるのは——引用が膨大すぎるために抜き書きとそれに対する柄谷の注釈はほとんど対応が見えない——、柄谷自身がヘーゲルやマルクスの著作を読んで考えていること、また読者にもそれを通じて考えろと迫っているということ、だけである。

ヘーゲル読解やマルクス読解として誤りであるという「哲学」的な反論は、ここでは空転せざるを得ない。他方、彼の主張は「ヘーゲルはそう考えた」「マルクスも同じようなことを考えていた」と過去の哲学者に間接話法を用いて語らせる、「文学」らしいねじくれた自己表白の形を取る。この文章を読んだ時点で、我々は柄谷の思考を追体験することで、「思想」でも「文学」でもないあいまいな批評という運動に巻き込まれ始めている[6]。

不幸にも、現代は普遍的な学としての「思想」と、それから弁別される余剰としての「文学」に議論を分断させている。その時、読者の「倫理」は問われることがない。昨今、「批評の衰退」や「ポストクリティーク」などと言われる言葉は、このような批評の運動に身を任せないでよいことの言い訳として機能している。

福田和也は、先の論考を「私は、時に、柄谷行人氏の批評文を読んで、呆然とする事がある」と始めていた。批評の読み手に求められるのは、文章の飛躍や誤認にしばしば「呆然」としながらも、同時にそこに込められた企みに「圧倒」される力である。柄谷が小林を読み、柄谷を福田が読み、さらに福田を我々が読んできたように、批評とは読むことによってそこに巻き込まれてしまうことから始まる。

その意味で、「思想」と「文学」の間で奇妙な揺れを見せ続け、読者を扇動し続けている柄谷行人はいまだ我々にとって読み直されるべき批評家であり続けている。彼を批評家として読むのか、世界的な哲学者として遇するのか、焼け跡のような現状を新しい批評の可能性と捉えるのか、批評の終わりをそこに見るのかは、これから読者に委ねられている。

松田樹（まつだ・いつき）
一九九三年、大阪府生まれ。愛知淑徳大学・創造表現学部創作表現専攻講師。中上健次を中心に、戦後日本の批評と文学の研究を行う。「批評のための運動体」と銘打った同人誌『近代体操』の主宰・運営。主な論考に、「熊野への帰郷——中上健次『化粧』論」（『国語と国文学』二〇二〇年八月）、「村上春樹の「移動」と「風景」」（『近代体操』二〇二三年一月）、「変態へと変態せよ——熊野大学の浅田彰」（『新潮』二〇二四年二月号、森脇透青との共著）など。現在、中上健次に関する博論をもとにした書籍を刊行準備中。

1 Berggruen Institute 公式サイトより（https://berggruen.org/laureates/2022-laureate-kojin-karatani）。日本語訳は、上記の受賞理由を訳出の上で転載しているPRTIMESの記事を参照した（https://prtimes.jp/main/html/rd/p/000000001.000113157.html）。
2 柄谷とそれを取り囲む言説空間が切り離されてゆく光景は、かつて柄谷が率いた政治運動であるNAM（New Associationist Movement）の問題とも近しいかもしれない。この点に関しては、私と赤井浩太が編集に参加・協力した吉永剛志『NAM総括――運動の未来のために』（航思社、二〇二一）を参照。

3 柄谷行人「人生を振り返ることについて――私の謎　柄谷行人回想録1」（https://book.asahi.com/jinbun/article/14828259）。

4 この両義性が批評に本質的に付きまとうものであるならば、問題は柄谷だけのものではない。例えば、柄谷における批評の位置付けがあいまいに揺れ動いているのに対して、当初からその弁別に居直っているのが蓮實重彥である。蓮實は国際的には学者然として振る舞いながらも、日本語という参入障壁の内側では映画やスポーツや社会時評などを手広く扱い、書き手としての顔を使い分けている。この点に関しても、福田和也がやはり鋭い指摘を行っている。福田和也「蓮實重彥　どうしてそんなにエライのか?」（『諸君!』一九九七年二月号）を始めとする福田の評を参照。

5 例えば、『批評空間』で柄谷に伴奏した浅田彰もまた、マルクス主義を西欧で同時代的に摂取していた福本和夫などではなく、むしろ彼らと日本の言説空間で対峙し続けた批評家に欧米の知的潮流に重なるものを見ている――一例を挙げれば、小林秀雄はベンヤミンに擬えられる――。（Akira Asada "A Left Within The Place Of Nothingness", New Left Review, 2000）。彼らが近代日本の知的達成を評価する際に共有していたのは、以下のような認識であると思われる。「明治の思想は西洋の歴史にあらわれた三百年の活動を四十年で繰り返している」（夏目漱石『三四郎』）。

6 柄谷行人が〈意識〉と〈自然〉――漱石試論」で群像新人賞（評論部門）を受けてデビューを果たしたのは、一九六九年である。柄谷の登場が有していた画期性は戦後日本文学を規定してきた「政治と文学」という二律背反的な命題――それを引き受けた批評家が江藤淳と吉本隆明であった――をあえて等号で結び、文学を通じて当時の学生運動の興隆に応接しようとした点にある。柄谷や蓮實が六〇年代末から七〇年代の文学を政治化しようとしていた点に関しては、かつて企画した特集「「政治と文学」再考――七〇年代の分水嶺」（『国文論叢』五九号、二〇二二年三月）、および拙論「たった一つの、私のものではない「日本語」――ジャック・デリダ、中上健次、『批評空間』」（『Suppléments』（特集＝いま、国家の脱構築?――デリダ、レヴィナス、中上健次と「国民国家」）三号、二〇二四）を参照。

文献

柄谷行人「批評家の「存在」」『畏怖する人間』講談社文芸文庫、一九九〇年
　「交通について」中上健次との共著『小林秀雄をこえて』河出書房新社、一九七九年
　「私と小林秀雄」『批評とポスト・モダン』福武文庫、一九八九年
　『近代文学の終り』インスクリプト、二〇〇五年
　「荒ぶる魂」『坂口安吾と中上健次』講談社文芸文庫、二〇〇六年
　「私ではなく、風が――津島佑子の転回」『群像』二〇一八年六月号
　『世界史の実験』岩波新書、二〇一九年
　「「近代文学の終り」再考――文学という妖怪」『文學界』二〇二〇年三月号
柄谷行人・福田和也「禅譲?!」『リトルモア』一九九九年九月号
東浩紀・市川真人・大澤聡・福嶋亮大『現代日本の批評 1975-2001』講談社、二〇一七年
江藤淳『小林秀雄』講談社文芸文庫、二〇〇二年
福田和也「柄谷行人氏と日本の批評」『新潮』一九九三年一一月号

六八年の持続としての批評――絓秀実『小説的強度』を読む

INFUMIO
韻踏み夫

近年のＢＬＭ（ブラック・ライヴズ・マター）からも垣間見えるように、ヒップホップと人種差別への抗議が連動する現代において、その批評や研究から出発し、『日本語ラップ名盤100』（イースト・プレス）を上梓した韻踏み夫。現代史の転回点である一九六八年論の代表的な批評家・絓秀実を取り上げ、その主著『小説的強度』から、いま必要な理論的展開を描きだす。

SUGA HIDEMI

「しばしば私にはヘーゲルが自明であるかのように思える。だが、この自明は担うには重い」（『有罪者』）。なぜ今日――今日においてもなお――バタイユの最良の読者たちであってさえ、ヘーゲルの自明性をいともたやすく担えるほど軽いものであるかのように考える人々の列に加えられてしまうのだろうか。（…）過小評価され軽々しく扱われたヘーゲル主義はかくして、その歴史的支配をひたすら拡大していくであろう。（…）ヘーゲルの自明性は、それがついにその全重量をもってのしかかるようなとき、かつてないほど軽く思えるのである。

（デリダ「限定経済から一般経済へ」）

1

二〇一〇年代後半以降、絓秀実（一九四九―）という批評家への再評価が進んでいるかに見える。その要因は主に二つ挙げられるだろう。第一に、日本を代表する「六八年」の革命的批評家として。その評価は、絓の代表作と見なされているはずの『革命的な、あまりに革命的な』（二〇〇三）――二〇一八年に文庫化された――を筆頭に、『１９６８年』（二〇〇六）、共著を含めれば『LEFT ALONE――持続するニューレフトの「68年革命」』（二〇〇五）、『対論１９６８』（二〇二二）などによって形作られている。次いで、絓はとりわけ二〇一〇年代以降顕著になったポリティカル・コレクトネス（ＰＣ）問題においても強く参照される批評家でもある。それは、『「超」言葉狩り宣言』（一九九四）や『「超」言葉狩り論争』（一九九五）の時期におけるジャーナリスティックな著作群によってであるが[1]、同時に「華青闘告発」を大きく取り上げ、六八年の現代的帰結がPCであるとする六八年論とも密接に連関してもいる。つまり、絓は現在では、六八年と差別論の批評家として受け取られていると見てよいだろう。

しかしながら、初期——と便宜的に言っておく——の絓秀実とは他の何よりもまず、「昭和十年前後」（≒一九三〇年代）の批評家であった。デビュー作『花田清輝——砂のペルソナ』（一九八二）から始まり、『複製の廃墟』（一九八六）、『探偵のクリティック——昭和文学の臨界　絓秀実評論集〈昭和〉のクリティック』（一九八八）を経て『小説的強度』（一九九〇）に至る過程において、絓はこの、「昭和十年前後」という一時期に並々ならぬ関心を寄せ続けたのだった。[2]

『小説的強度』は絓の最高傑作としてきわめて高い評価を受け続けてきた主著と見做しうるものであり、そこでは批評史上においても稀有な理論的達成が見られるということも疑いない。「初期」の絓は「昭和十年前後」を思考するなかで、大きく言って、「表象＝代行機能の失調」（『複製の廃墟』）と「自己意識」（『探偵のクリティック』）という二つの問題に行きついていた。『小説的強度』はいわば、そこで得られた理論的精華を凝縮し、かつそれを縦横無尽に駆使してきわめて広大な知の領域——文学理論、哲学、経済学、政治思想、民俗学、人類学……——を横断する一冊であり、そのあまりにダイナミックで大胆な横断的記述こそ、本書の「批評的な、あまりに批評的な」魅力となっていることはたしかだ。他方、「あとがき」では、その理論的相貌に反して意外にもこれが「「時評」集として読まれれば、これに過ぎる喜びはない」とも述べられている。それは、本書が書かれた同時代の状況、すなわちポストモダンの「大衆消費社会」への批判的分析という、具体性＝実践性の色を強く持った書であることをも示している——実際、批評とは、理論と具体＝実践のあいだで引き裂かれつつもがくことでなくてなんであろうか？　このことを銘記したうえで、しかしここでは、あえてその具体性を捨象し、その理論的な側面にのみ焦点を当て、複雑かつ大胆に適用、変奏、連結される概念群の布置と運動の、ごく骨子のみを素描してみることにする。それは、その理論が、今度はわれわれの、そして未来の時代状況のただなかにおける具体性＝実践性の闘争に再び移植され、用いられるべきだと考えるからである。

2

『小説的強度』を特徴づけているのは、何よりもヘーゲルの「主と奴の弁証法」への異様なほどの執着である。一冊はほとんど、このヘーゲル弁証法の枠組みにもとづいて書かれていると言ってよい。すでに述べたように、それは「昭和十年前後」の問題から導出されたものだ。『探偵のクリティック』ですでに「世界史的に見て、一九二〇、三〇年代とは、それがヘーゲル的自己意識という問題を顕在化させた時代なのである」と述べられており、むろんヘーゲルの「自己意識」論とは、「主と奴の弁証法」を指す。『『ヘーゲル読解入門』のアレクサンドル・コジェーヴに倣って言えば、「主」と「僕」の弁証法として展開されるヘーゲルの自己意識論は、その哲学体系の要として、市民社会論、美学、歴史学の全領域を――すなわち全人間的世界を――覆っていると言える」(『探偵のクリティック』傍点引用者、以下同様)[3]。『小説的強度』が様々な知の領域を横断するような形で書かれているのは、ヘーゲル弁証法自体がそのような「全人間的世界」という広大な射程を持つからである。

しかし、『小説的強度』において「主と奴の弁証法」は「自己意識」論というよりはむしろ「コミュニケーション」論であると、定義し直されている。「ヘーゲル「自己意識」論の卓越性とは、この「無媒介態」として設定された自己が、それ自身の論理的展開によって、自己表現と、他者とのコミュニケーションを成立させるにいたる過程を記述し、解明したところにある。(…)『精神の現象学』は、自己意識の成立において、表現とコミュニケーションが成立していく様を論じていると見做すことができよう」。先に述べておけば、絓の目論見とは、このヘーゲル的「コミュニケーション」を乗り越えることである。しかしながら、そのために絓は、この「主と奴の弁証法」の運動に徹底的にまみれてみせるので、あたかも絓がヘーゲル主義者であるかのように見えてしまうほどだ。だがそれは、乗り越えるべき「ヘーゲル的枠組みの巨大さ」(『小説的強度』)がそれほどのものだからなのだと理解しておくべきであろうし、仮にヘーゲル主義者であるとしても絓は、デリダがバタイユに対して述べたような、「留保なきヘーゲル主義」者に近いような立場にこそ身を置いている。

いかにして「主と奴の弁証法」という「コミュニケーション」は始まるのか。はじめ自己は「自己自同的」であり、そこで相手を「否定的なもの」と見るので、「互いに他者を否定しようとして、「承認をめぐる生死を賭する戦い」に入らざるをえない」(同前)。ここが、無媒介だった自己が他者と媒介し、「コミュニーション」が駆動し始める地点である。そこで何が起きるのかと言えば、「周知のように、(…)死を賭しえた勝者が主と呼ばれ、賭しえなかった者が奴(僕)と名づけられる」(同前)。「主」と「奴」の分割であり、同時にそこに決定的な形で絡むのが「死」である。「そしてまた、主と奴のコミュニケーションを保証するコードも、死にほかならない」(同前)。ここに、「コミュニケーション」の端緒が開かれた。

むろん、「主」と「奴」とは全般的な二項対立関係をあらわす用語であり、「主」は優位にあり、「奴」は劣位にある。具体例をここで一度列挙してみよう。主体/客体、西洋/東洋、オリジナル/コピー、政治/文学、資本家/労働者、「買う立場」/「売る立場」、男/女、理性/下層、……。これらの間の「コミュニケーション」を探査することが問題なのだが、周知のとおり「主と奴の弁証法」の要点とは、その「主」/「奴」の序列が逆転する運動が説明されていることにこそある。そこで絓は「欲望」ということを思考する。「欲望は、まず主において満たされる」(同前)ことについては言うまでもないが、「主」の「欲望」を満たすために実際に「労働」するのは「奴」にほかならない。そして「主」の意図=「欲望」を「奴」が「代行」する=「労働」するということは、つまり「奴」が「欲望」から「疎外」されているということでもある(「労働疎外」)。しかし、その「労働」が蓄積されていくなかで、(「主」性としての)「欲望」は「奴」の側へと移り行くことになる。「奴の欲望は、死を延期する「時間」=労働として現実化していくのである。ここにおいて、奴は主への「畏怖」を失いつつある。主と奴の序列が逆転する契機がめばえているのだ」（同前）。このようにして絓は、ヘーゲルの脱構築のために、ヘーゲル弁証法の論理展開にその果てまで付き合うことになる。本書で実際に用いられている言葉を借りれば、つまり「踏破しつつ批判する」（同前）というのが、絓のヘーゲルへの戦略的態度なのである。

3

この「労働」がきわめて重要な概念であることは言うまでもない。そもそも「ヘーゲルが人間の本質を技術＝労働として捉えていた（…）」（『小説的強度』）からである。ならば「労働」とはなにか。端的にそれは、「奴」が自らの劣位性を「回復」するための運動に与えられた名前だと解しておいてよい。そしてその「労働」を駆動するエンジンとして、ニーチェ的な「恥」の問題が絡むことにもなる。「奴」は「主」に対して劣位に置かれており、そのことは、「遅れ」、「後れ」などとも言い換えられる（同前）[4]。ならば「奴」は自らの「遅れ」＝劣位性を「恥じ」て、それを「回復」させようとするだろう。しかし、この一見ごく自然な運動の力学自体に、おそらくクロソウスキー『ニーチェと悪循環』を媒介にして[5]、ニーチェ的な視角から批判的な目が向けられる。「「奴」は「主」を模倣するが、しかしそのことによって「奴」であるのではない。そうではなく、模倣を恥じることによって「奴」となるのである。あるいはまた、「奴」は「主」を模倣しながらも、それを自ら恥じることによって、逆にその恥を隠蔽しようとする。（…）「奴」につきまとう恥の意識をニーチェに倣って「疚しい良心」とも呼びうる（…）」（同前）。そしてこの「恥の意識」＝「疚しい良心」がエンジンとなり、「労働」（劣位性の「回復」運動）が駆動するのである。なお述べておけば、それに対する絓の基本的な戦略とは、単純化して言うなら、そもそも劣位性を恥じなければよい、というようなものである。

「労働」が「遅れ」を「回復」する運動一般のことを含意するというのは、単にそれが経済学的な範疇のみには収まらないということでもあり[6]、たとえば、その「労働＝技術」というヘーゲル的人間観が文学論に適用されるならば、「その時、労働＝技術という小説＝文学の本質は、表現という水準において抽出されなければならないことになるだろう」（同前）と、つまり「労働＝表現」の等式が成立することになる（「表現」＝「表象＝代行」論的文学観への批判）。たとえば具体的には、「政治」を、あるいは「実生活」を、「文学」が「労働＝表現」するというような——および、その「主」／「奴」を逆転させたヴァージョンとして、政治や実生活に対して「文学の自律性」を主張するような——支配的なパースペクティヴへの批判を絓は基本的な問題意識として有している[7]。この「労働」批判について最も重要なのは、その論理的な前提であり、それは次のようなものだ。「すなわち、労働＝表現は疎外としてしか体験されえず、そしてまた、その疎外は労働＝表現によってしか回復（止揚）しえないというヘーゲル＝初期マルクス的な——二重の疎外の二重の否定による止揚の——磁場（…）」（同前）である。つまり、労働＝表現はすでに「疎外」されており、その「疎外」を「止揚」するためにも「労働＝表現」せざるをえないという、外部なき疎外－回復という図式が、ここで批判されている。

だから、絓の問題意識は一貫して、このような疎外‐回復という図式の外側へと脱出することにほかならないが、しかしそこで特徴的なのは、その脱出の困難へのきわめて強い自覚と警戒であり、その「磁場」の抜け出しがたさをあまりに執拗に描くので、むしろ読む者にその外部は不可能なのだと主張していると錯覚させてしまうほどなのだ。

しかしそのことすら、すでに本書の概念装置の中に組み込まれていると言える。ヘーゲル的体系からの脱出の困難を示しているのが、「悪循環」概念であるだろう。「奴」の「労働」の蓄積によって「主」が乗り越えられ、序列の逆転に成功すれば事は済むのかといえば、そんなことはまったくない。もし、「奴」の「労働」による「主」の殺戮、すなわち「王殺し」（典型例はむろんフランス革命）が成功したらどうなるのか。問題は、「王殺し」後においても、「主と奴の弁証法」という「コミュニケーション・システム」自体はいささかも揺るがないことである。「主」が死んでも、「奴」の間で再び「承認をめぐる生死を賭する戦い」が行われ始めるだけだからである。

「王殺し」の後には何が起きるか。「王殺し」の後には「奴」のあいだに「罪の意識」――それは「王殺し」以前に「奴」が「主」に対して抱いていた「恥の意識」が反転したものだろう――が芽生えることになる。「しかし、主の意図なくしては、奴は表現すべきものを持たない。それゆえに、主がいかなる形であれ死んだ後には、奴は罪の意識を必要とするのである。だとすれば、労働＝表現自体が、「悪循環」にほかならない」（同前）。その「罪の意識」から「奴」は「オリジナル」を再び措定するという「悪循環」に入ることになるのであり、ゆえに「労働」概念ではヘーゲル的「コミュニケーション」の外への脱出は不可能なのである。この「悪循環」の感覚に徹底的にまみれながら、粘り強くその外部を切り開こうとすること。ではいかにして外部は垣間見られることになるのか。

4

そこでヘーゲル体系の脱構築のための有効な戦略として肯定的に取り上げられるのが、「フェティシズム」である。足掛かりとなるのは「否定」概念である。まず、「労働＝表現」とは、「死の恐怖」に屈した「奴」が「主」を「否定」する運動だとも換言できる。「このことは、「死の恐怖」こそが奴的否定の運動の動力であることを意味していたが、その動力は、労働として、あるいは表現として発現したものである」（『小説的強度』）。

そのうえで絓は、このヘーゲル的「否定」を、フロイト的「否定」と重ね合わせてみるという操作を施す。「このように考えると、ヘーゲル的否定の概念をフロイト的否定の概念に置き換えてみることが可能になる。奴が否定しようとしているのは、「死の恐怖」としての「去勢」だと言えはしまいか。われわれは――すなわち、奴は――去勢を否定しようとして、労働＝表現におもむくのだが、だとすれば、去勢の否定として表現されたイメージ＝偶像が、男根であることは言うまでもない」（同前）。「死の恐怖」と「去勢」の論理的共通点とはなにか。それは私たち「奴」が、つねにすでに「主」的なもの、起源やオリジナル（「死」および「男根」）を喪失しており、そこから「疎外」

された存在だと規定することにある。だからここでも、疎外－回復（＝「否定」）という図式が共通しているわけだ。

このときフロイトは「否定」と「否認」という二つの概念を区別しているのだから、議論は今度は、おそらく『マゾッホとサド』のドゥルーズを暗黙の参照項としつつ、「否認」の方へと向かうことになる。「否認もまた、去勢に関わるフロイト的概念である。否定が男性的な構えであるとすれば、否認はおもに女性とフェティシスト、精神病者の構えである」（同前）。絓は別の箇所で、「改めて主－奴なるヘーゲル的コミュニケーション・システムをながめてみると、主も奴もともに「男」であることが暗黙の前提とされていると知られる」（同前）と述べていたのだから、つまり「主と奴の弁証法」自体がすでに「男性的な構え」である。その男根中心主義を批判するために、「否認」という非「男性的な構え」が思考されているのでもある。「男性とは、否定によってイメージとして再建された男根に、直接的にリビドー備給する存在だと言える」のに対して、「ところが、女性あるいはフェティシストは、去勢という現実を拒否すると同時に、それを承認するのである。この分裂した二つの態度の共存が、去勢の否認にほかならない」（同前）。

だから、なぜ「否認」を実行する「フェティシスト」に重要性が置かれるのかと言えば、それは以下のようになる。「否定」とは、上で確認した、「奴」が劣位性を「回復」し、なにかを「再建」しようとする運動と同義である一方、「否認」はその支配的な運動から逸脱し逃走してゆく運動にほかならないからなのだ。「この承認と拒否の二重性――差異――が否認の強度を産出する。（…）フェティシストはロマン主義者の隣にいながらも、それを根底的に批判するのだ。ロマン主義者は、最終的には、イロニーという技術を用いて、ポイエシスとしての労働＝表現の再建を目指しているが、フェティシズムは、ただ技術として、つまり方法として存在することができるだけだからである」（同前）。「否認」とは何かを「再建」する定立的な運動ではなく、閃光のように「強度」を垣間見せるだけであり、それゆえに「技術」＝「方法」[8]としてのみ存在しうるだけである。しかしながら、そこにおいてこそヘーゲル体系の「外」への細い道が現れる。ここでは、「フェティシズム」とは、主と奴の弁証法の内部から外部へと割って出る、微かにのみとらえられる運動にほかならないのだ。

5

ここで「技術」と「強度」という重要な概念が登場している。まず、絓は「労働＝技術」という等号を組むヘーゲル的発想に反して、「技術」を「労働」から分離したブランショについて検討していた。「ブランショの言うオデュッセウスの技術から、注意深く労働という概念が消去されて」いるので、「ブランショにおいて小説を特徴づける技術は、労働との間の等号を抹消されていると言ってよいだろう」（『小説的強度』）。小説の「起源」とは、という問いにおいて、ヘーゲル的パースペクティヴからすればそれはおおむね、「労働＝技術」の蓄積において「起源」あるいは本来性を「回復」することが問題となる一方、ブランショは「技術（≠労働）」としての小説を、「起源からの隔たり」（同前）と見做し、発想を逆転させたのであった。つまり、この文学論においても、やはりヘーゲル体系の「外」が目指されているわけだ。「われわれがブランショに倣い、ヘーゲルに逆らって、それは技術ではあるが労働ではないと言ってきたのは、その「外」を名指すための暫定的な措置であった」（同前）。

ここに見られる「技術」の自立という問題は、章を跨いでロシア・フォルマリズムについての分析へと持ち越されることになるだろう。近代にあらわれたリアリズムは、「言語による主体と客体の等価交換として把握される」（同前）のであり、「等価性（平等性）を目指す——技術としての——ルサンチマン」とも言われる。つまりそれは、主（主体）と奴（客体）のあいだの「等価」で「平等」なコミュニケーションを、「技術」として演出する「まやかし」である。これをいかに批判するか。たとえば、ハイデガーは、「技術」が「労働」から自立し疎外されたことにおいて、近代の大衆社会の頽落を見て取る。同時代を生きたロシア・フォルマリズムは、このリアリズム批判と技術という問題において、呼び出されている。

フォルマリズムもまた、技術の自立を理論的な前提とするが、彼らはそれを疎外論的に批判するのではなく、むしろ逆手に取る。そこでは「技術の自立化」が主張されるのであり、「詩的イメージはすでに問題ではなく、ただ、いかにして書くかという技術のための技術こそが芸術上の価値を決定するということになる」のであり、「この時、言語による表象としてのリアリズムの前提は崩壊して、芸術なるものは内容（イメージ）を持たぬ空虚な形式（技術）を逆説的に内容としようとする、不可能な技術となる」（同前）。

ここで独特なのは、絓がこのフォルマリズム的「技術」をニーチェ（クロソウスキー）的「強度」と接続しようとすることである。リアリズムと「芸術のための芸術」の双方を批判するニーチェにとって、芸術とは「「強度」——として——のコミュニケーションにほかならないと言われる」（同前）が、シクロフスキーが問題としたのも「実は、イメージを欠いた強度そのもののコミュニケーションなのである」（同前）とされる。[9] シクロフスキーは、「描写の長大化」において「イメージ」を「異化」する。リアリズムという技術の自立化を徹底まで推し進めることで、逆に「イメージ」が崩壊するが、そのとき、何かが残る。それが「（小説的）強度」である。それは「等価交換」でないかたちで伝達するものである。だから、「リアリズムという技術が意図せずして生み出すものこそ、シクロフスキー的な強度である」とされる（同前）。この箇所が理論的重要性を担っているのは、本書の最大の課題であったヘーゲル的「コミュニケーション・システム」とは別の、その「外」（ブランショ＝フーコー的な）の「コミュニケーション」の存在が、ようやく記述されているからである。したがって、『小説的強度』の理論的な背骨とは、ヘーゲル的「主と奴の弁証法」というコミュニケーション・システムに対して、「強度そのもののコミュニケーション」を対置することにあると言える。「強度」と「コミュニケーション」とは何か。それはやはり、クロソウスキー、ブランショ、バタイユらからの影響が色濃いものである。クロソウスキーは、ニーチェに訪れた「永劫回帰」という「伝達不可能」な「強度」の体験が伝達可能な思想になるというギャップを思考した。ここに、「コミュニケーション」の問題が出てくるわけだが、モーリス・ブランショ『明かしえぬ共同体』（一九八四）の西谷修による「コミュニケーション」概念についての訳注を参照すれば、communicationには少なくとも「伝達」と「交感」という二つの訳し方が可能である。そしておそらく絓は「伝達」的「コミュニケーション」をヘーゲル的なそれと重ねており、「強度そのもののコミュニケーション」が「交感」的「コミュニケーション」に当たるだろう。西谷は実際、「交感」的な含意の方について、「この訳語〔「交感」〕は、知から〈非 - 知〉への移行のうちにある、絶対知という知的体験の極限が感性的強度として生きられる恍惚へ滑りゆく局面をよくとらえており」というように解説している。そこでは主客が消滅し「ここには伝えるべきものは何もなく、ただ「恍惚が」それ自体「交感するcommuniquer」のである」（『明かしえぬ共同体』）とされており、まさしく「強度そのもののコミュニケーション」という絓の記述と響き合っている。

6

先に述べた通り、絓秀実は一九三〇年代という問題を考え続けていた。一九三〇年代に活動した「社会学研究会」には、バタイユ、クロソウスキー、そしてコジェーヴらが集っていたのであり、その意味で、『小説的強度』に用いられる理論群もまた、一九三〇年代の問題の範疇にあると言える。日本の「昭和十年前後」や「近代の超克」という三〇年代を、フランスの「社会学研究会」という三〇年代と重ね合わせて思考しようとする絓の姿勢を見いだすことができる。

ここで、絓がきわめて理論的な『小説的強度』を「時評」として読まれたいと望んだことの意味も、より明らかになってくるだろう。六八年の「敗北」――あるいは皮肉な「勝利」――の後に、日本はポストモダンの大衆消費社会へと向かった。吉本隆明のように、ポストモダンの大衆消費社会を肯定することは、絓的に言えば、「奴」（＝大衆）の「労働」によって、「主」（＝前衛）を乗り越えたと勘違いすることでしかない[10]。『小説的強度』は、そうした「現代性」に抗って書かれたのであり、一九三〇年代とは、それらの問題の根がある時代として見出されたものであったのだ。

したがって、はじめに便宜的にしておいた、六八年論、差別（PC）論、一九三〇年代論といった絓の仕事の区別は、もはや不要になったと言える。それらには一貫性があるからだ。六八年革命は、五六年のスターリン批判における共産党への信頼の崩壊が前提になっている。しかし、そもそも三〇年代における日本とフランスでは、迫りくるファシズム、全体主義によって、マルクス主義者たちは危機に陥っていた。三〇年代がかえりみられねばならなかったのは、そこでの問題が、スターリン批判以後に回帰することになったためにほかならない。そのことは、六八年を直接に論じた『革命的な、あまりに革命的な』においても、折に触れて三〇年代問題が触れられることからも知れる[11]。

それゆえ、絓の批評とは一貫して、「持続するニューレフトの「68年革命」」としてあり続けんとするものであることが再確認される。思うに批評家とは、それが政治的なものであるにせよ、文化的、個人的なことであるにせよ、自らが接し巻き込まれた「出来事」からしか生まれえぬものであり、絓秀実は六八年という特権的な「出来事」に――ほとんど孤独に？――忠実であり続けている。

韻踏み夫（いんふみお）
一九九四年、福岡県生まれ。ライター／批評家。著書『日本語ラップ名盤100』（イースト・プレス、二〇二二）。連載「耳ヲ貸スベキ――日本語ラップ批評の論点――」（二〇二一〜二〇二二年、文学＋WEB版）、「フーズ・ワールド・イズ・ディス――ヒップホップと現代世界」（二〇二三年〜、文学＋WEB版）。論考「ライマーズ・ディライト」（『ユリイカ』二〇一六年六月号）、「渡部直己の「弟子」としての体験を書き記す」（『対抗言論――反ヘイトのための交差路』三号、二〇二三）、「ひとつではないヒップホップの性」（『ユリイカ』二〇二三年五月号）など。

1 それは近年出版されたPC論である、千葉雅也、二村ヒトシ、柴田英里『欲望会議――「超」ポリコレ宣言』（KADOKAWA、二〇一八）、綿野恵太『「差別はいけない」とみんないうけれど。』（平凡社、二〇一九）などに引き継がれていると言える。

2 「昭和十年前後」という用語はもともと平野謙によるもの。それへのこだわりについて、絓自身こう述べている。「ベンヤミンの「第二帝政期」狂いには及びもつくまいが、実際に生きたわけでもない一九三〇年代を、あたかも自分の同時代であるかのように思い込んでしまう感性は、『花田清輝――砂のペルソナ』を書きつつあった時以来、日に日に強まっているようだ。一九三〇年代、あるいは平野謙の言う「昭和十年前後」における、言葉の表象（再現）機能の失調といった出来事が、現代の、大衆消費社会とも呼ばれる「複製技術時代」を生きる者にとって、他人事とは思えないのである。ベンヤミンが――あるいはバタイユやブランショが――生きた一九三〇年代が、私にとっての「第二帝政期」のように感じられる。」（『複製の廃墟』）

3 なおこの段階では「「主」と「僕」の弁証法」と表記されるが、『小説的強度』においては「「主」と「奴」の弁証法」と改められ、そのうえで「奴」と「僕」のあいだには概念的区別が設けられている。「労働によって主と奴の序列を逆転した時、奴は僕（ぼく、しもべ）という主体になるだろう」（『小説的強度』）。

4 「小説の方へ――「昭和十年前後」のプロブレマティックをめぐる二つのイントロダクション」を参照。なお、「遅れ」概念はすでに、『探偵のクリティック』所収「前衛と遅れ」において論じられており、ここでも、「遅れ」を回復しようとしないこと、という基本的戦略は通底している。

5 ピエール・クロソウスキー『ニーチェと悪循環』（兼子正勝訳、哲学書房、一九八九年）四〇〜四三頁を参照すると、主と奴の弁証法と、奴が労働に就くことというヘーゲルの図式が示されたうえで、ニーチェの「《伝達不能な感情の至高性》という彼自身の特異性」が対置されていることが確認される。「文化は奴隷の生産物である――そしてそれを生産したことによって、「奴隷」はいまや意識的な主人となった――ヘーゲルはそう証明したのである」。「［ニーチェ的「強者」≠「主」にとって］生は敵意ある抵抗を得て豊かになったり、共犯者の感情を得て大きくなったりするのだが、その生を感じとる恣意的なやり方のなかの至高性。［それに対して］「奴隷」は自分の感情を放棄して、その代わりに、自分を感情から遠ざけて恣意性に対して正当化してくれる労働を取る」。

6 逆に、経済学的な「労働」概念の検討は第四章「疚しさと価値形成」においてなされる。

7 たとえば、「プティ・ブルジョア・インテリゲンツィアの背理」（『複製の廃墟』）では、政治／文学を分節するパースペクティヴを果てまで生き、それが脱構築される地点まで進んだ平野謙の姿が描かれ、肯定的に評価されている。

8 この「方法」概念は、シクロフスキー「方法としての芸術」（後述）、および竹内好「方法としてのアジア」（「方法としてのフェティシズム」の章を参照）を意識したもの。

9 正確に言えば、ニーチェ的「強度」とシクロフスキーのそれとは、前者には「情動性」があり後者にそれがないという点で、いささか些細な相違がある、とはされている。

10 「しかし、すでに明らかなように、死とは観念であり、それが自己意識を生むのである。その典型が、そしてそのことを隠蔽した時、「転向」論は完璧に「僕」の「労働」に向かった。「転向」とは「大衆の原像」を組み込むことの失敗であるとする、吉本隆明の「転向論」であることは言うまでもない。そこで前提とされているのは、「僕」＝「大衆」の「労働」の帰結の把握を誤らなければ、「主」の消滅を信じることができるはずだという、ヘーゲル的信念である。そして、ポストモダンとも言われる「現在」なる場において、「大衆」＝「僕」の「労働」が「主」の意思を実現してしまったとも見える時、「大衆の原像」は「マス・イメージ」となるだろう。そこでなされているのは、死＝無への敗北を隠蔽したままなされる「僕」＝「大衆」の「労働」の成果への曖昧な肯定にほかならない。」（『探偵のクリティック』）

11 たとえば、次の記述。「一九三〇年代は、それ以前もそれ以後も繰り返し参照される特権的な時代にほかならない。日本において知られるものに、平野謙の「昭和十年前後」を中心とする文学史観や、竹内好が再評価をうながした「近代の超克」問題がある。あるいは、われわれの六八年史論に接近するところでいえば、フランスの五月革命は、その思想的・文学的淵源として、モーリス・ブランショやジョルジュ・バタイユの一九三〇年代を見いだした（ジャン＝リュック・ナンシー『無為の共同体』、ブランショ『明かしえぬ共同体』等参照）。これは、一九三〇年代問題が「近代」におけるリミットを構成していることを意味している。」（『革命的な、あまりに革命的な』）

文献

絓秀実『複製の廃墟』福武書店、一九八六年
『小説的強度』福武書店、一九九〇年
『探偵のクリティック――昭和文学の臨界　絓秀実評論集〈昭和〉のクリティック』思潮社、一九八八年
『増補　革命的な、あまりに革命的な』ちくま学芸文庫、二〇一八年
ジャック・デリダ、合田正人／谷口博史訳「限定経済から一般経済へ――留保なきヘーゲル主義」『エクリチュールと差異』法政大学出版局、二〇一三年
モーリス・ブランショ、西谷修訳『明かしえぬ共同体』朝日出版社、一九八四年

批評と運動、あるいは東浩紀の批評的アクティヴィズムについて

森脇透青
MORIWAKI TOSEI

批評のみならず書籍出版や人文系のイベントスペースの運営等を通じて、ゼロ年代以降の批評界を牽引し続けている東浩紀。東が「再発明」した「ポスト・モダン」「誤配」等の概念を文脈に即して読解し直し、その活動全体から東の批評的視座を見いだす。執筆者は気鋭のデリダ研究者であり、批評誌『近代体操』を主宰・運営する森脇透青。

AZUMA HIROKI

どういうわけか「批評」なる営為に携わるようになってからしばらく経つのだが、このような仕事をしていてしばしば突きつけられる問いがある。それは、「批評」は結局のところ現実をどう変えるのか、という問いである。それはただの事実確認ではない。こう問うひとは裏面に、「で、あなたのやっていることはただの思考の遊戯にすぎないんじゃないですか?」という冷めたまなざしを隠しているのだ。

実際、私は何人かの活動家から「プチブル・インテリ」だと罵られたことがある。その通り、現実離れしたプチブル知識人とやらで結構、と甘んじて受け入れる気分のほうが大きいが、しかしあえて応答しようとすると難しい問いだ。批評と運動はどう関係する(べき)か、「理論と実践」と言ってもいいし「政治と文学」と言ってもいい、古臭い見飽きた問題系に、安定した答えはない。この応答しがたい疚しさを消し去ろうと思えば方策は数多くある。「いつか誰かが読んで現実を変えてくれる、そのための蓄積を作っている」と、歴史と学問への期待を口走って済ませることが、一番手っ取り早く何もしない口実となるだろう。逆にその良心の疚しさから、積極的に運動の現場で奔走し、ときには「革命」の可能性をちらつかせ、ラディカルぶって「批評はアジビラ」だという、言い切る側にとってのみ爽快な態度に満足することもできる。いやいや「理論と実践」という対立自体が疑わしい、「実践」を「政治」ととらえるのは定義が狭いのだ、実践はもっと具体的な生の実態に根ざしたものだ、と「脱構築」してみせて——そうして結局のところ「実践」という概念を抽象化

し棚上げして——昨日までと特段変わらぬ「具体的な」生活を安穏と継続することもできる。いや、批評は政治から溢れた少数の読者の傷によりそうためにあるのだと、福田恒存のような図式（「一匹と九十九匹と」）を持ち出して読者とともに生きているフリをすることもできる。

可能性はいくらでもあるものだ。事実、こうした取り組みのすべてはそれぞれたしかに一定の説得力を持っていて、それぞれに一定の真理を言い当ててもいる。しかしいずれにせよなにか居心地が悪い。なにか嘘をついているような、恥ずかしいような気持ちが拭えない。だが実のところ、このいたたまれない居心地の悪さこそ、日本で批評と呼ばれてきた営為に、亡霊のようにつきまとってきたものなのかもしれない。「理論と実践」がスムーズには結びつかない、その接触不良のような「ねじれ」において、しかしたんに内省的になって終わるわけでもなく、同時に「実践」への志向を否応なく宿してしまい、ときに実際の政治運動に結びつく、この奇妙でアンバランスな不健康さと強迫をこそ、「批評」のひとつの著しい特徴として見るべきなのではないか。

私がこの論考で論じる、ある批評家の「アクティヴィズム」もまた、こうした問題のひとつのケーススタディとして理解しうるものだ。かくして本稿の課題は「理論と実践」の分裂を乗り越えようとするひとつの営為を記述することである。しかしこうした記述は逆説的にも、「理論と実践」の隔絶をいかにも易々と乗り越えているように見える現代の諸思想に対し、その架橋がいかに困難なものであるかを主張することにもなるのだろう。

1 終わってくれないポスト・モダン

東浩紀（一九七一―）は批評家にして活動家である。このテーゼは揶揄でもアイロニーでもない。私たちは本稿を通じて、東の「批評活動」の系譜を記し、このテーゼを証明することになる。

東浩紀は一般に「ポスト・モダン」の擁護者として理解されている。それも相対主義者の左翼嫌い、運動嫌いとして理解されている。それは現状の政治的場面において、一面においては正しい。しかし、東の活動について記述するうえでまず理解するべきは、東が一般的な意味では「ポスト・モダン」を擁護してなどいない、ということだ。そもそも「ポスト・モダン」は何を指しているのか曖昧な語であり、その曖昧さによってしばしば恣意的なレッテルとして運用されている。一般的に言って「ポスト・モダン」は、フーコーともドゥルーズともデリダとも、ボードリヤールともクリステヴァとも一切関係がない。それは様々な議論の内実とは無関係に機能する、ひとつの便利な隠語なのだ。そのような無関係さを計測するひとつの指標は、「ソーカル事件」という雑な隠喩に違いない。この隠喩を使うほとんどの人間は、なにか良心ぶったものを掲げながら、「ポスト・モダン」の思想家の著作どころか、ソーカルとブリクモンのあの論文すら読んでいないという、一種の怠惰な無責任さの状態にとどまっている。

だから当然だが、現代、多少の誠実さと知性を持ちあわせる人間は、定義もなしに「ポスト・モダン」などという語を濫用しはしないだろう。東はすでに活動の初期においてその事情に自覚的であった。彼は二〇〇〇年の論考「ポストモダン再考」で、「ポスト・モダニズム」と「ポスト・モダン」の区別を提案し、その語を明確に定義している。東によれば、前者（「ポスト・モダニズム」）は、〈六八年五月〉と同期した哲学・運動・文化、日本では（日本でのみ）「現代思想」と呼ばれる一連の思潮を指している。それはフランスの思想家たちの固有名（フーコー、ドゥルーズ、デリダ、ラカンその他）によって想起される思想の傾向であり、それに連動した文化、種々の新たな政治運動や批判的理論（エコロジー、フェミニズム、マイノリティ運動、カルチュラル・スタディーズ……）を指している。

それに対し、後者（「ポスト・モダン」）は、社会的・政治経済的な状況を指している。つまり〈六八年五月〉以後、消費社会の大規模な拡大、グローバリゼーションの加速、反体制運動の失速と連動して生じた一連の社会的な状況を指している。この状況を象徴するのは、リオタールが『ポスト・モダンの条件』（一九七九）でいう「大きな物語」の失効である。世界全体を説明しうる大文字の理論（たとえばマルクス主義）が失墜したとき、さまざまな知と実践は交流するための共通の基盤を失い、バラバラに分裂したそれぞれの経験的世界を生きることになる。このとき、個々の専門知と「趣味」の差異はかぎりなく小さくなる。

ここで認識しておかなくてはならないのは、東浩紀が批評家として活動し始めた九〇年代後半、「ポスト・モダニズム」はすでにその批判性を失った、とされていた点である。たとえば柄谷行人は、一方で自身と同時代の「ポスト・モダニズム」思想家たちにシンパシーを抱きつつも、他方でその潮流が消費文化と融合してしまった点について、批判的であった（『批評とポスト・モダン』）。この事情は、ニューアカデミズムの騎手であった浅田彰の場合でさえ同様である（とりわけ八〇年代後半以降）。つまり東の分類を手引きとして言えば、柄谷は思想としての「ポスト・モダニズム」を一部肯定的に受け入れたとしても、社会状況としての「ポスト・モダン」を受け入れることはなかった――このことは、柄谷が大江や中上以後の文学（村上春樹や吉本ばなな）を拒絶したこととも並行的である。だからこそ柄谷は八〇年代の終わりに「近代文学の終焉」を宣告したのであって、それは「ポスト・モダン」化の加速によって、文学が表象＝代行の能力を失ったことを意味する。

「ポスト・モダニズム」と「ポスト・モダン」が連動していた時期はたしかにある。だが、「ポスト・モダニズム」が終わっても「ポスト・モダン」は終わってくれない。冷戦以後、「ポスト・モダン」的社会状況はますます加速している。つまり消費社会の拡大を通じて、「多様性」に満ち溢れた趣味的消費が覇権を握っている。誰も「ポスト・モダン」をことさらに言いつのらなくなったのは、「大きな物語」の失脚がもはや言うまでもなく当然になったからである。それはたんにベタな現実にすぎない。それが、少なくとも最近までの東の認識であった――この認識は『訂正可能性の哲学』（二〇二三）で明確に改められることになる。東は「シンギュラリティ」論の登場を「大きな物語」の復権とみなしているからだ。

しかし、いったん話を戻そう。「ポスト・モダニズム」はたしかにあらゆる大文字の権威を解体あるいは「脱構築」した。しかし「ポスト・モダン」化がより進行し当たり前となった状況においては、「ポスト・モダニズム」は個別の趣味的言説でしかなくなり、そのラディカルさと普遍性を失う。しかもこのタコツボ化は、当時の「ポスト・モダニズム」そのものと無関係ではない。東によれば、九〇年代、「ポスト・モダニズム」は、各業界の棲み分けと共犯によってかろうじて生き延びていたのである[1]。

東の批評の背後には、つねにこうした状況認識が潜んでいる。それは権力論でさえある。東浩紀はいつも、自身の概念を提出する前に、状況整理と課題の発見を先に行なっている。私が強調したいのは、この実践の全体において東の活動は「批評」たりうる、さらには「活動」たりうる、という点である。介入のための有効な戦略を練らない者は、アクティヴィストたりえない。東の用いる種々の概念――「誤配」や「データベース消費」や「観光客」や「訂正可能性」――は、この状況認識と分かち難く結びつき、状況介入としてもっとも有効なものとして（そう見えるように）提出される。この時期の場合、東は死語であった「ポスト・モダン」を再発明することで、その認識を提出した。

古名（paléonymie）の再発明は、現状認識を主張し、現在の理論的布置を整理し、批評の課題を再確認するための一種の戦略[2]である。だから、東浩紀の概念をたんに一般的で抽象的な含意においてのみ理解する場合、それは東浩紀の半分しか読めていない。そのとき手元に残るのは、何にでも適応可能な、空白のマジック・ワードだけである。たとえば『動物化するポスト・モダン』（二〇〇一）のいう「ポスト・モダン」とはすでに東によって改造された「ポスト・モダン」であって、それに基づいて東を「ポスト・モダン擁護派」として批判したところでその効力はきわめて限定的である。そうした批判は、無自覚のうちに東が改変した「ポスト・モダン」の用語に依拠しているにすぎないからだ。こうして批判はいつも、批判対象の図式のなかにみずから収まっていき、そこで場違いな安堵を覚える。しかしもちろん、そのような批判は一種の遠近法的な盲点にふい撃ちされている。言い換えれば、東の戦略の内部で抗っているにすぎない。

2 郵便から動物たちの公共性へ

この時期の東にとって克服すべき課題は、「ポスト・モダン」の「棲み分け」であった。東が「横断」や「横向きの超越」や「誤配」といった語を特権化するに至るのは、この状況認識においてである。「ポスト・モダニズム」は制度への閉じ込め・囲い込みによって、かつて持っていたような新鮮な知的役割、種々の知を横断させるフレキシブルさを失い、骨抜きにされている。ここで東は、かつて「ポスト・モダニズム」が持っていた知的役割を肯定するが、しかし今日その場所を占めるべきなのはもはや制度化された「ポスト・モダニズム」ではない、と考えるのである。

しかしそれにしても、柄谷のようなやり方――「カントとマルクス」への先祖帰り――によって「ポスト・モダン」の棲み分け状況を打破することはもはや不可能だ、と考えていたであろう東は、何を出発点とするのだろうか。

東浩紀の最初の著作『存在論的、郵便的――ジャック・デリダについて』（一九九八）の図式に基づくなら、たとえば近代主義（「形而上学」）の徹底によって近代主義の閉域を打破するという『内省と遡行』

の時期の柄谷の議論は、「否定神学的脱構築」に対応する。それに東は「郵便的脱構築」を対置する。ふたつの脱構築は本来デリダの読解から導き出された抽象的で思弁的な概念である。しかしその読解の成果はその後の東の仕事のなかで状況論化され、肉づけされ、実体化されることになる。私は先に東浩紀の「再発明」の戦略——最近の東はそれを「訂正可能性」と呼ぶ——を確認したが、それは彼自身の概念についても例外ではない。東浩紀は過去の自身の概念を現在に当てはめることで、あたかも現代の問題を先取りして過去から語っていたかのように来歴を「訂正」する。東は概念を過去の自身から盗んで改変する。しかし状況から思考へ、思考から状況へと反復横跳びしつつ概念を再発明しつづけるこのフレキシブルな運動においてはじめて、東は批評活動家たりうるのだ。ここで私はその功罪については触れずに、その「実体化」されたモデルの系譜を記述しよう。[3]

近代主義＝形而上学を一言で言えば、「話せばわかる」である。形而上学は意識あるいは理性のレヴェルで他者と「わかりあえる」こと、理解の可能性とコミュニケーションの無事故を前提とする。形而上学においては、手紙は必ず宛先に届けられる。

否定神学はそれを批判し、「わかる」ことの徹底的な不可能性を暴露する。要するに、それはあらゆるコミュニケーションを、「わかる」ことの不可能性によって基礎づけるのだ。しかしその基礎づけの手口において否定神学は隠されたひとつの審級、つまり「わかりあえない」を特権化している。したがって否定神学は反転し、形而上学と表裏一体となる。否定神学とは、一言で言えば、「話してもわかりあえないが「わかりあえない」ということはわかる」だ。否定神学において手紙は宛先に「届かない」ことで逆に確実に届けられる。否定神学的脱構築においては近代形而上学あるいは近代資本制の批判それ自体が目的化され、ひたすらそのひとつの「亀裂」が強調・反復されると言ってもよい。

これに対し、郵便的脱構築が問題にするのは、コミュニケーションの主体ではなく、むしろコミュニケーションの流通経路である。このモデルにおいては、手紙は届かないことがありうるし、別の宛先に届いてしまいすらする（誤配）。人々が「わかりあえない」としても、それは根源的に隠蔽された超越論的な理解不可能性に由来するのではない。単純に、そのつどの送受信において流通のミスが生じうるからである。意識の水準から見れば、それは送受信の失敗でしかない。しかしこのとき、ひとは何かしら知らないあいだに勝手にわかって「しまう」（「転移[4]」）。そのつどの送受信において、私が意図したことが別の形で届いてしまう可能性は、払拭できない仕方でつねにつきまとっている。類比的にいえば、それは言説の内容ではなく、語る仕草や口調や言葉選び（文体）の問題、そしてメディアの問題である。イメージは次々と無意識間を飛び交い、複数的な仕方で分散し、別の届け先に漂着し、意識せずとも感染していく。

ネットワークの機能不全において、私たちは勝手に何かを送受信して「しまって」いる。「ポスト・モダニズム」の思想のうちに東が見るのは、否定神学の徹底（否定神学的脱構築）と否定神学からの逃走（郵便的脱構築）の絡み合いである。「ポスト・モダニズム」は、ただひたすらに近代主義を批判し自閉してしまう方向と、それとはまったく異なる新たな哲学の開始に区分される。東は後者の可能性に賭けを投じる——その可能性を日本の論壇に対応させるなら、それは、『批評空間』派ではなく、大塚英志や宮台真司の議論にこそ見出されるだろう。ここからゼロ年代の東の批評は、サブカルチャー論、情報環境論（メディア論）、社会学へと伸張していくことになる。

だからこそ『存在論的、郵便的』直後、東は、当時の情報環境（インターネットの普及）、さらに「オタク」の消費行動を論じるようになっていくのである。オタクたちはその消費行動において、個々には閉じていたとしても、奇妙に記号的な関わり合いを見せる（データベース消費）。このモチーフ、すなわち複数の「閉じたコミュニティ」が「閉じた」ままに交流している、という「横向きの超越」の郵便的モチーフは、現在に至るまで、東浩紀の議論で繰り返し現れる。

それぞれの共同体は、あるいは各個人は、「大きな物語」のような共通の地盤や理念なしに、実は無意識に、そしてさらに「動物的に」交流している。このとき「誤配」は、動物的な消費への欲望において起きているものとしてまた「再発明」されることになる。ここでいう欲望は、精神的「欲望」（desireあるいはdésir）ではなく、むしろもっと即物的に満たされるような「欲求」（needあるいはbesoin）である。欲望／欲求のこの区別は、ヘーゲルからコジェーヴを経由して戦後フランス思想に流入してくる重要な論点のひとつであるが、当然ここで詳論する余裕はない。以下では便宜的に人間的欲望／動物的欲望と表記する。

東はコジェーヴからヒントを得て、他者へ向かう人間的欲望ではなく、自閉的で利己的な動物的欲望の時代として「ポスト・モダン」を再規定する。そして東はそれを否定も肯定もしない（『動ポモ』はオタク批判の本でもオタク肯定の本でもない）。必要なのは、消費社会を駆動させるエンジンとしての欲望を所与の条件として認め、それをテコとして閉塞した共同体間に新たなコミュニケーションを作り出すことである。

このようにして「誤配」は消費社会における動物的欲望を介した「新たな公共性」の可能性に結びつくのだが、ここでもっとも重要になるのは、『一般意志2・0』（二〇一一）である。このテクストでは、「熟議」（話し合い）を通じて形作られる公共性に対して、「熟議」なしに、孤独な「私」たちがそれぞれ孤独であるがままに交流する公共性という対立軸が打ち出される（アーレント／ハーバーマスに対するルソー／フロイト／グーグル）。

この図式がここまでに論じてきた対立軸に対応しているのは言うまでもないが、重要なのは『一般意志2・0』において、そのモデルがこれまでになく具体化されることである。ここで欲望を通じたコミュニケーションは、現実のアーキテクチャ（ニコニコ生放送や一部のSNS）を通じてある程度「実装」可能なものとみなされる。私たちは日々無意識に小さな動物的欲望を満たしながら生きている。情報環境は、その行動を記録し、蓄積し、データベース化する。しかし東の主張はそのような集積・可視化を通じて、大衆の欲望を直接的に政治的意志決定に反映させるということではない。東が主張するのは、アーキテクチャを通じて大衆の言葉を政治家たちの「無意識」の次元に反映させることだ。

この奇妙な提案は、具体的にはニコニコ生放送から着想を得ている。ニコニコ生放送の番組において、カメラの前に座った政治家なり知識人なりは、あくまで自身の意志で語る。だが彼らの眼前にはつねに大衆たちの大量のコメントが表示されている。そのひとつずつは取るに足らないものであって、知識人たちはそれを直接に採用・実現しようとするのではない。しかし、彼らは無意識下にそれを意識し、自身の意見を調整せざるをえない。言い換えれば、その「雰囲気」に感染せざるをえない。たとえば国会でニコニコ生放送のコメントをリアルタイムに表示すればどうか。

ここで大衆の欲望と政治的意志決定（熟議）、大衆と選良はそれぞれ独立し・分離されたままに、アーキテクチャの集積技術を通じて、無意識下で通じ合う。東はこのようにして新たな公共性（民主主義2・0）が実現可能だと考えた。このゼロ年代を通じた変化は、東と協働した建築家の藤村龍至の批判的工学主義（グーグル的建築）や、濱野智史や鈴木健のアーキテクチャ論と連動するものでもある。東は意識レヴェルの交流（熟議）の限界を指摘し、人々が勝手に交流して「しまう」システムの構築に「夢」を託した。したがって「ゼロ年代批評」の可能性の中心はオタク論でもサブカル論でもない。アーキテクチャ論である。

3　人間的な、あまりに人間的な

いずれにしても公共性の原動力になるのは、意識的（理性的）なコミュニケーションや熟議に向かう人間的努力ではない。身体性であり、情動であり、「憐れみ」（ルソー）であり、消費へ向かう動物的欲望である。そもそも「ポスト・モダン」状況において、啓蒙や熟議に基づく公共性を全面的に実現することは端的に不可能である。だとすればむしろ大衆（消費する動物たち）同士の無意識のコミュニケーションが、強い理性ではなく弱い情念が、新たな公共――「ひきこもりの民主主義」――の可能性を開く。だが、かといって東はポピュリズムの直接民主主義に与しているわけではない。彼にとって大衆社会はそれ自体として肯定すべきものなのではなく、リベラルな理念を達成するために、あるいは公共性を作り直すために避けては通れない不可避の条件であり、同時にそのためのリソースなのだ。

必要なのは、大衆を肯定することでも批判することでもない。大衆の意志を反映する制度（システム）そのものを、民主主義そのものを作り替えることである。ところで、東が『一般意志2・0』を書いていた二〇〇九年から二〇一二年は、様々な意味で豊かな時期だった。もちろん政治状況や経済状況は理想からは程遠かっただろう。しかし一応は（「悪夢の」?）民主党政権があり、オタク・カルチャーがその全盛を迎え、ニコニコ動画や新たなSNSの登場によって、「ネットで世界が変わる」という幻想を抱きやすい時期だった。しかし東日本大震災、自民党政権復活、トランプ政権登場、ブレグジットといった出来事によって、「ゼロ年代」が夢見たインターネットは壊れた。それは「ゼロ年代」の当事者たちにも痛感されている事態である[5]。

東は『一般意志2・0』でmixi型の「閉じた」SNSに対し、つねにリツイートで「他者」に触れなければならないTwitterのシステムを評価している。Twitterでは、趣味に閉じたオタクであれ、他者からのリツイートという形でその「外部」に触れてしまう。そして場合によっては動物的な反射速度によって、それに「いいね」したりリツイートしたりし、そのツイートの続きを、そのアカウントの他のツイートを追ってしまう。それは、ひきこもり的な個人が否応なく――動物的に、そして偶然的に――他の世界に触れ、開かれてしまう構造である。この「公共性」を東は評価した。

しかし、もはやこのような図式に理想を託しえないのは自明である。Twitter的公共性（私は「X」などという醜い名称は使わない）は今や、二重の意味での苦難に遭遇している。一方では、私たちは「開かれすぎて」いて、「閉じたタコツボ」を形成すること自体が不可能である。たとえば政治的な発言をしようものなら、かならずそれに反対する他人からの反応（「クソリプ」）が返ってくることになる。にもかかわらず他方で、そうしたプラットフォームそのものは、過去に持っていたかもしれない多様さを殺しつつ、巨大な「閉じた」世界を作り出している。たとえば近年追加されクレームが殺到した（そのわりに結局すんなり受けいられた）「おすすめ」機能は、本来なら自分のフォロワー外のツイートを発見する「誤配」的な役割を持ちうるはずだが、実際にはむしろエコーチェンバーを強化する方面に機能している。

いかなる発言も「誤配」されることが前提であるときには、特定の閉じた「クラスタ」（＝タコツボ）の中でのみ通用する言葉を想定すること自体が困難である。「タコツボ」を閉じることはできない。だが、人々の摩擦あるいはアレルギー反応は起きつづける。それが、私たちが毎日「炎上」として観測しているものである。

誰もが「誤配」を予測しているような時、もはや「誤配」は「炎上」の同義語でしかない。同じく私たちはもはや、自分の「手紙」が自分の望まない相手に配達されることを、いつもすでに予期している。どんなときもつねに「敵の共同体」の影を想定する神経過敏。このとき私たちがSNS上で共犯的に「シェア」（＝分有）し、「いいね！」しているのはひとつの「現実」であって、その単数性は、複数性と偶然性に基づくあらゆる「誤配」を、予測可能で必然的な帰結に変えてしまう。

たとえ何度「多様性」が叫ばれようと、プラットフォーム資本主義という中央集権の内部では、偶然も複数性も存在しない。それはあらゆる「誤配」を殺し、予測可能な「炎上」に変換していくシステムだからである。Twitterはもはや巨大なmixiでしかない。しかしここで私は、東がSNSや動画メディアの未来予測について見誤った、と言い、糾弾するつもりはない。むしろ指摘したいのは、かつて東が設定した人間／動物の区別が、もはや通用しなくなっていることである。

東の議論は、政治嫌い・人間嫌いの個人（そのモデルがルソーである）が、その動物的欲望の次元においてひそかに他人と通じあうという二層構造を前提としてきた。つまり、全面的に政治的ではないような、「ゆるい」コミュニケーションこそが、逆に政治的に新たな可能性を宿しているという、その筋道を模索してきた。しかし、二〇一〇年代以降に明らかになったのは、東の想定以上に人間が政治好きだということ、もっと言えば、人間が自身の政治的立場を意識していることである。政治から離れた趣味の共同体を築くことは、少なくとも現行の社会の「トレンド」ではない。むしろ自身の立場をSNS上で表明（manifest）し、「シェア」し、そこに共感と同情の連帯を築くこと、このことこそ現代において多くの場合に「政治運動」とみなされている内実なのである。仮に「政治」を忌避する場合であってさえ、多くの者はその「ノンポリ」的自由（「表現の自由」）をきわめて政治的に表明している。いずれにせよ、それがどのような政治的効力を持ちうるか、という指標はしばしば無視され、とにかく倫理的で潔癖的な自身の立場を「表明」することが重要視される。私はそれを「表明の政治」と呼ぼうと思う。

　ここでそれを詳しく分析したり、評価を下したりすることはできない。もうすこしニュートラルに言えば、「表明の政治」は、二〇一〇年代以降に眼に見える形で全面化してきた「承認の政治」あるいは「承認をめぐる闘争」（アクセル・ホネット）に対応している。こうした状況が示しているのは、もはや人間がたんなる政治的無関心に埋没することの難しさである。少なくとも近代以降、人間はつねに自己と他者をつねに意識しており、承認欲求を持っており、同時に敵対勢力への攻撃の機会をうかがっている。

　人間は、動物的なまでに自らの動物性を否認し、他者ないし社会からの承認を要求し、「人間」たろうとしている。この人間たろうとする奇妙な動物は、熟議を通じて理念的な公共性をうちたてる「人間」にはなりえないが、かといって欲望に開き直って埋没できるほど「動物」になりきれるわけでもない。その者は「人間」と「動物」の極を不気味に行き来する。ヘーゲルであれば「自己意識」と呼ぶだろう人間の宿命的性向の回帰によって、言い換えればその人間たろうとするもう一つの破壊不可能な「欲望」によって、「ゼロ年代」の二元論は突き崩される。今後、もし人間の欲望を所与のものとして認めつつ、新たな社会を構想する批評的な営みがなされるのならば、私たちは「動物的欲望」のみならず、何かと表明したがる欲望、「人間たろうとする欲望」をも勘案し、その双方を同時に計算しなければらならないだろう。

　この点に関して言えば、最近東浩紀が提唱した「客的-裏方的二重体」という概念は興味深い。[6] 東によれば人間はあるときは「客」として純粋な消費主体をエンジョイするが、他方では「裏方」としてバックヤードでの労働に勤しむ。政治的問題が生じてくるのはつねに後者からであって、「客」としての人間はしばしば余暇において政治を忘却してしまうのだ。これが、動物／人間のあの図式の変奏であることは疑いえないが、逆に言えばここでの東の分析は、徐々に人間の「人間」としての側面を不可避なものとして受け入れつつあるのではないか。

　ただし、この「二重体」（フーコー）についての考察はいまだ余地を残している。この重なり方についていかにして考えるべきなのか、東はまだ議論を展開していないように思われる。あるいは、労働と遊び、政治と非政治を行き来するある種のスイッチングのようなものがあるとすれば、それについて、いったいどのように考えるべきだろうか。この問題については今後の私自身の課題となるだろう。いずれにせよ、もはや人間は、「孤独であるがままに／（動物として）システムを介して他者と通じ合う」という純粋な二層構造を生きるのではない。二つの次元はつねに曖昧な相互汚染の領域を残余させるのだ。はたして私たちは、「動物に-なる」（ドゥルーズ）ことができるだろうか？

4 「ビューティフル・ドリーマー」のあとで

話を戻そう。「ポスト・モダン」の「棲み分け」状況は、インターネットの登場によって、むしろ「接続過剰」（千葉雅也）の方向に進んだ。そのとき問題になるのは「島宇宙」の自閉ではなく、すべてが一体になった「生物都市」的ホラーである（図1）。むろん現在の東はそのことに鈍感ではない。『観光客の哲学』（二〇一七）や『訂正可能性の哲学』（二〇二三）はそのような問題意識から書かれている。現代社会は、各ネーションが、政治的には自身を独立したものと宣言しつつ（ナショナリズム）、身体あるいは経済の次元ではごちゃごちゃに混じり合い（グローバリズム）、もはや一つになっている共犯関係から見られることになるだろう。

「観光客」は、そうした共犯関係をすり抜け、無意識のうちに「他者」に触れる新たな主体のイメージから構想されてる。公／私のあいだに位置する「家族」もまたそのようなものとして読み返される。

しかし、このとき東は、『一般意志2・0』に見られたようなアーキテクチャ論をもはや捨てている。たしかに、意識的に他者に触れようとする努力ではなく、あえて「軽薄」な消費への欲望において他者との関係を考えなおすという点では東の議論は一貫している。ところが現在の東浩紀は、具体的なアーキテクチャのなかには夢を見ることができない。それゆえ、「哲学者」を自称しはじめた彼の仕事は、かつてなく文学的で、思弁的で、隠喩的に見える。

図1　諸星大二郎「生物都市」（1974年）

だが二〇二一年以降の東について見るべきは、著作だけではない。この十年、東浩紀の中年期[7]は「実践の時期」だった。つまりイベントスペース「ゲンロンカフェ」（二〇一〇〜）や放送プラットフォーム「シラス」（二〇一九〜）の運営である（『ゲンロン戦記』二〇二〇）。こうしたプラットフォームは、従来から東が掲げてきた「横断的」な知を理念として持つだろう。しかし現在では東の努力はそれ以上に、外部のメディアから自立した知の空間を維持することに注がれているように見える。この局面に至って東に見え隠れするのは、動物的欲望によって人々が勝手にコミュニケーションしあうというあの「夢」のようなセカイ系的楽観ではない。動物のユートピアを、もはや東浩紀は信じていないように見える。いま東が挑んでいるのは、「売る」立場に立った者の「命がけの跳躍」であり、「行為 action」を支える「制作 work」（アーレント）の次元なのである。

諸権力から自立した「知の空間」は、古代より思想家たちが夢見てきたものでもあった。しかし、たとえば近代以降の大学は――いくら「象牙の塔」などと揶揄されようとも――国家権力や資本主義から独立したことが一度もない。「諸学部の争い」をみれば明らかなように、カントでさえ「哲学部」の自立性を守ろうとして、奇妙なロジックとレトリックを駆使せざるをえなかった。かつて出版メディアと大学、ジャーナリズムとアカデミズムの制度的「棲み分け」を批判していた批評活動家がいま闘争しているのは、むしろその両者の結託に対してなのである。

　東によれば、「開かれていること」がそれ自体として賞賛すべきものであった時代も「閉じていること」がそれ自体として批判すべきものであった時代も終わっている（『訂正可能性の哲学』）。だとすればそのとき、まず必要なのは承認を求めて攻撃しあうような他者たちから遠ざかり、相対的に閉じた場所を、信頼しうる友人たちを作ることでなければならない。つまりそれは、こう言ってよければ、自治空間の確保なのである。

　しかし他方で、またそれが自閉や自愛や他者排斥やホモソーシャルに陥らないために、またそれが一種の「独裁」に陥らないためには、それをさらに相対的に外部に開き、さらに次の世代へと引き継いでいく必要もある。針の穴を通すような、それでいて柔軟体操のような「戦略」がなければ、そのような場所を持続させることはできない。正直に言って、その「戦略」がゲンロンにおいて具体的にうまくいっているのかどうか、今後うまくいくのかどうか、（無責任ながら）私は知らない。しかし、それは間違いなく現代の政治運動にもっとも大きな示唆を与えるものだ。言ってしまえば開きつつ閉じ、閉じつつ開くこと、これである。

　おそらくここには、袋小路に入りつつある「公共」を鋳直す何らかのチャンスがある。私たちはリベラルな理念としての「公共性」に期待し続けることも、「公共性」をたんなるフィクションとして退けることも、消費への動物的欲望の集積が作り出す「公共性」に期待することもできない。だとすればむしろ、新たな「公共」をめざす今後の私たちの批評活動が出発すべきなのは、具体的な「場所」なのである。

　私たちは、思想家や批評家を読むとき、そのテクストを読むだけではなく、彼が何をなしたか・何をなすかを見なければならない。理論と実践、解釈と変革の緊張を欠いたあらゆる活動は、たんなる観念の遊戯か、党派的な「アジビラ」のどちらかである。要するに、いずれにせよ「趣味」だ。これに対し、東の批評を駆動しているのは、『批評空間』を批判した九〇年代からずっと、既存の制度空間を批判しつつその外に自分の領域を作り、おのれの概念をつねに柔軟に変更しながら新たな領域を広げていくという活動家の実践だった。[8]

　だが現在、批評を標榜する者は、はたしてそのアクティヴィズムを引き継いでいるだろうか。政治活動の最大の弱点はいつでも後継者がいないことであり、あるいはノウハウを継承する意志の希薄さである。東浩紀以後、批評は制度を批判しつつ制度を創るような、そのような運動体でなければならない。

森脇透青（もりわき・とうせい）
一九九五年、大阪府生まれ。京都大学文学研究科博士課程研究指導認定退学。批評家。専門はジャック・デリダを中心とした哲学および美学。現在博士論文執筆中。批評のための運動体「近代体操」主宰。著書（共著）に『ジャック・デリダ──「差延」を読む』（読書人、二〇二三）、『25年後の東浩紀──『存在論的、郵便的』から『訂正可能性の哲学』へ』（読書人、二〇二四）。

1　東は「ポストモダン再考」で「現代思想」を「美学系」（蓮實重彦：東大表象文化論）、「批評系」（柄谷行人、浅田彰：『批評空間』）、「政治系」（高橋哲哉、鵜飼哲、石田英敬、小森陽一）の三領域に分割する。附言しておけば、これはきわめて「東大ローカル」な問題である。逆に言えば、東大周りについて語ることが知的状況を語ることとイコールになるような一種の集権性が存在した——おそらく今も存在する——のだろう。だが、権力や制度を論ずる「現代思想」の研究者がこうした権力性に敏感であるようには、少なくとも私には思えない。灯台下暗し！

2 私はジャック・デリダのテクストを解読した著書で、デリダの「戦略」について述べている。森脇透青ほか『ジャック・デリダ——「差延」を読む』読書人、二〇二三年。

3 より詳細に哲学的な議論については、以下の共著で扱った。私の論考「誤配と再生産」および、第三部に収録した解説を参照していただきたい。『二五年後の東浩紀——『存在論的、郵便的』から『訂正可能性の哲学』へ』読書人、二〇二四年。

4 この「しまう」に対する注目するべき批判として、以下を参照。福尾匠『非美学——ジル・ドゥルーズの言葉と物』河出書房新社、二〇二四年。

5 以前私は『近代体操』創刊号で松田樹とともに藤村龍至にインタビューを行ったが（https://kindai-taiso.com/）、藤村はまさにそのような実感を抱き自身の方針を転換しつつあった。私は、宇野常寛がトーク・イベントで同様の総括を行うのも聞いたことがある。

6 東浩紀「哲学とはなにか、あるいは客的-裏方的二重体について」『ゲンロン15』ゲンロン、二〇二三年。

7 ところで、東浩紀の出発点にいる二人の思想家——ジャック・デリダと柄谷行人——が、同じく中年期に「実践」へと向かったのは、偶然だろうか。デリダは一九七四年、従来の大学制度を批判しつつ、あるべき知の制度を模索する活動団体（GREPH）を設立した（当時デリダ四四歳）。それは現在まで続く「国際哲学コレージュ」の設立に至っている（一九八三年）。また柄谷は一九九一年、悪名高い（？）「湾岸戦争に反対する文学者声明」に発起人として関与したし（当時柄谷五〇歳）、また二〇〇〇年にはNAMの活動を始動させている。ゲンロンカフェのオープンは二〇一三年である（当時東四三歳）。デリダは二〇〇四年に七四歳で死に、柄谷は八三歳にしていまだ好調（？）だが、東浩紀の「晩年様式（レイト・スタイル）」はいかなるものになるのだろうか？　なお、先述した論考「誤配と再生産」（『25年後の東浩紀』所収）において、私はデリダのGREPHでの活動を、ゲンロンカフェを重ね合わせつつ考察しており、本稿とは姉妹編のような関係にある。

8 私はしばしば、東の実践を、外山恒一が行っている教養合宿のような試みと比較したい欲求に駆られる。

文献

東浩紀「ポストモダン再考——棲み分ける批評II」『郵便的不安たちβ縦中横』河出文庫、二〇一一年

福田恆存「一匹と九十九匹と」『福田恆存評論集』第一巻、麗澤大学出版会、二〇〇九年

紅一点の女装——斎藤美奈子紹介

住本麻子
SUMIMOTO ASAKO

ウーマンリブを背景に『妊娠小説』でデビューし、名著『紅一点論』などのフェミニズム的批評で知られる斎藤美奈子。田中美津や雨宮まみについての論考で注目を集める気鋭のライター・住本麻子が取り上げ、批評界の「紅一点」的な状況の中であえて「女装文体」を採用した斎藤の批評的戦略に、女性同士のコミュニケーションを見いだす。

SAITO MINAKO

1　リブを継いだ批評家

よく批評は男性中心主義だと言われる。批評はマッチョだと。批評そのものがマッチョかどうかはさておき、長らく批評というジャンルに女性が少なかったことは確かだ。たとえば、一九五八年に始まり現在は休止している群像評論新人賞の歴代受賞者の中で女性の受賞者はたった四人。全体の受賞者八三人であることからもわかるように、異様に少ない。男性中心主義的な状況があったことは疑いない。

斎藤美奈子（一九五六―）はそのような歴史的な状況のなかで長らくフェミニズム批評を発表し続けた批評家である。斎藤美奈子とはどのような批評家なのか。斎藤は一九九四年に『妊娠小説』でデビューする。『紅一点論』（一九九八）、『モダンガール論』（二〇〇〇）などを次々と発表し、二〇〇二年に『文章読本さん江』（二〇〇二）で第一回小林秀雄賞を受賞。文芸批評をはじめ、カルチャー批評、社会批評、政治時評などの著作が多数ある。タイトルからも察せられるように、斎藤は広範囲にわたるさまざまな作品を取りあげてその共通点を洗い出し、批判するような手法を得意としている。作家論と呼ばれるような、一冊を通してひとりの作家を取り上げて論じるような著作はないが、その一方で実に広範囲の書籍を扱っており、純文学はもちろん、大衆小説、ノンフィクション、児童書、タレント本なども論の俎上に載せる。斎藤の著作をざっと見渡せば、このような外観になるだろう。

ではもっと踏みこんで、斎藤美奈子の著作に通底するもの、基礎となったものは何か。ここでひとつの証言を引きたい。

> 斎藤さんが入学した頃は、「大学紛争」から何年も経ち、キャンパスはとっくに静けさを取り戻していました。今でも思い出しますが、彼女はその頃から野次馬精神が旺盛でしたので、「私

たちは祭りの後の世代だ」と、さかんに口惜しがっていましたね。「女性問題研究会」を立ち上げて、派手なタテカンを出して一人で気を吐いていました。空疎であったにせよ、騒々しくて、ノリの良かったあの「祭りの時代」に遭遇できなかったのは、ご本人にとっては気の毒でした。(浅井良夫「解説」『モダンガール論』)

引用は斎藤美奈子の大学時代の恩師である浅井良夫による回想である。「大学紛争」、すなわち全共闘的なものを強く意識しながら「女性問題研究会」を立ちあげる、その姿に後の批評家としての斎藤美奈子の出発点が見てとれる。斎藤美奈子とは、左翼的な政治意識を持つと同時に、そこに巣食う男性中心主義に批判的な態度を取る——すなわちウーマンリブに影響を受けた批評家だからだ。ウーマンリブは一九七〇年代に、男性中心の政治運動に対する反発から出発した運動で、経済的な状況による中絶を認めるという経済条項をなくすという優生保護法改悪を阻止するなどの成果を上げている。

斎藤の著作には随所にウーマンリブに関する記述が見られる。たとえば、『文壇アイドル論』(二〇〇二)で斎藤は林真理子と上野千鶴子についてそれぞれ一章ずつ割いているが、林を「リブの気分」、上野を「リブの言説」の継承者として位置づけている、という具合に。また歌人で批評家の瀬戸夏子は『文藝』二〇二三年春季号のインタビューで斎藤に対し、「著作を拝読しながら、斎藤さんの芯には一九七〇年代のウーマンリブがあるように感じました」と指摘し、斎藤の『妊娠小説』との関連について問うている。『妊娠小説』は、望まれない妊娠による悲劇を描いた小説を集めて分析したものだった。瀬戸の問いかけに対し、斎藤は「七〇年代リブの、具体的な運動としては優生保護法改悪反対が大きかったのね。(…)なので関連の本を読んだり、デモに行ったりはしていました。それが土台にあって「なんだろうな、この望まない妊娠を描く小説の群れは?」と思ったのが最初のキッカケかな」と執筆に至るまでの文脈を開示している。

斎藤もまたリブの継承者なのだろう。加えて、左翼的な問題意識も受け継いでいる斎藤には階級意識が強い。『モダンガール論』では特にそのことが顕著だ。斎藤は「女の子には出世の道が二つある」と喝破し、現代で言うところのキャリアウーマンか専業主婦かという二つの道の間で、女性たちがいかに揺れ動いてきたかを追った。興味深いのは、斎藤が、一定の理解を示しつつも、キャリアウーマンと専業主婦のどちらか一方に肩入れすることはないという点である。

歴史を紐解けば近代以降、職業婦人になることも家庭に入ることも必ずしも女性自身で選べたわけではなかった。性差別と階級差別はどちらも反対すべきものだが、階級の低い女性たちにとっては貧困問題のほうがはるかに深刻だったのであり、性差別の問題は一部には「ぜいたくな悩み」(『モダンガール論』)と映ったことは現在においても重要な指摘である。

また優生保護法改悪反対が女性だけではなく子どもの問題でもあったからだろうか、あるいは児童書の編集に携わった経験もあるだろう、斎藤は「おんな子ども」と一括りにされる文化にも着目してきた。『紅一点論』はその代表作となる。いまでこそ大人の視聴者も市民権を得ているが、長らく子ども向けとされてきたアニメや特撮と、子ども向けの伝記を系統づけて語った本である。なぜ男児向けアニメや特撮はたくさんの男性とひとりの女性で構成されているのか——？　刊行から二五年以上の月日が経ちアニメや特撮の状況も現実も少しずつ変わってきてはいるが、いまなおアクチュアルな問いを含んでいる。九八年の著作ながら、いまではお馴染みとなった「名誉男性」なる言葉も登場する。

2　紅一点の女装

ここまで斎藤の批評における全共闘、およびリブの影響を指摘した。しかし斎藤の批評が興味深いのはそれだけではない。斎藤の批評が斎藤自身に跳ね返ってくる、その点である。

まず『紅一点論』だ。さきに「刊行から二五年以上の月日が経ちアニメや特撮の状況も現実も少しずつ変わってきてはいる」と書いたが、斎藤自身を取り巻く環境はどうだったか。冒頭に書いたように文芸業界、また特に批評の世界では長らく男性中心主義が幅を利かせてきた。冒頭に群像評論新人賞の歴代受賞者の数を示したが、その内三人はすでに鬼籍に入っており、ひとりは消息不明である。

また、表現の現場調査団による「ジェンダーバランス白書2022」によれば、二〇一一年から二〇二〇年の一〇年間の間で、文芸分野の評論各賞の大賞受賞者の女性の割合は二四・二パーセント、審査員の女性の割合は五・三パーセントであった。ゼロとは言わないまでも、極端に女性の少ない場で斎藤は活動してきたと言えるだろう。すなわち、斎藤自身が「紅一点」だったのである。もちろん、状況として「紅一点」となることは本人の責任ではない。しかしそこでどうふるまうかは問われるはずだ。あるいは、紅一点的状況にどう対応するかがひとつの批評的実践になるだろう。『紅一点論』の著者がそのことに無頓着であったとは思えない。斎藤は「紅一点」的な状況に対してどのように対抗したのか。

そこで着目したいのは、斎藤の文体である。斎藤の文体は同年代の他の批評家（当然ほとんどが男性批評家となる）とくらべても明らかに差異がある。いや、それぞれの作家に差異があるのは当然なのだが、斎藤は特に口語的で、一文が長ったらしくなく、平易でエンターテインメントとしての文章を意識している。

斎藤と一歳違いの研究者で批評的な仕事もしている石原千秋は、同じ書籍を扱った自身と斎藤の書評を比較したうえで、斎藤の文体を「全く元気のいい、いきいきした文体」、「ミナコ節」などと評価し、エンターテインメント性についても「自分のスタンスをはっきり示し、何を楽しんだのかをしっかり伝えようとする姿勢が明確」として高く評価している（『大学生の論文執筆法』）。「ミナコ節」という物言いには引っかかる点もあるが、何か「節」と言いたくなるようなものが感じられるのも確かだ。試しにデビュー作『妊娠小説』の冒頭を見てみよう。

（…）妊娠小説史には「望まない妊娠史」の素養が要る。しかし、これは学校の正課に入っていない。さらに、妊娠小説がジャンルとして確立したのは一九五〇年代である。ところが、学校仕様の「日本近代文学史」はだいたいそのあたりで終わっちまうのだ。けしからぬ話ではありませんか？

べらんめえ口調のまじった、独特の女ことば。こういう語り口が、斎藤の批評にはちょくちょく挿入される。口語的で女性的。それまでの男性中心主義的な批評に対し、反権威的、反体制的といえる。これぞエクリチュール・フェミニン……と言いたくなる人もいるかもしれないが、焦ってはいけない。確かに斎藤自身、エクリチュール・フェミニンという語を評価している記述が見られる。『文章読本さん江』を開いてみよう。斎藤は『文章読本さん江』のなかで、一九九〇年代の柳川圭子『ちょー日本語講座』(一九九八)や三浦正雄編『乙女の教室』(一九九六)などを引いて、

こんなのを「エクリチュール・フェミニン」と呼んだら、おフランスかぶれの文学者のみなさまにぶん殴られるかもしれないが、敵はサムライの帝国だからね。「困った中年」の文章規範をぶちこわす役が女子高生にふりあてられるのは、いちおう理にかなっているのだ。

と、反権威的な女子高生文体に対してエクリチュール・フェミニンという単語を当てはめることは「いちおう理にかなっている」としている。しかし、注目すべきはさらにその後である。エクリチュール・フェミニンについて指摘した直後の章で、斎藤は以下のように語る。

文章とは、いってみれば服なのだ。「文は人なり」なんていうのは役立たずで、ほんとは「文は服なり」なのである。こんなことはいまさら私がいうまでもなく、古代ローマの時代から指摘されていたことだった。「文章」は英語でいえばテキストまたはテクスト(text)だが、これは元来が「織物」の意味である。「文体」という曖昧模糊とした語も、英語になおせばスタイル(style)で、もう一度翻訳すれば「服装」だ。

(『文章読本さん江』)

エクリチュール・フェミニンとはエレーヌ・シクスーやリュス・イリガライが提唱した、「女性が書く」という、いわば本質主義的な出発点に立った概念だった。しかし斎藤が文体について感じていたのは、「文は人なり」という、ともすれば本質主義的なことではなく、「文は服なり」という、文体は着脱可能なものだという考えである。このような視座に立つ斎藤にとってみれば、自分の文体も「服」だと言うだろう。実際、斎藤の文体は巧みに使い分けられており、いわゆる「ミナコ節」の文体以外にですます調の文体でも多数著作を発表している。「ミナコ節」の文体は、さながら「女装文体」と言ってもいいかもしれない。

「女装文体」とは元々、文学研究者の関礼子が提唱した概念で、樋口一葉が師匠である半井桃水にもっと女性らしく書くように言われて改めた文体のことを指している(『姉の力　樋口一葉』)。つまり、男性読者に受け入れられやすいよう、男性から見て女性らしく「女装」した文体というわけだ。ただし「女装」にもさまざまな働きがある。斎藤の場合はどうか。確かに斎藤の文体は男性読者にウケがいい。さきに引用した石原千秋も、その文体を評価している。しかし、当時の男性中心の批評の場において女装文体を採用するということは、女性読者に対する親しみやすさも与えることになる。実際、斎藤が男性読者ばかりを意識していたとは考えにくい。『婦人

公論』などの女性誌での連載もあり、またそもそも斎藤の著作の主張から鑑みるに、女性読者を軽視していたとは考えられないのである。だとしたら、ここでいう「女装」とは男性読者を意識した「女装」というよりも、女性読者を意識したものと考えたほうがしっくりくる。一葉が文壇に受け入れられるべく「女装」したようにではなく、斎藤は女性読者を批評の場へ呼びこむべく、「女装」したのではないか。女性は必ずしも男性に媚びるために「女装」するのではない。しばしば女性同士のコミュニケーションの手段としても「女装」するのである。モテではなく、同性のイケてるグループに入りたいがためにおしゃれをするような場面を想定するとわかりやすい――それを媚びと言っても構わないだろう。しかしそれが紅一点的状況を打破するためのほぼ唯一の戦略としての媚びである。渾身の媚びだと言っておかなければならない。

批評を取り巻く「紅一点」的状況を、すぐには打開できなくとも、長期的な観点から女性読者を増やし、女性の批評家を増やすためにできることはある。斎藤がそこまで意図していたかどうかはわからないが、実際にその効果はあったのではないだろうか。瀬戸夏子は前掲した『文藝』二〇二三年春季号で、摂食障害の友人に斎藤の著書を薦めたところ、摂食障害が治ったというエピソードを明かしている。もちろんここで主張したいのは斎藤の著書の医学的効果などではなくて、確かに斎藤の著書は女性読者に響いていて、そのことが女性の批評家によって明かされているということである。コミュニケーションが発生しているということだ。問題意識は受け継がれている。『文藝』二〇二三年春季号は、瀬戸夏子と水上文が編集責任で批評特集が組まれていて、誌面を見れば、女性が多数参加しており、内容を見ても男性中心主義的でない、従来の批評のイメージを一新したことがわかる。斎藤が紅一点的状況でまとった文体は、二〇年三〇年という長い時間をかけて状況を変えつつある。もちろん、批評における紅一点的状況の問題点は「数の問題」だけにとどまらない。女性が増えればいいのか、そもそも女性とは誰かという問題がある。しかしそれらは「数の問題」が解消されてはじめて問題化されるのであり、まずは「数の問題」が解消されることが目指される。この「数の問題」の解消に斎藤は一役買ったと言えるだろう。斎藤の批評はフェミニズム批評であり、フェミニズム実践でもあったのである。

住本麻子（すみもと・あさこ）
一九八九年、福岡県生まれ。ライター。論考に「田中美津の文体――戯作としての『いのちの女たちへ』」（『G-W-G（minus）』03号、二〇一九）、「「女の批評家」の三竦み――板垣直子をめぐって」（同誌04号、二〇二〇）、「闘争の庭――階級、フェミニズム、文学」（同誌06号、二〇二二年）、「二〇一九年の掃除／清掃」（『早稲田文学』二〇二〇年冬号）、「「傍観者とサバルタンの漫才――富岡多恵子論」（『群像』二〇二一年七月号）、「「とり乱し」の先、「出会い」がつくる条件――田中美津『いのちの女たちへ』論」（『群像』二〇二二年七月号）、「雨宮まみと「女子」をめぐって」（『中央公論』二〇二二年八月号初出：雨宮まみ『40歳がくる!』（大和書房）再録）、など。二〇二三年度『文學界』新人小説月評を担当。荒木優太との共著に『文豪悶悶日記』（自由国民社）がある。

文献

斎藤美奈子『妊娠小説』ちくま文庫、一九九七年
『モダンガール論』文春文庫、二〇〇三年
『文壇アイドル論』文春文庫、二〇〇六年
『文章読本さん江』ちくま文庫、二〇〇七年
斎藤美奈子インタビュー「文学史の枠を再設定する――見過ごされてきた女性たちの文学」
『文藝』（二〇二三年春季号、特集＝批評）河出書房新社、二〇二三年一月
石原千秋『大学生の論文執筆法』ちくま新書、二〇〇六年
関礼子『姉の力　樋口一葉』筑摩書房、一九九三年

オブジェと円環的時間——澁澤龍彥論

七草繭子
NANAKUSA MAYUKO

サドをはじめエキセントリックな外国文学の紹介者であり、古今東西の奇譚を蒐集するコレクターであり幻想的なエッセイスト、そして遺作として『高丘親王航海記』を遺した小説家でもある、あまりに多彩な顔をもつ澁澤龍彥。澁澤のオブジェへの偏愛を軸に、その冒険的な知性の輪郭を鮮やかに描きだすのは、今回の論考でデビューを果たす七草繭子(N魔女)。

SHIBUSAWA
TATSUHIKO

1　序文

貝殻や骨は、いわば生の記憶であり、欲望の結晶である。生はそのなかで、かっちりと凝固し、つややかに光り、歳月に耐えた永遠性を誇っている。

(「エロスとフローラ」)

寝る前には必ずガラスに閉じ込められた半透明の海月のオブジェを眺め、起きたら自分もガラスの海月になっていたら良いのに、と思いながら眠る。子供の頃からオブジェが好きだった。

幼少期、祖父の家には沢山のオブジェがあり、私はいつもそれらのオブジェに魅了されていた。特に印象に残っているのは、例えば、鉛でできたハート型の重し、覗くと向こう側が見える透明のガラス製の馬、ねじをまわすと鴨の親子の人形がぐるぐると円を描いて泳ぎだすオルゴール。白い紙粘土でできた笑った顔の兎。ラッパを吹く天使が透明の球体に閉じ込められたスノードーム。

オブジェは死んでいる、生きて感情を持っていたらそれは生命でありオブジェではない。死んでいるからこそオブジェなのだが、同時にオブジェは死んでいるからこそ永遠に存在し続ける。そこには日盛りも秒針もない。完全に静止し、固定化された時間が閉じ込められている。オブジェは日常生活において使用され、何らかの役に立ち、消耗される道具に比べ、役に立たないがゆえに世界にとって余剰である。しかし、余剰であるがゆえに、オブジェは、直線的な時間が流れる私たちの日常的な世界に対する裂け目として、つまり円環的な時間が流れる世界として、静かに存在している。

幼い頃、子供ながらにオブジェが自分の生まれる前からそこにあることに驚きを感じていた。オブジェ一つ一つがまるで一つの閉じた小宇宙であり、一つの迷宮のようで、眺めているだけでいつでもその世界の裂け目という入り口から迷宮に入り込み、好きなだけそこに迷い込むことができた。『石が書く』(二〇二二)のロジェ・カイヨワによれば、オブジェとしての石は次のようなものであるという。

東洋のある種の伝承では、節くれだった木の根や、岩や、小穴が開いたり、縞目がつけられたりする石などの、形や模様によってもたらされた驚異から、霊感の湧き起こることがある。その根と岩と石は、山や深淵や洞窟に類似している。それは空間を要約し、時間を凝縮している。それは長い夢想、瞑想、陶酔の対象であり、「真の世界」と交渉する手段である恍惚を支えるものなのだ。賢者はその根や岩や石を熟視し、そのなかに入り込み、そこで道に迷う。そこに沈み込む。伝説によれば、彼はもう人間世界には戻ってこなかったといわれる。(「石の中の画像」)

澁澤龍彥(一九二八—一九八七)が紹介する世界のあらゆる人物や事件、植物から美術作品にまつわる様々なエピソードも、カイヨワのそれのように現実か虚構かわからないそれ自体で完結した迷宮のような小宇宙であり、まるで鉱物の断面のように複雑だが一貫した美意識と規則性を持った不確かなものの不思議さと驚異がぎっしり詰まっている。例えば、透明な青いガラス瓶に太陽光が反射して独特な光を発しているのを見つけてうっとりする時、私は澁澤のオブジェについて書かれた本を開きたくなる。

澁澤龍彥はオブジェを愛し続け、円環的な物語を愛し、円環的な時間を生きた人である。

古今東西の文学作品や詩からオブジェをテーマにした数々の文章を澁澤が独自に収集し、紹介した『言葉の標本函　オブジェを求めて』(二〇〇〇)のアンソロジーの序文で澁澤自身が語るところによれば、澁澤のオブジェへの偏愛は次のようなものであるという。

どういうものか、私は子どものころから役に立たないものが好きで、もし私の人生一般に対する好みの基準を一言で要約するとすれば、それこそ「役に立たないものが好き」ということになってしまうにちがいない。つまり生産性の哲学や倫理が大きらいなのである。私のオブジェ好きも、どうやらこの骨がらみになった思想とふかい関係があるらしく、思想も骨がらみになってしまえばほとんど趣味と見分けがつかないから、これは趣味の問題といってもよい。あるいは今日の流行語をもって、ビョーキといってもよいであろう。

そのような澁澤の発言の通り、澁澤の部屋は人形、貝殻、鉱物、骸骨など、澁澤が偏愛する様々なオブジェで埋め尽くされており、『夢のある部屋』(一九七四)、『少女コレクション序説』(一九八五)、『玩物草紙』(一九七九)など、多数の著作で様々な玩具＝オブジェにまつわるエピソードやオブジェそのものの考察とともに紹介されている（図1）。役に立たないもの、使用価値のないもの、そのようなオブジェを愛するとは一体どういうことなのか。それらのオブジェをどのようにして愛したのか。澁澤の幼年期のエピソードから辿ってみたい。

2　澁澤少年と金のカフスボタン

父親の金のカフスボタン。それが五歳のころの私のお気に入りの愛玩物だった。手の中で、ただ何ということもなく、ひねくりまわしているのが好きだったのである。（「カフスボタン」）

図1　『文藝別冊』（総特集＝澁澤龍彦　ユートピアふたたび）「澁澤龍彦の館」より

少年時代、こんな風にして本来は洋服を止めるために使われるはずの、役に立たなくなった金のカフスボタンをひねくりまわしていた澁澤少年は、最晩年に『高丘親王航海記』という小説を書いた。そこには主人公の親王を乗せた船が襲われた際、所持していた美しい真珠を奪われまいとして、親王がその真珠を飲み込んでしまうという場面がある。

この真珠に対して、いつしか親王はひとかたならぬ愛着をおぼえはじめていたのだった。よしんば不吉なものであろうと、真珠はわたしと一心同体だ。むざむざさらわれてたまるものか。（…）

あらそっているうちに、古色蒼然たる虎の皮の火打袋がやぶれ、真珠がぽろりところがり出した。すんでのことに下へ落ちるところだったが、あやうく親王はこれを掌に受けとめた。そこへ男どもの手が二本三本とのびてきた。もはやこれまでと、親王は思わず真珠をおのれの口中にふくんだ。そして、われにもなくぐっと呑みこんでしまった。

しかしその真珠が喉に詰まってしまったがために、親王は病気を患い、目的地の天竺に辿りつけなくなってしまうのである。一方で、幼い頃の澁澤少年も、親王が真珠を飲み込んだように、お気に入りの金のカフスボタンを誤って飲み込んでしまう。

さて、或る夏の物憂い午後、すだれを吊るした奥の座敷の畳の上に寝ころがって、私が例のごとく、そのカフスボタンを手の中でもてあそんでいると、どうしたはずみか、それが口の中へぽとんと落ちた。あわてて、ごくりと唾を呑みこんだからたまらない。あっという間に、カフスボタンはゆっくり食道を通過して、胃の腑の中へおさまってしまったのである。

考えるとおかしいが、ともすると子供というものは、何でも口のそばへ持ってゆきたがるものなので、五歳の私にも、あるいはそういう傾向があったのかもしれない。食道を通過する冷たい異物の感触と、何か取り返しのつかないことが起ってしまったのではないかという、居ても立ってもいられないような気持とを、私は今でも、ありありと思い出すことができる。（「カフスボタン」）

金のカフスボタンを飲み込んだ時のことを振り返って、澁澤は「今から考えると、親子であんなに大騒ぎしたのが馬鹿馬鹿しく思われるほどだが、私の平凡な幼年期にとっては、やはり特筆すべき大事件だった」（同前）と語っている。澁澤自身も語っているように、金のカフスボタンを誤飲したことは、幼少期の澁澤にとっての「大事件」だったのであり、それが晩年の『高丘親王航海記』に色濃く影響を与えている、というのも十分にありそうなことだ。既に多数の論考で指摘されていることではあるが、この作品を読むとまるで親王が澁澤の似姿のように思える場面が多い。

都心の病院に入院していた時に書かれた『都心ノ病院ニテ幻覚ヲ見タルコト』（一九九〇）でも、病院にて処方された薬の幻覚に悩まされた澁澤は自分の号を考えることにする。澁澤がひらめいた号は「呑珠庵」というもので、実際珠が喉につかえているわけでもないが、珠が喉につかえて声が出なくなってしまったことにして、呑珠庵と名付けたのである。その時に、「私は子どものころ、あやまって父親の金のカフスボタンを呑みこんでしまったことがあるので、この見立てはますます自分の気に入った」（同前）と述べている。

死ぬ間際まで幼年期に父親の金のカフスボタンを呑みこんだことをずっと覚えていて、さらにはそれを自分の号にしようというのだから、この金のカフスボタン事件は澁澤にとって生涯忘れがたい、特別な出来事であったはずである。

幼年期に魅了され、飲み込んでしまった金のカフスボタンと最晩年の遺作に登場する美しい真珠。親王が美しい真珠に魅了されるようにして、幼少期から澁澤はオブジェという無用なもの、無用だが美しいものに終生憑かれ続けていたのである。

3　澁澤のオブジェ観

澁澤が編集したアンソロジー『オブジェを求めて』にはあらゆるオブジェが登場する。地球儀、鏡、ガラス、人形、真珠、パイプ、蝶、鉱物、そして肉体。肉体をもオブジェに含める澁澤の考えにかんしては、『オブジェを求めて』においてオブジェとして紹介されているトマス・ブラウンの『医師の宗教』がヒントになるのではないかと思う。

> 私が見つめる世界は私自身であり、私が目をやるのは私自身のからだというミクロコスモスである。もう一つの世界（すなわち大宇宙）のほうは、地球儀のようにこれを用いて、ときどき暇つぶしの楽しみにくるくる回転させてみるだけだ。（…）私を閉じ込めている肉体というマッスは、私の精神まで限界づけてはいないのだ。あの青天井を見れば天にも限りのあることが分かるだろうが、私に限りがあるとはどうしても思えない。（「地球儀」）

このテクストは澁澤のオブジェ観を物語っているように思う。「ブラウンにとっては、広大無辺な宇宙というのは自分自身のことなのであって、かえって天体などというものは、机の上の地球儀にもひとしいちっぽけなものでしかないのだ」（「地球儀」『玩物草紙』）。モノは単なるモノでしかないとしても、モノというミクロコスモスを通してここで言う精神のように形はないが巨大なもの、つまりマクロコスモスへと至る回路を見ることはできよう。その時、モノは単なるモノではなく、単なるモノ以上のものを内包した何かに変容する。「固定された円はおのずから催眠作用をもつ、とカイヨワは指摘している。それは見る者を不安にさせ、麻痺させ、眠り込ませる。暗い中心のまわりに鮮明できらきら輝く環がその円に眼のような形態を与えると、こうした魅惑と眩暈の効果はさらに増大する。たとえば、コフクロチョウの翅を飾る眼状紋や古代ギリシアの楯に描かれたメドゥーサの顔である」（田中純「『イメージの自然史』）。あるいは、ボードレールが玩具について、「大部分の子供たちはとりわけ魂を見ることを欲する、ある者たちはしばらく使った後で、ある者たちはただちに。この欲望がどの程度速かに侵入してくるかによって、玩具がどれほど長生きするかが決まる」（「玩具のモラル」）と言ったように。

さらに澁澤は『玩物草紙』においてみずからのオブジェへの偏愛を「ヨナ・コンプレックス」をキーワードにしながら、次のように述べる。

　私が金属の異物を思わず呑みこんでしまったということは、精神分析学的に解釈すれば、明らかにヨナ・コンプレックスのあらわれではないかと思われる。

　ご承知のように、ヨナは旧約聖書に出てくる人物であり、鯨に呑みこまれて三日三晩、大魚の腹中にいた。つまり、ヨナ・コンプレックスとは、巨大な生きものの腹中に呑みこまれはしないかという、恐怖と魅惑の反対感情を伴った、無意識の感情傾向のことであり、胎内回帰願望の一変種なのである。（「カフスボタン」）

そして澁澤はジルベール・デュラン『想像的なものの人類学的構造』を引用する。

　「或る行為を受けるということは、むろん、その行為をすることとは違う。しかし或る意味では、これに参加することでもあるのだ。言葉で表わされた身ぶりが強制力をもつ想像界では、主語と直接補語とは、その役割を転倒することができる。かくて呑みこむ者は、呑みこまれた者になる」

　呑みこんだ私は、想像界では、呑みこまれた私と等価であったようだ。だから私の場合も、おそらくヨナ・コンプレックスの特殊なあらわれと見て差し支えないのではないか。（同前）

澁澤はこのようにオブジェを呑みこみつつも、同時に呑みこまれたいという願望が自分にあるのではないかと自己分析をしている。

これは澁澤のオブジェに対する眼差し方の根幹にあるもののように思える。対象を眺めているうちに、それを眺めるだけでは飽き足らず、その対象をただ眺め続けることによって呑みこみ、また呑みこまれる。

澁澤は大抵の写真ではサングラスをつけ、ポーズを取ったり、いかなる時でも気取りを忘れない人であった。気取りを忘れないということは、他者からの眼差しを意識し続けるということでもある。それは理性に基づいた自制心を持ち続けるということであり、ストイシズムの徹底といってもよいであろう。

　このような気取りは自分の存在をより強調させるために表出するのが一般的であろうが、澁澤の場合は違う。澁澤において気取りは、自分という個別的な存在をある類型に当てはめることであり、ポーズをとる動作は静止することを意味する。澁澤の気取りはストイシズムによって自らを客体化＝オブジェとして扱うことに他ならない。つまり、澁澤の態度は己を強調するためのオブジェ化ではなく、むしろ真逆であり、自意識と距離を取っているのだ。この態度は、自分が見せたい自分、ではなく、他人に見せるための自分を見せるというモラルの類だ。それはまるで標本箱に蝶の剥製をコレクションして、それぞれの個別性の類似から普遍性を見出すような眼差しを自分自身にも向けているとは言えないだろうか。その眼差しのあり方は、いとも簡単に他者に身を委ねてしまえる身軽さと表裏一体のものである。なぜならそこで見えるものはあくまでも標本箱の中の蝶のように、他者にお見せするために自分を類型に落とし込んだ自分の姿であって、それはある種のサービス精神でもあり、自己の表出というよりも役割に徹する演技的な身振りであり、まやかしでもあるからだ。

4　冒険と変身

澁澤は少年時代には冒険小説を愛読し、心を奪われていた。オブジェと冒険、そこに何の関係があるのか。それを読み解く鍵は変身にある。澁澤は『胡桃の中の世界』で次のように述べる。

> 大きなものと小さなものとの弁証法を楽しむ想像力が、幼時から人一倍、発達していたものと思われる。その点では私も同じことで、現にこのような文章を楽しみながら書いているところをみると、この傾向はいまだに私の内部に執念《しゅうね》く棲みついているもののごとくである。大きさの相対性あるいは弁証法を楽しもうとする私たちの想像力の一つの傾向を、ピエール＝マクシム・シュールは「ガリヴァー・コンプレックス」と名づけたが、私もまた、案ずるに、このコンプレックスの持主だと言えば言えないこともないであろう。

澁澤が好んで論じたルイス・キャロルの『不思議の国のアリス』では、アリスは縮み薬によって小さくなり、ケーキを食べることによって身体が大きくなる。冒険の必須条件とまでは言わないが、自分が小さくなったり大きくなったりすること、あるいは世界が小さくなったり大きくなったりする視点の移動によって、よりマクロな世界を見ることも、よりミクロな世界を見ることも可能になる。

　そこから考えられることは、澁澤のオブジェへの憧れは、単に眺めて対象を所有したいという窃視的な願望を超えて、つまるところ自分自身さえも変化してしまう変幻自在な変身の願望へと転じているということではないか。

　しばしば澁澤は視覚型の人と言われ、見る人のイメージが強い。

確かに澁澤は見ることに強い関心を持っていたが、見ることを超えて視覚を通じ、対象に憧れ、それになりたいと願う、この変身の願望に至ってしまうことこそが澁澤の他の視覚型の人間との最大の違いではなかろうか。

澁澤にとっての変身願望とは、澁澤の言葉を借りて言うなら少年期に特有の「全地上の責任を一身に負おうとする焦燥」に他ならない。

　全地上の責任を一身に負おうとする焦燥こそ、少年期特有のものだ。同時に拳闘選手と、アフリカ探険家と、政治的雄弁家と、強盗犯人と、酔っぱらいと、インディアンと、ミッキイ・マウスと、森の樹木と、海辺の岩とに化身したいと願うのが、少年の夢想だ。夢想はたわむれの慰みごとだろうか。大人にとってはそうだろう。が、少年にとっては明らかに事情がちがう。夢想のとき、少年は不安と欲望におののきながら世界を掌につかむのだ。

　大人は決して他者になりたいなどという、無益な望みをいだくものではない。自己が自己自身に似ていることが、彼らの安心の第一の拠りどころである。しかし、何にまれ自分の愛する者に変身したいと望まない少年は、おそらく一人もいないだろう。愛されたいと感じる以前の衝動は、愛する者になりたいという非現実的な衝動である。それは未成熟なエロチックの一形式でさえある。童話やお伽話が少年のエロチックな変身譚であることを知らぬ者は、不見識の譏りをまぬがれまい。（「神聖受胎」）

ここで述べる「化身」というのは人間的なものに限定されない。澁澤は化身したいと願う対象の中に「森の樹木」や「海辺の岩」といった人間以外のものをも含めているのだから。しかし、澁澤に限らず幼い子供は大抵超人的なものに憧れるし、あるいは人以外のものになりたいという欲求を躊躇なく口にするが、大人になるにつれて、それは夢見がちで馬鹿げたことなのだと諦めてしまう。澁澤の非人間的なものや超越的なものへの憧れはそれ自体ではとても月並みで多くの人が抱いたことのある願望だ。

だが、幼年期を過ぎてもそれに憧れ続けていることに澁澤の非凡さがあり、並外れて純度の高い幼年期の感性を保持し続けたことに澁澤が「幼年皇帝」[1]と呼ばれる所以がある。そのような幼心を持ち続けていたからこそ、澁澤は膨大な知識を心の底から楽しみ、他人に披露することができたのではないか。澁澤のサービス精神は、大人としての礼儀正しいそれではなく、綺麗な石を見つけた時に自分が綺麗だと思ったから他人にもこの喜びと驚きを共有したい、という子供のような損得勘定のない無邪気なサービス精神なのだ。だからこそ、自分の知識や見聞を、他人に躊躇なくあっさり見せてしまうことができたのだ。

そうであれば、単なる所有の人ではなく、この明け渡す身振りにこそ澁澤の特異さがある。「これ素敵だよね。こんなものが好きなんだよね」というような明け渡しを躊躇なく遂行する澁澤の身振りは好きなものを互いに見せ合い、交換し合う少女のようなそれなのである。「孔雀石は濃淡さまざまな緑玉色がミルフィーユのように薄く折り重なって綺麗」とか「ヒスイカズラの花なのに緑色の鉱物のような艶やかで不思議な色合いが好き」というような。そこには競争心も損得勘定もなく、好きか嫌いかという感覚的な価値判断しか存在せず、ただそこにあるものを感じて味わい、うっとりとするような観想的な態度がある。そのような観想的な態度が「シブサワ系少女」（湯山玲子「シブサワ系少女生態論」）という言葉が登場する程に澁澤が女性から大変な人気を博した理由の一つではなかろうか。

このようにそこに存在するオブジェを眺めて観想するような態度は、モノの表面だけをはぎ取って自分の所有物にする蒐集家とはむしろ対極的な態度であり、澁澤自身はコレクションという言葉を使いつつも、何かを所有しているという感覚は希薄であっただろうと私は考える。このような澁澤の態度は書物に対する扱いにもよく表れている。『書物の宇宙誌』の中で巌谷國士は澁澤の書物の扱いについて次のように述べている。「決してページを折ったりしないし。澁澤さんにとって本はそういうものだった。子どものころからそうだったらしい。本をとても大事にする。オブジェとしても。触り方もこう、優しくやわらかく触るような持ち方をしていたのをよく覚えています」。

図2　湯山玲子「シブサワ系少女生態論」より

『少女コレクション序説』というこれもまた「コレクション」という言葉がタイトルに含まれ、オブジェへの偏愛を語った著書があるため、博覧強記な蒐集家として認識されがちな澁澤だが、本文にはこのようなジャン・ジュネの『花のノートルダム』を引用した箇所がある。「私は今でも曠野を歩いていて、えにしだの花に出会うとき、それらの花に対して深い共感の情が湧き起るのだ。私は愛情をこめて、それらをしみじみと眺める。私には、自分がこの花の王、ひょっとしたらその精でないと言い切ることもできないのだ。えにしだの花は、自然界における私の標章なのだ」（「エロスとフローラ」）。このジュネの花に対する観想的な態度と自分のナルシシズムを植物に仮託する感覚に部分的な共感を示しつつ、澁澤はさらに次のように述べる。

> わたしの愛するものは、動物と植物の中間に位置する、貝殻や、骨や、珊瑚虫のような石灰質の抽象的なイメージである。このようなものに、わたしは言い知れぬ美を感じる。エロスを感じる。それは精神分析してみれば、多少ネクロフィリア（屍体愛）的な感覚に通じるのではないか、とも思っている。（同前）

つまり、澁澤の愛するオブジェはとりわけ、動物と植物の間に位置するような適度な硬さと柔らかさとを両方兼ね備えたオブジェであり、そのようなモノを愛でる時、澁澤は花に己を重ね合わせるジュネのように、オブジェに対し観想的な同一化を試みるのだ。それは所有というよりもオブジェに同一化し、自分の存在を重ね合わせることによって、観想と共に自身の存在をモノへ明け渡す行為だと言えるだろう。

ごく若いうちから、私には、人間の肉体は一個のオブジェにほかならないという思いが強かったものだが、いま、五十代のおわりになって、私はそのことを身をもって証明したかのような、ふしぎな気持にとらわれている。もしかすると、私の肉体は私の思想を追いかけているのかもしれない。

（「都心ノ病院ニテ幻覚ヲ見タルコト」）

オブジェを愛し、自身もまたオブジェであろうとした人。澁澤は対象を研究したり説明したりするよりも、それ以上に対象を愛し、それになりたいと願う人であった。肉体はオブジェに他ならないと考えることは、肉体とモノとを等価に捉えるということである。

浅羽通明は「球体を説明するよりも、球体を偏愛して生きる方を選び、シュルレアリスムを研究するよりも、シュルレアリスムにまみれてしまう方を選ぶ澁澤龍彥。彼は、芸術を第三者的立場から分析する研究者ではなく、どこまでも実存的に芸術へ没入してゆく当事者」（『澁澤龍彥の時代』）であったと述べているが、その姿は冒険を外から眺めている窃視的な傍観者、あらゆる知識や物を収集する蒐集家というよりも、世界のあらゆるものを見尽くし、実存的に美しいものに没入し、それにまみれてしまうことさえも超えて、オブジェに変身することを願う変幻自在な観念世界の冒険家と言った方が相応しいのではないか。

5 円環的時間

澁澤は少年時代、妹に様々な質問を投げかけるのが常で、妹の澁澤幸子はこのようなやり取りを記憶しているという。

兄は突然、妹にさまざまな質問を発した。
「ここからまっすぐどんどん行ったら、どこに行くと思う？」
「お隣の家」
「違う。もっとどんどん行くんだ」
「海」
「違う。ここに帰って来るんだよ。地球は丸いんだからね」

（『私の少年時代』）

幼年期に飲み込んだ金のカフスボタンが象徴するように、澁澤は「幼年皇帝」と呼ばれるほど少年の心を保持し続けた。晩年になるほどその傾向はより強くなり、最晩年に書かれた『高丘親王航海記』は天竺という彼方を目指しつつ元の出発点に回帰していく物語だが、澁澤自身もより純度の高い少年時代に向かって円環的に回帰していったように思えてならない。

サドの紹介者としての澁澤、古今東西の異人や奇異なエピソードの紹介者としての澁澤、異端文学や美術の紹介者としての澁澤、小説家としての澁澤……。澁澤が多岐にわたるものを紹介し多作であるのは世界を見尽くさんとする情熱と好奇心ゆえであろう。それは雑多で一貫性のない態度のように思えるが、地球の最果てまで行って、ついには一周して帰ってくる冒険家として考えればその態度は一貫している。それゆえに澁澤の生も円環のように、元の場所、少年時代に回帰していく。だからこそ澁澤の遺作である『高丘親王航海記』の親王の思い出の象徴とも言える不思議な光る球は旅の出発点である日本に投げられるのだ。「薬子はやおら右手を振りあげて、光る石を外へ向かってほうり投げた。「そうれ、日本まで飛んでゆけ。」」。

澁澤の似姿のような親王は自身の死が迫る時、「初めての経験を待ちのぞむ、むしろ楽しいとさえいえるかもしれない予感だった」(「高丘親王航海記」)と作中で語る。『高丘親王航海記』は澁澤自身も入院中でまさしく死が迫った時期に書かれた作品であり、「肉体が一個のオブジェ」だと語っていたことを考えれば、澁澤は喉頭癌という病に苦しみながらも死という経験すらも新鮮で胸が躍る冒険の一つのように心のどこかで感じていたのかもしれない。

それはあたかも澁澤自身がオブジェそのものになっていく円環的な過程のようでもある。まるで親王が虎に食われて、死後は「モダンな親王にふさわしく、プラスチックのように薄くて軽い骨」(同前)になったかのごとく――単純に親王は死んだから骨だけが残ったのではなく――澁澤は死によって『高丘親王航海記』の物語の中で「プラスチックのように薄くて軽い骨」という一個の完全なオブジェになったのである。ゆえに『高丘親王航海記』における死とは、美しい真珠を飲み込んだゆえに死ぬという単純な話ではない。澁澤は物語の中で親王に己を重ね合わせ、とりわけ愛していたオブジェである骨そのものになってしまうこと――それを自分自身の夢の結実として描いたのではないだろうか。

死の珠とともに天竺へ向かう。天竺へついたとたん、名状すべからざる香気とともに死の珠はぱちんとはじけて、わたしはうっとり酔ったように死ぬだろう。いや、わたしの死ぬところが天竺だといってよいかもしれない。死の珠ははじければ、いつでも天竺の香気を立ちのぼらせるはずだから。(同前)

澁澤のオブジェへの偏愛は対象への変身願望に転ずるものであり、自分自身を対象へ明け渡す行為だとするならば、その願望は自身が死ぬことでしか完全には実現しない。死の珠＝美しい真珠というオブジェに自身の生を明け渡すことによって完全にオブジェと一体になる。それは自分自身が生きている限りは、モノとモノは切り離され、個別に存在している以上、決して実現しない不可能な願望なのだ。だからこそ、この場面において美しい真珠というオブジェに完全に生を明け渡す行為でもあり、同時に骨というオブジェと化すことを意味する死を、澁澤の似姿として描かれたであろう親王はうっとり酔ったような体験として夢想するのだ。

「記憶にはっきり刻みこまれているのだが、はたしてその記憶が現実に支えられているのかどうか、あるいは現実の裏づけのまったくない、クレペリンのいわゆる錯誤記憶、贋物の記憶にすぎないのではないか、自分でも判断のつきかねるような記憶が私にはいくつかある」(『私の少年時代』)と語るくらい現実感覚が希薄だった澁澤にとっては、自分の似姿である親王の遺骨のみならず、世界それ自体もプラスチックのように薄くて軽い骨のようなリアリティしか感じられなかったのかもしれない。現実的な重さを感じられず――あるいはそのような深刻さや重さを嫌い、まるで虚構の、夢の世界、すなわち「贋物の記憶」こそが本来の世界なのだ、と言わんばかりに、むしろプラスチックのようなまがい物の――夢の世界の方が澁澤にとって余程鮮やかでリアリティがあったのではないか。

夢の記録とは、海で採集した海草の標本みたいなものではないかと思う。私たちが海にもぐっているあいだこそ、海草はいかにも生き生きしているが、陸の上に引っぱりあげると、それはみるみる色あせてしまう。

(「夢」)

その様はまるで桃源郷という虚構の世界の仙人が一瞬だけ現実世界に姿を現し、桃源郷に帰還していくようでもあり、東洋の賢者が恍惚によって石というオブジェの模様に沈み込み、人間世界には二度と戻ることがなかったようでもある。モノに呑みこまれ、モノという永遠になるということ。それは終生オブジェに魅かれていた澁澤にとって、最も甘美な夢であったかもしれない。

そのような意味で、澁澤にとって、真珠を喉に詰まらせて死ぬ『高丘親王航海記』を書いたことは金のカフスボタンを呑みこんでしまった時点で決して書くことを避けることのできない作品だったのかもしれない。幼い頃に魅了され、呑みこんでしまったあのピカピカに光る金のカフスボタンが、今度は澁澤その人を呑みこむように。

七草繭子(ななくさ・まゆこ)
静岡県出身。大学では美学美術史を学ぶ。現労働者。一番好きな鉱物は孔雀石。
X(旧twitter):@LUVNA_LEVI

1 浅羽通明『澁澤龍彦の時代――幼年皇帝と昭和の精神史』(青弓社、一九九三)に登場する呼称。

文献

澁澤龍彦「エロスとフローラ」『少女コレクション序説』中央公論新社、一九八五年
「地球儀」『言葉の標本函 オブジェを求めて――澁澤龍彦コレクション』河出文庫、二〇〇〇年
「カフスボタン」「地球儀」「夢」『玩物草紙』中公文庫、一九八六年
「神聖受胎」『澁澤龍彦全集』第二巻、河出書房新社、一九九三年
「高丘親王航海記」「都心ノ病院ニテ幻覚ヲ見タルコト」『澁澤龍彦全集』第二二巻、河出書房新社、一九九五年
「胡桃の中の世界」『澁澤龍彦全集』第一三巻、河出書房新社、一九九四年
「玩具のモラル」『ダンディの箱』筑摩書房、一九九〇年
『私の少年時代』河出文庫、二〇一二年
国書刊行会編集部「対談 澁澤龍彦の書物 松山俊太郎×巖谷國士」『書物の宇宙誌』国書刊行会、二〇〇六年
ロジェ・カイヨワ、菅谷暁訳「石の中の画像」『石が書く』創元社、二〇〇二年
『文藝別冊』(総特集=澁澤龍彦 ユートピアふたたび)河出書房新社、二〇二二年
田中純『イメージの自然史――天使から貝殻まで』羽鳥書店、二〇一〇年
湯川玲子「シブサワ系少女生態論」『STUDIO VOICE』(特集=Girlquake! 秘められた少女たちの暴力性)vol.247、インファス、一九九六年

溶解意志と造形意志――種村季弘と「水で書かれた物語」

GOTO MAMORU
後藤護

『ゴシックカルチャー入門』『黒人音楽史――奇想の宇宙』『悪魔のいる漫画史』を著し、「暗黒綺想」を掲げるマニエリスト・後藤護が取り上げるのは、ホッケ『迷宮としての世界』やマゾッホ『毛皮を着たヴィーナス』の邦訳で名高いドイツ文学者・評論家の種村季弘。ゴシック、バロック、マニエリスムをキーワードに黒人音楽からサブカルチャーまで縦横無尽・天衣無縫に論じる後藤が、種村の原初体験からその仕事を貫く本質を描き出す。

TANEMURA SUEHIRO

1　水に背いた「火性の人」

「戦後焼け跡派」、「戦後闇市派」を自認する種村季弘（一九三三―二〇〇四）は、東京大空襲で生まれ故郷の池袋を焼き尽くされ、その結果「瓦礫」なり「無」なりが原風景、彼の思想のスタート地点になった。種村の初仕事であり、その後の活動全てに一貫するモチーフを提供することになったG・R・ホッケ『迷宮としての世界』（一九六五）の翻訳であるが、ホッケはローマ劫掠のあとに生じた一六世紀マニエリスムアートと、第一次世界大戦の「荒地」の果てに生じたシュルレアリスムに明らかな相関関係を認め、この幻視とさえ言えそうな強烈なアナロジーが軸となってマニエリスムは時代精神と条件さえ一致すれば何度でも繰り返される「歴史的常数」と再定義された。

明らかに訳者の種村は、ローマ劫掠や第一次世界大戦のあとの惨状を、自らの戦後体験とダブらせながらマニエリスムを捉えていた。芸術家より詐欺師、ホンモノより贋物、情熱より計算を礼讃するあの人を食ったような老獪さも、イロニーも、仮面術も、すべて戦後という転形期を生き抜くためのハードドライなマニエリスム的甲冑様式《パンツァーハフト》であり、若きにして「晩年の思想」（花田清輝）から彼は始めざるをえなかった。つまり戦「火」を潜り抜けた種村季弘の原初体験には、すべてを焼き払う「火」のエレメントがちらちら見える。

「火」とは種村が好んで取り上げた鍛冶師や錬金術師のような人工性を司る人々の宰領するエレメントであり、初期の論考「自動人形庭園」(『怪物の解剖学』所収)に種村は以下のように書き付けている。

　水を憎むのは、火性の人プロメテウスや錬金術的火成論者《ヴルカニスト》の悲しい宿命ではなかったであろうか。水と大地に背き、大気と火に親しむ彼らは、飛行を夢み、自然を焼き殺そうとする。それが古来から自動人形師たちに共通のコンプレックスなのである。

図1　ピエトロ・ファブリス(1740-1792)描く天使城の花火
『迷宮としての世界』の「天使城」の章において、光の爆発のたびに空間を寸断する誇張・儚さ・人工の「火」のアートである花火術はマニエリスムの象徴とされた。しかし隅田川の花火大会にせよ、「火性の人」はなぜ「水」べりで人工の火花を闇夜に散らせるのか?

自然(女性原理)を嫌悪し、人工(男性原理)を賛美する「火性の人」こそが幾何学的マニエリスト——母胎を必要としない単性生殖の独身者機械たち——なのだとしたら(図1)、上の短い一文は種村批評全体のステイトメントになりおおせている、とも一見思える。マニエリスト種村季弘の戦後体験やパブリック・イメージを考える場合、四大元素のなかでも「火」というものが強い印象を読者に与えるのは事実だろう。

2　水源への遡行——『水の迷宮』『壺中天奇聞』の流れ

しかし、「火」よりも以前に遡る「水」の記憶が、種村のなかで常に拮抗していることが私には気にかかっていた。[1]まずは、種村死後に編まれたものの中では最新刊の『水の迷宮』(二〇二〇)という美々しく瑞々しいタイトルから、その「水で書かれた物語」(吉田喜重)を始めていきたい。[2]國學院大學で種村の薫陶を受けた弟子の齋藤靖朗が編纂した本書は、一貫して水のモチーフに拘り続けた作家・泉鏡花の作品論・作家論をまとめたものである。特に「水中花変幻」は日本幻想文学論でも屈指の名作として語り継がれる逸品であり、ちくま文庫の『泉鏡花集成』全一四巻を編んでいることからも、鏡花は種村思想の中核をなす作家と言える。

種村は鏡花作品に頻出する、主人公を慰撫する個性的特徴を欠いたのっぺらぼうな顔をした「水の女」を、出口米吉『原始母神論』（一九二八）を援用しつつ以下のように論じている。「しかしこの恐ろしい美女たちはその非人間的な顔によってまさに顔のない女である原母的な存在一般のかけがえのない化身となった」。いわば鏡花の「水の女」とは退行願望の象徴であり、個ではなく類としての女、分節化される前のグレートマザー的全一性、未生の世界というユートピアを惹起せしめる羊水的存在だと知れる。「現在を液状に溶解して大洋的退行の果ての原風景を現象せしめるたくらみ」と鏡花文学を評した言葉は、そっくりそのまま種村に送り返される言葉だと思われる、ということを以下見ていきたい。

　ハードドライな「火性の人」種村に水のモチーフが滾々と湧き出てくるのは、「水中花変幻」を含む初の日本文学論集『壺中天奇聞』（一九七六）だった。ここには「水源が涸れるとき」という北原白秋論も収録され、大正作家たちがいかに郷土の川を二重写しにした「幻想の隅田川」を仮構していたか詳らかにされる。[3] 江戸から続く水上都市であった東京が、明治新政府による道路や鉄道の敷設によって水を埋め立てられ、陸上都市へと変わっていったという歴史を踏まえたうえで以下のテクストを読んでいただきたい。

> たとえば鏡花の『葛飾砂子』の隅田川がありようは浅野川であるならば、佐藤春夫の『美しき町』の中州は熊野川、朔太郎の『猫町』の背後にはおそらく広瀬川が流れ、そしてそのすべての川が隅田川に合流する。故郷の川と隅田川が相隔っていればそれだけ、隅田川は人工の川、失われた水を復元したところの虚構の川となり、極限では運河、築港、噴水庭園のような人工物と化して自然性をことごとく剥奪されるにいたるのである。ほぼ一九〇〇年から一九二五年にかけて、鉄道網の全国的普及につれて、隅田川、日本橋川を中心とする小東京《リトルトーキョー》の人工的性格がこのように完成され、このミニアチュールのような人工都市のなかに大正文化の爛熟が培養された。その人工性は、失われた場所を喚び起すための感情の発生装置、追憶の催淫剤で東京があったことを意味している。
> （『壺中天奇聞』）

失われた「水の都」としての東京のイメージは、右の文章の約一〇年後に行われた川本三郎との対談「路地の博物誌」（一九八五）でも再び繰り返されるが、さらなる発展がみられる。「陸《おか》っていう帝国主義の連地的固定的地形から水力学的に流動する場所に幻想の重点が移る」のが、水が失われたことで逆説的に水が恋しくなった大正作家たちの時代であったが、これは東京在住者に終始みられる常数的傾向だというのだ。「中沢新一や浅田彰なんていう人たちにノマドとか流体土木の発想が出てきて、それをこうもう一回ひっくり返そうとしている動きがありますよね」（「路地の博物誌」）と種村は述べており、ニューアカデミズムの「軽さ」を「流体土木の発想」すなわち水都東京の復権だと捉えている。荒俣宏の『帝都物語』も水神としての平将門を中心に、地下に張り巡らされた地下水脈をたどった風水小説であったことから同趣向として捉えた種村は、極めつけの一言を放っている。「なんかこう表側の世界からポーンとリグレッションして水にただようっていう退行的ユートピアの感覚が、東京人の都市生活感情の根拠になっているんじゃないでしょうかね」（同前）。

３　タラッサ的退行と畸形の神

種村の戦「火」の記憶に関しては冒頭述べた。その意味では「種村季弘のテクストを説明しようとすれば、差し当り彼が繰り返すこういう「戦後」直後体験を出発点とするほかはなさそうだ」という高山宏の言葉も頷ける（「郷愁の曲率」）。しかしここまでの論述からすると、戦「火」の記憶以前にまで遡れる、より根源的な「水の都」のアーキタイプが種村の中にあったのではないかと思えて仕方がない。大正作家が仮構した「水の都」を語る種村の口吻に感じられる無防備なまでの恍惚は、まさに彼の言葉を借りれば「誕生以前の原記憶の再発見」（「水中生活者の夢」）であり、退行的ユートピア願望なのである。[4]

種村批評に頻出する「退行的ユートピア」という語は、フロイトの異端の弟子であるハンガリーの精神分析医サンドール・フィレンツィの提唱した「タラッサ的退行」から着想を得たものと思しい。「個体発生は系統発生を繰り返す」で知られるエルンスト・ヘッケルの反復説のテーゼを、精神分析用語の退行《リグレッション》に接続したフィレンツィは、人類というものには系統発生を爬虫類、両棲類、魚類と遡って、最終的に大海《タラッサ》へと還っていきたい生物学的退化の欲望があることを論じた。[5] こうした種村の水を通じた退行的ユートピアが、「火性の人」である錬金術師や鍛冶師といった初期〜中期種村の中心的モチーフと見事に結合したものこそが、生前最後の作品となった名作『畸形の神――あるいは魔術的跛者』（二〇〇四）ではなかろうか。[6]

この著作では、初期作『怪物の解剖学』（一九七八）で論じられた「火性の人」としての畸形の鍛冶神に、さらに水（海、洪水など）との親近性（たとえば天空高くから海に叩き落されて足に障害を負ったヘパイストスの神話など）が明確に付け加わっているのだ。ここまで概観してきた鏡花論、大正文学論といった知的迂回を経て、初期の「火」のモチーフに中期の「水」のモチーフが必然とも言えるマリアージュを果たしたと見てよいだろう。

極めつけは一六章「タラッサ！　タラッサ！」である。ここでフィレンツィのタラッサ的退行理論に上乗せするかたちで援用されるのが三木成夫の解剖学的エッセー『海・呼吸・古代形象』（一九九二）である。「海への郷愁、なんなら生命的遡行本能の呼びかけが畸形を生む」といい、「ヒトの胎児の胎内成長過程のどこかで進化論的系統発生にいやいやをして上陸を忌諱し、降海に立ち戻ろうとする衝動が間々あり得る」と指摘したのち、種村は三木の以下のテクストをとどめの一撃とばかりに引用している。「ヒトの胎児は、受胎一ヵ月後の数日間に、古生代の上陸誌をひとつの象徴劇として自ら演じて見せるだろう。これに対し奇形児の多くは、そのからだの一部をはって、上陸ならぬ降海の見果てぬ夢をなぞりながら、その奇なる発生をとげ終えたごとくである」（『畸形の神』）。そしてこの三木の畸形発生理論を鍛冶神話に結び付けた以下のテクストを読む時、種村の「水」のモチーフが最後に流れ着いた地点が明晰に見えてくるはずだ。

そういえばヘパイストスをはじめとして畸形者はいつも海の

傍にいた。そして陸生のわたしたちにそれまでの日常に知られていなかった「奇なるもの」という発明や新しい美を贈与してくれた。畸形は進化のさまざまの可能性のうちの実現されないまま余白にとどまっていた形象であって、三木のような観点に立ってみれば、忌むべきものであるどころか、太古の海からの、また海への、呼びかけにほかならないのだ。（同前）

ここで語られるギリシア神話の鍛冶神ヘパイストスとは、語る主体である種村自身ではあるまいか。故郷を焼き尽くされ、大地から切り離された知のデラシネである種村は、自然からかけ離れた不自然極まりない「奇なるもの」をあれやこれや知の溶鉱炉で鍛え上げる「呪われた工匠」（ホッケ）としての身ぶりを生涯まっとうしたが、それは実のところ「太古の海からの、また海への、呼びかけ」のアイロニカルで逆説的な表現なのだった──「火性の人」こそが最も「水」に近いというパラドックス。種村の人工のアンチ・ユートピアの地下には、タラッサ的郷愁の水源へと通じる暗渠が底流していたに違いない。種村の弄する「奇なるもの」は往々にして、かつて存在したかさえ分からないほどに解体された有機的全体性──未だ見たこともない蜃気楼のような「水の都」──に対する憧憬なのであった。

しかし、果たして怪人タネムラが安直に「水」への退行願望を口走って身罷るようなことがあるだろうか、何か罠があるのではないかとも訝ってしまう。「火性の人」が「水」に退行していくプロセスとして『畸形の神』をパースペクティブしてみたが、それならば逆構図として「火性の人」が「水」というカオスを統御した作品とも読めるのではないか。というのも、ダンテを気取る種村が「我が闇市時代のウェルギリウス」とまで讃えた花田清輝も最晩年「火」によって「水」を統御するという構図を既に取っていたのだから。「仮面のイデオローグ」（『夢の舌』所収）という論攷で、花田思想を徐々に蝕んでいった「水」のモチーフの悪徳を書き連ねた以下のテクストをまずは読んでいただきたい。

敗戦直後『砂漠について』というエッセイを書いた花田清輝は、吉行淳之介の『砂の上の植物群』を論じた『草原について』（昭和四十年）あたりから微妙な変貌のきざしを垣間見せはじめた。不毛の砂漠に微量の水分が浸透して、ペンペン草程度の植物なら生えても差支えないようであった。存在への回帰の兆候であろうか。（…）遠ざけていた水のマチエールは急速に侵入してきて、『室町小説集』ではほとんどすべてのモチーフが水である。日本的なものからもっとも遠ざかった人と思われた花田清輝にしてなお、日本回帰の宿命を免れなかったのであろうか。しかし、早まってはいけない。谷崎潤一郎の『吉野葛』をパロディー化した『「吉野葛」註』、『力婦伝』では、満々とたたえられた水をかいくぐったところにからくりが、すなわち治水灌漑の幾何学的ユートピアが忽然として出現する。（「仮面のイデオローグ」）

最後の「からくり」や「治水灌漑」は、「水」という悪しきマチエールを統御する「火」（すなわち発明）であると言えよう（図2）。続けて種村はこう語る。「その生涯の最期に、花田清輝はもっとも日本的なものである水と土という敵の真只中に、彼にとっての揺籠である幾何学的装置をまんまと潜入させ、抽象の永遠交媾を実現して、一種彼岸的な聖母子像を完成したのだった」（同前）。日本的マチエールである「水」と「土」を「敵」だと言ってのける種村の呪詛を考慮すると、『畸形の神』を「水」と「火」の幸福なマリアージュなどと締め括るのはいささか早計に過ぎたかもしれない。

4　ストイックな水、あるいは絶対的な造形意志

タラッサ的退行に身を任せること、すなわち溶解意志に呑み込まれることを願望しているようでいて、花田を論じた文章からも分かるように実のところ種村の水のモチーフには「ストイックな水」という側面がある。「酒は呑んでも呑まれるな」ではないが、液状化する自らを冷静に観察する、さながら渦巻に巻き込まれながらも冷静に脱出法を見つけだすE・A・ポーの「メエルシュトレエムに呑まれて」の漁師の明晰な態度である。川本三郎曰く、「禁欲は実は種村さんの大きな特色である。だらしない酒飲みの対極にいる。〝禁欲的な酒仙〟という矛盾のなかに種村さんの魅力がある」（「解説：食物読本」）。

図2　アタナシウス・キルヒャー『普遍音楽』に見られる「水力オルガン」
「水」という日本的マチエールをカラクリによって統御するこうした幾何学的精神は、花田清輝から澁澤龍彦、種村季弘、高山宏にまで受け継がれる。

溶けることへのあこがれと、それが不可能であるがゆえのアイロニー、ひいてはストイシズム――「酩酊と明晰」（川本三郎）に引き裂かれることが「火性の人」の宿痾なのか。明晰な酩酊者というこの矛盾形容は、例えば一九二〇年代の「溶ける」アートである表現主義の情念ドロドロ世界の裏側で、硬質なオブジェ志向のノイエ・ザッハリヒカイト運動が秘かに進行していたことを論じた『魔術的リアリズム』（一九八八）のような仕事に明確に出ているだろう。事程左様に、性と死を直結させ、連続性のなかに「溶ける」バタイユや三島由紀夫のエロティシズム思想にもやや懐疑的なところがあり、渡辺一考との対談「茶利放談会」では以下のような所見を述べている。

> 死を前提としたら、最短距離で死に向かうから、セックスは必ず淫蕩になってくる。それが悪いとは言わないけど、そんなにあっさり死んじまうのはどうかね。間にオブジェがなきゃいけない、オブジェは何かって言うとうんこですよ。肛門期のコンプレックスのない人は、僕は物語作家としてはおもしろくないんじゃないかと思っている。（…）（澁澤龍彦も）結局は肛門期の名残があるから、オブジェ主義でしょ。貝殻とか頭蓋骨とか、なんかオブジェを置いて迂回しないと書けないんでね。澁澤さんはバタイユを晩年に嫌いになっていく、三島のせいもあるね。

「溶けちまいたい」と願う反面、溶けきれないオブジェ主義者の種村がいる。「綺想の映画館」（『楽しき没落』収録）と題されたインタヴューでも、好きな映画の傾向を問われた種村はどろどろ溶けることへの懐疑を表明している。「グロテスク趣味なんですね。だけど、グロテスクも二通りあって、どろどろのグロテスクもある。それもわりに嫌いじゃないんだ。でも、グロテスクでもオブジェになってるようなものが好きなんですよ。泥もオブジェですから、それはいいんだけどね。形がはっきりしていないとどろどろになっちゃう」。オブジェの例として「うんこ」と「泥」を種村は挙げたが、これらは水と土のエレメントが混じり合ったオブジェならぬ半分オブジェ、一種の「固い水」である。言うまでもなく「固い水」はパラドックスであり、つまり種村には溶解意志に対してストイックなまでに「絶対的な造形意志」が同時にあることが「うんこ」から嗅ぎ取れるのである。田村隆一との対談「変貌する都市」でこの重要な言葉が初めて出てくる。

> のっぺらぼうのつるつるになっちゃって追憶の糸口がなくなると、かえって原型復元の強烈な衝動が起こる。しかし復元ったって、物質的なものじゃなくて精神性を媒介にしてね。捨てるとか、ぶっこわされるとか、おっぽり出されるとか、そういう無に白紙還元されたところから発生してくる、言葉やリズムや形による絶対的な造形意志ね。田村さんのいわゆる貧の美意識だな。

ここで語られる「原型復元の強烈な衝動」の解決法には二パターンある。一つは先述したタラッサ的退行すなわち溶解意志、これはひたすら叶わないユートピアを夢見ることであり行為は伴わない。しかし種村が専門としたドイツ・ロマン派とは、憧れても届かない絶対性に溺れることを潔しとせず、それに対してロマンティック・イロニーの屈折をみせる。それゆえ分断された世界において「絶対的な造形意志」がバラバラの断片を蒐集・弥縫して、かりそめの原型復元を試みるのだ——どろどろになることなくフォルムを維持した後者をマニエリスムと呼ぶ。

捨てられ、ぶっ壊され、おっぽり出された戦後焼け跡派の種村は「夢見る権利」（バシュラール）を剥奪された少年であり、ウェットな情念、母胎のまどろみは切り捨てねばならなかったのであり、マニエリスムは単なる美学様式を越えて生存術そのものであった。七草繭子論考が指摘した澁澤のオブジェを呑みこみ、呑みこまれたいという幼年期的まどろみは、種村の闇市不良少年的な実存にとって理解はできても唾棄すべきものだった。「溶けちまいたい」とデカダンに夢を見ることはあっても、実際に「溶ける」のは火の海になった東京の町だけで充分でえ、とこの江戸っ子はシニカルに思っている。[7]

5 ヘルメス礼讃——アナクロニズムな発明家の肖像

最後に、溶けたり固まったりを繰り返す種村のパラドキシカルな水は、奇しくも水銀の性質と一致していることを指摘しておこう。種村自身が「神話と錬金術——ヘルメスの変貌」（『黒い錬金術』所収）のなかで語る水銀の性質は以下のようなものである。

金属でありながら、容易に液体とも気体ともなり、ふいに揮発して眼に見えなくなるかと思うと、いつしか蒸留されて無から生じたように忽然と姿をあらわす水銀の性質の類推からして、錬金術師たちはしばしば変幻つねなき悪戯好きの神メルクリウスを水銀と同一視してきたが、同時にそれは、火とも、精霊とも、魂とも同一視されてきた。

水銀はローマ神話の神メルクリウスに結びつけられているが、このギリシア神話の対応物は「精神史」を書いた林達夫の守護神ヘルメスであり、商人の神、盗人の神、交通の神、つまり山口昌男鍾愛のトリックスターである。その意味で、種村の「水」のモチーフは溶解意志や造形意志を持つばかりではなく、メルクリウス＝ヘルメスのように不埒な遊び心をもつマチエールでもある。国文学者・前田愛との対談「現代食物考」では「水」のヘルメス的遊戯性について以下のように語っている。

要するに、遊びというものはまさに遊びであって、確固たる大地の上でやるビジネスとは違って、水の上でゆらゆらしながら船の上で酒を飲むというのが最高なんで(笑)、李白だってそうですよね。西湖とか揚子江のような川の上に船を浮かべて、その上でお酒を飲み、遊楽の音を聴く。

テムズ川沿いにシェイクスピア演劇をかけたグローブ座があり、隅田川沿いに歌舞伎座が今でもあるように、水上交易の要にして見ず知らずの夥しい「異人」たちの集う辺境であった水べりは「盛り場」となり、結果として芸能＝遊びの起源となる場所であった。種村晩年の温泉狂いにしても、温泉とはもともと水の治癒効果を中心にした社交場であり、霊験あらたかなお湯と裸の付き合いを求めてスピリチュアリスト、健康マニア、詐欺師、セックスマニアが集ういかがわしい場所であったことを考えるべきで、種村が丸々一冊評伝をものした錬金術師パラケルススにしても温泉町の生まれで、カリオストロも湯治場で怪しげな健康水を売りさばく山師であった。どうも水回りには胡散臭い俗流ヘルメスたちが集うらしい。

遊び人ヘルメスは、ゴミ拾い人でもある。戦後の焼け野原の体験を直截に語ることを避けた種村が、関東大震災による浅草十二階の崩壊を二重露光させながら自らの戦後体験を語った「十二階の崩れた日から」(『影法師の誘惑』所収)と題されたテクストがある。瓦礫の中でガラクタを集めて回る闇市の浮浪児であった記憶を回想しつつ、オリュンポスの神々に滅ぼされて没落したティターン(巨人)族の末裔であるいかがわしい神ヘルメスを自らに重ね合わせて以下のように書いている。

ギリシャ神話の拾いの神はヘルメスであった。(…)ヘルメスの有名な拾得物は亀であった。彼は路上に落ちていたこの醜悪な生き物を拾い、その甲羅から琴を作って美しい音楽を奏でた。醜悪なものを美しいものに変えるこの魔法のエピソードは、フロイトの肛門性格者に関する分析とも一致する。肛門性格者では金銭（人間が知ったもっとも価値あるもの）と糞（人間が屑として投げすてるもっとも価値のないもの）が、しばしば同一視されるからである。蒐集家は金銭に興味はないので、この種の肛門性格者の戯画的パロディーであると言えよう。

普通の人からしたら糞のようなガラクタを拾い集め、それを黄金だと言い張る巧言令色のペテン師、「永遠の反抗期」ならぬ「永遠の肛門期」こそがヘルメス＝種村翁なのである。また「亀の甲羅」のモチーフが出てくるが、これは海というカオス空間に対するコスモス、いわば硬質な「幾何学的精神」（澁澤龍彦）の象徴であるとも言える。しかし『さかしま』のデ・ゼッサントのように亀の甲羅を宝石でデコレーションして遊ぶ「硬さから硬さへ」の同義反復的で発展なき頽廃とも異なり、ヘルメスは亀の甲羅というコスモスを敢えて音楽というカオスに変換する。甲羅の硬さは音楽の柔らかさへ、すなわち水のイメージへと変容していく。さながらヘルメスと同工異曲の手つきで、東京を陸上都市から水上都市へと水陸両棲生物のように軟化させ、澁澤の硬質なオブジェ主義に対して「泥」や「うんこ」のような柔らかい半分オブジェを差し出した鼻垂らしのクソガキというか老童＝トリックスターこそが種村季弘ではなかったか。

亀の甲羅で楽器を作った音楽家ヘルメスは、発明家であったとも言える。ここで最後に発明家としての鍛冶師、すなわち冒頭で掲げた「火」のモチーフに大々的に帰ってみようではないか。よくよく考えれば、種村の好んで取り上げる発明家たちは、「確固たる大地」に根付いた存在ではなかった。無尽蔵の海をその後背にしのばせる畸形の鍛冶神ヘパイストスのように、「水」の後ろ暗さをたたえた「火性の人」たちであった。それとは対照的に、戦後の都市計画を押し進めた人々は「確固たる大地」の上に「火」による文明発展を押しつけるばかりであった。種村は「十二階の崩れた日から」で戦後発展に慙愧の念を漏らしている。

「復興の槌の音高く」という決まり文句で焼け跡の昼寝の夢は覚まされて、無理矢理気に染まぬ強制労働に駆り立てられてきたのである。拾い物から過ぎ去った文化を追想し、死んだ人びとの魂を鎮めているひまはない、とでも言いたげである。

種村ワールドを彩った錬金術師、鍛冶師、人造人間栽培者といった呪われた発明家たちは、戦後復興の天空めがけて燃え盛る未来志向な「火」とは対蹠的に、いつも過去へと、白昼夢へと沈潜していったアナクロニストたちの風前の灯のように弱々しい「火」を点していた。『アナクロニズム』（一九七三）あとがきで種村はこう言っている。「アクチュアリティだの、情況だの、息がつまるようでイヤだなあ。いっそアナクロニズムで昼行燈みたいにぼんやりしていたい。うっすらと死臭が漂いはじめているようなのが好きなんですよ」。

「火」は死臭を浄化するものであり、死臭が漂いはじめるには「水」の腐敗作用が必要になる。「火」によって築かれた文明の暗渠に「水」の腐った臭いを感じ取り、それが気づきとなって「過ぎ去った文化を追想し、死んだ人びとの魂を鎮め」なければならない。この種村の記述は、ヘルメスが死者の魂を冥府へと導くいわゆる「プシコポンポス」の役割を担っていたことを偲ばせる。トーマス・マン『ヴェニスに死す』の美少年タッジオもまた、水都ヴェニスの地霊《ゲニウス・ロキ》ヘルメスの象徴であり、死者の魂を運ぶために生者と死者の世界を「交通」する存在であった（図3）。

図3　アドルフ・ヒレミ＝ヒルシュル「アケローン河の御霊」（1898）
地下世界のヘルメス。死者の魂を冥府のアケローン河へと導くこの姿には、戦後に死者の魂を忘れ去って進んだ東京の都市開発に対して「後ろ向きに前へ進む」（ヴァレリー）アナクロニズムと決意が感じられる。「水」の後ろ暗さを引きずった世紀末様式のヘルメスは、種村の肖像にふさわしい。

水のおぼろげな記憶を埋め立てた燃え盛るばかりの火の発明家は、容易に「ヘルメスの音楽」ではなく「復興の槌」と似通った単調な音を奏でてしまうことを充分に警戒しなければならない。ときに水と遊び、没入し、逃れる三段階モードチェンジを繰り返しながら、「火性の人」たるマニエリストは昼行燈のように「ぼんやり」とした火を、水底で怪しく点し続けなければならない。これこそが種村の遺言だと見定めて、令和の転形期をなんとか生き抜いてみようではないか。

後藤護（ごとう・まもる）
一九八八年、山形県生まれ。暗黒綺想家。『黒人音楽史――奇想の宇宙』（中央公論新社、二〇二二）で第1回音楽本大賞「個人賞」を受賞（渡邊未帆選）。その他の著書に『ゴシック・カルチャー入門』（Pヴァイン、二〇一九）、『悪魔のいる漫画史』（ブルースプリント、二〇二三）。現在準備中の本として、ポリマス（博識）をテーマにした『博覧狂気の怪物誌』（晶文社、二〇二五）、厚木に降り立ったダグラス・マッカーサーのサングラスの衝撃に始まる『日本戦後黒眼鏡サブカルチャー史』（国書刊行会、二〇二六）がある。

1　その老獪と韜晦からノスタルジックな自分語りをとことん避けてきた種村が、無防備なほどに自らの幼年期の記憶を語った珍しい文章がある。『影法師の誘惑』（一九七九）の第五章「幼年」に収録されたテクスト群がそれで、小川未明の童話を扱った「文字以前の世界」では母と水の記憶が同一に溶け合っていくような陶然たる記述がみられる。

2　『水で書かれた物語』（一九六五）は種村の東大時代の同級生・吉田喜重の映画。種村、吉田に加えて石堂淑郎、宮川淳らが東大時代に作っていた同人誌『望楼』の研究も俟たれる。また種村と宮川淳はホッケ『迷宮としての世界』の読書会を共同でやっていたのだが、夭折した宮川のそうしたマニエリスム領域への関心は今ではほとんど顧みられていない。

3　種村にとっての水都東京のおもかげは、世紀転換期に栄えたドイツ北部のアート・コロニー「ヴォルプスヴェーデ」にまで投影されている。画家のハインリヒ・フォーゲラー、オットー・モーダーゾーン、詩人のリルケなど名だたるアーティストたちが集ったこの伝説的コロニーは、かつて北海に浸された沼沢地であり、干拓されてなお海の記憶をとどめていた。それゆえ『ヴォルプスヴェーデふたたび』（一九八〇）にも「水」のモチーフが滾々と湧き上がっていることが確認できる。またヴォルプスヴェーデについて書かれたリルケ『風景画論』を、種村は高校生時代に焼け跡の露店古本屋で買い求めたということも忘れてはならない。「水」

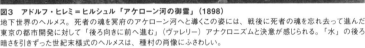

と「火」の記憶が拮抗しているのだ。

4 「楠田枝里子のラジオギャラリー」（一九八八年三月一八日放送）に出演した際、なぜ温泉に入るのかと問われた種村は「溶けちまいたいんだろうね。世紀末趣味かな」と応じていた。世紀末のデカダンスがもともとディケイ（腐る）という語に由来するということもあっての発言だろう。種村最晩年の高山宏との対談「陽気な黙示録」でも、ドビュッシー音楽に強烈な退行願望を感じていることが分かる。「今［ドビュッシー］聴いてるんだけど、あれはいいよ、雨垂れがポタポタ落ちてくるようなやつ。ぼく自身が今、ああいう心境なんだな（笑）、いいよー（笑）。非常に無気力でね、水の中に埋没していくような快楽がある」。

5 澁澤龍彥編集の『全集・現代世界文学の発見7　性の深淵』（学芸書林、一九七〇）にフェレンツィ「タラッサ」（小島俊明訳）のタイトルで訳出されている。

6 『畸形の神』の前段階として、「火」と「水」を結びつける発想がすでに池内紀、川本三郎、種村季弘の三名による出雲・玉造温泉での鼎談に見られる。「考えてみると、ここは火の国なんですね。大昔、西では大山《だいせん》が火を噴き、東の三瓶山《さんべ》も火を噴いていたらしい。そこに熱いお湯が出てくるわけだから、やっぱり神様のお湯だとみんな思ったんでしょうかね」という池内の問いに、種村は以下のように返答している。「今日出雲大社へ行ってきたんですが、槌《つち》を持ち、袋をしょった大黒様の彫刻があるんですね。あれはおそらく風の袋、鞴《ふいご》だと思う。それに槌を持ってるんだから蹈鞴《たたら》師なんじゃないかと想像したんです。あの辺を今は簸川《ひかわ》（斐川）と呼んでいるけど、「簸川」はおそらく「火の川」でしょうね」（池内×川本×種村「温泉の虜となりぬ玉造」『ああ、温泉——種村季弘とマニア7人の温泉主義宣言』アートダイジェスト、二〇〇一）。

7 溶解意志と造形意志とは、G・R・ホッケ『文学におけるマニエリスム』のディオニュソスとダイダロス、あるいは袴田渥美「妖怪演義」で論じられている花田清輝『アヴァンギャルド芸術』のエラン・ヴィタール（生命拡散）とフラン・ヴィタール（生命統御）の二項対立にそれぞれ正確に対応しており、この二つの緊張関係があってこそマニエリスムは一流たり得る。

文献

種村季弘『壺中天奇聞』青土社、一九七六年
『怪物の解剖学』河出書房新社、一九八七年
「神話と錬金術——ヘルメスの変貌」『黒い錬金術』白水社、一九九一年
「十二階の崩れた日から」『影法師の誘惑』河出書房新社、一九九一年
『アナクロニズム』青土社、一九七三年
「水中生活者の夢」「仮面のイデオローグ」『夢の舌』北宋社、一九九六年
『畸形の神』青土社、二〇〇四年
「綺想の映画館」『楽しき没落』論創社、二〇〇四年
川本三郎×種村季弘「路地の博物誌」、種村季弘×田村隆一「変貌する都市」、種村季弘×前田愛「現代食物考」『東京迷宮考——種村季弘対談集』青土社、二〇〇一年
種村季弘×渡辺一考「茶利放談会」『怪人タネラムネラ　種村季弘の箱』アトリエOCTA、二〇〇二年
川本三郎「解説：食物読本——場末の酒仙」『食物読本——種村季弘のネオ・ラビリントス6』河出書房新社、一九九九年
高山宏「郷愁の曲率——種村季弘の六〇年代末」『痙攣する地獄』作品社、一九九五年

セカイ創造者保田与重郎——詩・イロニー・日本

武久真士
TAKEHISA MAKOTO

ドイツロマン派に親炙しながら日本の古典を論じ、近代批判を繰り広げた文芸評論家、保田与重郎。戦時下の若者に絶大な影響を与えたとされる保田を、その最大のキーワード「イロニー」から論じる。執筆者は、中原中也や三好達治などの近代詩の研究者であり、批評誌『近代体操』同人でもある武久真士。

1　「詩」と「詩的なもの」

二〇二三年七月に『ユリイカ』の大江健三郎特集が発売された。全六五〇ページにおよぶこの雑誌を流し読みする中で、僕の印象に残ったのは大江の「詩」に関する話題だ。大江にとってどうやら詩とは、テロルと結びついたり散文的なリアリズムに対抗できたりするものらしい。なんだかひどくロマンチックな話じゃないだろうか。

同じようなことは三島由紀夫の小説を読むときにも感じる。三島の作品の中では、詩は美や純粋さの結晶のようなものとして語られる。三島は一時期詩人を目指していたらしいけれど、詩への屈折ゆえに詩を過剰に美化してしまうあたりは、病んだ愛だよな、と思う。

こうしたロマンチックな「詩」の観念は、それまでの詩史の流れからすると異質のものだ。「詩」と言えば漢詩を指していた日本に西洋式のpoemが流入し、それをなんとか自国に取り入れようとしたのが明治期。当時の詩（新体詩）を読めば分かるが、このころの詩の言葉は生硬で意味が取りにくく、いかにもこなれていない感じがするものだった。そうした作品において「美」が自然なものでないのは当然で、人工的に西洋の文化を模倣しようとした時代性の典型をこの時期の詩に見ることができる。

大正に入ってようやく高村光太郎や萩原朔太郎が登場し、詩が口語で書かれるようになる。僕らが「詩」と聞いてぱっと思い浮かべるような行分け口語自由詩はおおよそこの時期に完成する。大正期の詩は基本的に抒情詩で、文字通り作者（作中主体）の情を抒べるものとして機能していた。この時期の詩においては、明治期のぎこちなさをある程度脱した、比較的自然な詩句を見出すことができる。[1]

　昭和初期、モダニズムの時代に入ると「詩とは何か」ということが本格的に問われるようになる。特に『詩と詩論』の春山行夫らによる理論整備によって、作品と作者の内面とが切り離され、詩はより技術的に、理性のコントロールのもとで作られるべきだということになっていく。

　もちろん距離感はあるものの、戦後詩は基本的にそうしたモダニズム詩の理念を引き継いでいる。単なる心情の表出としての詩があるのではなく、理論を踏まえた上で構築されるものとして詩があるのだという観念は、詩人たち全体に共有されたものだったと考えていい。戦争の時代、人々が「うた」の抒情に溺れ現実に対して批判的な想像力を向けられなくなったことへの反省と批判が戦後の詩を作ったのである。戦後詩は、ロマンチシズムとの戦いだった。

　三島や大江におけるロマンチックな「詩」の観念は、そうした詩の歴史と逆行している。戦後文学者がロマンチックな「詩」に憧れるなんて！　小野十三郎や『荒地』が行った「うた」批判はどうなるというのだろう。

　ただし、こうした詩に対するロマンチックなイメージは、なにも三島や大江だけのものではない。しばしば「自分には詩が読めないから……」と言う人がいるけれども、ここにだって詩へのロマンチシズムは潜んでいる。肩肘張らず、小説と同じ読み方を詩に適用してみればいいのである。詩作品の中には物語的なものも少なからずあるから、小説の読み方を訓練した人間ならば詩を読むこともそう難しくはないはずなのだ。

　おそらく「詩の読み方がわからない」と言う人は、詩というなにか特別なジャンルがあり、それにはなにか特別な読み方が必要だと考えている。詩を神秘的に眼差している。ある特殊な技能を持った司祭だけが、天から詩の言葉を受け取り人々に伝えることができるというわけだ。もちろんそんなことはないのだけれど。

　この小説ならざるもの、小説の剰余としての「詩」の問題は、日本の批評の問題でもある。中原中也と富永太郎を友人に持ちながら、小林秀雄は詩について満足に語り得なかった。まして戦後批評はどうだろう。一部の例外を除いて、詩は見事に黙殺されている。欧米の批評家がリルケやマラルメを無視することは困難だが、日本の批評家が入沢康夫や吉増剛造を素通りすることは珍しくもなんともない。

　つまり戦後以降、詩は実際に詩人たちが積み上げている「詩」と、なにやら神秘的で超越的な「詩的なもの」とに分裂してしまっているのだ。どこからそんなことが起こってしまったのだろう。戦前にもある程度その気配はあったけれども、これはやはり戦後に前景化する事態だと思う。芥川龍之介の言う「詩的精神」だって、萩原朔太郎や佐藤春夫との交流を外しては考えられないではないか。

　そこには複合的な背景があるのだろう。たとえば戦後における文壇と詩壇との分裂は、おそらく戦前よりも大きくなっている。しかし、戦中の読書経験も無視することはできない。戦中盛んに活動し、その上で「詩的なもの」のイメージを形成できるほどの影響力を持った文学者と言えば彼しかいない。三島も親炙した日本浪曼派、その中心である保田与重郎（一九一〇—一九八一）だ。

2　イロニーとしての日本

保田は戦中を代表するイデオローグであり、日本浪曼派の中心メンバーのひとりである。彼の批評が多くの若者に熱心に支持されたことは、たとえば吉本隆明が戦中影響を受けた作品を挙げていく際に、保田に関しては「できうるかぎりの批評作品」と述べていることからもうかがい知ることができる（「過去についての自注」）。あるいは橋川文三だって、「戦争中一時保田与重郎にいかれた覚え」があると書いているのだ（『日本浪曼派批判序説』傍点原文）。

日本浪曼派と名乗るくらいだから、キーワードは「日本」である。たとえば「日本」を冠する評論の代表格である、萩原朔太郎の「日本への回帰」は次のように始まる。

> 少し以前まで、西洋は僕らにとつての故郷であつた。昔浦島の子がその魂の故郷を求めようとして、海の向うに竜宮をイメーヂしたやうに、僕らもまた海の向こうに、西洋という蜃気楼をイメーヂした。

日本の知識人は、西洋に追いつこうと必死に努力し、憧れ＝故郷としての西洋を夢見てきた。そして現代、ある程度西洋と対等な地位に立つことができ、「自分の家郷に帰省」することが適うようになった。ところが日本に帰ろうとしても、そこには西洋の戯画としての「日本」しか残っておらず、帰るべき故郷としての「日本」は存在していない。故郷を失い、かといって西洋人でもない「僕等」は宿命的な「エトランゼ」としてさまようことになる……。

この短い評論の中に、保田も繰り返しテーマとしてきた「日本」「近代」「西洋」「詩」「イロニー」といった問題がすべて詰め込まれている。タイトルに「日本への回帰」と題しつつ、その回帰すべき日本はすでに失われているというのだから、まずその点にイロニーがある。「日本への回帰」を論じることは、回帰の不可能性を論じることであって、ここにあるのは、**「イロニーとしての日本」**なのだ。

萩原も論中で引用している、「乃木坂倶楽部」（『氷島』）の「我れは何物をも喪失せず／また一切を失ひ尽せり」という詩句は、こうしたイロニーを表現するものとしてこの上ないほど的確だろう。そもそも自然な「日本」なるものは最初から存在しなかったのだから失うものなど何もないのだが、しかしあるべきであった「日本」を失っているという点で、喪失できなかったという喪失感がそこにある。立原道造なども「あれらはどこに行つてしまつたか？／なんにも持つてゐなかつたのに／みんな　とうになくなつてゐる／どこか　とほく知らない場所へ」（「真冬の夜の雨に」）と歌っているように、これは浪曼派に共有されていた感覚だった。

日本浪曼派によって規定された「イロニーとしての日本」という問題系は、その後脈々と保守に受け継がれていった。たとえば自民党が掲げた「日本を取り戻す」というスローガン。これはよく考えればアイロニカルだ。取り戻す必要があるということは、いま「日本」はないということで、だとすれば保守こそが最も「日本」の不在を（たぶん無自覚に）自覚していることになる。

あるいは「イロニーとしての日本」と同じ構図を、宮崎駿の最新作

『君たちはどう生きるか』に見ることもできる。本作では、主人公の母親が物語開始時点で死んでしまう。ところが主人公が訪れる幻想世界で、若い時代の母だと思われる少女と出会う。失われているからこそ、それは虚構の中で取り返すしか無い。しかしそれはいずれ失われることが定まっている母である。

そう、ここにあるのは喪失した故郷としての「母」なのだ。この「母」のあり方は、日本浪曼派における「日本」のあり方と同種のものだと言える。したがって日本浪曼派という観点からは、『成熟と喪失』（一九六七）の江藤淳や『日本の家郷』（一九九三）の福田和也も当然視野に入ってくる。**日本浪曼派を見ることは、日本の保守を見ることなのだ。**

さて、そうした大きい話は最後に改めてするとして、もう一度「日本への回帰」に戻りたい。この評論は「わが独り歌へるうた」という副題をもつ。なぜ評論が「うた」になるのだろうか。

そのヒントとなるのが萩原の著した『詩の原理』（一九二八）だ。文字通り詩の原理的な考察をまとめあげたこの大著は、現代まで含めた詩史全体から見ても出色のもので内容も多岐にわたるが、その中にこんな一節がある。

> およそ詩的に感じられるすべてのものは、何等か珍しいもの、異常のもの、心の平地に浪を呼び起すところのものであって、現在のありふれた環境に無いもの、即ち「現在《ザイン》してないもの」である。故に吾人はすべて外国に対して詩情を感じ、未知の事物にあこがれ、歴史の過去に詩を思い、そして現に環境している自国やよく知れてるものや、歴史の現代に対して詩を感じない。すべてこれ等の「現在《ザイン》しているもの」は、その現実感の故にプロゼックである。

いまここにあるものは詩とは言えない。ここにないものこそが詩である。文字通り、あまりにもロマンチックな発想だが、「我れは何物をも喪失せず／また一切を失ひ尽せり」と歌った萩原としてはもちろん本気だろう。

萩原にとって「現在しないもの」が詩的なものなのだとすれば、「現在しない」日本について論じた「日本への回帰」はたしかに詩だと言える。だから「わが独り歌へるうた」は特に比喩的な意味ではない。文字通り、この評論は「うた」でもあるのだ。

このようにして、「日本」と「イロニー」と「詩」という三つのキーワードが出揃った。これらのキーワードを武器にして、いよいよ保田与重郎の評論を検討していくことにしよう。

3 「イロニー」というイロニー

イロニー（アイロニー）。逆説や皮肉。レトリックの一部門を成している。「日本なんてないけど、でも存在しないからこそ求めるんだ」というのは、イロニーの分かりやすい例のひとつだ。保田は評論で「イロニー」という語を多用するから、保田と言えばイロニー、というイメージを持つ人も少なくない。

> 人間が発見した偉大な敗北の第一歩の場所をわが父祖の古典は

かき誌してゐる。その敗北は同時に人間の勝利のイロニーであつた。

（「戴冠詩人の御一人者」）

今日の知識人は極楽を考へ、天国をその上にも荘厳し、それさへも知つて神を号泣させた。イロニーとは創造の自由とともに破壊の自由である。

（「他界の観念」）

引用部は、ひとまず「敗北こそが勝利である」「破壊こそが創造である」というイロニーだと読むことができるだろう。特にこの「敗北という勝利」あるいは「敗北の中に美が宿っている」といぅねじれた発想は、日本の敗北が明らかになりつつあった時代、若者たちがあえて戦場に赴く理由を提供したという点で、保田の思想の中でも最も悪質なもののひとつである。

この「必敗的抒情」は、おそらく保田の転向経験と無関係ではないし、もっと広く見れば明治の北村透谷から現代の左翼にまでつながる考え方の型として取り出せるものだ。われわれは敗北したがその敗北の中にこそ意味があるのだ、というわけである。後に見るように保田は「系譜」を強く意識した批評家だったが、まさに彼自身ひとつの系譜の典型として、歴史の中で大きな役割を担ったのだった。

ただし先の文章、「その敗北は同時に人間の勝利のイロニーであつた」をどのように解釈すればいいのかという点に関しては、実は疑問が残っている。「敗北は勝利というイロニー」なら分かるのだが、「敗北は勝利のイロニー」とはどういうことだろう。「イロニーとは創造の自由とともに破壊の自由である」も同じである。イロニーはそういった「自由」にも関わる概念なのだろうか。

あるいは、次の一文はどうだろう。

僕らの時代はイロニーの時代であり、あらゆる偉大なもの光栄のものが己の故郷としてのイロニーを考へざるを得ない日である。

（「文学のあいまいさ」）

「僕らの時代はイロニーの時代であり」はいいとして、「故郷としてのイロニー」は意味が取れない。先の「日本への回帰」を補助線に引けば、「喪失された故郷を追い求めるというイロニー」ということなのかもしれないし、そう解釈することが正しいとは思うのだが、だとしてもそれはたとえば「イロニーとは創造の自由とともに破壊の自由である」という先の文章と同じ「イロニー」なのか。

イロニーには、二重の厄介さが潜んでいる。まず、保田の語法の厄介さ。保田の「イロニー」という語の使い方には一貫性がなく、「あれもイロニーだしこれもイロニーだ」という形になっている。保田におけるイロニーの用法は多岐に渡るから、彼のイロニーがどのようなものか、それを定義することはおそらく不可能だ。

そうした「イロニー」の乱用が保田の文章を読みにくくしていることは明らかで、僕は正直に言って、保田のこうした言葉遣いに付き合う必要性を感じない。保田のレトリカルな美文を無視する野蛮さが必要だ。保田は大抵対象をほめるときにイロニーという言葉を使うから、ざっくりと正の性質を帯びた記号として「イロニー」が登場していると理解しておけばよい。

ただしそのような「読み解けなさ」が保田の文章に力をもたらしていることも確かである。彼の文章は読み解けないがゆえに神秘性を宿しており、その結果論理ではなく「敗北は同時に人間の勝利のイロニーであつた」とか「イロニーとは創造の自由とともに破壊の自由である」とかいうメッセージだけが力強く響くことになる。

要するに、彼はアジテーターなのだ。冒頭で「詩」と「詩的なもの」というふたつの系譜を示したが、**「詩的なもの」の系譜の一側面は、アジテーションの系譜だと言い換えることができる。**三島由紀夫がいかに優れたアジテーターだったか！

だがイロニーの厄介さは、保田の文体の問題だけに帰すべきではない。イロニーそのものが厄介である。本来、「イロニー」という語を文中に使う必要はないのだ。なぜなら、イロニーとは読み方の問題だからである。「敗北こそが勝利である」と言えば、それで十分にイロニーになる。レトリックは読み手の中で作用する。文中に、「イロニー」という語は出てこなくてもいい。

では、たとえば僕が「保田は詩人である」と言ったとき、それはイロニーだろうか。この文章全体の文脈からすればイロニーであるととれるし、実際に彼が詩を書いていることを考えればイロニーではないともとれるだろう。「りんごって最高においしいね」という文章はどうだろう。僕の好きな果物がりんごならこれはベタなりんご賛美だろうし、僕が梨の狂信者だったらこれはイロニーであって実はりんごを貶しているのである。しかし読者にはそんなことはわからない。アイロニカルにも読めるし、ベタにも読める。そして同じことが、およそあらゆる文章について言えてしまう。

そう、**イロニーとは常に既に作動している。**[2] 保田は本来、わざわざイロニーについて言及する必要はないのだ。イロニーとはレトリックであると同時に、あらゆる文章がデフォルトで備えている機能なのだから。それでもあえてイロニーという言葉を使ってみせるところにこそ、彼のイロニーを見なければならない。

4 エモーショナルな共同体

だとすれば、保田はなぜわざわざイロニーという言葉を使ったのだろう。保田によればこの「イロニー」の論理は、「文明開化の論理」である弁証法と対立するものとして必要とされる。

> 尤もかういふ記述にすれば、つねに二つの相反するものを構へ考へ、つぎにその総合としての第三のもの、第三の高次のものを考へる、西洋近世の思考方法に沿はんとする傾きが多すぎる。日本の国ぶりの表現の学は、はるかに混沌の住家を直ぶるに描くことであつた。
>
> （「戴冠詩人の御一人者」）

> この対象は功罪といふやうな軽薄なものではない、イエスかノーかといふやうな浮薄なものでもない。日本浪曼派当時のわが国の知識人たちは、アウフヘーベンで教育され、それが今日イエスかノーかで教育されてゐる。これをさらに低い次元にして、〇×の反射作用の早さが尊重されてゐる。大学が瓦解し、学問が消滅することは当然である。
>
> （「わが「日本文学」」）

弁証法が二つの対立物からより高次のものへといたろうとする垂直な運動だとすれば、イロニーは二つの対立物を対立したまま同じ水準に留めておく水平な運動である。先に見たように、イロニーにおいて相反する二つの文意のどちらが正しいのかということは、決定することができないのだから。

注意すべきは、このようなイロニーの性質が文章の読解を完全に不可能にしてしまうわけではないということだ。あらゆる文章でイロニーは発動しているが、僕たちが文章を読めなくなることはない。僕たちは無意識のうちに、それぞれの常識や知識、判断に従ってイロニーを処理している。

そのような「○×の反射作用の早さ」が日常生活では必要とされるわけだが、僕たちがイロニーを意識したとき、その「反射作用」はいったん機能を停止してしまう。そして考えることになる。いま眼の前にあるこの文章は、いったい何を伝えようとしているのか? **つまり保田はイロニーを強調することによって、彼の「書くこと」だけでなく、こちらの「読むこと」を問題化しているのである。**安易なアウフヘーベンを行わない／行わせないという点に、彼の倫理があったのだと言ってもいい。

では、彼自身はどのようにして「読むこと」を行ったのだろう。そこで出てくるのが、保田の系譜＝血統づくり、そして詩の問題である。

> 現代の文芸評論家の当面の任務は、今世界史的時期を経験せねばならない日本の、その「日本」の体系を文芸によつて闡明し、より高き「日本」のために、その「日本」の血統を文芸史によつて系譜づけることであるとは私の信ずるところである。
>
> （『戴冠詩人の御一人者』緒言）

日本が戦争という「世界史的時期を経験せねばならない」時代に突入した当時、「日本」とはなんなのか、改めてそのアイデンティティーが問われることになった。そこで保田が持ち出すのが「系譜」である。保田は日本においてどのような文芸が作られてきたのかを系譜づけることによって、文学史の側から「日本」とは何かを問い直そうとする。

しかし実は、この論理自体もアイロニカルなものなのだ。そもそも「日本」なるものは、イロニーとしてしか存在しないのだから。「「日本」の血統を文芸史によつて系譜づける」ためには「日本」を前提とする必要があるが、いま問われているのは「日本」そのものなのである。**だから保田は、「日本」の歴史から系譜を取り出すのではなく、系譜を取り出すことによって「日本」を仮構する。**

逆に言えば、そのような系譜づくりによって「日本」なるものが自然には存在しない人工物であることが暴露されてしまうことになる。「日本」の存在証明が「日本」の不在証明にもなる。保田はイロニーをよく使う評論家とよく言われるが、**保田の批評行為そのものがアイロニカルなものなのだ。**改めて言えば、保田が体現するこの構図の系譜上に現在に至る保守の流れがある。

> 著者の考へるところは文学史への一つの試みである。今日世上の国文学史が、詩人としての筆者の持つ信念と異ること激しい

ものを知るからである。

（『後鳥羽院』序）

そして保田が「日本」創造のための系譜として取り出すのが、後鳥羽院に代表され芭蕉を典型とする詩人の系譜である。詩によって「日本」は仮構される。この構図に従って言えば、**「日本」とは詩的な概念なのだと言える**。萩原が「うた」として「日本への回帰」を著したように。

彼が「血脈」「血統」という言葉を使うことにも注意しよう。保田は過去の隠遁詩人を辿りながらある「系譜」を作り、それを「血統」という言葉で自分たちの身体につなげていく。保田の行っていることは文学史の身体化であり、僕たちの身体は詩人の身体でもあることになる。だから保田において、身体と詩はつながっている。

> 昭和八九年ごろと云へば、六年の満州事変、昭和七年五月事件、やがて十一年の東京事件につゞく期間である。当時の国家の状態は、肉体による詩的表現によつてしか救ひがたい位に頽廃してゐたのである。しかもさういふ表現は時代を風靡した社会主義によつてされず、日本主義者の詩的挺身によつてされたのである。この時文学上の新運動は所謂日本浪曼派といふ宣言から出発した。

（「我国に於ける浪曼主義の概観」傍点引用者）

行動の中に詩的なものを見出す発想。この記述からもやはり三島を連想するが、これは三島だけにつながる話ではない。ここで詩は文字列であることから離れて、肉体に作用し情動と接続される。「詩的なもの」の系譜とはアジテーターの系譜であり、アジテーターによって動かされる身体の系譜である。

さらにこうした系譜づくりにおいて、イロニーは修辞の上だけでなく記号操作の上でも機能している。「あんたのことなんて大嫌いなんだから！」という文章において、イロニーは「好き」と「嫌い」をつないでいる。つまりイロニーとは、対照的な二つの記号をつなぐことができる「橋」なのだ。

この橋としてのイロニーの機能は、系譜をつなぐ詩の機能とも重なる。保田は「日本の橋」で、詩の言葉を論じながら次のように言う。

> ことばはただ意思疎通の具ではなかった、言霊を考えた上代日本人は、ことばのもつ祓いの思想を知り、歌としてのことばに於て、ことばの創造性を知っていた。新しい創造と未来の建設を考えた。

（「日本の橋」）

ここで詩の言葉は、人と人をつなぎいまと未来をつなぐ橋として考えられている。それは過去からいま、未来へと系譜をつなぐ橋である。こうした詩の機能はアイロニカルに機能することは先述した通りだが、イロニーがなければ橋は架からない（「日本なんてないのだ」と言ってしまえばそれで話は終わりである）。

こうなると保田は真っ当な詩史を記述しただけなのではないかという気もしてしまう。しかし冒頭から述べている通り、彼にとって「詩」とは実際の詩作品だけでなく、「詩的なもの」全般を包括するような雑駁な概念だった。

しかし類型の歌は背景が深刻になるほどさかんになることは、一例として維新志士の歌をよむがよい。彼らは歌を考へたものではなく、己が志をひらいたまでである。我々は東洋に於てさういふ志を展く詩を尊び、詩人と志士を一体に見た。非詩人に詩があり、非詩に詩を見ることは東方の一つの文芸的な考へ方だつたのである。

（「後水尾院の御集」『後鳥羽院』）

保田はここで行動者＝英雄の生き方に詩を見出す。したがって「非詩人に詩があり、非詩に詩を見る」ことも可能である。この非論理的論理によって、「詩」は作品から「詩的なもの」、詩のイメージへと遊離してしまうことになった。

保田が作ったのは、作品抜きで「詩」を語れるような、「詩的なもの」のナラティブだ。事実彼の『芭蕉』（一九四三）や『後鳥羽院』（一九三九）は詩人の系譜を辿りながらも、全く詩の引用をしない文章がいくつか含まれている。生き方に詩を見出すなら、たしかに作品は必要ない。保田が戦後に残したのはこのような詩のイメージであり、詩の語り方だった。

保田はいくつかの系譜を作った。まずいま述べたような「詩的なもの」の系譜。次に、「日本」を想像的に立ち上げようという保守の系譜。そして、行動に詩を見出し情動に訴えるようなアジテーションの系譜。

この三つの系譜は、もちろん別々のものではない。要するにすべて共同体の話なのだ。「詩的なもの」はあくまで「詩」そのものではないのだから、「これは詩的ですよね」と相互に承認し合わなくてはならない。「何言ってんですかアンタ」と言われてしまえば終わりである。「詩的なもの」の立ち上げには、それを共有する共同体が必要だ。そしてそうした共同体を立ち上げるためにアジテーションがある。これは人を巻き込む技術だからだ。

つまり「詩的なもの」と共同体は相互に依存している。「詩的なもの」は共同体によって保証され、共同体は「詩的なもの」によって形成される。そのようにして立ち上がった虚構的な共同体が、たとえば「日本」と名指されるわけだ。あるいはそうした母体は、しばしば「母」と呼ばれてもいる。

こうして立ち上がるエモーショナルな共同体は、政治的な次元の問題にとどまらず、より広い範囲で観測できる。たとえば僕が批評の対象とするJポップ[3]では、「僕」と「君」というミニマムなセカイがしばしば提示される。それはまずは対幻想としてあるのだが、閉じた二人のセカイはその閉じ方において共感を誘い、多くの人々における「僕」と「君」に簡単に接合されてしまう。ここでは対幻想がまっすぐに共同幻想につながっている。

つまるところ現代の消費文化の多くは、ある感情を共有できる共同体の存在を前提とし、それによりかかることによって成立しているのだということだ。それは閉じているにも関わらず開かれているのだが、その開かれ方は閉じている。

「詩的なもの」はある共同体に接続するための鍵として機能している。けれども、その安易な馴れ合いは固有の言葉を消し去ってしまうんじゃないだろうか。詩とは本来、世界との違和の中に立ち上がるものではなかったか。

ぼくのこころは板のうえで晩餐をとるのがむつかしい　夕ぐれ時の街でぼくの考えていることが何であるかを知るために　全世界は休止せよ　ぼくの休暇はもう数刻でおわる　ぼくはそれを考えている　明日は不眠のまま労働にでかける　ぼくはぼくのこころがいないあいだに世界のほうぼうで起ることがゆるせないのだ　だから夜はほとんど眠らない　眠るものは赦すものたちだ

（吉本隆明「廃人の歌」）

詩をいかにエモーショナルな共同体から切り離すか。そこに現代詩の問題があるだけでなく、ナショナリズムやポピュリズム、ポップカルチャーの問題の核心がある。共同体に寄りかかったエモーショナルな「詩的なもの」ではなく、共同体に亀裂を入れる詩の言葉が必要だ。「全世界は休止せよ」！

武久真士（たけひさ・まこと）
日本文学研究者。専門は日本近代詩、特に一九三〇年代の定型詩。具体的には、中原中也や三好達治などについて論じています。同人誌『論潮』『近代体操』のメンバー。技術と教育、コミュニティの問題に関心があります。

1 もちろんこの「自然さ」は一種の擬制である。詳しくは武久真士「詩の語りについての試論――中原中也の詩を中心に」（『論潮』二〇二〇年七月号）で論じている。

2 こうした問題を掘り下げたのがポール・ド・マンである。詳しくは『読むことのアレゴリー』（講談社学術文庫、二〇二二）などを参照して欲しい。

3 武久真士「凸凹の地図をつくる――夜好性・米津玄師・「猫町」」（『近代体操』二〇二二・二）などを参照。

文献

保田与重郎「文学の曖昧さ」「他界の観念」『英雄と詩人』保田與重郎文庫、新学社、一九九九年
「わが「日本文学」」『日本浪曼派の時代』保田與重郎文庫、新学社、一九九九年
「戴冠詩人の御一人者」『戴冠詩人の御一人者』保田與重郎文庫、新学社、二〇〇〇年
『後鳥羽院（増補新版）』保田與重郎文庫、新学社、二〇〇〇年
「日本の橋」『改版　日本の橋』保田與重郎文庫、新学社、二〇〇〇年
「我国に於ける浪曼主義の概観」『近代の終焉』保田與重郎文庫、新学社、二〇〇二年
吉本隆明「廃人の歌」（『転位のための十篇』）『吉本隆明初期詩集』講談社文芸文庫、一九九二年
「過去についての自注」『吉本隆明全集［1962 - 1964］』第七巻、晶文社、二〇一四年

西部邁論――熱狂しないことに熱狂すること

平坂純一
HIRASAKA JUNICHI

新左翼党派のボス、東大駒場の経済学者、保守思想家の伝道師、テレビ討論番組のスター、そして最期に遂げた奇妙な自殺。この類まれな経歴を持つ西部邁とはいかなる人物だったのか。ジョゼフ・ド・メーストル、獅子文六、ジャン＝マリー・ルペン、秋山祐徳太子、福田和也等を論じてきた反時代的批評家・平坂純一が、師匠・西部を論じる。

NISHIBE
SUSUMU

1 「保守的心性」揺るがぬ根本感情

人が保守主義者という時は「書斎に篭る気難しい老人」だとか「権威に棹さす山高帽」やら「横分け白髪の親米派」「神社と兵器に五月蝿い懐古主義者」と相場は決まっている。保守主義がフランス革命と啓蒙思想、主知主義批判を根拠に我が国に流れ着いて土着化したとすれば、いわゆる人士を眺めたとして果たして面白いだろうか？ そんなはずはない。

熱狂と冷静の間にある中庸を知る真なる保守主義者にとって、熱狂体験を経ていないならば片手落ち、思想家個人にも経験主義が採用されるべきではないのか。バーク、メーストル、トクヴィルら保守の先覚者が、若い時分はこぞって「啓蒙思想かぶれ」を経て反動化していることを思い出せば足る。インテリ様、宗教の狂信者、お公家様の精神性が高い理由もない。

僕の師匠の西部邁（一九三九―二〇一八）の話がしたい。世人は忘れているか、知りもしない。いまだに、酒好きの好々爺か、お喋りの長い白髪の頑固爺、話が理屈っぽいのでよく分からない、とでも思っているらしい。保守周りの連中など、根本的に、本を読む頭も、人を見る目もないので仕方ないが。

一九三九年、札幌生まれ、吃音症持ちの小柄な男は、円な目で静かに一点を見ていた。軍国教育を受ける直前の小学一年生で、少年は米国の進駐軍に反感を覚え、「民主化するオトナたち」に馴染めず、戦車に石を投げつける非行少年だった。また、中流階級でありながら貧しい時代の寒村の民だったことを誇りとし、つまりは身体・国民・風土の三重の次元で「日本および日本人」に対する疎外の感を得ていた。このことは、後に戦後日本人を「JAP.COM」と痛罵する異邦人としての姿勢からも窺える。彼にとって日本は外部だった。したがって、後年の西欧における保守思想史を日本に伝達し、精神的に「日本人を叩き直す」という仕事は、精神的なレコンキスタ（再征服）の一種だったといえよう。カミュやマルロオ的なロマンチシズムを湛えつつ。

彼は東大に入り、反日共系のブント（共産主義者同盟）にアンガージュする。マルクスやエンゲルスを読みもせず、「ただ、人が殺したい」と言った（つまりは、党派が問題ではなかったと推察できる）。演説で鳴らした彼は、投票用紙の偽造によって委員長の座を得た。それよりも、吃音症を克服することで他者と交わるための発話をする能力を得たことが大きかった。一学年下の柄谷行人はブント時代の西部の演説を聴いている。

「自分はなんらの〝イズム〟も信じていない。信じているのは〝センチメンタリズム〟だけだ。」

彼が「狂騒の時代」と呼ぶブント体験は、国会議事堂の破壊等の三つの裁判を抱えさせ、留置所暮らしをもたらす。この活動家体験を経た西部は、四半世紀の間も政治的発言を控え、また親友・唐牛健太郎の死を思うことで償った。そして、政治を忌避しつつ自らの「保守的心性」に立ち返った時に、あることに気づいた。

保守もまた一種の過激な心性がなければつらぬきえない立場なのである。保守の抱える逆説とは、熱狂を避けることにおいて、いいかえれば中庸・節度を守ることにおいて、熱狂的でなければならない。

（『六〇年安保』）

熱狂しないことに熱狂すること、これが一体、何を意味するのか。「主権在民という虚構によってパワーやオーソリティのなんたるかが、またはなんたるべきかが、著しく不鮮明な環境」（同前）に投げ出された戦中派最年少世代に、ふつふつと芽生える抵抗の意志の表明である。一方で、この意志は民族主義とも国家主義とも割り切れず、むしろ彼自身のセンチメンタリズムに基づいている。そして、彼は明確に、アメリカに膝を折って喜ぶ戦後日本人への抵抗に思い至る。この炎の青のような意志を「保守的心性」と呼びたい。いうまでもなく、現在の自民党的な反リベラル一辺倒で、頭の先からつま先までネオリベに染まるステーティスト（政府主義者）の群れなど、彼にとっては感情を失った人間としか映らないのだ。チェスタートンのニーチェ批評を思い出す。

「狂人とは、理性以外の全てを失った者である。」

何度繰り返しても足りない、西部邁は「情念」を基点に言葉を発する人である。

2　出発点の社会科学、保守の思想化へ

そうした心性は米軍の戦車へ投石する幼少期から、学生運動に

あっては国会に石礫を投げ裁判を抱えるまでの一貫した抵抗の態度であり、かくて彼は思想としての保守の形成に向かう。そのためには一度、社会科学を経た教養を蓄積する必要があった。学生運動から足を洗った後の彼は熱心に「勉強」をしている。科学なき人文学の保守思想には説得性を持ち得ないと看做したからだ。

一九八六年、東京大学教養学部教授（社会経済学専攻）に就任する。ブントを離脱直後は「やくざ者」と称していたのが自伝で確認できるが、なんらかの組織に属していた訳ではない。むしろ宮崎学の「突破者」の心象に近いと思われる（宮崎との対談本『酒場の真剣話』（二〇〇五）は人間・西部の魅力を知るのに適する）。

一〇年間で五〇回はお供したはずの新宿の映画バーでの彼を思い出す。二つ以上の意見や党派に割れた状況の只中に突入することを好み、感情的に不満のある異論であってもまずは物質的に容れた。一旦はアウトサイドから睨視しては両論の完成度を見定めて、矛盾を引き受け、その矛盾と戯れるように自らの論理を開陳する。これにより、さらなる議論が沸き起こることを喜びとした。西部の知的トリックスターの才覚は、後の「朝まで生テレビ」における「司会より頭のいい出演者」のロールで遺憾なく発揮される。

彼はデビュー作『経済倫理学序説』（一九八三）で純粋な経済学の学問領域の縦横にわたる拡大を企図して、近代経済学ふくむ社会科学を「ジャーゴンの体系、観念の遊戯」や「私どもの専門」と呼び捨て、学界への絶縁状を叩きつける。

もし、社会的事実が一個の岩石のように、一本の植物のように、一匹の動物のように頑強に自己を主張しているのならば、個別の社会科学は自己のありうべき歪みについてもっと謙虚になるであろう。謙虚の歪みは、偽の観点、偽の論理、偽の結論で、遅かれ早かれ押しつぶすであろう。

（『経済倫理学序説』）

社会科学は一つの社会的事実に対し、一つや二つの見方だけを提示してはくれる。全体があやふやな楕円形だとすれば、一時の方向から光を照らすのが経済学、〇時が政治学、九時が社会学といった具合で、総合的な判断をするには「社会科学の専門家様」というだけでは足りないのだ。

本稿では東大駒場における中沢新一氏の人事問題は扱わない（『学者　この喜劇的なるもの』一九八九）が、横断的な独創性を許すことのない日本の大学界における限界を感じていた事は確かである。彼は妻に「このタイミングを逃す貴方じゃないと思っていたわ」と、退職の意を見透かされつつ、東大の職を辞して、評論活動に飛び込むことになる。

矛盾を伴う文学的な実感に発し、総合的な文筆で思索を膨らませ、議論の場に立つことから逃げなかった。保守思想を見いだしうる小林秀雄、福田恆存、江藤淳と西部邁との差異は、彼が保守に「数学」という名の客観化の精神を持ち込んだことに他ならない。彼が日本浪曼派的な衒学は素より、三島由紀夫を自意識過剰な「明晰さの欠如」と退けたのもこれに起因する。

学問としての経済思想や、あるいは図式的な形式上の整理を導き出すのは確かに色気がない。しかし、構造的な見方と相関関係性に重点を置くのは、インテリが「仮説」を立てる責からもまた逃げていないのではないか。また、元活動家にとって、文筆には指導者性があるということを引き受けることでもあった。いわゆる「保守」とは異なるし、現代のネットユーザー向けの「ネトウヨのスター」とも関係がない作品が残っている。

保守の土臭さに論理と知性を与える『知性の構造』（一九九六）、評論集『ニヒリズムを超えて』（一九九七）、西洋哲学と実践的学問を牽連させて虚無主義に対する防波堤を築かんとしたエッセイ『虚無の構造』（一九九九）、自らの自殺の設計書となる『死生論』（一九九四）はいずれも九〇年代に出版される。

また、日本の保守人士が部分的な言及こそすれ、西欧のオーソドックスな保守思想に正面から向き合うことを逃げ続けたのは彼に我慢ならなかった。これらの契機で著したのが『思想の英雄たち　保守の源流をたずねて』（一九九六年）だ。バーク、トクヴィル、ハイエク、チェスタートン、オルテガら保守思想の中枢を振り返ることができ、現在もなお繰り返し言及されるべき一冊である。

ゼロ年代以降はエッセイストの才を前面に出した。『保守思想のための39章』（二〇〇二）や『サンチョ・キホーテの旅』（二〇〇九）、『昔、言葉は思想であった』（二〇〇九）は私のお気に入りだ。私小説『妻と僕――寓話と化す我らの死』（二〇〇八）では夫人を語り、『友情　ある半チョッパリとの四十五年』（二〇〇五）では自殺した幼馴染を記している。

いずれの作品も随筆、エッセイ形式であり、学術を参考にしつつ思索を散文的に記すことを佳しとした。これは「保守主義」の語を作ったフランスの王党派フランソワ＝ルネ・ド・シャトーブリアン以来の伝統である。綱領と設計主義、合理主義を排すにはロマン主義的な抒情を要する。よって、シャトーブリアンの『Essai sur les Révolutions』にならって、文字通りessayer de écrit「書くことを試みた」と云える。

西部邁の作家人生についての流れは以上の通りである。

3　戦中派と新左翼の間に　昭和一〇年世代の「観察者」

少し解釈的な話に踏み込んでみたい。

政治評論における冷戦以降の彼の態度は一貫していた。「ソ連＝集団主義的近代主義、米国＝個人主義的な近代主義」と定義、ひいては反歴史的で蒙昧な世界的な内ゲバでしかないと見た。反近代性や自由主義に対する懐疑などは含まれておらず、いわんやヨーロッパ由来の保守主義の幻影すら存在しない日本にあって、主義としての近代の爛熟に対する異議申し立てが主眼にあった。

このことから、小沢一郎から小泉純一郎を経、橋下徹、安倍晋三に至る大衆主義とアメリカナイズド新自由主義の爛熟の時代にあって、右からの新自由主義批判は、本意ではないだろうが、ブント時代からの彼の態度から、学者を経て増した批評精神が結実した。

彼は「大衆主義」を二種に整理した。小沢らテレビ的大衆迎合型の革新主義者のポピュラリズム（popularism）と、場と職と人情を持つ田中角栄的なポピュリズム（populism）とを峻別する。よって、彼はエリート主義の大衆蔑視や差別主義の思想家とも異なる。あくまで大衆を信じること／裏切られることの双方を引き受けたことになる。

　そして、吉本隆明との差異も「大衆論」にある。吉本のように個人が対関係で始まり、共同関係との闘争に持ち込む大衆論を誤謬と説く。何故なら、西部の場合、個人に対比するのは集団であり、個人と集団を実体的な横軸として捉える。一方で、「個と集」に対する縦軸に「公と私」を据えた。これは至極当たり前の話で、人は、何かしらの集団がなければ一人で生きることはできず、さらには公たる歴史と言葉がない限り言葉を発することもできるはずがない。公の精神の余白に私的な領域もあるだろう、というだけのことである。また、固有の共同性を幻想と打ち立て、個人の自律性を信じてやまない吉本よりも「性格がいい」のが西部邁である。伝統が擁護されるのも、個人「主義」の絶対性を薄めんとする営為に他ならない。

　これと同様の観点で『知性の構造』は言語学と社会学に踏み込んだ僕のフェイバリットの一冊。この書は図を用いた解釈学のアイディアの羅列に特徴があり、思考が喚起される。例えば、フランス革命以降の近代の「価値と基準」のトリアーデの平衡を図るとするならば？　という問いを立てて、自分で答えてしまっている。

日本の制度構造の歪み

1．価値の過剰	放縦	平準	偽善	技術
2．価値の四幅対	自由	平等	博愛	科学
3．価値・規範の平衡	活力	公正	節度	解釈
4．規範の四幅対	規制	格差	競合	哲学
5．規範の過剰	抑圧	差別	酷薄	思弁

　西部の掲げる保守思想は、けして断固決然たる規範主義などではなく、啓蒙的な価値の所在を認める。しかし、そこに平衡感覚がなくば、社会と人間など成り立つ訳もない。ところが、規範と価値には「過剰」な状態（1と5）があり得て、これを遠ざけることで善なる状態としての3があるとしなければ、「何でもあり」の相対主義の泥濘に浸ることになる。僕はこの一覧に、明治以来、荷下ろしされ放題の輸入された概念語が、彼によって丁寧な整理整頓がなされたようで気分がスッキリとする（令和日本が、多分に1と5の状況にある等は書くのも煩わしい）。

　かような概念的な議論が、いわゆる保守系言論誌に齧り付いて、安倍政権を云々している人間に読める訳もなく、彼は常に浮いた存在だった。例えば、オルテガを比定させた『大衆への反逆』（一九八三）から首尾一貫した彼の思惟は、戦後日本の保守論壇にある人々が、ただの「反左翼」として存する限りで、自らの掲げる「保守の真髄」とは程遠いことを喝破していた。しかしながら、これらの議論と構想は彼が刊行し続けた言論誌『発言者』（一九九四〜二〇〇五）や『表現者』（二〇〇五〜二〇一七）に現れ、没後には、京大の佐伯啓思や柴山桂太の言論誌『ひらく』、同じく京大の藤井聡や川端祐一郎、文芸批評家の浜崎洋介の『表現者クライテリオン』に引き継がれている。

さて、大衆化＝専門化と決別した彼の「保守的心性」の中には、多分にアナキズムの精神が漂っていたことは確かだろう。それは、反社会性を帯びた死に方にも現われ出る。彼がいわゆる保守論客の一人だったのか、はたまた反動主義のトロツキストか、または自認する「ファシスタ」だったのか。自伝『ファシスタたらんとした者』(二〇一七)には、「ナチ・ファッショの夢想、世界大戦の足音」に対する諦観に似た遺言が綴られている。

世界「大戦」といっても、大国間にいわゆる「核抑止」が働くだろうから、それはアメリカを始めとする国家テロとそれに対する集団テロとの世界規模での武力衝突という形を取り続けるであろう。それにつれて発生する大量の難民が各国家への壁へむけて押し寄せもするだろう。

こういった言うに憚れるほどの本質的な試論を「大人」は拒み、「子供」は関心がない。アメリカ追従の国際協調と民主主義と人権第一主義の観念に囚われている世人にとって、内実は、自分たちの人権と尊厳をいかに侵害され、テロの危険すら高めているかなど興味がない。その愚劣な世界状況について、彼は遺言を残したのである。畢竟、彼はゼロ年代には親米保守派とイラク戦争と小泉純一郎の評価で敵対し、小林よしのりや一水会・木村三浩と共闘する。

国権が溶ければ溶けるほど、人権も溶けて無くなるのは至極当然であり、まさに今の議論である。一方、今から初めてももう手遅れの議題だろう。『ファシスタたらんとした者』では社会科学と人文知を用いて総合的に己を物語ることで、日本人と自分の人生をファッショさせることに成功しており、論理的破綻は見当たらない。『保守の真髄』(二〇一七)、絶筆『保守の遺言』(二〇一八)と共に、初学者には適している。

総じて、西部邁の思想の、少なくとも哲学書については、三島や吉本に見られるような同世代と共に死ねなかった戦争体験による歪みもなく、あるいは都市部住まいにもたらされる空襲や疎開等の戦災体験も持たず、かといって彼の同世代から団塊世代以降のポピュラリズムとしての学生運動にも与しきれておらず、狭間の世代特有の冷静さが際立っている。あるいは、文学・芸術的感性に優れている所為もあって、戦中から戦後を観察して思考した彼の書物は、昭和後期から平成育ちの世代の我々にとって、「あの時代の代替的な観察者」として自らを重ねやすく、実は読みやすい。

4　西部邁と僕　漱石「こころ」の先生を重ねて

僕が西部邁を初めて観たのは、二〇〇五年の発言者塾だった。彼はスーツで現れた僕を優しく扱ってくれた。それから一二年、僕は漱石『こころ』の距離感に似た余所余所しさで追いかけた。僕が保守になる資格がない孤児だから、という引け目があったことは認めねばならない。僕は自意識からヘテロドキシー、正統者の構えなど持ち得なかった。二〇一五年に彼の推薦で雑誌『表現者』にて「ジョゼフ・ド・メーストル　フランスの保守思想」でデビューした。僕には身に余ることであり「西部邁の習作」の域を超えていない気もする。

彼、いや、西部邁先生の憂鬱とは何だったのだろう。僕が想像するに、戦後日本の護憲的平和論と薄められたヒューマニズムをアメリカナイズで埋め合わせるなど、日本および日本人の精神がただれ切っていなければ為されない判断だと看做したことに他ならない。日本人風に「まあ、まあ」と棹さすことができない、過剰なまでの先生の男性性を引き受けてくれる女性に出会ったこと、また、彼女の前では謙虚さを得ることができたことを証明してくれる一冊に『妻と僕――寓話と化す我らの死』がある。

> **【私】**は（いね・禾）をめぐって他者に肘鉄（ム）を食らわすという姿の象形（…）僕と妻の関係は「下僕」だった。
> （『妻と僕』）

漢字の語源を辞書でたどるのが先生の趣味だった。そして、この吐露は女性一般に対するマチズモ的な日本の保守人士に対する掣肘を企図している。北海道の進学校に二人の文学好きの不良の男女があり、男は東大に進んでブントの政治活動でいくつかの容疑で逮捕され、男を追って女は上京する……美しい馴れ初めを構造的に仰々しく論じている。思想家の含羞という奴だ。

若き日の先生が石狩の海に妻と海水浴した際のことを回想している。

> Mの姿が僕の視界を占領しはじめました。同時に、Mとその浜辺が巨大化するにつれ、僕とその精神が取るにたらない矮小なものだ、と感じられもしました。そのときです。それまで僕の背中に取り憑いていた薄気味の悪い左翼の影が、すっと消えていったのは。そして、これからの自分には、他人からたとえ虫のように踏まれても、蔑まれても、この女と連れ合って生き抜くという道しか与えられていないと考えました。「虫のように生きる」ことくらいならできるであろうと自分を安心させたわけです。
> （同前）

男の子が男に、そして、近い未来に父となる意志を携えた描写だ。僕の目から見た西部邁の死の最たる因は、妻の満智子さんの死にあると思う。左翼からの社会復帰から家族の営み、「妻の包丁を鳴らす音を食卓で聞きながら執筆するのが日常」だった。僕には不思議なことに思えた。

ある日の塾で、ターボライターを数十本買ったというコンビニ袋を見せて、何に使うか問うた。答えは「葉巻型のお灸で妻の治療をするため」だった。先生は毎日、汗だくになり奥様の癌の患部に押し当てて、西洋医学の「余命半年」の結果を5年以上も伸ばして見せたと仰っていた。この妻を亡くして、先生は「半死者」になった。

これらの経緯を良識でもって聞けば、先生の自裁死を単に「ニヒリズムに蝕まれた末の愚行」や「ネオリベ化する安倍政権に対する抗議」などと訳知り面で語ることが不愉快な言説でしかないのは理解可能だろう。

東京で先生が妻となる人と再会した日、春風が吹いていたという。先生が亡くなった朝、大雪が降った。僕には神に愛された二人の生涯が、春夏秋冬に彩られている気がした。故郷喪失者たるファシスタにとっての女は故郷だった。「僕」の語には「下僕」が暗喩されると解説されるが、明らかに妻を失った失意で自殺した江藤淳『妻と私』（一九九七）のマチズモ的情愛への批判を含意している（「いわゆる保守派」に対する掣肘がこれである）。

僕が先生の家での酒宴に招かれたのが二〇一六年、一等、残暑の厳しい日だった。先生は梨を齧りながら「三島も太宰も芥川も、自裁するには思想が中途半端だった」と激しい調子で断じた。自死の思想が文学的飛躍に止まるとすれば、不十分でただただ勿体無い気取り屋の所業に映ったに違いはない。そして、先生には浄土真宗以外の宗教に親しみがなく、宗教的な反近代主義の一切を拒んだ。よって、法華系やキリスト教系の反革命思想、まして宗教的生活は参照こそすれ、本人は生活と社交を、酒と煙草を、議論をとことん愛することで遠ざけた。

西部先生は真に反戦後的なるものの那辺を探し求めた人に思える。そして、その答えは何もなかった。結局は自分の問題に帰結することを悟って、諦めたものと思えてならない。やや大仰に書けば、戦後ヒューマニズム・護憲平和的な「啓蒙思想」に対しての、総合知と常識感覚を煮詰めた「反啓蒙思想」の批評活動で抗った一方で、その底流に流れていたのが先生の「非啓蒙思想」であり死の形態だったと見なすことができる。そのフォルムを、人間の必然かつ不知の死の暴力性を、戦後ヒューマニズムの悪臭を、キリスト教その他の宗教以外の言葉で乗り越えようとした。誰に説くでもなく、自分に問いただすように、ただ美しい老人は自分で死ぬことを選んでいった。

終戦直後、札幌のアメリカ進駐軍の戦車に石つぶてを投げた少年は、川に身を投じることで日本人に精神的なそれを投擲した。死の問題と向き合う覚悟について、そして、生の有限性について、保守人士その他に対して、のみならず、すべての戦後人に問いを投げかけたのである。そして、熱狂しないことを旨とした西部邁先生の熱狂の魂は一月の多摩川の冷水で絶えて消えた。

先生は自分が思うように三島や太宰を超えたのだろうか？　小林よしのりのいう「西部は戦後日本に負けて死んだ」のか？　そんなことはどうでもいい。西部邁が居たと居なかったでは、少なくとも僕の人生は、違うものであったと思うより他ないのである。熱狂しないことに熱狂する魂は、僕の中にもあるのだから。

平坂純一（ひらさか・じゅんいち）
一九八三年、福岡県生まれ。早稲田大学文学部仏文科に在学中、西部邁の推薦で雑誌『表現者』に「フランスの保守思想　ジョゼフ・ド・メーストル」が連載。以降、保守系メディアにて活動する作家、随筆家、翻訳家。YouTube「平坂アーカイブス」主宰。最新論考は雑誌『表現者クライテリオン』にて「葬られた国民作家　獅子文六」、またフランス右翼政治家ジャン＝マリー・ルペンの自伝の日本語訳がＫＫベストセラーズから出版予定。

文献

西部邁『経済倫理学序説』中央公論社、一九八三年
『六〇年安保――センチメンタル・ジャーニー』文藝春秋、一九八六年
『妻と僕――寓話と化す我らの死』飛鳥新社、二〇〇八年
『ファシスタたらんとした者』中央公論新社、二〇一七年

舞台からは降りられない
——福田恆存の再上演

WATANABE KENICHIRO
渡辺健一郎

英文学を中心に文筆活動を行いながら、政治的には保守派の立場を取った評論家・福田恆存。しかし、その裏面で、生涯にわたって演劇実践にも関わり続けたことはあまり知られていない。自身も俳優であり、単著『自由が上演される』を上梓した批評家・渡辺健一郎が、福田思想のキーワード「醒めて踊れ」の意味とその現代性を問う。

1　演戯としての生

演劇批評なるものを試みるとき、客席のどこに座れば良いか、私は毎度困惑してしまう。対象を客観的に観察、記述すべきだとするなら、なるべく後ろの席に座るのがベターだろうか。そこでは舞台上での出来事、他の観客たちの反応まで含めて一望することができる。しかし無論、俳優の表情の機微や一挙手一投足を把捉するためには座席は前の方が良い。とはいえ中央辺りに陣取るというのでも不十分である。特権化された中心を適当な位置と強弁するのは具合が悪い。ではどうするか。

これは劇場でのみ生じる問題ではない。批評家は論ずべき対象とどのように距離をとるのか。これこそまさに、批評という営みが主題にしてきた事柄である。本書所収、赤井浩太による小林秀雄論も「ゼロ距離の批評」と題されている。赤井によれば、小林は舞台に近づくどころか、楽屋にまで押しかけるのであった。

本稿で扱う福田恆存（一九一二—一九九四）はいっぽうで、あくまでも舞台上の上演にこだわった。舞台裏の演者の素顔には興味ももたない。というより、人間はつねに何らかの仕方で演戯をしているのであり、素顔などという観念の方に欺瞞があると福田は言うのである。ただしそれは、人間が仮面をまとい嘘や虚偽に満ちた仕方で社会生活を送っている、ということではない。それでは仮面の裏に本当の素顔の存在を認めることになってしまう。

FUKUDA TSUNEARI

実際にかぶってみるとすぐに分かることだが、物質としての仮面は発された自らの声を複雑に反響させる。そのとき自己の「本音」はもはや定かではなくなり、聞こえてくる声から翻って自己なるものが理解されるばかりである。

例えば誰かが亡くなった際の哀悼の意が本気だったとしても、それを人前で表明するとき、いくらかのしらじらしさを覚えはしまいか。しかしその振る舞いを、単なる虚飾と一蹴することはできない。葬祭の場では、しらじらしさをたずさえて、なお弔意の表明を遂行することに真剣であらねばならないだろう。自らも居心地の悪さを覚えてしまうような仮面の裏側で、哀悼はようやく育まれるとすらいえるのだ。

ユングの仮面《ペルソナ》＝人格論では、仮面は他者との関係のなかで生じる、とされている（『自我と無意識』）。福田がユングを経由していたという記録は見当たらないが、ほとんど同様に考えていると言って良い。われわれは、自分に慣れ親しんだ仮面を本当の素顔だと見なしがちだが、取り違えてはならない。「あるがままの自己とは、つまりは世間、あるいは世間の承認した規範によつて限定された自己といふことにほかならず、それを信じるといふことは、とりもなほさず世間を信じるといふことでしかない」（「自己劇化と告白」）。したがって、仮面自体を磨くことによって「自己」なるものを洗練させていかねばならないのだ。福田は終生一貫して、このような俳優＝人間論を前提に思索と実践を続けたのであった。

俳優。それは、定められた運命を何度も辿る存在である。フランス語では演劇の稽古のことをrépétition（反復）、上演のことをreprésentation（再現前化）と表現するが、俳優は稽古場で、舞台上で、同じ物語を何度も繰り返し生きなおさねばならない。自らの演ずる役が、悲劇に見舞われるのが納得いかないからといって、勝手に筋を書き換えるわけにはいかない。そして運命をすべて分かったうえで、終幕に向けて進んでいかねばならない。なんと不自由な存在であろうか。

しかし福田はそれを悲劇とは考えない。「私たちが真に求めてゐるものは自由ではない。私たちが欲するのは、事が起るべくして起つているといふことだ。そして、そのなかに登場して一定の役割をつとめ、なさねばならぬことをしてゐるといふ実感だ」（「人間・この劇的なるもの」）。俳優は、最後の台詞を言い終え幕が下り、拍手喝采を浴びるとき、自らの運命をまっとうしたことに無類の喜びを得る。実生活にあっても、心血を注いだ大きな仕事をやり終えた際には、生の実感が芽生えることだろう。その役割を自ら決断して担っているのかどうかは大した問題ではない。自分なりに納得できたり、誰かに感謝されたり、一定の必然性を感じられればそれで満ち足りてしまう。すなわち、優れた戯曲を演じ切りたいのである。福田はこのように、人間存在と俳優の形象との重なりを、単なる比喩ではない仕方で考えていた。

重要なのはここからである。俳優は、自らの運命を知っているにも拘わらず、知らないかのように演じ通さねばならない。生身の肉体を通じて、特定の役を演じるという現実を生きなければならない。役に没入しながらも、自分が演じているにすぎないのだと、どこかで醒めていなければならない。福田はこのような俳優の在り方をアイロニーという語で形容している。

日常語としてのアイロニーは、嘘、不誠実、詐術、皮肉、冷笑、といった負の意志のイメージとともに用いられることが多いだろう。しかし福田がアイロニーと言うときには、あらゆる事物、事象が、究極的には決して一つの様態にとどまらないというまさにそのことが意図されている。俳優とは「劇中の登場人物であると同時にその創造者であり、客体であると同時に主体であって、それ自身すでにアイロニカルな存在なのである」（「批評家の手帖」）。

こうした福田のアイロニカルな俳優＝人間論をよりよく理解するために、それを基礎づけている特徴的な言語観を経由しておこう。福田は、本書でも紹介のある保田与重郎からの影響もあり、ロマン主義的アイロニーの思想に同調していた。ただしそれをそのまま踏襲したのではない。福田の慧眼は、極めて明晰で現実的な彼独自のアイロニー論を結実させたのであった。

2　言葉と非意志的アイロニー

「言葉そのものがアイロニカルな存在なのだ。それは事物を指し示すものであると同時に、事物そのものだからである」（「批評家の手帖」）。この引用に、福田の言語観が端的に現れている。しかしここで、言葉が事物そのものだというのはどういうことなのか。

福田は言葉について、それが現実を厳密に描写できるものだとは考えない。また、言葉と対象との距離は一つに確定できないとする。すなわち対象から完全に距離をとることもできないし、完全にわが物にすることもできないと言うのである。

> 言葉をいかに実在そのものに近づけて行っても、それは永遠に実在とは一致しない。実在に無限に近づくことが分析であり、それから無限に遠ざかることが総合であるが、分析において私たちはつひに実在と合しえないと同時に、総合において私たちはつひに実在からはなれえない。（同前）

赤と呼ばれる色には幅があれど、それは「赤」という一語に要約されうる。紅色、緋色などと細分化していっても、その作業に終着点はない。あるいは逆に、使用している言語や色名についての知識の別によって、虹の色が五にも十にも認識されることを考えれば、言語の方が現実を規定しているとさえ言える。われわれは実在にぴたりと重なる言葉を持ち得ない。またあらゆる言葉は、その使用者の視点から自由になることはできず、純粋に客観的な言葉の存在を信じることもできないのである。

したがって、言葉は対象そのものを表現するのではない。言葉は、対象と言葉とがどのような関係を取り結んでいるかというまさにそのことを表現しているのである。「言葉が事物そのものだ」というのはこのことだ。言葉は、何かを言い表そうとするのと同時に、それによって対象との距離感それ自体が一つの事象として顕れてくるという、アイロニカルな存在なのである。ところがそうした事態は容易に見落とされてしまう。

同じ場所から同じ山を眺めてゐる二人の男が、めいめい相手の見てゐる山と同じ山を見てゐると思ひこんでゐるかぎり、彼等は同じ言葉のうちにつねに同じものを見てゐるといふ迷妄を金輪際すてつこない。（同前）

同じ山を横並びで見ていたとて微妙な視点のずれが生じるのであるから、抽象性が増すほどに、その語がいかなる現実に結びついているのかはいっそう判然としなくなる。福田は、「自由」や「平和」といった語の氾濫について批判を繰り返していた。それらの観念が大事だと言われるとき、その内実がむしろなおざりにされてはいないか。「言葉が具体的に何を指し示すのか解らなくなればなるほど、かえつてそれは使ひやすいものとなる。なぜなら、さういふ言葉ほど、ぼろを出さずにすませられるからである」（同前）。言葉に必然的にともなう無数の齟齬に背を向け、ただ理念を声高に叫ぶことで、本当に求めるべき自由や平和に手が届くのだろうか。

しかし福田は、自由について何も語ることはできないなどといった、悲観論の立場をとるのではない。なるほど言葉と実在との距離は確定できない。それでもなお、あるいはだからこそ、「喋ったり書いたりするということ」によって、「時には実在から五歩はなれて、時には実在から百歩はなれて、自由にあちこち跳ねまわって見せ」なければならないと言う（同前）。書きながら、さまざまに距離を変えるその躍動として、言葉を度毎に上演していくことが肝要なのだ。「それは一度遠くに退けられた対象をふたたび自分の手もとに引寄せ、それと親密な関係を取結ぶことではないか」（同前）。

言うまでもないことだが、これは言葉を勝手気ままに振り回せばよいという意味ではない。「人間は生れると同時に、それぞれの国語が形造っているそれぞれに異なった世界に登場する。私たち日本人は自然のなかに住む前に、日本語というお伽噺の世界の住人なのである。私たちは登場人物であって、作者ではない。言葉を操るものではなくて、言葉に操られるものなのである」（同前）。先に俳優は運命の定められた存在であると書いたが、われわれは生まれ育った国や地域の言語から自由になることもできない。だからこそ言葉の内容のみならず、その響かせ方を試行錯誤し、節回しやトーンの一つ一つを自分のものとしなければならないのである。それによってようやく、自由の端緒に漕ぎ着くことができる。

役者はとかくせりふの字面、その意味に引きずられ、相手と自分との表面的な遣取りに終始しがちです。が、いま相手と自分との間に成立ってゐる関係、距離を正確に把握してゐれば、そして、いまそれを変へようとしてゐるのかどうか、変へるつもりなら、どういふ風に変へる気なのか、それを明確に意識してゐさへすれば、これから口にしようとしてゐるせりふを、自分の心の中のどの部分から、あるいはどの深さから言ひ出すべきか、そしてまたそれをどう言いをさめるべきか、といふのは、相手のせりふをどう引取り、それを再び相手にどう手渡すべきかといふ事になりますが、それが自づと呑込めてくる筈です。（「せりふと動き」）

役者の心構えとして書かれた右の引用は、「相手」や「相手のせりふ」を、対象、実在、現実などと置き換えてみれば、ほとんど福田の言語観を言い表していることが分かる。俳優＝人間は舞台上で、相手との間合いをはかり、距離のとりかたを変えながら、言葉を発する。その言葉（すなわち言葉と相手との関係）は、それ自体がまた一つの事物として、観客との間に別の関係を生むことになる。

言葉を用いる人間は、こうしたアイロニカルな構造に身を浸しているのだ。この限りでのアイロニーは、皮肉、冷笑といった意志よりも前に存している。福田はそこに運命や宿命などといった語をあてているが、アイロニーに対する現代的な誤解に抗うために、私はこれを「非意志的アイロニー」と呼んでみたい。

俳優は目の前の相手役に真剣に向き合いながら、同時に観客に言葉を届ける。人間は、何が演戯で何がそうでないのか確定できない仕方で言葉を交わし、生を遂行する。自己、他者、言葉は絶えず互いの位置関係を探り合い、そうしてはじめて各々の役割が板についてくる。俳優＝人間はかように、言葉の非意志的なアイロニー性に身をゆだねているのである。

さてその上で次なる問題は、アイロニカルでしかありえない言葉をどのように洗練させていくかということだ。とりわけ福田はどうしていたのか。彼が終生取り組んだ翻訳の具体的な実践の在り方を見てみることにしよう。

3　忠実なる翻訳

福田は一九五二年に四一歳で文学座に入り、演出家などを務める。そして同座を辞める五六年に『人間・この劇的なるもの』を発表。六三年には、芥川龍之介の長男、名優芥川比呂志とともに劇団雲を立ち上げる（紹介程度に現代でも広く知られている名前を挙げるなら、劇団雲には橋爪功や北村総一朗、また短い期間だが田中眞紀子も在籍していた）。

こうした演劇活動と並行して、福田はシェイクスピアを中心に戯曲の翻訳に取りかかり、一生の仕事とした。批評史のなかでは、彼の翻訳者としてのキャリアはあまり強調されているように見えないが、演劇にたずさわる人間からすると、福田はむしろシェイクスピアの翻訳者としてよく知られている。「母国語においても、言葉というものは実在にたいして翻訳の関係にしかない」（「批評家の手帖」）という言葉からも理解される通り、彼の思想と翻訳実践とはパラレルである。

さてここで、翻訳とは何か。翻訳の条件としては、元の意味を棄損しないようにすることがまず挙げられるだろう。ではそのとき「意味」とは何か。元の意味に忠実であろうとするとき、直訳と意訳のどちらがより適切なのか。実際の翻訳に着手すると、特に対象が戯曲の場合、この問題が想像以上に厄介であることに気づかされる。

戯曲においては、単語や文法を正しくつかまえるのが直訳ではないし、表面上の大意をとるのが意訳ではない。福田によれば「ハムレットの言葉は、ハムレットの口を突いて出てくる、その身悶えであり、身振り」なのであって、翻訳において「一番大事なことは、そのせりふの「意味」ではなく、さういふ身悶えを、さういふ身振りを、弾みのある日本語に移すことである」（「翻訳論」）。論理的な意味の連鎖に落ちることなく、人間関係の交錯、葛藤、困惑、運命への抵抗など、生のさまざまな様態を、無数の非言語領域を通じて表す演劇では、眼目は必ずしも一文一文の文意ではない。言うなればパフォーマティヴなレベルでの翻訳が求められる。戯曲の言葉に意味なるものがあるとすればそれは、相手役や観客との関係のなかで、その言葉がどのように響いているかというまさにそのことなのである。

例えば、シェイクスピア『オセロー』の序盤のシーン。節操なく切先を向けてくる兵士たちを、あくまで冷静に諌める理知的なオセロー将軍のせりふ「剣を収めろ、夜露で錆びるぞ」について、福田は「ぞ」という助詞、その一文字の有無にこだわって分析をほどこしている。

> 「ぞ」がある以上、聴き手に掛けなくてはならない。前の「剣を収めろ」は命令であるから、強く相手に掛けて当然だが、「夜露で錆びるぞ」と、これまで外向きに相手に掛けてしまふと、押し附けがましく剣を収める理由を説得してゐる様に聞こえてしまひ、オセローが小さく、あるいは愚かに見えてくる。
>
> （「シェイクスピア劇のせりふ」）

日常的にも、われわれは押し合い引き合い、相手との距離をはかっている。ひとに何かを要請する場合、ただ直接的に命じたり頼んだりするのではなく、懐柔や籠絡、説得、交渉、根回しなどと、あれこれ工夫をするだろう。オセロー将軍のような鷹揚に立ち居振る舞う人物に、終助詞「ぞ」は無粋がすぎる。こうした助詞の一文字にまで福田がこだわるのは、登場人物が世界のなかでいかに立ちまわろうとしているか、どのような演戯をしているかという性向が、言葉の端々に表れるからである。

別の例でも補足したい。以下の引用は、ハムレットの母ガートルードが、オフィーリアの溺死を報告する場面である。[2] 区切りは悪いが、紙面の都合から一八行の劇詩のうち最後だけ引用し、福田の訳を付す。

> Or like a creature native and endued
> Unto that element. But long it could not be
> Till that her garments, heavy with their drink,
> Pulled the poor wretch from her melodious lay
> To muddy death.

> 水に生ひ水になづんだ生物さながら。ああ、それもつかの間、ふくらんだすそはたちまち水を吸ひ、美しい歌声をもぎとるやうに、あの憐れな牲へを、川底の泥のなかにひきずりこんでしまつて。それきり、あとには何も。

シェイクスピアの他の多くの劇詩と同様に、この長台詞も「弱強五歩格」というリズムで構成されているのだが、最後の行のみ途中で切れている。このリズムの切断は、美しい歌声をもったオフィーリアが、川底に沈んで死んでいった、そこに残された静寂や空虚さに関わっている。原文におけるこうした陰影を、日本語で直截に翻訳することは難しい。多くの場合は妥協するか、せいぜい七五調で似たような切断を試みるくらいである。しかしそれも決してうまくはいかない。福田はここで、意味としては最も重要なdeathの一語を訳していない。そして「それきり、あとには何も」と、原文にはない一文を足している。是非口に出して読んでもらいたい。オフィーリアの沈んだ後の空虚がありありと表現されていることが分かるだろう。福田はほとんど不可能と思われた「不在の現前」を、言葉のイメージの操作によって出来させたのである。

翻訳に際して、福田はつねに原文に忠実であることを求めた。しかし言葉が対象を正確に描くことができないのと同様に、翻訳において「忠実」という観念はアイロニカルでしかありえない。何をもって忠実とするかは決定不可能であり、「実」との距離がつねに問題にされねばならないからである。先の例も最適な訳だと断言することはできず、いくらでも推敲の余地はあるだろう。福田はそれを分かったうえで、書かれていない「無」の翻訳を試み、戯曲の神髄に相応しい日本語を探究しようと苦心したのであった。

「忠実」が決定不可能であるからといって、それを目指さないわけにはいかない。福田にとって翻訳という営みの本質は、その不可能性を知りながら、なおそれを求めることにある。まさにアイロニカルな実践の極致であると言えるだろう。

4　踊ることと醒めること――現代に福田恆存を読むために

福田恆存の思想という「戯曲」を現代に改めて読み、翻訳し、上演しようとするならば、まず個人的な解釈などといったものは自制し、書かれた言葉の意味に忠実であろうとしなければならない。「自分流にどう解しても構はないといふ事にはならず、だからこそ、まづ己を空しうして掛からなければならないのです。自ら自分を強制し禁止し、自分が演りいい様に、あるいは自分が演りたい様にといふ手軽な欲求を殺して掛かることが肝要です」（「せりふと動き」）。ただし同時に、時宜にあった仕方、かつ観客におもねるというのではない仕方で、助詞の一字を足すのか引くのかと逐次翻訳が検討されなければならない。

しかし、福田に忠実であるとはどういうことか。彼は「職業としての批評家」という文章の最後にこう書いていた。「もちろん、ぼくの語ってきたことはすべて仮説にすぎぬ。ばか正直に受けとってもらってはこまるのである」。これは福田によって呈された言葉のすべてに当てはまる。福田を信じながら信じないこと、絶えず福田との距離をはかり続けること――福田に忠実であるためには、このようなアイロニカルな態度が不可欠なのは言うまでもない。

例えば福田のよく知られたエッセイ「醒めて踊れ」にも、精妙な翻訳が求められる。端的に言えば「醒めて踊れ」というテーゼは、舞台上で言葉を操る際に、それを自分流に都合よく利用したり、あるいは諸概念の意味を自明視してそれに飲み込まれたりすることのないよう注意せよ、といったことを意味している。

この限りでは、ここまで論じてきた福田の思想とほぼ相違ない。しかし俳優である私は、ここに問題の核心を直観してしまう。「醒めて踊れ」から四半世紀ほど前に書かれた「藝術とは何か」には、こうある。

演戯において——うそをつくばあいと同様に——重要なことは、陶酔よりも、そのあとで醒めるということではありますまいか。いや、陶酔しながら醒めていることではないでしょうか。醒めているものだけが、酔うことの快楽を感覚しえます。醒めている自分がないならば、うそをついたのでも、演戯したのでもなく、自分もまただまされているのであり、演戯させられているのにすぎなくなってしまいましょう。

陶酔のあとに醒めるというのは分かりやすいが、「陶酔しながら醒めている」とは、どういう状態なのだろうか。この問題系は、福田に固有のものではない。演劇にたずさわる者が必ず直面する、オーソドックスな、しかし究極的な問いの一つなのである。

例えば現代演劇の最先端に居続けた演出家ピーター・ブルックにも、相似する記述が見られる。「彼〔俳優〕は距離を保ちながら完全に没入することを——つまり我を忘れながら冷静でいることを——求められているのである。俳優は真面目でなければならず、しかも不真面目でなければならない。彼は真面目に不真面目になること、誠意をもって嘘をつくことを、学ばねばならないのだ。こんなことは不可能に近いが、しかしこれは肝腎な点であり、しかも無視されやすい点である」（『なにもない空間』）。福田が平然と言い放った「醒めて踊れ」はここで、「不可能に近い」とまで言われている。しかしだからこそ、演劇人たちはこの問題に取り組んできた。福田の思想を再上演するための鍵の一つが、やはり演劇に見出せそうである。

福田は「役者はハムレットをではなく、ハムレットを演じる手つきを見せる。それと同じに、言葉は対象をではなく、対象を指示する手つきを見せる」（「批評家の手帖」）と言う。演じる対象に没入するのではなく、むしろそこから冷醒に距離をとり、演じる者として示すというこのような演戯観は、少なくとも表面上、ベルトルト・ブレヒトのものと一致している。「やって見せているということまで、公然とやって見せるのだ」[3]（『ベルトルト・ブレヒト演劇論集　二』）。

教科書的に言えばブレヒトは、登場人物への共感を誘い、観客を物語へ同化させる演劇を強く批判した。それに対して、今行われている芝居があくまで芝居でしかないことを強調する「異化」の方法を理論化したのであった。各人に見えている物語＝「現実」は蓋然的なものでしかない。眼前の悲劇を嘆き悲しむだけではなく、その苦境を脱する方法を模索しなければならないのではないか。政治的「上演」の混迷極まる二〇世紀前半のドイツにあって、ブレヒトは演劇を通じて、各々が置かれている現状を相対化できるようにと、観客の啓蒙を目指した。そしてこのような異化の演劇のために、俳優も役に陶酔するのではなく、冷静でなければならないとされた。

ただし、こうした一般的な理解では不十分である。ブレヒトは決して踊ることを忘れたわけではない。むしろ彼は、われわれが見失ってしまった世界への諸感情を再発見するために、異化の演劇を提唱していたのであった。異化とは、決して冷徹なものではなく、「記述すべきものに興味を集中して、それを興味あるものにするための方法」（「同前」）であり、いわば「踊るために醒める」ような俳優＝人間論なのである。

没入すべき現実は特定の一場面に限定されない。煌びやかな抽象概念を無批判に用いたり、支配階級の喧噪するイデオロギーに傾倒したりといった、短慮な踊りを不問にしてはならない。世界がアイロニカルな演戯で成立していることを閑却してはならない。したがって俳優は、登場人物の感情、紋切型の演技法、演出家の権威、観客の関心事といった特定の現実に捉われることなく、踊り方を別様に変え続けていかねばならないのだと、ひとまずは言えるだろうか。[4]

「醒めて踊れ」を字面通り、ばか正直に受け取ってはならない。それにともなう混迷を実践的に精査しなければならない。福田はこの号令によって読者とどのような距離をとろうとしていたのか。現代のわれわれは、このほとんど不可能なテーゼとどのように関係を取り結ぶのか。当時の読者と同じ態度で聞き取って良いのか。福田の後に、どの様な演技論が可能か。こうしたことが、福田恆存を上演し直すための第一歩である

渡辺健一郎（わたなべ・けんいちろう）
一九八七年生まれ。俳優、批評家。ロームシアター京都リサーチプログラム「子どもと舞台芸術」二〇一九―二〇二〇年度リサーチャー。演劇教育活動の実践と、哲学的思索とを往還した文章「演劇教育の時代」で第六五回群像新人評論賞受賞。著書に『自由が上演される』（講談社、二〇二二）。二〇二三年度より追手門学院大学非常勤講師。

1 以降、引用に際しては原則として旧字体を新字体に改めている。もはや「旧字」という言葉に違和感を覚える者は少ないだろうが、福田は「私の國語教室」（『福田恆存評論集』第六巻、麗澤大学出版会、二〇〇九）にて、戦後すぐに内閣主導で行われた漢字簡略化（かなの表音化）の改革に強烈に反発した。今回は可読性を考慮して、人名、書名を除き一律で新字体に改めたが、福田にとっては極めて大きな問題であったことを記しておく。

2 以下の議論は、中谷森『シェイクスピアと日本語』（春風社、二〇二四）に多くを負っている。

3 イデオロギー対立の問題もあったと推察されるが、いずれにせよ福田によるブレヒトへの言及が極めて少ないことは、それ自体が興味深いことである。ただし例えば福田が次のように言うのを見ることができる。「私に言はせれば、映画が、そしてテレビがここまで発達した今日、叙事的要素導入によるエイリャネイションといふブレヒトの一九二〇年代、三〇年代の演劇理論は技術的にも文化的にもすでに破綻してしまつたのです」（「せりふと動き」）。ここで確認しておきたいのは、福田がブレヒトの戦略をエイリャネイション（alienation）と理解し、マルクス主義用語である「疎隔（疎外）」と重ねていることである。英語だと同じ alienation なのだが、ドイツ語で疎外は Entfremdung、ブレヒトの異化は Verfremdung である。これらの語の混同は福田のブレヒト理解の問題に直結すると思われる。ただ、これは日本における翻訳の問題である以前に、英語圏の研究者がすでに直面していた問題であることを指摘しておこう。詳しくはフレドリック・ジェイムソン『ブレヒトと方法』（(大橋洋一、横田保恵、河野真太郎訳）『舞台芸術01』月曜社、二〇〇二）。

4 私は特定のスタイルや観念に捉われた演技を、戸谷洋志『スマートな悪』（講談社、二〇二二）の議論を借りて「スマートな演技」と呼び、それを脱していくための俳優論を考えたいと思っている。ただし、演技を洗練させるためには「型」を習得するなど、何らかのスマート化も同時に必要となることを申し添えておこう。ここにも看過できないアイロニーがある。

文献

福田恆存「職業としての批評家」「自己劇化と告白」「藝術とは何か」『福田恆存評論集』第二巻、麗澤大学出版会、二〇〇八年
「人間・この劇的なるもの」『福田恆存評論集』第四巻、麗澤大学出版会、二〇〇九年
「批評家の手帖」「翻訳論」『福田恆存評論集』第五巻、麗澤大学出版会、二〇〇八年
「せりふと動き」「醒めて踊れ」「シェイクスピア劇のせりふ」『福田恆存評論集』第一一巻、麗澤大学出版会、二〇〇九年
ウィリアム・シェイクスピア、福田恆存訳『ハムレット』新潮社、一九五九年
ピーター・ブルック、高橋康也／喜志哲雄訳『なにもない空間』晶文社、一九七一年
ベルトルト・ブレヒト、千田是也訳『ベルトルト・ブレヒト演劇論集 新しい俳優術』第二巻、河出書房新社、一九七四年

「反SF」としてのSF――山野浩一論

前田龍之祐
MAEDA RYUNOSUKE

近年再評価が進むSF批評家・山野浩一。小松左京や星新一などに代表されるSF作家を批判し、J・G・バラードやフィリップ・K・ディックを輸入した山野は、日本のSFひいては日本という国の「主体性」をどう見つめていたのか。新進気鋭の批評家・前田龍之祐が論じる。

YAMANO KOUICHI

0　はじめに

この文章を書きながら、改めて、私にとってSFとは何だろうかと考えている。そもそも自分は、SFというジャンルを意識してSF小説を読み始めたわけではなく、それが一般に「SF」と聞いて多くのひとが思い浮かべるもの（宇宙船、タイムマシン、ロボット等々……）と、それらに対して自分が感じる距離感の理由なのかもしれない。はっきり言って私は、SFと呼ばれるものすべてが好きというわけではないのである。

学生の頃から小説は好きだったが、なかでもいわゆる「前衛文学」や「ポストモダン文学」などと呼ばれるものをよく読んでいた私は、「ライトノベルとゲームが融合したような新しい小説の可能性」だと東浩紀が評したような、文芸誌『ファウスト』の作品（西尾維新、舞城王太郎、佐藤友哉など）から、アラン・ロブ＝グリエ（ヌーヴォー・ロマン）やイタロ・カルヴィーノ（ネオレアリスモ）らの、反リアリズム的な「実験」を志向した世界文学まで、「今まで読んだことのない小説」を求めて、文学の世界に足を踏み入れていった。

もちろん、今となってはそれらの小説が、単に「前衛」や「実験」の一語でまとめられるものではないことは分かっているし、当時の自分の文学観などその程度のものだったと言われたらそれまでだが、ともあれ、そうした読書遍歴の延長で、私はSF小説を読み始めるようになったのである。

たしか、海外文学好きのある知り合いに薦められて、サミュエル・R・ディレイニーの『ダールグレン』を手に取ったのがきっかけだったような気がするが、ディレイニーは、従来のSFに対する不満を表明した「ニューウェーヴSF」と呼ばれる作家の一人であり、そこから、ニューウェーヴSFを中心にSF小説の魅力に目覚めていった私は、次第に、J・G・バラードやP・K・ディックらの作品に手が伸びていくようになる。だが、重要なのは、彼らの描いていたものが、SF的なガジェットを用いた冒険物語でも、科学的な成果による未来像の提示でもなく、科学技術に取り囲まれている世界（テクノロジカル・ランドスケープ）における人間の心理、すなわちその「内宇宙」の在り方ということだった。

だから私は、最初からSFの「サイエンス」には、さほど興味がなかったと言うべきかもしれない。SF小説があくまで「小説」である限り、どんなに荒唐無稽な世界であっても、私が重視していたのは、そんな不条理な世界に生きる登場人物の姿のほうであり、SFのなかでも「ハードSF」や「スペースオペラ」などのジャンルにはあまり興味が持てず、それゆえに、SFには微妙な距離感を感じ続けているというのが、正直な思いとしてある。

しかし、そのように考えてみると、このSFとの距離感が、今のSFをめぐる状況に対する違和感にも、実のところ繋がっているのかもしれない。

たとえば、最近SF読者のなかで、よく耳にする言葉のひとつに、「SFプロトタイピング」というものがある。「サイエンス・フィクション的な発想を元に、まだ実現していないビジョンの試作品＝プロトタイプを作ることで、他者と未来像を議論・共有するためのメソッド」（『SFプロトタイピング』）と呼ばれるもので、そこから生まれた未来のビジョンを、企業やブランドの成長戦略に応用する手法として、俄かに注目を集めている。

ITコンサルタントとしての顔も持ち、SFプロトタイピングを積極的に推進する、SF作家の樋口恭介によれば、SFプロトタイピングにおいて重要なのは、まったくの予想外から未来の社会を想像する「SF思考」にあると言い、手近な問題ではなく、むしろ「ぶっ飛んだ」遠い未来から現状を考え、現実のほうをフィクションに合わせていくことで、「ここではないどこか」を「創造」できることにその価値を認めている（『未来は予測するものではなく創造するものである』）。

だが、少し歴史を振り返ってみれば、このような試みには先例があることがすぐに分かるだろう。主に小松左京が提唱し、彼が大阪万博（一九七〇年）のプロデューサーを務めた際には、理論的な標語としても用いられた「未来学」と呼ばれるものがそれだ。実際、数年前の雑誌『現代思想』の小松左京特集号（二〇一一・一〇）所収の座談では、「SFプロトタイパーの先駆け」として小松の「未来学」が再評価されているばかりではなく、近年のSF小説のなかで、空前のベストセラーとなった『三体』の著者である劉慈欣も、小松の思想からの影響を公言しており、その「アクチュアリティー」（現代的な応用）に熱心な視線が送られている。

『SFプロトタイピング』のなかでも言及されているが、驚くべきことに、現在中国では国家戦略の一環としてSFが参照されているという。中国で開かれるSFの国際会議には政府が毎年出資し、二〇〇七年の国内のSF大会は「共産党主導」で執り行われるなど、国をあげてSF作家を奨励し、その流れが、『三体』の大ヒットを生んだとも考えることができる。

もちろん、その背景には、中国経済の急速な成長という端的な事実や、それに伴って喧伝される「中華未来主義」(ユク・ホイ)——テクノロジーの発展などをもとに技術的なユートピアを目指しながら、そのモデルを中国に見る概念——に対する一部の人々の憧憬があることは間違いない。だが、いずれにせよ注意すべきなのは、ここで挙げた「SFプロトタイピング」も、「未来学」も、あるいは中国SFの勃興も、進歩史観的な「未来」(ユートピア)を理想視し、そこを目指そうとする意志において、それらの目的は共通しているということである。

要するに、現在のSFをめぐる言説のほとんどは、進歩主義的な価値観によって語られているものだと言っていい。そこから導かれるのは、SFを使ってより良き未来をデザインすることを考え、「人類の進歩と調和」を信じて疑わない、テクノユートピアの夢にほかならないのである。[1]

無論、かつての「未来学」のように、SF小説の多くは遠い未来を描き、「ここではないどこか」を私たちに空想させるものであることは確かである。だが、もしSF小説が単なるユートピアを描くだけのものであるならば、あるいは、「進歩」や「未来」のため、国家や企業にただ奉仕するものであるとしたら、あくまで「小説家」であるSF作家の仕事は、科学者や技術者と厳密に区別できないものになりはしないだろうか。さらに言えば、SF作家こそ「進歩」や「未来」に対する批判的な姿勢が、「超テクノロジーの加速度的生長の不可避さに対する、誠実な問いかけ」(メリル『SFに何ができるか』)が、求められるのではないだろうか。実際、私がSFを好きになるきっかけとなったバラードやディック、すなわちニューウェーヴSFの作品のいくつかは、科学技術と人間のあいだの不安定な関係を描くことで、むしろユートピアへの疑念を読者に突きつけるものであった。

ところで、このようなSFの未来志向を疑問視し、大阪万博が開催されたその年(一九七〇年)、戦後日本の大衆化状況を横目に、「未来学」を徹底的に批判した日本のSF批評家が一人いた。山野浩一(一九三九—二〇一七)である。

次の文章は山野の「未来学」批判の一節である。少し長くなるが引用したい。

> 現在の日本では、思想や論理の持つ重要な意味が見失われつつあり、政治は力関係のバランスの上に成立し、新聞報道は読者の反応によって作られ、あらゆる文化は情況的に生まれていく。人々は主体的な自己世界の代りに現実への対応性だけを持ち、マスプロされた情報を片っ端から受け入れながら楽天的な日常生活を送っているのである。
>
> SFは一面でこういった、ピカートのいう「アトム化時代」への順応力を持っており、巨大な情報メーカーとなり得るものである。そして、疑いもなく一部のSFはそうした役割を果たそうとしている。「アポロ計画」や「万国博」とSFの結びつき、権力者たちの考える〝素晴しい未来〟を立派に画いてみせるSF、特に許せないのは「未来学」などというものがSFジャンルの成果として堂々とまかり通り、そんなものに飛びつく一部SF作家がいるということだ。

少くとも未来は、このおろかな現実ののちに登場してはならないものであり、現在の貧しい思考の中で計画されてはならないものである。一体、誰がこの現実以上に未来まで管理しようとするのだ！

（「NW-SF宣言」）

ここで山野の言う「素晴しい未来を立派に画いてみせるSF」とは、先に挙げた「SFプロトタイピング」や、「中華未来主義」を奉ずる中国SFにそのまま置き換えられる。同時代においてほとんどただ一人、万博に浮かれ騒いで「未来」を言祝ぐSF作家たちを痛烈に批判した山野浩一は、次第に「SF界を敵として戦う立場に追い込まれていった」[2]が、それはSF作家の「小説家」としての在り方を、誰よりも真剣に考えていたからだろう。

私は彼のこのような姿勢、すなわち、SF作家の立場からSFを批判し、「反SF」（反未来志向）としてのSFの可能性を考えようとした山野の態度に、どうしても自分を重ね見る思いがある。それは山野もまた、私と同じく、最初からSFの読者ではなかったという事実も、もしかしたら関係しているのかもしれない。

それでは、SF批評家の山野浩一とは一体何者なのだろうか。反未来志向的な彼のSF観とはどのようなものだったのか。改めて一から、その履歴を辿っていきたい。

1 〝SF批評家・山野浩一〟の誕生

一九六四年、師匠であった寺山修司の薦めで、小説「X電車で行こう」を『宇宙塵』（後に『SFマガジン』に転載）に発表してデビューした山野浩一は、すぐに「新人随一のホープ」（高橋良平）として期待され、業界の注目を集める存在だった。

山野自身も「デビューにあたっては当時の文化人の多数に全会一致のような支持を受けてい」たと回想していたが[3]、先述のように、それにもかかわらず山野は、決してSFの熱心な読者ではなかった。「SFとの出会い」について語ったインタビュー記事で、山野は次のように述懐している。

私にとってSFとのほんとうの出会いは、SFを知ってのち随分たってからのことである。子供の頃には手塚治虫の漫画を愛読しており、SFというような言葉も相当以前から知っていて、「SFマガジン」も創刊当時に一度くらい読んだことがあったと思う。

（…）かくて、私はこと志と異って《ママ》SF作家となったのだが、これがSFとのほんとうの出会いであったわけではない。私はそれから多くのSFを読むようになったが、確かにSFというものには思考世界を自由に展開できる素晴しい可能性がありながらそうした自由な思弁を切り開いた作品がほとんどないのである。

（「THE HOME LIBRALY」）

もちろん、後にはJ・G・バラードを始めとする「はっきり過去のSFへの不満を述べ」た「スペキュレイティヴ・フィクション」に対する共感から、「ほんとうのSFとの出会い」は果たされることになるのだが、重要なのは、こうした山野の出発点において、次第に高まっていくSF業界への違和感の根を見ることができる点である。

　その違和感とは、日本のSF業界における「批評不在」の状況、言い換えれば「未来」や「宇宙」、「ロボット」などといったギミックばかりに執着するような、SFのある種の〝お約束〟に居直る姿勢に対する批判意識から発するものだったと言える。先の「未来学」批判もこうした意識から導かれるものだったのであり、その意味で、彼はSF批評家としてきわめて特異な存在であった。

　さて、デビュー時の絶賛から一転して、『宇宙塵』の読者は山野へ「面白くない作品」、「SFの主流ではない」[4]などの批判を向けるようになる。それに対して山野は、「小生の書きたいものが現段階の主流と一致しなくても仕方がない」、「「宇宙塵」が「宇宙塵」向きの作品ばかりを掲載していたのでは、発展性を失う」[5]と応えると、その後に小説「開放時間」（一九六六）を発表したタイミングで、〈宇宙塵＝SF業界〉から次第に距離を置き始める。そして、自身の考えるSFとそれをめぐる状況とのズレの意識を、「ポレミックな評論活動に軸足を移」す（高橋）形で前面化させていくのだ。

　つまり、日本SFを批判する山野と、それに対するSF作家の荒巻義雄による再批判という形で展開された〈山野‐荒巻論争〉や、『日本読書新聞』での書評活動などに端を発する、〝SF批評家・山野浩一〟が、この時誕生するのである。

　そして、このようにして批評家としてのキャリアを歩み出した山野浩一は、一九六九年に「日本SFの原点と指向」という長編の評論を発表する。それはこれまでの日本SF批判をより具体的かつ精緻に展開した「集大成的論文」[6]であった。が、この批評文を山野浩一の代表作と見なすのには浅からぬ理由がある。それは日本SF批判とも重なり合いながら、山野が常に考究していた主題――すなわち、SFの「主体性」をめぐる議論を、はじめて明らかに提示した文章だからである。

　山野の根本的な思想を捉える際に注目すべきなのは、この「主体性」という語をおいてほかにない。このことを踏まえた上で、「日本SFの原点と指向」の内容を確認しておこう。

2　日本SF批判と「主体性」

「日本SFの原点と指向」は、当時『SFマガジン』を中心に活躍していた作家たちを次々と批判の俎上に載せていく論考である。まず、ここで日本SF全体を「建て売り住宅」と喩えている点に注目しておきたい。

> 日本に於けるSFジャンルに属する作家、つまり一般にSF作家と呼ばれる人々はすべて翻訳作品によるSFを知っており、すでに存在していたSFというジャンルの中に登場したのである。これはいうなれば、建て売り住宅に入居したようなもので、日本文明への対応性とか、作家の感性に対する適応性などに無関係にジャンルが存在し始めたのである。（「日本SFの原点と指向」）

なるほど、たしかに日本SFの急速な発展には「翻訳作品」の寄与は大きかったかもしれないが、山野によれば、それはアメリカSFという名の「建て売り住宅」を借り受けているに過ぎないという。ここで言う「建て売り住宅」とは具体的に、多元世界、宇宙空間、タイムマシン、ロボット……等々、SF特有の「小説世界」を構築するモチーフの数々を指すものと言っていいだろう。

たとえば、山野はその最初の「居住者」として星新一と光瀬龍という二人の作家を挙げ、両者の作品の価値を認めながらも、しかしその形式自体は、フレドリック・ブラウンの「ショートショート」の方法（星）、ロバート・A・ハインラインの「年代記」の方法（光瀬）、すなわちアメリカのSF作家が既に拵えた「設計図」を利用したものだと指摘する。

ただし、そうした「設計図」（SF的拡大世界）は、それぞれの作家の「主体性」に紐づいている限りにおいて、物語の幅を拡げうる役割を果たすという。その意味で、問われるべきなのは「建て売り住宅」そのものというより、「日本文明への対応性」や「作家の感性」などとは「無関係」に、海外SFの道具立てだけを借用して小説を書いている、日本のSF作家の怠惰な振る舞いのほうであった。

では、ここで言う「主体性」とは何か。それは端的に言えば、ある作品を立ち上げる際に作家の拠って立つ「創作原点」や「立脚点」（「日本SFの原点と指向」）、言い換えれば、自身に固有の問いを見つめる態度にほかならない。山野は次のように書いている。

> 現実に世界文化は民族、国籍などというものを単位にして異った歴史体験と、風土による異った感性を持ち、そこにオリジナルな観念、思想を展開し、文明を切り開いており、日本人作者には日本人としてのエゴが存在し、そこにこそ主体性も存在している。（同前）

つまり、それぞれ異なる国籍、歴史体験、生活環境、他者関係などから構成される問題意識のなかに、各人の「主体性」（作家性とも言い換えられる）は現れるのであり、そうした意識はおのずと創作＝作品にも反映されていくはずだろう。

要するに、山野の言う「主体性」とは、自身の履歴を振り返ったとき——もちろん、そこには過去の失敗や後悔も含まれる——見出されるある個人的な問い（主題）に基づいて、行動や言動をできるだけ一貫させようとする態度であるとともに、作品を造形する際の前提となる作者の「創作原点」から導かれる、制作の指針のようなものだと、ここでは定義しておきたい。

しかし、繰り返すように、日本SFはそのような「主体性」をかえりみずに、「借りもののSF世界」をラディカルに拡大していくばかりで、その世界と作者の問題意識を繋げる意志を放棄したまま発展を遂げていった。

なかでも、日本SFのこうした発展過程を推進した作家として山野浩一は、小松左京へ厳しい眼を向けて次のように書く。

> 小松左京の作品は、こうした〔日本SFが建て売り住宅的に出発した〕危険性の中で、それでも大きく変貌していった。それは、主体の論理への帰還ではなく、客体へのさらに強引な接近とし

てであり、ここに小松左京の明解な指向性を求めることができるであろう。

> 小松の近作『継ぐのは誰か？』にはほとんど小松の作家主体は登場しない。進化論や情報論などSF的拡大世界に内在する客体的な論理そのものが小説原点となり、いうなれば初期の作品によって切り開かれた小松の小説世界が二次的に小説を生み出し始めたのである。（同前）

なるほど、とはいえ山野は「地には平和を」（一九六二）や『日本アパッチ族』（一九六三）などの小松の初期作品については、「作者の悩みが極めて明確に現われていた」（同前）ものとして一定の評価を与えていた。だが、次第に作品内に小松自身の問いやテーマ、すなわち「主体性」は見られなくなっていき、SF的なモチーフの単なる組み合わせによってしか成り立つものに過ぎなくなったとの評価を下すのである。

そして、小松左京の推し進めた「客体の拡大」（主体なきSF世界の開拓）が、「日本SFを原点のあいまいな八方破れの落とし穴に引き込」（同前）んだ結果、後に現れたSF作家たち（眉村卓、平井和正、豊田有恒 etc.）については、各々の〈創作原点＝主体性〉がほとんど読み取れない点で、アメリカSFの「建て売り住宅」から一歩も抜け出ていないとして、山野は個別的にその課題を論じていく。また彼らは当時『SFマガジン』で活躍していた人気作家であり、山野の日本SF批判は、ここにいたってある種論争的な熱を帯びていった（先に触れた〈山野－荒巻論争〉は、山野の批判を受けた荒巻義雄が、日本のSF作家を「弁護する」と反論して開始されたものだった）。

苛烈な日本SF批判を展開しながら、SFにおける「主体性」の欠如について問題視していた山野浩一は最後に、「小説側の主体」からテーマを立ち上げている例外的な作家として安部公房を挙げた後、次のように結論づける、「借りもののSF世界が、日本の文明に対応した作家主体の論理により真実性を与えられねばならない。そして、この主体的作業の苦悩こそ、日本SFの指向性でなければならない」（同前）と。

ところで、「日本SFの原点と指向」の発表から数年後、このような言葉を山野は残していた。

> 本来、主体性というのはあってしかるべきだし、小説を書く以上はそういうものがなければ書けないはずなのに、SFの場合はアイデアとかモチーフだけで書けるような面もある。極端な話一人の作家が——例えば小松左京の場合なんかですけど、一つの作品で出た結論とまったく違う結論を別の作品で出したりしているんですね。やはり、そういうのは主体性を疑うでしょう。どう考えてもね。（「SFの新しい波をめぐって」）

ここでは、「一つの作品で出た結論とまったく違う結論を別の作品で出したりしている」ことに対して「主体性を疑う」と述べられている。ある場面でAと言って、また別の場面でBと言うような一貫性のない人間は誰にも信用されないが、時に「アイデアとかモチーフ」が優先されるSF小説においては、そうした主体的な態度はしばしば見過ごされがちである。おそらく山野は、ここに見られるような

SF作家の〝不真面目さ〟を指摘していたように思われる。

しかし、だとすればそうした指摘は、単なる作家批判に留まらず、「主体性」なき人々一般へ向けた言葉だと言えはしないだろうか。

その推測が過言ではないというのは、「日本SFの原点と指向」の次の一文を読めば理解されるだろう。


日本文明は、戦後、迷うことなく経済的発展を志した。インドや中国がまず独立、つまり国家の主体性の確立を指向して迷い続けたのに対し、日本という国は恥じることなくアメリカに主体性を売り渡し、朝鮮やインドネシアの苦悩を踏み台にして、極めて状況的に巧妙に立ち廻り、見事な経済発展を為しとげた。


この後「SFに関しても似たことがいえる」と続けられるが、要するにここでは日本SFのあり方が、「恥じることなくアメリカに主体性を売り渡し」た戦後日本の姿を映していると指摘されている。ここで注意したいのは、山野は、SF作家を非主体的な存在だと捉えていると同時に、しかし彼らはそうした性格を有する戦後日本人の一部に過ぎないとも認めていることだ。

以上の経緯をもって、一九七〇年、山野は自身が編集顧問を務める雑誌『季刊NW－SF』を創刊することになるが、その巻頭言で書かれていたのが、先に紹介した「未来学」批判の言葉であった。要するに、山野が常に警戒していたもの、それは戦後から高度成長期にかけて広がりつつあった日本の〈アトム化＝大衆化〉現象であり、それとともに露わになった「主体性」なき人々の態度、そしてそのなかで「人類の進歩」としての未来を夢想する日本SFの楽天的なムードであると、纏めることができる。

そして、ここから山野浩一が見出し、主に雑誌上で主張するようになるのが、一九六〇年代に英SF雑誌『ニューワールズ』に寄稿する作家たちを中心に提唱されていた、「スペキュレイティヴ・フィクション」という言葉だった。それは「素晴しい未来」を無批判に信じる「未来学」的なSFとの区別のために使用された造語であるが、このようなSFに山野は「作家の主体」を基軸とする〝文学としてのSF〟を期待するようになる。

では、スペキュレイティヴ・フィクションとはどのような特徴を備えたSFなのだろうか。あるいは、常に厳しいSF批判を展開する山野が、それでもSFに期待していたものとは何だったのか。

3　スペキュレイティヴ・フィクションとはなにか――「科学哲学としてのSF」

前述のように、スペキュレイティヴ・フィクションとは、一九六〇年代中期に主にイギリスで起こったSFの変革運動を契機に、「ニューウェーヴSF」といわれる作家たちのなかでよく使われた言葉だった。

その運動を主導していたSF作家のJ・G・バラードは、「内宇宙への道はどれか？」（一九六二）というエッセイのなかで次のように書いている。


まず最初にサイエンス・フィクションは、宇宙に背を向ける必要があると私は考える。雑誌用ＳＦの九割を占める、星間旅行、地球外生物、銀河戦争、あるいはそれらの混合からなるアイデアに、まず背を向けるべきなのだ。偉大な作家ではあるが、Ｈ・Ｇ・ウェルズがその後のＳＦに及ぼしたのは、悪影響以外のなにものでもないと私は確信している。彼の提供したアイデアのレパートリーが、過去五〇年にわたってこのメディアムを独占することになったというだけではない。単純なプロット、ジャーナリスティックな語り口、シチュエーションやキャラクターの標準的な幅、そういった文体や形式の慣例をすべて確立してしまったのである。

これに続けてバラードは、近年の絵画や音楽などに見られる「思弁的な傾向」が、「規格化しつつある」SFにも波及することに期待を寄せているが、このようにスペキュレイティヴ・フィクションが主張されるようになった背景には、テンプレ化した物語やキャラクター造形が「雑誌用SFの九割を占める」状況に対する、（数少ない）作家たちの危機感が存在していたというわけである。

それはデビュー以来山野浩一が抱いていたSFへの違和感とも重なるものであり、だからこそバラードを筆頭としたニューウェーヴSF作家に、山野は強く共鳴していた。

それでは、山野はスペキュレイティヴ・フィクションを具体的にどのようなものとして考えていたのか。

たとえば、「総括！　新しい波」（一九七二）という文章のなかで山野は、バラードやP.K.ディック、またはスタニスワフ・レムなどのニューウェーヴSFに共通する要素を、六項目に纏めて論じている。ここでそのすべてを見ていく余裕はないが、それによれば、「スペキュレイティヴ・フィクションのSF」にはまず「現代感覚とリアリティ」が求められるという。

つまり、「例え未来や架空世界を画くとしても」、それは「技術革新や社会統計によって算出された未来学的未来」などではなく、あくまで「作者の現代感覚から内的に生み出されたもの」（「総括！　新しい波」）でなければならない。だが、注目したいのは、そうした「未来」は必然的に「現代への寓意」として読むことができる点である。

なるほど、ジョージ・オーウェルの『一九八四年』などはその典型かもしれないが、ある種のユートピア（ディストピア）世界を描く際、その世界にリアリティを与えるには、作者が生きている現実への眼差しがまず問われるだろう。そうして出来する「架空の未来」は、私たちの世界を相対的に捉え返す、〝現実への批評〟とも言うべき役割を果たす。読者がスペキュレイティヴ・フィクションに求めるのは「作者の展望世界」だと山野は言うが、「SFこそ真の現代小説となりつつある」（同前）というのも、その意味において理解できる言葉だろう。

しかし、そのような世界を巧妙に作り上げたとしても、そこに生きる人々（登場人物）の描写がなおざりにされていれば、SFは「エンターテイメント小説」ではあっても、文学とはならない。山野は言う、だからスペキュレイティヴ・フィクションは「人間の小説」であるべきだと（同前）。すなわち、「未来世界を巨視的に眺めようと」する従来のSFにおいて無視されてきた、「テクノロジー文明」における「現代人の不安や焦燥」に目を向けること。そして、それを描くことがバラードの言う（「外宇宙」ではない）「内宇宙」への道に通じていると、ここでは述べられている。

そして、このような「思弁小説」を本格的に論じるために、山野浩一が着手したのが、「総括！ 新しい波」と同時期に開始された「小説世界の小説」（一九七三～八二）という連載評論だった。それはH・Gウェルズからスタニスワフ・レム、あるいはU・K・ル＝グウィンまでのユートピア文学の系譜を辿る試みであったが、重要なのは、ここで山野が「あえて「SF」と呼ばねばならない意図の問題」について、はじめに触れている点である。

確かにSFには先に述べたような逆向きの指向性が対立して存在し、私が述べようとするSF論に対して全く反したSFが常に存在し続ける。従って私の論理も一方でSFを礼賛しながら、一方で攻撃するという方法をとらざるを得ない。

（…）ただ、もし誰かが『お前は一体、SFを擁護しようとしているのか、破壊しようとしているのか』と尋ねれば、私は迷わず『擁護する』と答えるだろう。なぜなら、SFはその悪しき発展プロセスに於いてすら、様々な真実を暴露する役割を果たしてきたからである。

（「小説世界の小説」）

これまでSF（スペキュレイティヴ・フィクション）の意義を主張しながら、同時にSF（サイエンス・フィクション）を批判する姿勢を崩さなかった山野は、その矛盾した自身の立場を十分自覚していた。しかし、だとすれば「真実を暴露する役割」としてのSF特有の意義とは一体何だろうか。

たとえば、SF研究者のダルコ・スーヴィンは、大著『SFの変容──ある文学ジャンルの詩学と歴史』（原著一九七九）のなかで、他の文学ジャンルとSFを分ける定義として、「認識異化」（cognitive estrangement）という語を提案していた。

スーヴィンはすべての「散文文学」を〈自然主義的フィクション〉と〈異化的フィクション〉に区別した上で、後者にSFやファンタジー、また民話などを位置づける。「異化」とは言うまでもなく、日常世界の論理や法則を突き崩して転倒させるひとつの方法であるが、実際SFはそのような方法に基づいて「さかしまの世界」を構築してみせるだろう。

だが、それよりも重要なのは、SFの「認識」的側面である。スーヴィンは言う、「読者の正常なる世界にもどり、フィードバックするような機能がなければ（…）異化のジャンルとして機能をはたせない」（『SFの変容』）と。つまり、「認識異化の文学」としてのSFは、「異化」的という点でリアリズム文学と区別される一方で、作者（読者）の「経験的環境」への反映と考察、すなわち「認識」を齎す点で、ファンタジーや民話とも区別されると、ここで指摘されているのだ。

SFのリアリティは、「超自然環境と作者の経験環境とのあいだ」の「緊張」（同前）の度合いによって決定されるとして、スーヴィンは次のように書いている。

SF独特の存在様式のほうは、現実にフィードバックする、つまり虚構と現実とのあいだで往復運動が生ずる。SFのプロットや出来事を理解しようとするなら、まず、作者の現実規範や内包された読者の現実規範をひとまず忘れ、新たに物語によって実現した新事象のなかにどっぷりと漬かり、そのあと、新たに獲得されたパースペクティヴによって現実そのものを新鮮な目で見なおすべく、現実のほうに帰ってこなければならない。(同前)

スーヴィンのこの定義は、山野の言うスペキュレイティヴ・フィクションの特性を簡潔に言い当てているとともに、私たちがSFを読む際の心理の一端を突いているように思われる。

このような「往復運動」を通して開かれる小説世界は、山野にとって「町で出会った女の子との関係とかの次元でしか、ものをとらえていない」「私小説の伝統」から脱した——科学技術の世界に生きざるを得ない——「現代の人間ていうものを追求する文学」(「一番必要なものが無視されている」)として、やはりSFでしか表現できないものだった。

一九七八年、山野はサンリオSF文庫というレーベルの創刊に携わり、バラードやディックを筆頭としたスペキュレイティヴ・フィクションの作家を論じるだけではなく、その輸入・紹介にも注力するようになるが、創刊二周年を迎えた際に書かれた以下の言葉は、彼のSF観を端的に表すものとして重要である。

「編集顧問として、私はあくまで内容本位を貫き、時流に乗るよりも優れた作品、真に読者の求める作品を選んできた」と述べた後、山野はこう続けている。

これまでの作品で私が特に気に入っているのはT・M・ディッシュの「334」とケイト・ウィルヘルムの「クルーイストン実験」とスタニスワフ・レムの「枯草熱」です。いずれもジャンルSFの作家の作品ですが、内容は完全な現代小説で、しかも可能な未来を暗示し、現代の我々のアイデンティティを追求しています。それは我々自身の生き方と、現代社会のあり方に鋭く対位するものといえるでしょう。私は何よりもこうした作品を多くの人々に読んでもらい、シリアスに現代という科学技術の世界を考え直していただきたいと願っています。

(「サンリオSF文庫目録　一九八〇年夏」)

ここで特に注意すべきなのは、SFを通して「シリアスに現代という科学技術の世界を考え直していただきたい」というその「科学」の捉え方である。ある論考のなかで加藤優も指摘しているように(「サンリオSF文庫の小説世界——山野浩一のSF論とその実践」)、あまりにプラグマティックな「合理化」を旨とする科学観を、一面的だとしりぞける山野は、「思考を複雑化し多元化し、未知のものをより多く発見しようとする」、「スペキュレイションとしての科学」の側面を強調していた(「小説世界の小説」)。つまりそれは「科学」それ自体というより、「科学」を受容した際の人々の思考の変化や動揺、あるいは人間と「科学」の関係を慎重に捉え直すことで、「科学」の実態を、それを受け取る側の心理から観察する態度のことだと言い換えられるだろう。

先の加藤の論考では、ここで山野が評価している三作品をそれぞれ細かく分析しているが、それらはいずれも科学的な合理性や客観性の疑わしさに焦点を当て、「科学」の問い直しが主なテーマとなっている。スペキュレイティヴ・フィクションの作品にこのような特徴が見られるのだとすれば、それらのSFは「科学」を描きながら、同時にその限界を示すものである。「科学の限界」に自覚的であることが山野の言う「優れた作品」の条件であるならば、スペキュレイティヴ・フィクションに共通するものとは、言うなれば「科学哲学」の態度ではないだろうか。山野が批判したSF作家の多くが欠いていたのは、「科学」に対する批判意識であり、そうである限り、ユートピアの「未来」やテクノロジーの「進歩」は、彼らにとっては揺るぎない価値として賛美されるものになるだろう。

しかし、スペキュレイティヴ・フィクションとはひとことで言って、現実に対する内省を未来への想像力によって深めていくものである。それは小説世界に生きている個人（人間）を中心において、「科学」の多面性や限界を明らかにする、「科学哲学としてのSF」にほかならない。少なくとも、「未来学」的なSFを批判する山野にとって、SFの「真実を暴露する役割」、その可能性の中心とは、このようなものとしてあったと結論づけることができる。

4 「反SF」としてのSF——まとめに代えて

本稿の冒頭、私は自分とSFの出会いを簡単に振り返りながら、昨今のSFに感じている違和感についても併せて書き記しておいた。

その違和感とは何だろうか。繰り返しになるが、それは現状のSFをめぐる言説のほとんどが、進歩史観的な態度を前提にしているということである。そして、そうした態度の源流として考えられるのが、主に小松左京が提唱した「未来学」の思考である。

「SFプロトタイピング」や中国SFの祖先として「未来学」を位置づけ、同時代においてその唯一の批判者であったSF批評家の山野浩一を取り上げた本稿は、日本SFが看過してきたSF作家の「主体性」をめぐる山野の問題提起を受けて、未来志向的、または娯楽的なSFとは区別されるスペキュレイティヴ・フィクションの内実について、「認識異化」（ダルコ・スーヴィン）の作用や「科学哲学」の意識という点を踏まえて論じていった。そこで確認したのは、反未来的な、反進歩主義的な、あるいは反近代的ともいえる山野独特のSF観である。

言うなれば、「反SF」としてのSF——この非常にアンビバレントな態度を、デビューから一貫して、山野は持ち続けていた。彼自身がそのような矛盾に自覚的であったことは既に述べたが、それゆえにSF業界ではどうしても周辺的な存在（アウトサイダー）として扱われることも多かっただろう。だが、ここまでの議論を追えば分かる通り、その事実は裏返せば、SF小説の文学としての意義を真剣に考えた人間が、どれほど少なかったかということを暗に示している。大阪で二度目の万博を迎えようとしている現在において、山野の議論は今一度参照されるべきものであるはずだ。

稿を閉じるにあたって、最後に、山野浩一の人間性を表す感想をひとつ紹介しておきたいと思う。私が山野浩一というひとに敬意を抱くのは、そのSF観のみならず、こうした人となりへの信頼があるからだ。

以下は、山野の死後に追悼座談会に出席した小谷真理の言葉である。

山野さんといえば、わたし、親しくお話させていただくきっかけが介護でした。山野さんはご自身を昔革命家で今は介護をしているというふうにおっしゃられていたけど、どちらも人のためになることをする、という意味では一貫されていたのだと思います。
（『SFファンジン』第六二号）

二〇〇七年頃より妻の介護生活を始めた山野は、その一〇年後に自身が癌を患って逝去するまで、晩年のほとんどの時間を彼女のために費やしていた[7]（妻のみどり氏は山野逝去の翌年に他界した）。

小谷が「人のためになることをする」と述べた山野のこうした態度は、時代の趨勢に背を向け、「反SF」としてのSFという信条のみを貫いて言葉を残していた彼の批評活動と、切り離せない関係があると私は思っている。少なくとも私はこのような生き方に、理想の批評家の姿を重ねたい。

前田龍之祐（まえだ・りゅうのすけ）
一九九七年、東京都生まれ。日本大学芸術学部卒業。「「ユートピアの敗北」をめぐって——山野浩一「小説世界の小説」を読む」（『SFマガジン』二〇二〇年八月）で商業誌デビュー。その他の著作に、「近代とSF——スペキュレイティヴ・フィクション序説」（『江古田文学』二〇二二年四月）など。

1 なお、ここまで述べた「SFプロトタイピング」や中国SFと「未来学」の親和性については、岡和田晃「「未来学」批判としての「内宇宙」——山野浩一による『日本沈没』評からフェミニズム・ディストピアまで——（上）」（『季報　唯物論研究』第一六〇号、二〇二二年八月）を参考にした。
2 「山野浩一自筆年譜」（http://koichiyamano.blog.fc2.com/blog-entry-2.html）より
"http://koichiyamano.blog.fc2.com/blog-entry-2.html）より
3 「山野浩一自筆年譜」より。なお、ここでの「文化人」には三島由紀夫も含まれていた。「一SFファンのわがままな希望」（一九六三）という文章を『宇宙塵』に寄稿するなど、SFの熱心な読者だった三島は、SFを「将来最も怖るべきジャンルと考へて」いるとの私信（全集未収録）をデビューしたばかりの山野に送っていたという。また山野も自身の「恩師」として、安部公房とともに三島の名前を挙げていた。石川喬司「三島由紀夫とSF」（『ユリイカ　特集SF』一九八〇年四月号）、および山野浩一「アヴァンギャルドとSF——三島由紀夫と安部公房」（『國文學　解釈と教材の研究』一九七五年三月号）を参照。
4 匿名「宇宙塵一〇・一一月号月評」『宇宙塵』一九六五年一一月号。
5 山野浩一「読者欄への投稿」『宇宙塵』一九六六年二月号。
6 「山野浩一自筆年譜」より。
7 個人ブログ「山野浩一WORKS」（https://yamanoweb.exblog.jp/）を参照。

文献

山野浩一「NW-SF宣言」『季刊NW-SF』vol.1、一九七〇年七月
「THE HOME LIBRALY」『ほるぷ新聞』一九七一年二月二五日
「総括！　新しい波」『SFマガジン』一九七二年九月号
「小説世界の小説」『季刊NW-SF』vol.8、一九七三年一一月
「SFの新しい波をめぐって」『SF論叢』1号、一九七四年一〇月
「一番必要なものが無視されている」『技術と人間』一九八三年七月号
「日本SFの原点と指向」巽孝之編『日本SF論争史』勁草書房、二〇〇〇年
小平麻衣子／井原あや／尾崎名津子／徳永夏子編著『サンリオ出版大全——教養・メルヘン・SF文庫』慶応義塾大学出版会、二〇二四年
ダルコ・スーヴィン、大橋洋一訳『SFの変容——ある文学ジャンルの詩学と歴史』国文社、一九九一年
高橋良平「解説」山野浩一『鳥はいまどこを飛ぶか』創元SF文庫、二〇一一年
J・G・バラード、伊藤典夫訳「内宇宙への道はどれか?」『季刊NW-SF』vol.1、一九七〇年七月
樋口恭介『未来は予測するものではなく創造するものである——考える自由を取り戻すための〈SF思考〉』筑摩書房、二〇二一年
宮本道人監修・編著、難波優輝／大澤博隆編著『SFプロトタイピング——SFからイノベーションを生み出す新戦略』早川書房、二〇二一年
『SFファンジン』第六二号、二〇一八年七月
『現代思想』（総特集＝小松左京）一〇月臨時増刊号、青土社、二〇二一年九月

見ることのメカニズム——宮川淳の美術批評

YASUI MIHIRO
安井海洋

ブランショやバルトなどフランス現代思想を美術批評に紹介し、『鏡・空間・イマージュ』などを刊行するも、四四歳で早逝した批評家・宮川淳。彼は絵画の制度を問題にしながら、「見ること」自体をどのように問おうとしていたのか、荒川修作や横山奈美の作品をヒントに探求する。執筆者は、文学と美術を架橋する美術批評・近代文化史研究者の安井海洋。

1　はじめに

荒川修作とマドリン・ギンズは一九七〇年のヴェネツィア・ビエンナーレで「意味のメカニズム」と題される連作を発表する。以後いくたびかの改変、再制作、書籍化を通して、荒川とギンズは視覚で認知し得る空間をどこまで二次元平面上に置き換えられるかを問うた。こうしたコンセプトは、荒川個人の作品群である「図形絵画」シリーズにもまた共有されている（図1）。

視覚による認知と視覚の文法とは別のものである。後者は、経験や他者からの教授により後天的に習得される。たとえば、紙の上に二本の線が逆V字状に描かれているのを見て奥行きを感じるのは、それが過去の視覚表象の膨大な蓄積によって成り立つ一種の記号だからである。だが多くの晴眼者はこうした記号の学習を、幼少期の生育環境下でほぼ無意識のうちに済ませてしまうため、視覚の文法を純粋な視覚認知から切り離して説明することができない。このような視覚言語の体系化を、荒川は一連の作品を通じて試みていたのだといえる。

ところで、宮川淳（一九三三—一九七七）は視覚言語の体系化とその二次元表象への翻訳という荒川作品のコンセプトを、一九六〇年代の時点で把握していた。

それはそれとして、いま、ぼくにはつぎの事実の方がより象徴

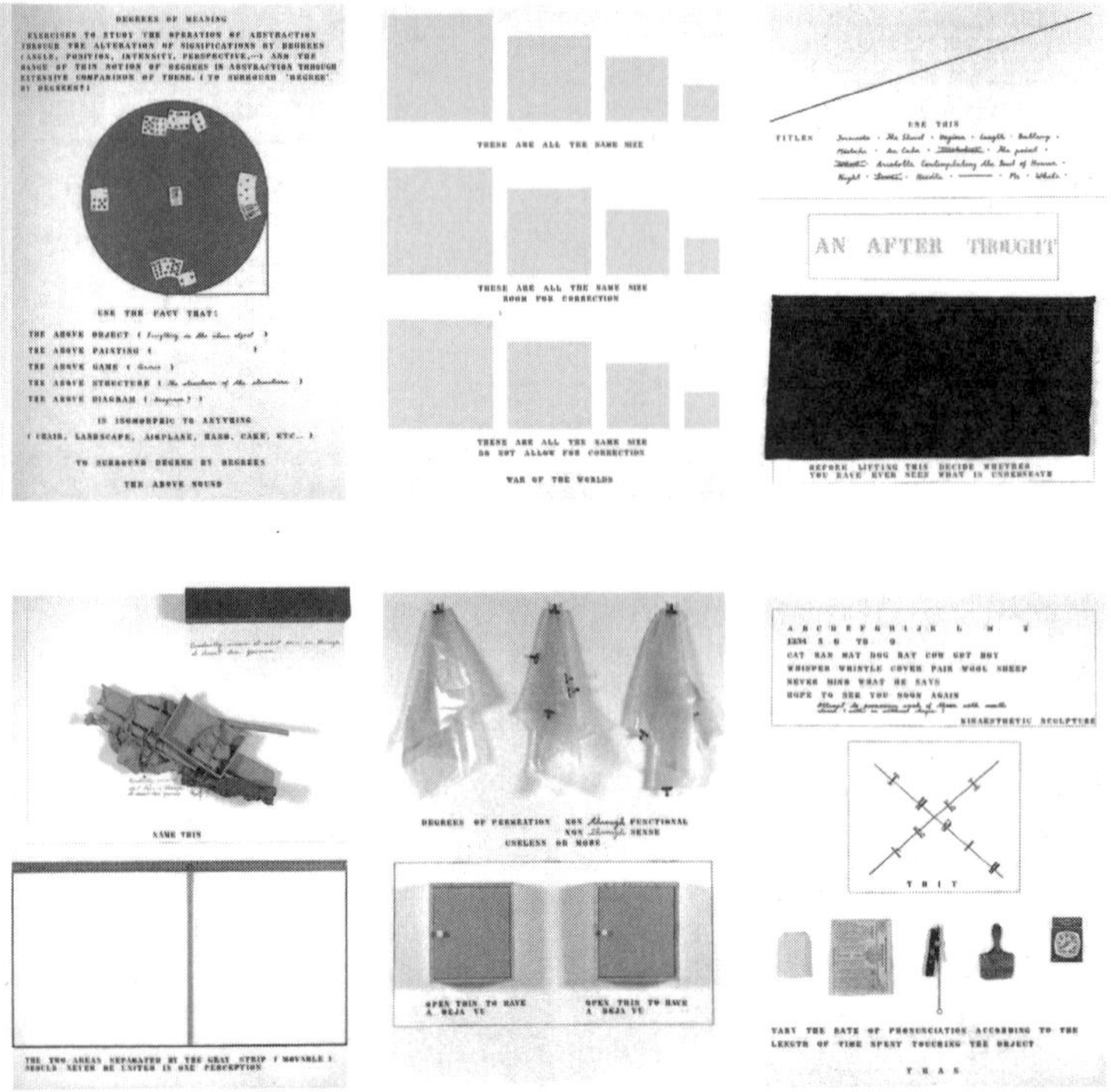

図1　荒川修作「意味のメカニズム No.5 意味の諸段階」ミクストメディア、1963/1988年、セゾン現代美術館蔵（東京国立近代美術館編『荒川修作の実験展——見る者がつくられる場』東京国立近代美術館、1991年より引用）

的に思える。絵画にイメージが戻るというよりは、むしろ絵画そのものが、ことば本来の意味でのイメージに戻りつつある、とでもいえるような傾向である。（…）たとえば荒川修作のイメージへの思考を軸とした作品が語っているのは、このようなわれわれの今日の情況にほかならないように思えるのである。（「絵画とその影」）

宮川は当時の荒川の絵画を「イメージへの思考を軸とした作品」と解釈する。つまり、イメージそのものを描くというよりも、イメージについての考察をその外側から捉える、メタ絵画として理解したのである。

宮川が他の同時代人よりも先駆けて荒川の試みに反応し得たのは、彼が「見ること」そのものを問うことに関心を抱いていたためだろう。荒川と通ずる思考を批評において実践していたのだといえる。宮川は、そうした思考のヒントをフランスの美術史研究から得ていた。

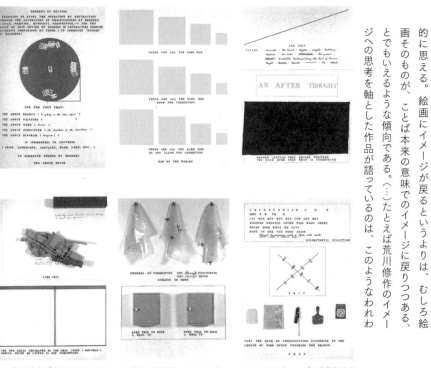

当時の美術史研究における制度論の普及は、一九六八年革命に至る反体制運動の機運と軌を一にしている。後述するように、制度論は従来自明とされてきた美術史観を、また時にはそれらの美術史が背景とする国民国家史観を相対化する。フランスの伝統的国民国家の政治に否を突き付けた事件のもとで、制度論は普及したのだといえる。

おそらく宮川は、こうしたフランスの情勢——同時に進行していたアメリカのベトナム反戦運動や、全共闘に見られる日本の新左翼運動も横目に見つつ——から、「見ること」を問うという自らの思想を形成していった。[2]以下では宮川淳が美術批評家としてどのような仕事をなしたかを、彼の遺したテクストから読み解いていく。

2　美術批評の役割

宮川淳は一九六〇年代から七〇年代にかけて活動した美術批評家である。一九三三年東京に生まれ、外交官である父親に随いて少年期の数年をモスクワとハルビンで過ごす。一九四五年八月、父親はハルビンに進駐したソ連軍に拉致されて消息を絶ち、残された母と淳たち兄弟は一九四六年日本に引き揚げた。東京大学の美術史科に進学してからは、阿部良雄、清水徹、豊崎光一らとフランス語文献の読書会を始める。一九六三年に「アンフォルメル以後」で『美術手帖』美術評論一席に入選したのち、『鏡・空間・イマージュ』（一九六七）など三冊の本を刊行したが、一九七七年に四四歳で没した。

図2　ヤン・ファン・エイク「受胎告知」油彩・カンヴァス（板より移植）、1434-1436 年、ワシントン・ナショナル・ギャラリー蔵（アンドリュー・W・メロン・コレクション）　https://www.nga.gov/collection/art-object-page.46.html

ここで、宮川が活動した一九六〇―七〇年代の絵画とその美術史的背景を簡単に記述しておきたい。付け加えておくと、日本の現代美術においては絵画のみが主要な表現の手法であるのではなく、むしろ傍流に置く見方のほうが多数派である。「現代美術とは何か」という問いはひとまず措き、[3]今回は扱う範囲を絵画に絞って、ここではこの表現ジャンルが戦後美術の時代に至るまでどのような変遷をたどってきたかを確認するにとどめる。

西洋の絵画史において、画家とはもともと職人に比せられる職業であり、依頼者の注文に応じて絵画を製作していた。漆喰に顔料で描くフレスコ画や、一四世紀後半以降にネーデルラントから広まった油彩画によって、依頼者の肖像、もしくは聖書や神話などの一場面を描いた。こうした主題絵画は一九世紀まで絵画表現の主流を占める。教会が権力を握る時代なら聖書の場面が頻繁に採用され、世俗の権力が強まればそれ以外の神話や文学も描かれるわけだが、人気のある場面はおのずから決まってくる。その伝統とどの程度距離をとるか、また手垢のついた主題をどのように斬新な構図と色彩で描くかが、画家の手腕の見せ所であった（図2）。

主題絵画は一九世紀に徐々に衰退していく。イギリスの産業革命、フランスの市民革命にともなう市民階層の進出により、絵画のモチーフも市民の生活に寄り添って、ボートや海水浴、鉄道、労働の現場などが描かれるようになるのである。

そしてもうひとつ、マチエールの前景化が絵画の大きな変化として現れる。フランスのドラクロワを筆頭に、マネ、セザンヌなど、絵筆の痕跡や絵具の盛り上がりをあえて強調して画面に残す絵画が登場しはじめた。ルーベンス、レンブラント、フランス・ハルスなど、それ以前の時代にも筆跡を強調する画家がいないではなかったが、多くは筆跡を隠して平滑な絵肌を演出している。これに対して一九世紀以降には、制作の痕跡をモチーフの表現と組み合わせる絵画が出現する（図3）。

図3　エドゥアール・マネ「街の歌手」油彩・カンヴァス、1862 年、ボストン美術館蔵
https://collections.mfa.org/objects/33971

変化の理由は複数考えられるが、写真の普及が一因にあることは間違いないだろう。写真以前の絵画は、表面を平滑にすることで、イメージに支持体と絵具という媒体があることを忘却させ、現実を伝達する透明な装置であろうとした。しかし現実の伝達者の位置を写真にとってかわられてから、絵画は表象と現実のズレを強調し、絵具の物質性を自らの表現に取り込むようになる。

二〇世紀になると、キュビスム、フォーヴィスム、シュルレアリスムなどに並行して、この傾向をいっそう推進したものが現れる。具体的なモチーフを描くことさえやめ、ただ色彩とマチエールの組み合わせだけで構成されるようになるのである。現在では一般に抽象画と呼ばれるそれらの絵画は、ジャクソン・ポロックを筆頭とする第二次世界大戦後のアメリカにおける抽象表現主義や、フランスのアンフォルメルなどに代表される。宮川淳の活動した一九六〇年代の日本は、こうした欧米の新たな動向を受け止め、咀嚼している最中であった（図4）。

ところで、批評とはジャーナリズムである（このことは美術批評に限った話ではなく、文芸批評なども同様である）。ヨーロッパでは産業革命期以後の出版流通量の増大にともない、文筆によって生活の資を得られる者が増えた。ディドロ（一七一三―一七八四）は最初期の美術批評の一形態であるサロン評を多数残しているが、[6] 印刷物に作品を掲載できる文学と異なり、サロンでの美術展は現地に行かなければ見ることができない。サロン評の役割は、遠く離れた地の読者に展覧会のもようを伝えることであり、そこに著者の評価が加わりもした。読者は批評のテクストを通して現在の美術の動向を把握し、かつ見巧者としての批評家から絵の見方を学んだのである。[7]

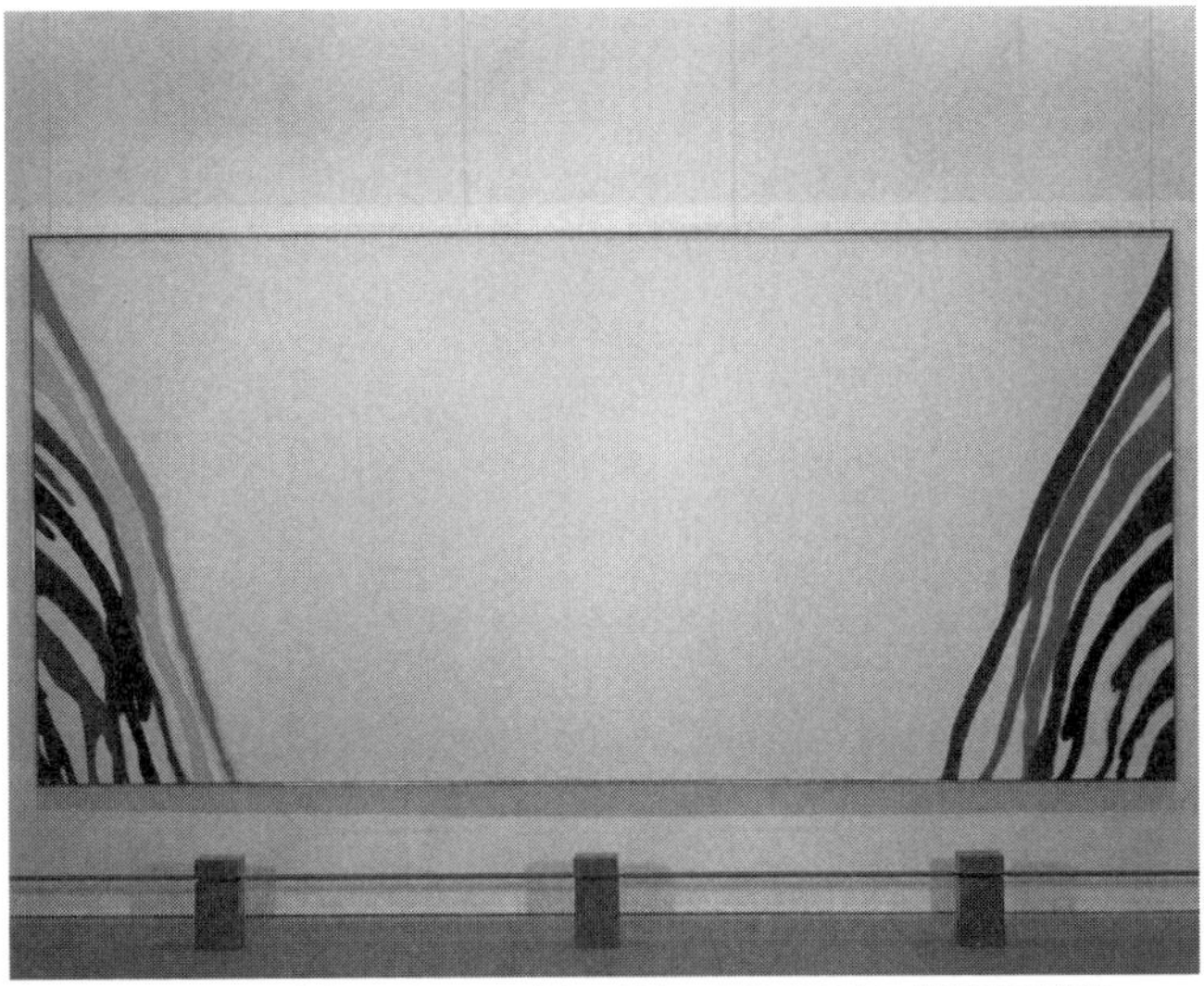

図4　モーリス・ルイス「デルタ・ミュー」アクリル・画布、1960-1961 年、愛知県美術館蔵
https://jmapps.ne.jp/apmoa/det.html?data_id=10103

　複製メディアがもっぱら活版印刷に依拠していた一八世紀フランスと、写真、ラジオ、テレビのある戦後日本とでは情報環境はまるで異なるが、それでも批評の根本的な役割は変わらない。批評家は展覧会をまわって同時代の美術の動向を伝え、またそれとは対極的に自らの言葉で美術シーンを牽引しようともする。実践と批評は常にこのような緊張関係にあり、どちらか一方では成り立たない（あるいはそうした関係を理想とする）。

　しかし宮川の仕事はこうした立場とは異なる。出世作の「アンフォルメル以後」から一貫して、彼の立場は批評というものが何をとらえようとしているのかを考察する、いわば批評の批評にあった。そのため同世代の美術批評家たち、たとえば針生一郎、中原佑介、東野芳明らの現況に接近したジャーナリスティックな書きぶりとはおのずから異なってくる。宮川にそのような視点をもたらしたのは、フランスの同時代状況から看取した、美術とその背後にある歴史総体への不信であった。

3　美術史研究への批判とフランス一九六八年革命

　四四歳で夭折した宮川は、晩年にフランス文学研究者の阿部良雄（一九三二―二〇〇七）と書簡を交わしている。死後『美術史とその言説』（一九七八）に収録されたこの往復書簡で、二人はこれまでの自分たちの仕事を振り返りつつ、その背景にあった状況を整理して語っている。その中で阿部は、一九六〇年代末頃に宮川から美術史研究における制度論について聞かされたことを回顧する。

〈近代絵画史〉なるものが一つの言説として捉えられるべきであるということを君から初めてきいたのはもう六、七年前のことと記憶する。今度の手紙で、君が現代フランスの何人かの哲学者に特に興味をもって彼らの問題意識に君の問題意識を重ね合せてきたことと、他方、君の美術史への興味というよりはむしろ興味の不在との接点をはっきり示してくれたのは、われわれにとってたいへん有難いことだった。ただし、そういう言説的実践の分析にもいろんな方法があり得て、哲学的ないし思弁的な水準での分析も可能ならば、個々のテクストの意味論的な分析も可能だし、また、そうした言説を成り立たせる基盤の歴史的・社会的ないし制度論的分析も可能であるはずだ。(…)現代社会における美術の位置付けという問題に対する制度論的なアプローチがフランスでも真剣な研究と思弁の領域に入ってきたのは言うまでもなく〈一九六八年五月〉からで、絵画市場研究の大著を書いたレーモンド・ムーランのような純社会学系統の人だけではなくて、美術史ないし哲学の畑できちんとした仕事をしていた人々が思いつきにとどまらない分析をいろいろ試みているのは、もっと注目されていいと思う。

制度論とは現在では制度史と呼ばれる美術史研究の手法のひとつにあたる。その目的は、美術というジャンルや既存の美術史の成り立ちを、その周辺をとりまく言説の分析を通して解明することにある。ここでいう言説という言葉の指す範囲は、新聞雑誌等の文献に書かれた言葉のみならず、論者によっては宮廷や美術館、政策、行為まで含まれる。

現在の美術館で名作として衆目を集める作品は、はじめから名作だったわけではない。時の為政者やパトロンの権力、同時代の批評や後年の研究、性、人種などの要因が絡み合い、重層的に決定されるのである。制度史研究はこの複雑な絡み合いを解きほぐし、なぜその作品が名作とされるに至ったのかを明らかにする。[8]

ただし、宮川が一九六八年のフランス美術史研究界に制度論の高まりを見出していたものの、それが日本に本格的に取り入れられたのは一九八〇年代後半のことである。しかもそれは宮川とは別の方向からの現象——欧米の歴史学における言語論的転回のインパクトを日本の人文学諸分野が受け止めたこと——に起因していた。[9]このため、現在の日本近代美術史学における主流のひとつである制度史と、宮川が一九六〇年代にメイヤー・シャピロらの著作を通して把握した制度論とは論点が異なる。『眼の神殿』(一九八九)で制度史研究の口火を切った北澤憲昭は、宮川の論が社会背景の考察に欠き、観念的な理念にとどまっていると批判する。抽象的な議論に終始するのではなく、作品と現実の政治との関係を具体的に論じるべきだとするのである(『美術の日本近現代史』)。

確かに北澤の提唱した制度史の方法は、日本の美術史研究に諸言説の検討を持ち込んだ点で画期的だった。しかし、あたかも作品と文脈とを画然と区別し得るかのように論じたことで、作品そのものに対する考察を幾分か等閑視したという事実は否めない。一方、宮川は作品それ自体もまた制度として捉える。

絵画をinstitutionに関する事柄というとき、美術団体や展覧会がすぐ想い出されるかもしれない。しかし、それらは単にinstitutionの実体化した部分にすぎない。それよりも前に、絵画はイメージ、この不在の実在の危険な魅惑の魔除けとして、したがって人間のイメージへの欲望のinstitutionalisation（制度化）として成立したのではないのか。（「絵画とその影」）

このように、宮川は絵画を「イメージへの欲望の制度化」と見なす。別のところでも、「イメージとは根源的にわれわれの〈見ること〉そのものの自己形象化」と記す通り、宮川は美術を「見ること」をかたちにする営みだと言っている。[10]

この見方に立てば、第二節で示したような絵画表現の変遷もまた絵画の自律性というゴールから遡及してつくられた、ひとつの歴史観にすぎない。宮川はこうも記す。「神話的・歴史的・文学的絵画から絵画のための絵画、純粋造形へ、という近代絵画史の予定調和的な進化論、あるいはほとんど神学的なテレオロジーへの疑問がここ数年来のぼくたちの共通の問題意識であった」。[11]

事実、こうした純粋造形史観の系譜に位置づけられるクレメント・グリーンバーグのモダニズム論は、冷戦期における社会主義リアリズム美術の普及を喰い止めるための防波堤として書かれた。アメリカの批評家や美術家らは、西側のイデオロギーを堅持するために、ポロックを筆頭とする抽象絵画を称揚したのである。

美術史と美術批評が単に様式への注目にとどまるのなら、それらは畢竟様式の交替劇を傍観した記述にすぎない。様式の追跡に飽き足らなかった宮川は、そこからさらに踏み込んで「見ること」の内実の変遷に目を向けるのである。[12]

宮川がこうした「見ること」への問いから発して荒川修作を評価していたことは、冒頭で述べたとおりである。ジャーナリズムから一歩退いていた宮川のテクストに同時代の日本の美術家への言及は少なく、触れたとしてもほんの数回にとどまる。そのなかで荒川だけが例外的に繰り返し言及されている。宮川が荒川を高く評価するのは、彼の「意味のメカニズム」や「図形絵画」のシリーズが、まさに「見ること」自体を形象化した作品であるためにほかならない。

荒川とギンズがヘレン・ケラーに関心を抱き、三鷹天命反転住宅（二〇〇五年竣工）にその名を寄せたこともまた、「見ること」の問い直しと通じている。この住宅は、あえて不自由な運動を強いることで、居住者に生きることを意識させる仕掛けになっている。また、荒川が亡き宮川にオマージュを捧げた個展「宮川淳へ」（一九九〇）では、絵画とその手前の傾斜台からなる作品を発表している。この作品で荒川は、一九六九年の宮川による荒川論に呼応するかのように（「絵を見ることへの問い」）、絵画の手前にある空間そのものを問題化し、「見ること」とはイメージではなく空間にあると示す。その活動において「死なないこと」を一貫して標榜し続けた荒川の思索は、宮川が「見ること」を自明とせず自らに問い続けたことと通じ合うといえよう。

4　光を示す——横山奈美の絵画と見ること

ここまで、宮川淳の思想の背景をなす制度論について述べてきた。では、仮に現在の美術にこの「見ること」を見出そうとするなら、どのような批評が可能だろうか。三次元空間から二次元平面への翻訳の仕組みを解明しようとした荒川修作の試みに、宮川は反応したのであった。ここではあえて「見ること」の意味を広くとり、より感覚的な領域に適用してみたい。

ここでは横山奈美のネオンシリーズを考察の対象とする。高橋由一（一八二八—一八九四）に発し岸田劉生（一八九一—一九二九）に受け継がれる日本の油彩画のマテリアリズムに連なる横山は、骨、もやし、トイレットペーパーの芯といったモチーフを題材に、卓上の静物を描いてきた。静物画の系統に位置する本シリーズを発展させて、横山は文字などを象ったネオン管を発注し、その現物を前にして油彩画に描くようになる。描かれたネオンはきわめて写実的である。だが、光を写実的に描くとはどういうことか。

晴眼者には自明のことだが、光は眼球に入っても目に見えない。物の表面に反射して眼に入った光は網膜上に物の像を結ぶが、光源から発された光そのものは、網膜に刺激を与えこそすれ、具体的なかたちになることはない。眼は光そのものを捉えられないのである。それゆえ画家たちは光を線や色彩などさまざまな形態を用いて——たとえば太陽光や聖人の発する光背を記号化することで——表象しようとした。[13] ただしそうした試みはあくまで記号化の範囲にとどまり、光自体を写したことにはならない。横山も光そのものを描いているわけではない。二〇一八年のケンジタキギャラリー名古屋での個展「自立」には、ネオン管を支える背後の骨格に光が強く反射する絵画と、鈍く反射する絵画とがあった。工業製品であるネオン管は、光を際立たせるために、普通はガラス管の裏面に反射止めの塗料を塗る。このことに制作中に気づいた横山は、その次から反射止めの加工をしないよう業者に頼んだという（図5・6）。

もし横山が見せたいものがネオン光だけであるならば、このように骨格の存在を強調するような注文をわざわざすることはない。とすれば、横山はネオン管を支える骨格やそれを乗せる木の台までをも眼に映じるままに描こうとしているのだといえよう。他方、もし単に骨格の存在を強調したいだけなら、加工をやめるよう業者に注文せずとも、自らの想像に基づいてそのように描画できるはずである。横山がそうしないのは、現実を直写することにこだわるためである。

横山は、光源としてのネオン光は白色の絵具で描くというごく一般的な記号表現で処理する一方で、そこに光があるという事実に関しては、ネオンの発光を骨格と台が反射するのを描くことによって示唆するにとどめている。神を直視し得ない人間が他の代替物によって神の存在を指し示したように、横山もまた光を描くのではなく示している。

技法に関しても同様のことが言える。横山は薄い絵具層を数十層重ねている。[14] ただし実際の作品を前にすると、前景にあるネオン光よりも、後景にある骨格や壁のほうが重ねた層が多いことに気がつく。人間の眼球は暗部よりも明部を前面に迫り出したものと認識するのだが、横山の物質としての絵画はこのイリュージョンとは逆に、光そのものではなく光の周囲にある物体のほうがこちら側に迫ってくるのである。このことをとっても、横山がネオン光よりもそれを照り返す物体の描出のほうに重きを置いていることがわかる。

　このように、横山はネオンを描くことを通じて、イメージとは何かを問う。ダン・フレイヴィンやブルース・ナウマンなど、ネオンをモチーフとした現代美術は枚挙に暇がないが、横山はあえて油彩画という伝統的なジャンルを採用することで、光を見ることの困難を俎上に載せる。

図5　横山奈美「Square」油彩・麻布、2018 年（モチーフの反射止め塗料あり）

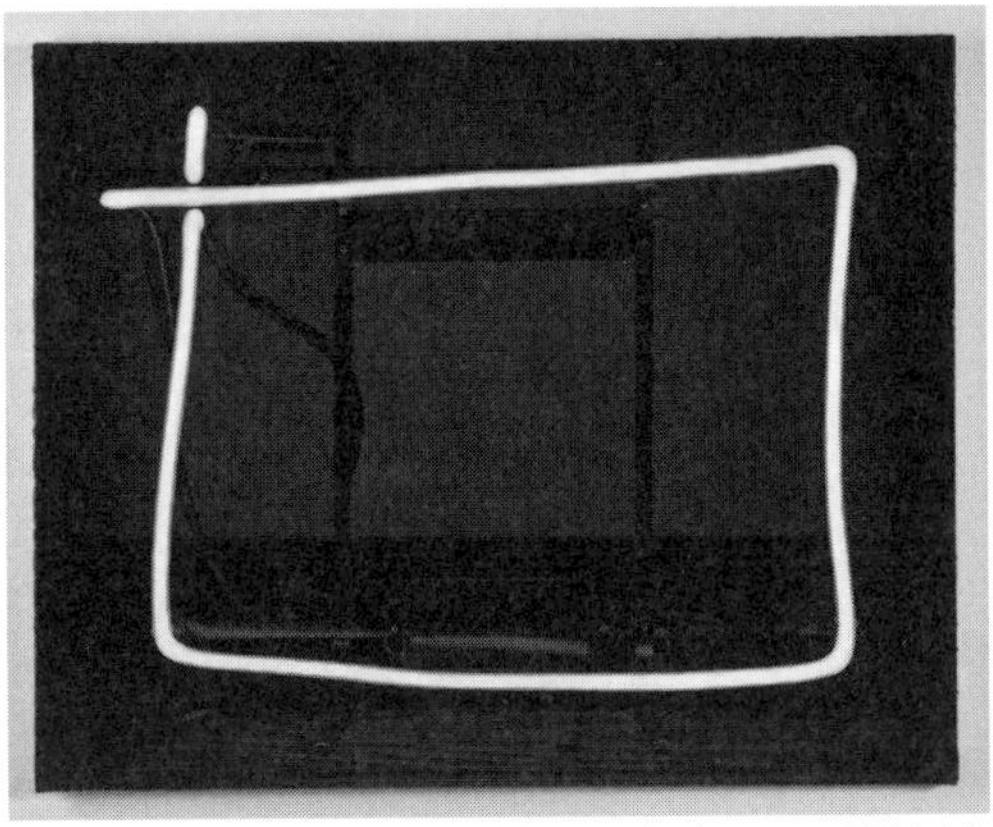

図6　横山奈美「Window」油彩・麻布、2017 年（モチーフの反射止め塗料なし）

　ところで、光の反射の描出を通じて、横山は「光は間接的に観測することが可能である」といったようなオプティミスティックな結論に着地しているのではない。むしろ光が見えないにもかかわらず、否応なく目に飛び込んできてしまうことの矛盾を捉えようとするのである。

　そのことは、宮川の思想のもうひとつのルーツであるモーリス・ブランショ（一九〇七―二〇〇三）のテクストを経由することで判明する。『鏡・空間・イマージュ』その他の著作で一九六〇年代の宮川が繰り返す「見ないことの不可能性」というフレーズは、ブランショの『文学空間』からの引用である。この言葉が眼球にガラスを押し当てられる体験（を描いたブランショの小説）から発していることからも分かるように、「見ないことの不可能性」とは、見ることを禁止しつつも誘惑するというイメージの二重性を表している。

　人は自らの眼球では光が見えないと知っているにもかかわらず、光から目を逸らすことができない。絵画の歴史のなかで人びとがかくも執拗に光を描こうとしてきたのは、光の直視を禁じられながらもなおそれを見ることに魅惑されてきたからである。光を記号化して描いても、あるいは現代の光学技術で光を可視的な信号に置き換えたとしても、それは「見た」ことにはならない。光を描いた絵画とは、イメージを「見ないことの不可能性」に憑かれた人びとの歴史なのである。横山は、このようなイメージと人間の歴史の末端に連なっている。

5　おわりに

フランスの美術史研究における制度論と、その背景をなす一九六八年革命における既成の歴史観への拒否に影響を受けて、宮川淳は「見ること」の思想に到達した。「見ること」とは歴史的な営為であり、そのことを考察するには絵画というジャンルがふさわしかった。それゆえ彼は、同時代の美術批評に批判的な立場を取りながらも、美術批評という回路そのものは放棄しなかったのである。

「見ること」そのものを思考の対象とする問題意識は、ブランショのイメージ論にも由来する。「見ないことの不可能性」という言葉は、禁止しつつも魅惑するという、近代社会が忘却していたイメージの古い姿を想起させる。宮川はかつてのイメージに立ち戻ることで、絵画制作の根源的なありようを見つめようとしたのではないか。この問いかけは今なお美術批評における意義を失っていない。

一九七〇年代に「見ること」の意味を提唱した宮川は、それを批評において実践する前に没した。それゆえ宮川の作品論は決して多くはない。だからこそ我々は、彼のテクストがもたらすものを汲み、自らに問いかけながら、一枚の絵画を前にして立ち尽くす時間を受け止めねばならない。

安井海洋（やすい・みひろ）
一九九一年生まれ、愛知県在住。書物史研究、美術批評。専門は明治期の複製技術に見る美術と文学。また、美術（＝オブジェクト）と言語（＝概念）を架橋する試みとして美術批評を執筆。主な著作に、「書物の自然主義――新潮社刊徳田秋聲『黴』の判型と本文レイアウト」（『文学・語学』二三九号、二〇二三）、「『方寸』の「創作的版画」――明治四〇年代における版画概念」（『版画学会誌』五一号、二〇二三）、「敗北の絵画――鈴木雅明 Follow the Reflections」（『Follow the Reflections: Suzuki Masaaki』Tezukayama Gallery, 二〇二四）など。

1　森田恒之、藤井真希、須貝旭「荒川修作／M・ギンズ著『意味のメカニズム』を読む（一）」『愛知県立芸術大学紀要』四一号、二〇一一年。

1　一九六〇年代の宮川がサルトルのイメージ論を批判し、「再現」ではなく「似ていること」としてのイメージを掲げたことについては、絓秀実「詩的言語の革命と反革命」『増補　革命的な、あまりに革命的な――「1968年の革命」史論』（ちくま学芸文庫、二〇一八）を参照。絓は宮川のテクストがブランショのエクリチュール論に淵源するとしているが、以下で論じるようにそこにはフランス美術史研究からの影響もあった。

3　社会と美術の関連性という観点から現代美術の動向を記述した著作に、山本浩貴『現代美術史――欧米、日本、トランスナショナル』（中央公論新社、二〇一九）がある。ただし、著者も記すように、現代美術とは多元性を有するジャンルである。よって同書は現代美術の定義を述べてはいない。

4　ただし作品によっては、たとえ現状の画面が平滑だとしても、制作当時は筆触がより強調されていた可能性がある。画布を木枠に張り直す際、画布にストレッチをかけるために原状よりも表面が平滑になってしまうことがあるためである。

5　一九世紀に簇出した人間の認知の仕組みを利用する玩具・見世物や、その背景にある認知科学の進展が視覚に与えた影響については、ジョナサン・クレーリー『観察者の系譜』（遠藤知巳訳、以文社、一九九七）を参照。

6　ただし、ディドロのサロン評が掲載された『文芸通信』は遠方の貴顕にのみ送付される手書きの冊子なので、購読者数はごく限られていた。小澤晃「グリム、メステール『文芸通信』とレチフ・ド・ラ・ブルトンヌ」（『鹿児島大学文科報告』二三号、一九八八）を参照。サロン評が critique としての内実をともなうには、一九世紀におけるボードレールの登場を待たねばならない。

7　日本語による批評の祖型を近世の評判記に求めることについては、野口武彦「評判記から批評へ」『日本近代批評のアングル』（青土社、一九九二）を参照。

8 たとえばメイヤー・シャピロ「スーラ」（一九五八年初出）における、建設途中のエッフェル塔とスーラの色彩との相関についての指摘を参照。『モダン・アート』二見史郎訳、みすず書房、一九八四年。

9 「言語論的転回」の定義は分野や論者によって異なるため統一するのが難しいが、「言語は自律的な存在であり、特定の実在を反映するものではないという所説」とひとまず言うことができる。小田中直樹「言語論的転回と歴史学」『史学雑誌』一〇九巻九号、二〇〇〇年。

10 マーティン・ジェイ「近代性における複数の「視の制度」」（ハル・フォスター編『視覚論』榑沼範久訳、平凡社、二〇〇七）など、一九八〇年代に欧米の美術史研究で表面化した「視の制度」を論じる問題系を宮川が先取りしていたことについては、岡田温司「宮川淳再訪」（『水声通信』一二号、二〇〇六）を参照。ただし岡田は、宮川の思想が一九六〇年代フランス美術史研究の制度論に影響を受けていたことについては言及していない。

11 「美術史とその言説をめぐる阿部良雄との往復書簡」宮川発言。『宮川淳著作集』三巻、美術出版社、一九八一年。なお、絵画表現もまた政治であり、社会との相互浸透の関係にあるということを、宮川と阿部はボードレールのサロン評から学んでいる。

12 同時代美術の様式の変遷を追跡し、明快なキャッチフレーズでそれらの動向に名を与える東野芳明（一九三〇―二〇〇五）の批評のスタイルは、宮川の立場と対立する。宮川の「アンフォルメル以後」や「反芸術――その日常性への下降」（『美術手帖』一九六四年四月）はそうした批評の状況に対する批判として書かれた。

13 西洋絵画史における光の描き方については、ヴォルフガング・シェーネ『絵画に現れた光について』（下村耕史訳、中央公論美術出版、二〇〇九）を参照。

14 油彩画法のひとつであるグレーズは、絵具層の上からさらに透明な絵具で薄く塗ることをいう（あるいはこの薄い層そのものを指す）。光が透明な層を通過し、下の層から反射して眼に入ることで、一層では出すことのできない深みが出る。レンブラントの活躍した一七世紀になると、油絵具はマヨネーズ程の粘性が出せるようになり、厚塗りが可能となったが、ヤン・ファン・エイクなど一五世紀のネーデルラント絵画ではまだ厚塗りができず、グレーズを何層も重ねることで描いていた。森田恒之監修『絵画表現のしくみ』（美術出版社、二〇〇〇）を参照。横山の画法はこの初期ネーデルラント絵画のものに近いが、重ねる絵具層の数は一般的なものよりはるかに多い。

文献

宮川淳「絵画とその影」『眼』六号、一九六五年一一月（『宮川淳著作集』第一巻所収、美術出版社、一九八〇年）

「絵を見ることへの問い――〈陳述〉と〈反陳述〉との交差」『宮川淳著作集』第一巻、美術出版社、一九八〇年

宮川淳、阿部良雄「美術史とその言説をめぐる阿部良雄との往復書簡」『宮川淳著作集』第三巻、美術出版社、一九八一年

北澤憲昭、佐藤道信、森仁史編『美術の日本近現代史――制度・言説・造型』東京美術、二〇一四年

モーリス・ブランショ、粟津則雄／出口裕弘訳「本質的孤独」「想像上のものの二つの解釈」『文学空間』現代思潮社、一九六二年

「孤児」よ、「痛み」をうめいて叫べ
――『鬼滅の刃』と木村敏における自己と時間の再生

SUMINO TOUKA
角野桃花

精神病理学の第一人者であり、人間関係の「あいだ」を探る古典的著作『自己・あいだ・時間』等で独自の哲学・人間学を展開した精神科医・木村敏。今回は木村の理論を応用して漫画『鬼滅の刃』を読み解き、「キャラ」や「成熟」と対決しながら、現代社会を生きる「痛み」を掘り下げる。執筆者は、本稿がデビュー作の批評家・角野桃花。

KIMURA BIN

1 現代における「成熟」の不可能性と木村敏の再生

生まれてこのかた、「痛み」で叫ぼうとする口を塞がれている気がした。

私の口を塞いでいたのは、私自身の「キャラ」だ。この「痛み」を誰かに知ってほしいと他者に手を伸ばそうとするなら、人間関係を円滑に進めるとかいう「キャラ」が私にまとわりつく。傷つくかもしれないから、あるいは傷つけてしまうかもしれないから、そしてそんなのは非効率だから、「痛み」をあらわにしてはいけない緊張感のもとで笑って脂汗を流しながら、固定された「キャラ」の手触りを言葉で確かめるのを繰り返す。

そうやって生きる中で、私は自分の時間が停滞している感覚に陥った。斎藤環が『キャラクター精神分析』(二〇一四)で論じたように、「キャラ」は人間関係におけるコミュニケーションを通じて何度も言葉で確認されることによって固定される。つまり、「キャラ」からはあらゆる変化の機会が奪われている。そして、斎藤が定義したように「キャラ」は時間的、空間的な差異を問わずに、これとあれは同じだと伝える記号なのだ(同前)。

それゆえ、「キャラ」を使う人間関係においては、変化しない〝いま〟の景色が私の前に茫漠と広がり、まろびでた自分の臓器を引きずって歩くように「痛み」をひとりで抱えて数十年の余生をどうにかしのいで生きていかないといけないという絶望があった。固定された「キャラ」に支配された人間関係、他者がいなくても効率的に個人の感情を充たせる物語に溢れた世界や、その流れに乗れる人達を横目に、他者との共感を求めずにはいられなかった。成長しない「キャラ」と共に永遠に「痛い」まま、ひとりぼっちで外側だけ年老いていきたくなどなかった。

そのような存在にとって、江藤淳の論じた「成熟」というテーマは救世主のように見えた。どうやら「成熟」することは「治者」になることらしかった。すべてを受け入れる母性の領域で守られる個人が社会に踏み出し、他者と遭遇し、そして社会と守るべき他者に責任を持つ「治者」になることが「成熟」なのだと。そして、私は「成熟」が可能なら、この「痛み」も過去のものになり、私の感じる時間の停滞も解決できるのではないかと思った。

しかし、それも蓋を開けたら幻想だった。提唱者の江藤淳からこれまで、大塚英志、杉田俊介など多くの論者が「成熟」について語っているが、柄谷行人などの例外を除いて多くは「成熟」が不可能だと自覚し嘆きつつ、社会への自らの姿勢、責任の取り方を考えて苦しんでいた。

たとえば、大塚英志は『江藤淳と少女フェミニズム的戦後――サブカルチャー文学論序章』(二〇〇一)で、「大文字の歴史」と自己の間に生じる「軋み」の中で求められた仮構を江藤は否定しなかったと述べ、他者と出会う「公共」という場を生むように論壇の「成熟」を促す。そこから二〇年の時を経て、杉田俊介は『ジャパニメーションの成熟と喪失――宮崎駿とその子どもたち』(二〇二一)で、主体的な責任を負わずに狭い自己世界に没入し、「成熟」できなかった男性を「オトナコドモ」と呼び、彼らができうる新しい「成熟」の仕方を提示した。それは「大人」や「父」として、過去の歴史や伝統を受け継ぎつつ、批判も承知の上で、社会システムに抗って若者や子ども達に思想、制度や態度を示す道だ。それがぎりぎり可能な責任の取り方だと。

このように、「成熟」が成立しないことを前提とする傾向は時代を下るほど強くなる。よく考えてみればそれも当然だった。「成熟」の議論では個人を取り囲んで他者と隔絶させるのは母性だとされた。だが、実際に今の私を閉じ込めるのは「キャラ」だった。「痛み」はこれほどリアルなのに「キャラ」が私を取り囲むために世界に他者の気配はなかった。

いやむしろ、「成熟」への執着は、「キャラ」による時間の停滞や失われた時間感覚を回復したいという願望に由来するのではないか。人が時間の影響を受けない「キャラ」に頼って生きるならば、時間感覚が薄れるのは必然だ。時間が流れる感覚、かけがえのない現在という一点の感覚を取り戻そうと「成熟」の理論を手放せずにいるのではないか。

ここで私は絶望を断ち切る挑戦をしたいと思う。「成熟」が不可能ということはその理論が生きていないということだ。「成熟」の理論での「父」や「母」に属さず、そして「父」にもなれない娘の立場だから、その閉塞を切り裂けるのではないか。「成熟」とは異なった「大人のなりかた」や新しい主体のあり方を提示できるのではないか。

そして、「キャラ」という呪いを切り裂く可能性を見出だせたのが木村敏(一九三一―二〇二一)の理論だった。

2 木村敏の理論と「キャラ」の時代

木村敏は精神科医としての臨床経験に基づき、鬱病患者や統合失調症患者などの症例を起点に人間存在について現象学的な哲学探究を行った人物である。

時間のあり方とは自己のあり方であるとする木村は『自己・あいだ・時間』(二〇〇六)で、統合失調症と鬱病患者の臨床経験に基づき、自己のあり方を論じているが、双方が持つ異なる時間感覚と他者との関わり方の二つに着目している。

木村によると、まず統合失調症患者は、他者のいる世界でいかに自己を確立させるかに関心があり、常に未来を先取りする未来志向的な時間感覚を持つという。木村はこれを「アンテ・フェストゥム」つまり「前夜祭」的な時間感覚と名付けた。

その一方で、鬱病患者は人間関係において積み上げてきた自分の固定的な役割、つまり役割アイデンティティを維持することを重要視する。それを崩壊させてしまったとき、取り返しがつかないという「後の祭り」のような時間感覚、つまり「ポスト・フェストゥム」的な時間感覚を持つ、と木村は論じる。

このように木村は、自己にとって生々しく感じられる「いま」という絶対的な一点が存在し、それが近接未来へ跳躍していくのを可能にするような、そうした「いま」の前後にある「以後」と「以前」の観念を時間感覚とする。未来のとある一点に向かって直線的に伸び、自動的に流れ落ちていくものとしては時間を捉えていない。

そして、己にとって絶対的な「いま」という時間の一点が近接未来へ跳躍していくのを可能にするのは、非自己との遭遇による自己の生成の繰り返しだと述べる。それはつまり、自己が自己であるためには、非自己との遭遇が必要不可欠だということだ。「人は自分ひとりだけで「自己」であることはできない」のである(『分裂病と他者』)。

その非自己と遭遇する場として、木村は自他未分化の領域である自己と他者との「あいだ」を挙げている。他者との関係において、つまり「あいだ」において、自己は自己自身になる。そこで非自己を意識しないうちは次のような未分化の状態となり、時間感覚を持てない。

> 自己がまだ他者を抵抗として意識していないときには、世界は等質で透明な持続の底に沈んだままである。この状態では自己はまだ自己自身の存在にも気づいていない。(同前)

ところが、反省的自己意識によって何かしらの対象が非自己として意識された途端、自己は収斂点としてのノエマ的自己——何かを自己と同一だと認識できる拠り所となる自己(同前)——に立ち返る。それはつまり、今まで生きてきた記憶に一貫性と固有性が与えられた主体と認識される自己のことである。木村の言葉でいうと「有限な身体、有限な意識によって限定された有限な個別的自己」（『自己・あいだ・時間』）のことだ。

非自己と遭遇するたびにノエマ的自己という一点に立ち返る、それを反復的に繰り返す運動とノエマ的自己は弁証法的関係にある。この反復運動によって都度立ち上がる、自他未分化の根源的な自発性が自己として限定されたものを木村はノエシス的自己（所記的自己）――つまりまさにこの「いま」、なにかしらの感情を抱いている自己意識――とする。そして、この動的な弁証法的関係そのものが自己の正体だと木村は述べる。

繰り返しになるが、この関係は自己自身の内部では完結しない。「自己自身の外部、自己と自己ならざるものとのあいだにおいて成立する」のだ（『分裂病と他者』）。そして、この動きを絶えず繰り返すことこそ時間の原形式であると木村は指摘する。言い換えるなら、これがなければ人間は「以後」と「以前」の観念を持てない。

「いま」の瞬間における他者や事物との出会いにおいて、「つぎ」の動きを読むことによって「これまで」の自己の同一性を維持するという営みの中でのみ、時間が生まれ、歴史が成立する。（同前）

また、木村はノエシス的自己が自己として認識される以前の自発性、つまり自他が未分離の純粋な自発性を「ノエシス的自発性」とし、次のようにも述べる。

ノエシス的自発性はみずからの産出するノエマ的自己によって触発されて、ノエシス的自己として自己自身を限定するが、この差異の自己限定が根源的な時間を生み出す原構造ともなる。われわれにとって時間というようなものがそもそも可能になるのは、われわれの存在がこのようにして差異の自己限定という構造をもっているからである。（『自己・あいだ・時間』）

つまり、時間は非自己――自己との「差異」としての他者、あるいは時として客体的自己――があってこそ成立する。

しかし、鬱病の兆しが見られる前鬱病者は多くの場合、社交的な印象を与えるものの、彼らにとって他者とは、遭遇することで自己規定の運動を生み出す存在ではないと木村は述べる。前鬱病者にとって他者は自己の役割アイデンティティの構成要素にすぎず、統合失調症患者より自閉の傾向が強い。

この他者はけっして病者の自己世界から独立して考えられる共同世界的な個人としての他者ではなく、むしろ病者の自己世界のなかで重要な位置を占めている人物、いいかえれば、病者の自己世界を構成しているもろもろの意味関連のうち、とくに重きをなしているひとつの意味対象であるにすぎない。（同前）

はっきり言えば、前鬱病者にとって他者はどのような生を生きる人間であるかは重要ではない。他者は前鬱病者自身の役割アイデンティティを成立させるための存在にすぎず、交換可能なレベルまで物象化された役割でのみ認識され、彼らの世界に取り込まれる。

このように木村敏が述べた前鬱病者の性質は「キャラ」の持つ性質と極めて似通っている。「キャラ」は時間の流れを許さない。人間関係において、特に若者は「いじられキャラ」、「おたくキャラ」、「天然キャラ」といった「キャラ」を演じ分け、他者との円滑なコミュニケーションを図る（『キャラクター精神分析』）。その「キャラ」はコミュニケーションを通じて何度も記述されることで確認され、固定される。変化の機会は奪われており、維持されるのは再帰的な同一性のみだ。これは他者を自己の役割アイデンティティの構成要素としてのみ見る前鬱病性格の特徴と合致する。

さらに、「キャラ」の大きな特徴である、人間関係における相互記述で維持される点も、次の前鬱病性格の記述によってしっかりと捉えられている。木村の述べた前鬱病性格の中に「キャラ」の問題を見て取れる。

> 自己の役割が役割的に出会われた他者の存在を通じて補強され支持されるという、相互肯定的、相互依存的関係であり、しかも、この「肯定の肯定」という相互性は、役割的自己の側のみから一方的に設定された仮想的相互性であるにすぎない。（同前）

そして、「キャラ」の持つ記述可能性や同一性の維持機能は、木村が述べたノエマ的自己（能記的自己）の特徴と合致する。前鬱病性格の役割アイデンティティによる自己規定とは、ノエマ的自己に自己が占拠されることでもあった。

この相互記述による自己規定が、時間の起源からかけ離れているのは言うまでもない。「キャラ」の支配する世界で他者は非自己として立ち上がることはなく、役割アイデンティティを補強するために己が所有する対象でしかない。「キャラ」は社交しながらも自閉し、のっぺりとした時空を生きる存在なのだ。

この社交性と自閉傾向が両立する矛盾について、前鬱病者の分析を通じて木村は次のように述べていた。

> 役割交換は、もちろん共同体の共通項に十分な顧慮を払うことを前提としなければ成立しない。或る意味では彼らの「自己」すらも、そういった「共通項」の性格を帯びて外化されている。共有の時間と無縁な自己自身の時熟といえるようなものを、彼らは持ちえない（同前）

このように、「キャラ」を使う生き方と前鬱病者の自己アイデンティティのあり方はほぼ同一と言っても過言ではない。その二つの違いは、「キャラ」は主体がいつでもそれになることができるものである一方、前鬱病者の自己アイデンティティは自由に選べるものではない、ということだけだ。この違いによって「キャラ」は病的なものではなく、主体がそれになることで「本当の自分」を守り、人間関係の苦痛を排除するための記号たりうる。

だがその「キャラ」を「キャラ」たらしめる条件が崩れたとき、「キャラ」は前鬱病者の自己アイデンティティのあり方と全く同一になり、病的なものへと変化する。そして、その条件を崩壊させる契機こそ

「痛み」なのだ。

　土井隆義の『キャラ化する／される子どもたち』(二〇〇九)での詳細な「キャラ」の定義を見てみよう。土井は「キャラ」を人間関係における「外キャラ」と対自における「内キャラ」の二つに分類し、対他的場面において人間関係の潤滑剤の役割を担うのが「外キャラ」、対自的場面において「誰が誰でも構わない」という存在論的な不安をぬぐうための不変の拠り所としての役割を負うのが「内キャラ」としている(同前)。

　つまり、以下のことが言える。「外キャラ」は人間関係における苦痛を排除する。「内キャラ」は確固たる自分がないままに、自分の輪郭が曖昧になるような何だって構わないという相対主義にさらされる不安を取り除く。

　では、逆に「なんでよりにもよって自分が」という、自分の輪郭がはっきりする固有性を帯びた「痛み」を経験したとき、「キャラ」によって生きる人間はどうなるだろう。土井が同著内で指摘するように、自分の絶対な拠り所としてトラウマを求める人が多いことを踏まえると、「内キャラ」としてその経験が固着してしまうことは容易に想像できる。いわば「不幸キャラ」である。

　この状態に陥った人間はどうなるか。彼らの感じる「痛み」ですらも言語化によって「不幸キャラ」というノエマ的自己の強化に使われてしまう。もちろん、「外キャラ」のために非自己と遭遇しないので、木村が定義した自己規定の反復運動そのものとしての自己は生成されない。「キャラ」というノエマ的自己単体では時間感覚が生まれない以上、ずっと「痛み」が現在のまま、過去のものにすることもできずに生きていく。前鬱病者が役割アイデンティティにだけ頼って社会で生きていたのと同じように、病的な「キャラ」でしか他者と関わりを持てなくなるのだ。

　そして、この「キャラ」の問題を整理することで「成熟」が不可能である理由が明白になる。江藤淳が『成熟と喪失』(一九六七)で「生きつづけるためには、人は何らかの「役割」を引受けなければならない」と述べたように、「成熟」の理論では「父」や「母」、守るべき存在などと人間は役割的に区分される。「成熟」の理論は、役割アイデンティティの維持を重要視する。それは、木村が鬱病患者に特徴的であると述べた特性だ。だから、江藤をはじめとした論者たちは「成熟」は不可能だと知っているからこそ取り返しがつかない「ポスト・フェストゥム」的な感覚を本当は持っていながら、時間感覚を取り戻そうと「成熟」する方法を探している。江藤淳の「成熟」は役割アイデンティティという記号によって成り立つ空間と親和性が高いから「キャラ」に対抗できなかったのだ。

　だが、役割アイデンティティ、ノエマ的自己だけではなく、自己によって「いま」がただ生きられるノエシス的自己も自己のあり方に必要だとする木村の理論なら、時間の停滞を打破する可能性がある。木村による時間と自己のあり方の理論を現代において再生できたなら、「キャラ」が自己を覆い尽くす世界で止まった時間を壊せると私は思った。「痛み」でうずくまる私を「成熟」とは別の方法で前に押し出してくれる――大人にしてくれる。

　木村の述べた自他未分化の「あいだ」から「痛み」を己のものとして拾い上げられるなら「キャラ」の世界から抜け出せる。その生き方を描いた作品が『鬼滅の刃』だった。今、『鬼滅の刃』を通し、「成熟」の理論が目標とする、社会で責任を取る主体ではなく、隣に生きる他者を生々しく感じて躍動する時間を生きる自己になりたい。母性ではなく「キャラ」という卵の殻を破って生まれ出ることで。

その方法とは、「成熟」を前提に回復して乗り越えるべきものとして据えられるトラウマとは異なり、今まさに感じている「痛み」によって絶対的で刹那的なこの一瞬を駆動するものだ。

3　『鬼滅の刃』における「痛み」とうめき声

吾峠呼世晴作の『鬼滅の刃』は、主人公の竈門炭治郎が鬼にされた妹を人間に戻すため、仲間の鬼殺隊と共に敵である鬼を倒す物語だ。

『鬼滅の刃』の鬼は圧倒的な身体能力で人間を襲って喰う一方で、かつては人間だった存在だ。この鬼こそ、私が抜け出すべき「キャラ」を具現化した存在である。鬼を最も特徴づけるのは不老不死という性質だ。鬼は人間ならば致命傷でも瞬く間に治癒できる。そして、鬼が自身の傷を治す表情からは痛みは感じ取れず、麻痺している様子がうかがえる。

さらに、鬼のほとんどは壮絶な過去を持つが、彼らはその記憶を忘却している。第一〇巻の第八一話で堕姫が「昔のことなんか覚えちゃいないわ　アタシは今鬼なんだから関係ないわよ」と開き直った通りだ。

それなのに鬼は、痛ましい過去に起因する暴力を繰り返す。猗窩座は大切な人たちを妬む者たちによって彼らを毒という卑怯な手で殺され、彼らを守れなかった自責の念により、弱者は卑怯で見ているだけで虫酸が走ると言って強さをひたすら求めていく。何も与えられずに取り立てられ続けた妓夫太郎と堕姫は、幸せな他人を許さず報復していく。

鬼は傷ついてもすぐに治癒でき、過去に居直り、永遠の時間を不変の状態で麻痺したまま生きる。不幸だった過去に由来する暴力だけを重ねていく。この様は、他者との遭遇で傷つくこともなく、時間が止まった「キャラ」、特に「不幸キャラ」の特性を捉えている。彼らの「なんでよりにもよって自分が」という凄惨な「痛み」の経験は彼らを鬼、つまり「キャラ」として固着させる。彼らがたとえ戦闘で傷を受けても、一瞬にして回復してみせることで人間に対する優位を誇れる——「不幸キャラ」の強化ができる。

その一方で、鬼とは対照的に人間は脆く、その人間が生きる刹那的な時間性が強調される。それは第八巻の第六三話で、鬼殺隊の隊士である煉獄杏寿郎（※「煉獄」の表記は『鬼滅の刃』内での表記にならう。以降同様）が猗窩座の「お前も鬼にならないか」という誘いを断るときに言った印象的なセリフ——「老いることも死ぬことも　人間という儚い生き物の美しさだ　老いるからこそ死ぬからこそ堪らなく愛おしく尊いのだ」——からよくわかる。

この時間感覚は、木村の時間感覚——絶対的な一点の「いま」を前提とした「以後」と「以前」の観念——と重なる。たとえば『鬼滅の刃』第七巻の第五七話、人間に強制的に夢を見せる術を持つ鬼の魘夢との戦い。魘夢の攻撃で炭治郎達は眠らされるが、炭治郎は失われた家族団欒の夢を見る。途中でそれが夢だと気づいた炭治郎は「ここに居たいなあ　ずっと　振り返って戻りたいなあ　本当ならずっとこうして暮らせていたはずなんだ　ここで」とありえたかもしれない世界にしがみつく姿勢を見せる。

しかし、彼は「でももう俺は失った!!　戻ることはできない!!」（図1）と夢を振り切る。そして、彼は魘夢が見せる夢からの覚醒方法に気づく。それは夢の中で己の首を切り落とし、自害することだった。魘夢に昏倒させられ夢の世界に行くたび、炭治郎はそこで何度も自害をして現実に戻って戦い続ける。取り戻せない過去やありえたかもしれない世界線に執着するのではなく、それらを振り切って現実においてこの己が知覚できる一瞬を生きねばならないという時間感覚が描かれる。

図1　『鬼滅の刃』第 7 巻第 57 話 95 頁

もちろん、『鬼滅の刃』は「成熟」のテーマをしりぞけている。作中で「治者」になることの不可能性を描いているからだ。

そもそも、鬼殺隊の隊士は親を亡くしたか、親に捨てられたかで文字通りの孤児として描写されることが多い。たとえ親がいても機能していないことが多い。たとえば、飲んだくれで寝ているばかりの煉獄杏寿郎の父親。かつて彼は鬼殺隊の中枢の「柱」であり、熱心に自分の子ども達に剣術を教えて導いていた「父」という「治者」だった。しかし、彼は何もできない自分に打ちのめされて鬼殺隊を突然やめてしまう。受け継いできた歴代の「炎柱」の手記も破き、剣術の指導もやめた。だが、息子の煉獄杏寿郎は三巻しかない「炎の呼吸の〝指南書〟」を一人で読み込んで鍛錬を続け、鬼殺隊の中枢である「柱」になったのだ。

何より、主人公の炭治郎は鬼に家族を殺されても、その復讐を果たすことより、妹を人間に戻すため、そして自分と同じような目に遭う人をなくすために戦っていた。炭治郎は親に置き去りにされた意識も持たなければ、親を乗り越えようという意識も持っていない。

このように『鬼滅の刃』はたった一人で「父」でも「母」でもない「大人」になろうとする子どもを描いている。『鬼滅の刃』は「父」や「母」が重大なモチーフとなる「成熟」というテーマを突き放す。「成熟」という幻影を傍目に、彼らは「父」や「母」、ひいては社会から遠く離れた場所で、自分たちなりの「大人のなりかた」を模索している。それこそ、時間の流れを許さない「キャラ」の世界から生まれ出て、すぐ隣にいる他者に手を伸ばし、刹那的で絶対的なこの一点という時間感覚を取り戻すことだ。このような子どもを「孤児」と呼ばずに何と呼べばいいのだろうか。

非自己との遭遇によって時間の原形式が生まれ、同時に唯一無二の一点である自己が生成される木村の理論と、木村と同じ時間感覚を実践する『鬼滅の刃』という作品から、「キャラ」によって他者に手を伸ばす術を奪われ、「成熟」も選べない者が止まった時間を破る生き方を見て取ることができないか。

前に述べた通り、その「孤児」が戦うのは鬼だ。鬼は他者と遭遇して傷つくこともなく、時間の原形式も生まない「キャラ」そのものと言えた。

その鬼は自らの不老不死性を、作品を通して人間に対し勝ち誇る。だが、鬼に対して煉獄杏寿郎が「老いることも死ぬことも　人間という儚い生き物の美しさだ　老いるからこそ死ぬからこそ堪らなく愛おしく尊いのだ」(図2)と言ったように、「孤児」は「キャラ」をしりぞける。そして、その「孤児」は、鬼とは対照的に「痛み」にもだえる存在である。同時に、失われた身体機能や命が戻らない苛烈な不可逆性を生きる。戦いの中で「孤児」は「痛み」を感じればうめき声を繰り返しあげる。これは一見、鬼と比べたときの人間の弱さを強調するための描写に思える。だが、私はこの描写に着目したい。それはつまり、「痛み」とうめき声が「キャラ」の世界を破る契機になるのではないか、ということだ。

図2 『鬼滅の刃』第8巻第63話36頁

「キャラ」の厄介なところは記述可能性だ。言葉や語りは「キャラ」の強化に使われかねない。そして、能記的なノエマ的自己によって自己が覆いつくされるあり方をしていると、何か外界に触発されても瞬く間に言葉で記号化されてしまう。それが「キャラ」による生き方だ。

では、言葉が「キャラ」という記号に還元されるなら、言葉を使わない回路を見出すしかない。だが、言葉を使わずに他者と遭遇する手立てを「キャラ」の世界で確立するのは難しい。

しかし、その運命から逃れる方法がある。それは言語化される前に言葉にならない声で「痛み」をうめいて表出することだ。「痛み」は言語を介さずに身体に突き刺さる。そして、自他の境目がない世界では「痛み」が感じられないように、「痛み」は非自己があってこそ成立するものだ。「痛み」は唯一残された他者との遭遇のサインである。

そして、木村の定義した自己のあり方を回復するために、「キャラ」で覆われた自己が経験した「痛み」を過去のものとして位置づけるには、感じたその痛みが「キャラ」の隘路に陥って記号として回収される前に、「痛い」とうめき声を上げるしかない。そのために、嬉しいとか悲しいとか言葉にされうる感情以前の情動、ノエシス的自発性に立ち返るのだ。ほぼ死に絶えた自己規定と時間の回路を生き返らせるのには、痛いときのうめき声しか活路がない。

たとえば鬼殺隊の「柱」のひとりである時透無一郎は、第一四巻の第一二一話の戦闘中に血みどろになっている最中、鬼に双子の兄を殺され、自分も殺されかけた凄惨な過去を振り返ったあと以下のように心でつぶやく(図3)。

お館様の仰った通りだ　〝確固たる自分〟があれば　両の足を力一杯　踏ん張れる　自分が何者なのかわかれば　迷いも　戸

惑いも　焦燥も　消え失せ　振り下ろされる刃から　逃れられ
る鬼はいない

「痛み」でうめくことで彼は「確固たる自分」を取り戻している。これは凄惨な過去を思い出したとも捉えられるが、無一郎はこの痛ましい経験を経て、定期的に記憶を失っている描写がされているのが重要だ。記憶が積み上がらないのは、ノエマ的自己が更新されていない、つまりノエマ的自己への反復運動がされていないということだ。この戦いで「確固たる自分」も記憶のつながりも取り戻した無一郎は、「痛み」によるうめきで自己と時間を回復できたと言える。

無一郎は「あの煮え滾る怒りを思い出せ」と、ノエシス的自発性としての「痛み」をノエシス的自己として認識する、「痛み」を自分の「怒り」と認められるようになる。また、以下のように、第一巻の第一

図3　『鬼滅の刃』第14巻第121話107頁

話で鬼の被害に遭ったばかりの炭治郎に冨岡義勇が言ったセリフでも「怒り」について「原動力になる」と言っていた。

怒れ　許せないという強く純粋な怒りは　手足を動かすための
揺るぎない原動力になる　脆弱な覚悟では　妹を守ることも治
すことも　家族の仇を討つこともできない

このセリフが示唆するのは、「痛み」を叫ぶことで時間を駆動させて「大人になる」可能性にほかならない。

4　「孤児」よ、「痛み」をうめいて叫べ

今回の論考では、「成熟」にこだわる大人から遠く離れた場所で「孤児」がとりうる「大人のなりかた」、つまり「成熟」の理論が成立しなくなり、「キャラ」によって時間が停止した世界において自己を取り戻し、己にとっての時間を動かす方法を論じた。

「キャラ」が台頭する現代、しんとした他者の気配がない構造のなかで、「成熟」することができない世界で、「孤児」は「痛み」によってうめいている。そうやって過去を振り切り、かけがえのない一点である「いま」をなんとかして生きようとしている。そして、これは定量的なものとして時間を捉えず、自己のあり方に時間のあり方を見出す木村敏の理論を『鬼滅の刃』を通じて再生することでしか発見されえなかった生き方だ。「孤児」はそのうめきによって、非自己という存在を自覚し、それによってノエマ的自己への反復運動とノエシス

的自己を蘇らせる。これが「成熟」が不可能な世界で発見された「孤児」たちの「大人のなりかた」だ。

ただ、『鬼滅の刃』では最終的に鬼を討伐することはできたものの、数多くの隊士が若くして亡くなっている、つまり「大人になれていない」という指摘もあるだろう。しかし、「痛み」を叫ぶキャラクターの死を苛烈に描くことで、虚構の世界に没入して生きてはならないと『鬼滅の刃』は読者を現実の世界へ押し戻し、あくまでもそこで「大人になる」ように語りかけている。

たとえば、第一六巻、第一三七話で鬼殺隊の当主である産屋敷が鬼の始祖である無惨に対し「この千年間　鬼殺隊は無くならなかった　可哀想な子供たちは大勢死んだが　決して無くならなかった」と語っている。このセリフが示唆するのは、作中のキャラクターたちは死んでも『鬼滅の刃』において鬼として具現している「キャラ」から抜け出す「大人のなりかた」は無効にならないということではないか。いや、むしろ彼らが死ぬからこそ、絶対的な一点である「いま」を生きるその生き方が作中において際立つのではないか。

だから、この「キャラ」の世界に生きる「孤児」たちよ、この瞬間に自分が生きる世界で「痛み」でうめいて叫びちらせ。己の体が言葉で凍り付き、その手に血が通わなくなる前に、静まり返った己の世界に裂け目を入れる産声を上げろ。

文献

木村敏『自己・あいだ・時間――現象学的精神病理学』ちくま学芸文庫、二〇〇六年
　『分裂病と他者』ちくま学芸文庫、二〇〇七年
江藤淳『成熟と喪失――〝母〟の崩壊』講談社文芸文庫、一九九三年
大塚英志『江藤淳と少女フェミニズム的戦後――サブカルチャー文学論序章』筑摩書房、二〇〇一年
斎藤環『キャラクター精神分析――マンガ・文学・日本人』ちくま文庫、二〇一四年
杉田俊介『ジャパニメーションの成熟と喪失――宮崎駿とその子どもたち』大月書店、二〇二一年
土井隆義『キャラ化する／される子どもたち――排除型社会における新たな人間像』岩波ブックレット、二〇〇九年

角野桃花（すみの・とうか）
一九九六年生まれ。東京大学教養学部卒業。2021すばるクリティーク賞最終候補（「サブカルチャーの〈娘〉とその〈母〉と〈父〉――『キルラキル』を通じて」）。第六五回群像新人評論賞最終候補（「「ママ」をもう一度人間にするために――『約束のネバーランド』と『かか』において」）。X（旧 twitter）：@taohuasumino

失われた世界への旅先案内人——山口昌男と出会い直す

古木獠
FURUKI RYO

中沢新一や上野千鶴子の師に当たり、その後ニューアカの潮流の中でデビューしてゆく論客たちの影響源であった山口昌男。文化人類学者の山口は何を「批評」のシーンにもたらし、どのような知の「場所」を模索しようとしていたのか。『近代体操』創刊号にて、山口昌男と親密な交際を有した大江健三郎の作品を参照しながら、「悪場所」の政治思想を論じた近代体操同人であり、憲法学を専門とする古木獠が論じる。

YAMAGUCHI
MASAO

1 知の集団旅行

旅、何処へ？自分が属する日常生活的現実のルールが通用しない世界へ、自ら一つ一つ道標を打ち樹《た》てて地図を作成しつつ進まなければ迷いのうちに果ててしまう知の末踏の地《ノーマンズ・ランド》へ、書の世界へ？自らを隠すことに知の技術の大半を投じている秘教の世界へ、己れが継承した知的技術を破産させるような知識で満ちているような知の領域へ、である。（「もう一つのルネサンス」）

このまえ、熊野は新宮へ行った。批評のための運動体『近代体操』の同人である松田樹、森脇透青、そして哲学、文学、芸術、政治にかかわる人らとの、中上健次の足跡を辿る旅だった。中上が描いてきた故郷の土地をめぐり、いまや「消えた」被差別部落の「路地」という場所《トポス》について考え、また市民グループ「『大逆事件』の犠牲者を顕彰する会」が運営する「熊野・新宮『大逆事件』資料室」で話を伺い、中上も関心を寄せてそれを中心に据えて小説を書いてみたいと言っていた「大逆事件」について考えたのであった。[1]

このような旅をして、知識人と旅というようなことをふと思った。むかし知識人はよく旅へ出た。それも狭いサークルに閉じず、こうした哲学、文学、演劇、音楽、映画、建築などさまざまな分野の者たちが集まって旅をしていたのである。

八〇年代には、学際的で自由なスタイルで、既存のアカデミズムの枠を越えマス・メディアでも展開された思想的なムーブメントとして、ニュー・アカデミズムのブームがあった。それより前に、その「ニューアカ」期を準備したとされる「プレ・ニューアカ期」の世代がいた。[2]ニューアカ・ブームは、浅田彰の『構造と力』（一九八三）や中沢新一『チベットのモーツァルト』（一九八四）がベストセラーになったところから始まり、その後多くのスター知識人が出てきた。先行世代の人々もニューアカ・ブームで注目を浴びるのであるが、その一人が山口昌男（一九三一—二〇一三）である。

その当時に活躍した人たちは、今も思想界・論壇でよく知られた名であり続けているとは思う。多くの人に大きな影響を与えた、これらの人のこれこれという著作があると。しかし、そんなことよりも重要であるのは、知のムーブメントが高まりつつあった先行世代のプレ・ニューアカ期にはシーンがあったということだ。真に問題意識を共有する「集団」があった。そして、その中心に山口はいた。考えてみたいのは、今は**失われた知のシーン**についてである。そして、それをいかに取り戻すことができるかだ。

岩波書店の雑誌『世界』での鼎談をきっかけに、月一でのさまざまな分野の知識人の会合「例の会」が一九七六年に始まり、それと前後してスタートしていた「都市の会」から、叢書「文化の現在」という論集が編まれ、その延長上でプレ・ニューアカ期の代表的な雑誌『へるめす』が創刊されることになる。[3]よく知られていることであるが、「例の会」のメンバーの有志は、一九七九年にともにバリ島へ行っている。バリ島へ旅行した山口をはじめ、作家の井上ひさし、大江健三郎、文学者の清水徹、高橋康也、渡辺守章、哲学者の中村雄二郎、建築家の原広司、映画監督の吉田喜重らは、作曲家の武満徹を加えて、『世界』誌上でジャカルタを経てバリへというインドネシア旅行を振り返りつつ、その地の文化と芸能についての座談会を行なっている（「神々の島バリ」）。ジャワやバリ島の地理的環境と寺院や遺跡などの関係についてや、影絵芝居、民族芝居、ガムラン音楽、踊りなどについて語り合われるのだが、それらのなべて観光化されていても観光化し切ることのできない深い文化的な次元から、あるいはその土地の生活全体から考察がなされている。このような議論は、地理や建築だけであったり、また演劇だけ、音楽だけ、踊りだけを見ていては汲み尽くせないものだ。こうしたことが可能であったのは、彼らがそれぞれの分野での第一人者であるだけではなく、普段からの日常感覚と地続きでバリにひとっ飛びし消費的に観光するのではなく、古都ジョグジャカルタを経て長い時間をかけてその土地、その文化を、それぞれの知識を交わしながら総体的に理解しようと試みていたからであろう。

論壇雑誌では毎回「現代的」なテーマで特集が組まれており、果てはSNSでも日々そうしたトピックが湧き上がっては消えているわけであるが、それぞれのトピックがたしかに重要で取り組むべきものであっても、それらは私たちの暮らす世界の中で適切な場所を与えられていない。それらと私たちの生活全体とのつながりが見えづらくなっている。同じ雑誌を読んでいて、前の号と現在の号、次の号とのつながりがまったくないように思えるのは、そうした問題の誌面への反映だろう。

次々に出されるトピックに対してその都度「正解」を見つけていく知的潮流は、あたかもチャート式で政治家ないし政党を選ぶトレンドに似たところがある。改憲、安全保障、平和、入管法改正、環境問題、婚姻制度、ジェンダー問題、天皇制、政治資金問題、増税、労働問題――これには賛成か？　反対か？　と答えていくと、○○党があなたの意見に最も近いです、と教えてもらえる。そこには個々の問題の間の有機的なつながりが存在しない。こうした個々の問題のそれぞれを、私たちの暮らす世界の中で総合的に捉えるのでなければ、提起された問題は次々に流れていくばかりである。このような趨勢に抗して、**ばらばらにある事象を私たちにとって有意味に紡ぎ直すための舞台《シーン》**が必要なのだ。

　バリ島の文化を総体的に理解しようとした山口らの専門分化されない豊かな集まりは、そのようなシーンとして見ることができる。この「失われた知のシーン」を取り戻すことが必要ではないだろうか。

　山口が、その歴史人類学三部作の掉尾を飾る『内田魯庵山脈』（二〇〇一）において、内田魯庵というもはや世間から忘れ去られた明治大正の文学者を拾い上げて、彼とその周辺の人々のネットワーク、知の水脈を掘り起こすことで意図したのは、「教科書的な意味での日本の近代とやや外れたところに存在した知の原郷というものを訪ねあてること」であった。山口は魯庵が生きた世界に「**我々の時代には全く見失われてしまっているもう一つの世界**」を見たのである（『内田魯庵山脈』強調引用者）。

　いま私たちは、山口昌男とその周辺を読み直すことでもきっと、失われてしまったもう一つの世界を見ることができるだろう。このように失われた世界を発見すること自体が、それを取り戻す方法であると思われるのだが、後で述べるようにそうした営為をも私は批評と呼びたい。

　失われた世界、知のシーンをいかに取り戻すことができるか。それを考えるに当たり、彼らの旅の続きを行くつもりで、まずは山口昌男の周辺から出発することにしよう。

2　失われた場所《トポス》

「例の会」メンバーのなかでも中村雄二郎は、前述のバリ島旅行に大きな影響を受けた。彼は「都市の会」のメンバーとともに、半年ほどのちに再びバリ島へ訪れている。この旅をきっかけに中村は、叢書「文化の現在」に「魔女ランダ考――バリ島の〈パトスの知〉」を初めに書き、「演劇的知とは何か」などの論稿とともに『魔女ランダ考――演劇的知』（一九八三）を刊行する。

　中村は、ヒンドゥの叙事詩『マハーバーラタ』を下敷きにするバリ島のバロン劇などに登場する魔女ランダに魅了された。そして、その存在がバリ島のコスモロジーに深く根差したものであり、また舞台装置となる寺院のあり方がトポロジカルに機能していることを分析していったのである。

　中村の主著でもある本書についても詳しく紹介したいところであるが、[4] ここでは雑誌『へるめす』の創刊号に掲載された、中村の文章「場所・通底・遊行――トポス論の展開のために」を見てみよう――この文章は『魔女ランダ考』、したがってバリ島旅行の延長にある。

中村が問題とするのは、リアリズムを約束事として多くが写実的な描写から成るというきわめて〈自由な形式〉をとる、特に近代小説と近代絵画に代表される近代諸芸術が、かえってその〈自由な形式〉ゆえに「現実《リアリティ》の重層性に対して十分に対処できないもの、不自由なものになってきた」というアポリアである。

中村はまず画家バルテュスに注目する。その作品群は、**トポス（場所、主題、記憶）**[5]——「部屋とくに子供部屋、路地や街という、ふつうの意味での場所」や「大人に成りかけの少女、とくに裸の、鏡をもった少女や長椅子に寝そべる子供といった、過去の、人々に親しまれた主題《トポス》＝記憶」——とかかわることによって、何世紀もの時間を超えて「通底」するものを表現しえており、日常性を超えた神秘的な深層を「浮上」させることに成功していると評するのである。このトポスというものが、近代諸芸術のアポリアを乗り越える鍵ということになる。

この中世絵画の絵画的主題《トポス》が、熊野比丘尼の用いていた比丘尼曼荼羅に通底しているということに中村は着目するのである。そこで話は熊野という場所《トポス》に移る。ここでトポスと旅との関係に焦点が合わされ、奇しくも中村は中上健次について論じて行くことになる。

熊野比丘尼は、絵巻や掛軸に描かれた曼荼羅の絵解きをしながら、関東・中部地方に止まらず東北地方にも西日本地方にも遊行し、それによって熊野信仰が広まり、日本各地に多数の熊野神社が建立された。場所《トポス》は、その喚起するイメージから旅ないし遊行《ゆぎょう》（遊牧、ノマド）と対立するものと誤解されがちだが、それは遊行によってかえって活性化される。つまり「比丘尼たちの遊行によってかえって地理的・文化的なトポスとして熊野の地が大きな意味をもっ」たのだ（「場所・通底・遊行」）。

中上健次は、熊野というトポス、なかんずく被差別部落である〈路地〉にこだわって書いてきた。中上の諸作品の中で、**地理的・歴史的事情に加えて共同体の記憶が積層する〈路地〉**は、「ほとんど意味発生の根源として現われて」さえいる。しかし、開発によって「路地」は消え去ってしまう——そうした事態は、資本のフローのために、人類学者マルク・オジェが「非‐場所」と呼ぶ「アイデンティティを構築するとも、関係を結ぶとも、歴史をそなえるとも定義することのできない空間」が溢れている現代都市空間として、一層問題になっている。[6]

中上の作品『日輪の翼』（二〇一二）において、若い衆が〈オバ〉と呼ばれる「現代の〈熊野比丘尼＝老婆たち〉」を大型冷凍トレーラーに乗せて日本各地のいろいろな聖地に廻遊する。熊野を出発し、やがて「天子様のおられる東京」に着いたとき、「老婆らは突然、今まで眠っていた天子様と路地のかかわりを思い出す」[7]。中村は、この仕掛けが**〈移動する路地〉**という「生き生きとしたトポスを再生させる」方法たりえないか期待をかけつつ、文章を結んでいる。

> たとえある場所《トポス》が消えたとしても、その記憶を持つ者が旅をし、別の場所《トポス》とつながれば、消えた場所の記憶《トポス》は生き続けるのではないか。この意味でやはり場所《トポス》は、旅と対立するものでもなく、固定的で閉鎖的なものでもない。そしてまた、旅によってトポス相互のネットワークが形成されると、それらの影響関係の中から新たな意味が生まれてくる。
> （「場所・通底・遊行」）

中心的なトポスがあらゆる意味を規定するのではなく、その外部がつねに存在し、その外部との接触によってネットワークが組み変われば、意味体系は変容する。そのことを、一九八四年に中上健次と再びバリ島を訪れた山口昌男はよく理解していた。

> 路地によって、言葉＝物語＝制度＝法＝国家から排除され、歴史的時空から締め出された被差別の空間が、逆に制度＝物語＝文化を異化し詩的言語を発生させる特権的な地点になることを中上氏は作品〔『千年の愉楽』〕という形で示してしまった。
> （グノーシスの精霊）

差別され排除され消え去った世界《トポス》にこそ、現在の秩序を変革する可能性が埋もれているのだ。この失われた世界をいかに取り戻すことができるだろうか。その方法が山口昌男の歴史人類学である。

3　周縁性の歴史学あるいは歴史人類学という方法

山口自身が自らの文章が人にちゃんと読まれるようになったという、精神史家・林達夫に抜擢されて編者を担当した『未開と文明』（平凡社、一九六九）に解説として書いた「失われた世界の復権」には、山口独特の時間性が表れている。そこで山口はまず「未開」という始源世界に回帰する希求に、ある種のユートピア思想を見出している。「世界のなかにおけるおのれの全的な統一」が失われ、生が断片化した西洋近代において、ルソーの自然状態の賛美など、ロマン主義と名づけられてきたさまざまな思想はいずれも、「散文化した世界に抗いつつ、自己のアイデンティティを現実を超えた世界（過去・自然）を範型とする事によって再建しようとする試みであった。これらの思想家たちによって描かれた古代の像は、日常生活において実現されえない願望を色濃く投影しているという点において、すなわち日常的世界を裏返したものであるという点においてユートピア思想の延長にあったとも言える」（「失われた世界の復権」）。この「はみ出し部分としての「未開」は、これらの運動のなかで、絶えず、失われているものは何であるかということを「現代」に自覚せしめるためのモデルを提供して来た」（同前）。

過去とは当然、客観的時間においては戻ることのできない過ぎ去ったものである。しかし、今も私たちの生きる時間のなかに常に根底にあって時に顔を出す、神話的といえるような始源的なものは、「自然的時間を遡った果てにあるものでなく」、内的時間における未来に立ち現れてくるものである（同前）。したがって、**失われた世界とは過去のものというよりも、来たるべき世界の謂であるのだ**。このような時間性において歴史人類学の可能性は認識される。

その歴史人類学は、山口の代名詞ともいえる、その著作の中でも最も有名な『文化と両義性』（一九七五）で論じられた「中心と周縁」理論を前提にすると理解しやすい。

安定した日常の秩序のために社会の「中心」は、記号を一元的な意味作用に収斂させていくが、あらゆる記号はつねに多義的な意味を担う可能性を秘めている。「中心」は自らのアイデンティティを安定させ、固定化しようと「周縁」をつくり出し他者を排除するが、閉鎖的な社会はやがて停滞する。文化が固定せず流動的に生成されるように活性化する仕掛けがうまく組み込まれている社会では、中心的秩序によって抑圧された「周縁」部分が、反秩序的な混乱を伴いながら「中心」に入り込んでくる機会が儀礼的に組み込まれていたり、現実の出来事として生じたりしてきた。このような理解をベースとして、「中心」と「周縁」を自由に往き来する両義的な存在である、神話論における「トリックスター（いたずら者）」が、また文化における「道化」が、注目され分析された。

　中心は自らを権威づけ安定させるために「正統」をつくり出す権力である。しかし、あらゆる人、あらゆる事物はつねに多義的に存在しているのであり、その存在の意味をそのような権力が一元的に決定することはできない。したがって、中心において一元的に組織される秩序とは異なる秩序、秩序に対して攪乱的な別のつながりが、中心、正統とされるところからは不可視化される形で存在するが、こうした「見えない」つながりに光を当てることそれ自体が反秩序的な破壊力をもつのである。

　そして、山口は九〇年代を通じて、「日本の近代史の見えない部分」を描く歴史人類学三部作――『「挫折」の昭和史』（一九九五）、『「敗者」の精神史』（一九九五）、『内田魯庵山脈』（二〇〇一）――に、六〇代にして精力的に取り組んだ。その**歴史人類学**とは、公的な政治史・経済史のみを扱う狭義の歴史学に対して、資料としては文書に限定せず、また必ずしも表層の現実には現れてこない深層において歴史を捉え、現実の様々なレヴェルを扱うものである。それゆえ、それは全体史を志向し、「既成のディスクールの網の目に入って来ない」「周縁的なもの」に目を向けた歴史となる[8]（「歴史人類学或いは人類学的歴史学へ」）。

　中村雄二郎は、「たとえある場所《トポス》が消えたとしても、その記憶を持つ者が旅をし、別の場所《トポス》とつながれば、消えた場所《トポス》の記憶は生き続けるのではないか」、また「旅によってトポス相互のネットワークが形成されると、それらの影響関係の中から新たな意味が生まれてくる」と述べた（「場所・通底・遊行」）。このような旅を歴史家として試みたのが山口の歴史人類学であろう。失われた世界を掬い上げ、歴史に新たな意味を与える。

　私はこうした歴史を記すことも批評であると言いたい。唐突だろうか。山口の歴史人類学ないし「周縁性の歴史学」は収集家による歴史とも言い換えられるが、「収集」という概念によって歴史と批評は結びつくのである。

4　収集家としての批評家

　批評には一種の飛躍、決断することが付きものだ。それはよく言われるように、批評（Kritik）という言葉が「決定する」ことを意味するギリシア語 krinein に由来するということに関連している。同じくそこから危機（Krise）という言葉も派生しているのであるが、これは従来の判断基準（Kriterium）では対処できないような混乱状況においては何らかの決断が必要となるからである。krinein には「決定」や「判断」の前に「選択する」という意味も含まれている。したがって、そこには境界確定をし、なにものかを排除することが含意されている。

しかし、批評とはむしろ危機をもたらすものではないだろうか。そして、それは選択したり決定するよりもその前に立ち止まること、さらにこう言ってよければ立ち止まりつづけることではないか。危機において人は正しい判断を求め、自信をもって決断を下してくれるリーダーについていくことを望んでしまいがちである。真に正しい判断など誰にわかるものだろうか。決断のあとにも世界は続いていく。その決断が正しいのか思考しつづけることのほうが、決断よりも重要であるはずだ。あり得た別の可能性がつねに存在している。その可能性を考えつづけること、それは過去に止まろうとすることである。そのような人物をこそ批評家と呼ぶならば、批評家は過去をすべて保存しようという情熱をもつ者だといってよいだろう。この情熱はベンヤミンが「収集家の情熱」と言ったものである。

収集家の情熱はアナーキーで破壊的だという。なぜだろうか。ハンナ・アーレントも語っているように、収集というのは子どもっぽい情熱である(『暗い時代の人々』)。子どもは、どんな事物も有用性で判断しない。生活のために役に立つとか経済的に価値があるとかは関係なく、収集はその物それ自体の固有の価値を救い出す行為である。

このように日常世界における有用性から事物を解放する収集家は、よりよい世界への道をも夢想する者であり、その情熱は革命家のそれに重なりさえする。収集家の情熱は、「現状に対する不満から生まれたものであり」、したがってそれは、硬直化した旧態依然の社会と、つまりは伝統というものと対立することになるのだ。

> 伝統は過去を単に年代順に秩序づけるだけでなく、何よりもまず体系的に秩序づける。そこで伝統は肯定的なものを否定的なものから、正統を異端から区別するのであり、さらに無関係なものの巨大な集合や、あるいは単に面白い意見やデータであるにすぎないものから義務を負わせる存在や適切な関係を持つ存在を区別する。一方収集家の情熱は体系的でないだけではなく、無秩序と境を接している。その理由はそれが情熱だからというよりは、それがまず分類されうるものとしての対象の質によって燃えあがるのではなく、その「純粋性」とかその独自性とか、いかなる体系的分類をも許さないものによって燃えさかるものだからである。(同前)

山口がこのような情熱をもっていたことは明らかだ。**先に述べた彼の歴史人類学ないし周縁性の歴史学という方法は、伝統＝正史に対抗するような収集家によるアナーキーな歴史と呼べるものであった。**

歴史も一種のネットワークである。別の項が新たに加わればネットワーク全体が組み変わり、今までとは別様に位置づけられた項は、その持つ意味を変容させる。歴史は絶えず読み直される。それまで排除されていた周縁によって読み直されるのである。

大江健三郎は、一九七七年に文庫化された『本の神話学』(中公文庫)の解説に山口との出会いを書いている。それは林達夫を囲む会でのことで、大江は「そこで山口昌男から、いかにもかれの好みの小新聞に、いまとなってはかれの厖大な収集から提供されたものだとすぐにわかる、パンチとジュディ劇の漫画を挿画にした切りぬきをもらった」と。そのとき、山口はパンチとジュディ劇の流れを遡って、その生涯の主題であるコメディア・デラルテやアルレッキーノ型道化など、本書や他の著作で語られるさまざまなものに話を引き出し、展開することができなかったことを大江は歎く――「ああ、僕がかれの仕事の総体について、あのように無知でなかったとしたら」。ただし、大江は本書を読むことで山口と出会い直す。そしてその時、「自分のなかになにものか蘇生する喜び」（「〝知の世界の涯を旅する者〟」）を覚えるのである。

出会う相手が著作家である場合、あらためて恥の思いを克服しつつ、かれの著作を読み直せば、すくなくとも一方的には、あやまりであった現実の出会いをつくりなおすことができる。僕が書物を愛する人間であることの、根柢の切実な理由としてそれがある。（同前）

山口は、「中心と周縁」理論などといって図式的であるとか、あるいは海外のさまざまな議論を輸入しているだけであるとか、思想界・論壇で人気を得て注目を得た分だけ不当な評価を受けてきた。しかし、彼があまり多くの人の関心を集めていなかった時期の地味な歴史人類学の仕事は、山口において周縁的な著作であるが、それを読み直してみると、また違った相貌を呈した山口昌男が現われてくる。そして、そこからまた彼が言及するたくさんの人、物など、あらゆるものに向かいたくなってくるはずだ。すると山口の生きた知のネットワークが取り戻すべき知のシーンとして浮かび上がってくる。

〈旅〉を知のメタファーだとすれば、それは空間的なものに限られない。山口は実際、本を読むことも一種の旅だと考えていたし、すると歴史も時間的な旅だということができる。私たちはあらゆるところへ旅をすることができる。

私たちは旅しつづけることで、私たちの知の場所《トポス》を確保することができるのだろう。

この「形骸化してしまった世界のモデルをなおも押しつけ、弾力性を失った神話を強制することに異議を申し立てる」精神が平俗な日常生活を相対化するために踏み出す第一歩は〈旅〉に出かけることである。己れをまだ汲み尽くされていない価値の源泉に一歩近づけるために旅装を整えることである。（「もう一つのルネサンス」）

古木獠（ふるき・りょう）
一九九六年生まれ。大学院生、法学研究科博士後期課程在籍。憲法学を専攻し、国民投票・発案について研究している。批評のための運動体『近代体操』同人。論考に「革命の狼煙はその光を未来に投げかけるのを止めたか?」芥正彦責任編集『地下演劇第七号　希望の原理』（SLOGAN、二〇二四）。X（旧 twitter）：@decaultr

1 翌二〇二四年にも同じように旅行をした。その集まりの前日には、中上の故郷・新宮で毎年開催されている熊野大学も行われており、私たちもそちらに参加した。その様子に関しては、松田樹＋森脇透青のレポート、『新潮』二〇二四年二月号を参照。

2 大澤聡「批評とメディア」東浩紀ほか『現代日本の批評　1975―2001』講談社、二〇一七年。

3 「例の会」のメンバーは、山口のほか、磯崎新、一柳慧、大岡信、鈴木忠志、武満徹、東野芳明、塙嘉彦、大塚信一で始まり、その後、中村雄二郎、清水徹、原広司が加わる。「都市の会」

のメンバーは、中村雄二郎、多木浩二、前田愛、市川浩、河合隼雄。叢書「文化の現在」（大江健三郎、中村雄二郎、山口昌男編集代表、岩波書店、全一三巻、一九八〇年一一月号～一九八二年七月号）。『へるめす』（大塚信一編集長、磯崎新、大江健三郎、大岡信、武満徹、中村雄二郎、山口昌男 編集同人、岩波書店、一九八四年一二月号～一九九七年七月号）。

4 中村雄二郎の著作と活動のかかわり合いについては、大塚信一『哲学者・中村雄二郎の仕事』（トランスビュー、二〇〇八）が詳しい。本稿との関係では、特に第六章を参照。

5 通常「トポス」は「場所」と訳されるが、「ものごとを場所と関連づけることによって覚える記憶術」が存在し、それによって「論点および議論の根拠」＝主題を記憶していたことから、トポスは記憶と主題をも意味するようになったと考えられる（山口義久「『トポス論』解説」『アリストテレス全集3　トポス論　ソフィスト的論駁について』（岩波書店、二〇一四）参照）。

6 マルク・オジェ、中川真知子訳『非‐場所――スーパーモダニティの人類学に向けて』水声社、二〇一七年。これは『近代体操』創刊号（二〇二二）で私たちが共通の問題意識としていたことである。

7 「特にサンノオバは、本宮の血を受けていたから、代々天子様の毒味役で、宮中に召されたのが明治の頃まであったのを知っていて、頭の中で畏れ多いと分かっているしそんな事は決してしないと思っていたのに、育つのか育たないのか分からなかった赤子のツヨシに豆や芋を口で噛んで擂りつぶして食べさせたように、天子様にも毒味役としてそうしてきた気がしているので、天子様の為ならいつでも矢盾になって犠牲をいとわない誇りがむくむくと湧き出てくる」（中上健次『日輪の翼』河出文庫、二〇一二）。

8 引用論文のほか、同じく『知の遠近法』所収の「周縁性の歴史学に向かって」も参照。

文献

山口昌男「失われた世界の復権」『人類学的思考』筑摩書房、一九九〇年

「グノーシスの精霊」『中上健次全集』月報9、集英社、一九九六年

「歴史人類学或いは人類学的歴史学へ」『知の遠近法』岩波現代文庫、二〇〇四年

『内田魯庵山脈（上）――〈失われた日本人〉発掘』岩波現代文庫、二〇一〇年

「もう一つのルネサンス」『本の神話学（増補新版）』中公文庫、二〇二三年

ハンナ・アレント、阿部齊訳『暗い時代の人々』ちくま学芸文庫、二〇〇五年

大江健三郎「〝知の世界の涯を旅する者〟」山口昌男『本の神話学』中公文庫、一九七七年

井上ひさし・大江健三郎他「神々の島バリ――インドネシアの文化と芸能をたずねて」『世界』四〇八号、岩波書店、一九七九年

中村雄二郎「場所・通底・遊行――トポス論の展開のために」『へるめす』創刊号、岩波書店、一九八四年

名をめぐる問い——柳田國男『石神問答』において

石橋直樹
ISHIBASHI NAOKI

民俗学の祖、柳田國男。吉本隆明や柄谷行人をはじめ、歴代の批評家によって論じられてきた評価の分かれる人物でもある。知識人との往復書簡集『石神問答』を読み解き、柳田の思想の核心「名への欲望」に迫るのは、「ザシキワラシ考」でデビュー、「〈残存〉の彼方へ」によって第二九回三田文學新人賞を受賞した石橋直樹。

YANAGITA KUNIO

1　はじめに

かつての批評家たちの数ある文章のうちに、時折、あちらへこちらへと引き摺り出されるようにして、その特異な名は据えられてある。その名に批評家はあるとき出会い、あるときには決別し、またあるときにはその名前を読み替えていく。その不意の一撃が批評という営為のなかに絶えず現れるならば、その名の主は、批評という横断としての営為が位置する三重点そのものを指し示しているといってよい。明治という近代日本の到来とともに訪れたその巨人の伝説を、右往左往するようにして、わたしたちはあの名について差し向けられているのである。そしてわたしもまた、このようにふらふらと柳田國男（一八七五―一九六二）という名の渦の中心へと近づきつつある。

柳田國男について口を開くということは、今やほとんど不可避的に論争に身を委ねるということになりえて、論者の数だけ存在するといってよい柳田像——肯定[1]、批判[2]、読み直し——がひしめきあっているなかに、われわれはおそらく何かを賭けなければならないだろう。例えば、著名な花田清輝と吉本隆明による柳田をめぐる論争においては第三世界革命的な可能性の中心として論じられ、政治の季節において繰り返し、ほとんど肯定的に論じられてきた。しかし九〇年代には、ポスト・コロニアリズムの影響を真っ向に受けて柳田批判が子安宣邦らによっておこなわれ、国民国家論及び帝国主義批判に並行するようにして柳田民俗学は糾弾されていくこととなる。しかし現在においては、むしろ東日本大震災の衝撃のなかに柄谷行人の遊動論を中心として柳田國男は復権しつつある。およそここでは紹介しきれないほどの「柳田國男論」が文壇に何度も現れ、何度も書き換えられてきたのである。[3]

しかしそうした「象徴論争」のなかに自らの位置を見出すのではなく、柳田を問う者であり問われる者として、批評的謎解きの行為のただなかにあるものとして読み直すことは可能であろう。それは、「名」を集め、「名」を合わせ、「名」を解く者であったという柳田の、「名」の謎を解いていく作業にあたる。言文一致のまさにその裏側において、柳田は音として残っていた「名」を集め、異様な形でそれを書き残している。[4] そこで発見されたものは確かに「風景」[5] にも増してもっぱら言語的な「名」であったとしたならば、柳田論はどこまで書き換えることができるだろうか。日本思想の系譜のなかに柳田國男を再附置していく研究も新たに進められている昨今の状況[6] において、膨大な研究的裏付けのなかで柳田像はより現実的なものとして複合的になりつつある。あのあまりに近く、あまりに目眩のするような距離の上を、自由に飛び回ることさえ可能なあの批評の名のもとに、わたしもまた柳田國男を論じてみたい。

2　柳田の「名」への方法論

柳田はいつだって「名」について問うていたのではないか、そのような感覚が柳田を読むということにつきまとってならない。そしてそれはただの名ではない。言物一体ともいうことができるような呪術性を帯びたものとしての「名」が柳田の著作のなかに頻出している。

柳田は命名に関する研究を多く発表しており、『蝸牛考』（一九三〇）、『地名の研究』（一九三六）、『野草雑記』『野鳥雑記』（一九四〇）、『風位考資料』（一九四二）など物別にどのような呼称が用いられているのかという論考や、『歳時習俗語彙』（一九三九）、『分類山村語彙』（一九四一）、『族制語彙』（一九四三）などの行為や行事を視野に入れた全国的な「分類習俗語彙」の編纂に取り掛かっている。「柳田の命名研究は、命名の結果としての名前への関心にとどまらず、その背景にある老若男女の日本人の造形力の考察にあった」（田中宣一『名づけの民俗学』）ものとして、それは中期柳田民俗学の中心に据えられているといってよい。こうした著作においては、〈言〉と〈物〉[7] における分離を謳うようなここ一世紀の言語観において、ほとんど質を異にした問いが立ち現れている。

では柳田の言語学的方法論とはどういったものかというように、柳田は次のように語っている。それは政治的な問題と紙一重な方法論であったため、繰り返し論じられてきたものである。

> 国語の改良は古今ともに、先づ文化の中心に於て起るのが普通である。故にそこでは既に変化し、又は次に生れて居る単語なり物の言ひ方なりが、遠い村里にはまだ波及せず、久しく元のまゝで居る場合は幾らでも有り得る。その同じ過程が何回と無く繰返されて行くうちには、自然に其周辺には距離に応じて、段々の輪のやうなものが出来るだらうといふことは、至つて尋常の

推理であり、又眼の前の現実にも合して居て、発見などゝいふ程の物々しい法則でも何んでも無い。私は単に方言といふ顕著なる文化現象が、大体に是で説明し得られるといふことを、注意して見たに過ぎぬのである。
（「蝸牛考」）

これはまさに、中心としての京都などから最も離れた北方と南方に方言の一致を見出し、中心からの距離が時間的な古さになるという「方言周圏論」[8]であり、柳田は自らの民俗学的方法論と言語学的方法論を重ねるようにして語っている。一九二七年『人類学雑誌』四月号から掲載されたこの「蝸牛考」では、これによって「蝸牛」の言葉が京都を中心に同心円状に伝播し、遠隔地ほど古い形が残るという法則を示している。

ここで指摘しておかなければならないのは「蝸牛考」で述べられる「方言の地方差は、大体に古語退縮の過程を表示して居る」というような仮定は、おそらくドイツ比較言語学に由来するものであろう。ダーウィン的進化論を輸入して「系統樹説」を唱えたドイツの比較言語学者アウグスト・シュライヒャー（August Schleicher）の門弟、ヨハネス・シュミット（Johannes Schmidt）の「波動説」は、奇妙にも周圏論に酷似

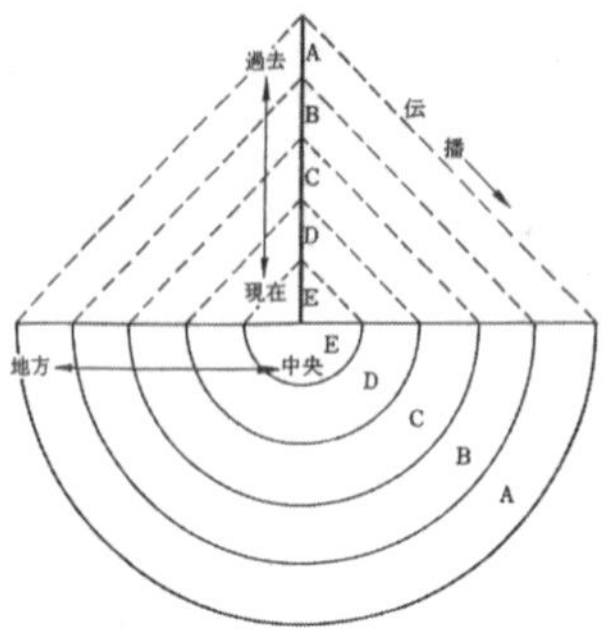

方言周圏論の模式図
（福田アジオ『柳田国男の民俗学』（二〇〇七）より）

しているのである（柴田武「方言周圏論」）。「波動説」とは、言語の改新が波の動きのようにして同心円状に発生するものという説であり、印欧語に数本の等語線があることがこれによって指摘された（イヴィッチ『言語学の流れ』）。

ここにおいて、波のイメージによってその伝播を考える「波動説」のシュミットに対して、木の枝のイメージによって言語改新を描く「系統樹説」をとるシュライヒャー、およびその継承者たるマックス・ミュラー（Max Muller）が大きな対立軸として捉えることができよう。そして、これは「方言周圏論」によって言語的変化を捉える柳田に対して、「発生」という樹木のイメージで言語的変遷を捉える折口信夫の対立に付合しているといわなければならない。[9]このようにしてわかる通り柳田の民俗学自体が、言語学の正統な子どもであって、その目線は第一に言語という問題をどのように扱うかということにあったのである。[10]

このようにみると柳田の民俗学とは西洋的言語学の変化形でしかないようにみえるが、しかし柳田のほとんど徹底した独自性は「神の名」において現れるといってよい。例えば、青森県八戸市に現れるとされるメドチという妖怪について柳田は次のように述べる。

さし当たり御知らせをしたいと思うのは、メドチという語の分布及び由来である。北海道の土人が水の神をミンツチと呼び、その怪談には若干の一致があることは、夙く金田一教授がこれを説いておられる。この蝦夷のミンツチと八戸などのメドチと、同じ語であることはおおよそ明らかだが、問題はどちら

が真似たか採用したかである。（…）それから最後にはずっと懸離れて九州南部、薩摩と日向大隈の一部ではまた確かにミヅシンといっている。ガアラッパまたはガオロといっても通ずるが、此方が多分新しかろう。こういう霊物には忌んで名を言わぬ場合があるので第二の呼称が起こりやすいのである。ガオロ・ガアラッパは共に「川童」の日本訓みであるが、九州では現在またカワノトノもしくはタビノヒトなどと称えてこの語を避けようとする傾向も見えている。ミヅシンは土地の人たちが「水神」の湯桶よみだと解しているらしいが、これを八戸方面のメドチや蝦夷地のミンツチに比べてみると、初めて古語のミヅチと同じ物であり、ただこの国の三方の端々にのみ、たまたま保存されていたことが判って来るようである。ミヅチは蛟と書きまた虬と書いている。だから蛇類では無いかという人もあろうが、それに答えては支那ではそう思っていたというより他は無い。日本のミヅチという語には水中の霊という以外に、何の内容も暗示されておらぬ。

（「盆過ぎメドチ談」傍点引用者、以下同様）

これは柳田の有名な妖怪＝神の零落説を如実に反映する箇所である。もともと神とも神に準ずるようなものとして信仰されていたものが、忘却と合理的思考の発達によって妖怪として恐れられ、退治されるようになったという仮説を例証するものとして「メドチ」は論じられる。しかし、これは何よりも「神の名」、すなわちその名前の活用変化によって触知されるものとして現れているのである。この「メドチ」という妖怪を分析するにあたってここで柳田は、アイヌの「ミンツチ」や九州南部の「ミヅシン」などの事例を参照しながら、古語としての「ミヅチ」へと接続させていく。「ミヅチ」というのは「水中の霊」という意味をもつものとされ、時間的・空間的変遷によって語彙変化し「メドチ」という言葉へと変わり、具体的内容も付与されていったとする。

「日本のミヅチという語には水中の霊という以外に、何の内容も暗示されておらぬ」という箇所は、おそらく柳田の「神の名」の問題を深めていくにあたって欠かせえぬ記述であるといえよう。「ミヅチ」という「水中の霊」は古代より生き残る〈言〉なのであるが、けれども内容としての〈物〉を欠いている。〈物〉としてのある対象を指すのではなく、むしろ漠然として〈言〉としての「神」が信仰されているのであり、ここにきて〈物〉は〈言〉に対して非本質的なものとしてあらわれる。したがっていうなれば、柳田の「神の名」において、その特異な呪術性から名とは本来その神の本質そのものであり、本質に対する媒介項が必要とされえないとすらいうことができるのである。

そしてまたより踏み込んで述べるならば、柳田の妖怪とは語彙変化なくしてあり得ないものですらあった。妖怪とはここにおいて、〈言〉そのものとして捉えられ、むしろその活用変化のなかで神に結び付けられているのである。西洋的言語観を通過しながらも、しかし柳田の言語観は呪術的な問題として奇妙に変容しているということができるだろう。

3　名をめぐる問い

一九一〇年五月、『遠野物語』の草稿を書き終えて清書に入るまでの間（石井正己「石神問答」）、柳田國男は『石神問答』を上梓した。この論考とも名状し難い特殊な文章には、一九〇九年から一年間、柳田が周辺の知識人と交わした三四通の書簡が収録されている。これは柳田が発した「石神」に関する質問に対して、当時民間信仰や古事に詳しかった知識人たちが応答するという書簡集であり、それらをひとまとめにして出版したものである。

柳田が質問状を送った人物は、次のような顔ぶれである。旧幕臣で庶民生活と漢籍に広範な知識を有する牧師の山中共古（山中笑）、邪馬台国北九州説を唱えた歴史学者の白鳥庫吉、遠野の人類学者の伊能嘉矩、『遠野物語』の語り部を務めた昔話研究者の佐々木喜善（佐々木繁）、考古学者の和田千吉、ミネルヴァ論争を展開することになる歴史学者の喜田貞吉、神風連の乱に加わった八代宮宮司の緒方小太郎、柳田の弟で日本画家の松岡輝夫である。

この書簡集は、民俗学前史を辿る上で柳田が学んだ先人たちの足跡を追うことができる論考として読むことができるが（後藤総一郎「柳田学前史の意義」）、今回はこの書簡集全体に通底する「シヤクジ」とは何かという「名をめぐる問い」について、柳田の「名」への欲望を参照してみたい。

拝啓　清秋の候御左右如何時　時々御上京のよしを承知仕候へ共　私用に妨げられ其都度拝眉を得ず背本懐候　偖久々掛ちがひ居候間に　御高教を仰ぎ度問題沢山たまり申候　諸国村里の生活には書物では説明の出来ぬ色々の現象有之候中に最も不思議に被存候一事はシヤグジの信仰に候　之に就きて何か曾て御取調又は御聞及のことは無之候や伺度候

小生は最初右は関東数国の間に限られたる信仰とのみ存じ居り候ひしに　此頃注意致候へば西国の端々迄之に因ある地名分布致居　愈好奇の念に勝へず候例へば

若狭三方郡の三方湖の西岸より常神岬の方へ越ゆる峠に「塩坂越」とかきてサコシ

播州の海岸備前境に接して坂越　これは今日サカゴエなど申す者も有之候へ共実はサコシにて　以前はシヤクシに近く唱へ候か幽斎の狂歌に　しほは早よき程なれや鍋が島しやくしの中に入れて見つればなども有之候…

（『石神問答』）

まず柳田は一通目、九月一五日の山中への手紙で冒頭次のように問いかけている。村里の生活に書物を読んでもわからないことがあるから教えて欲しいとのことをいい、何かというに、「シヤクジ」なる名前の信仰が至る所に存在するのだといって、各地に点在する「シヤクジ」の名前を挙げている。それに対して、山中は柳田が例示しなかった「シヤクジ」の信仰などを紹介した上で次のように説明する。

偖此等に就きての諸説は

（イ）神体石故石神と書せしと云ふもの

（ロ）昔時田畑の尺を計りし後に其尺を神に祀りし故尺神又は尺

地と云ふなりとするもの
（ハ）社宮司と云ふは神官の義には非ざれど神に奉仕する神なり
と云ふもの
等にて　社護と申すのには別に説も承り不申候何れもオシヤモ
ス、オシヤモヅ、オシヤモジ、オシヤモと申居候も　一村の者が
両様に唱へ居る例も有之候て必しも其一に限りたる事には無之
候…
此等の事は昔の流行物と見なし可申か　一地方にオシヤモジ
流行すれば同信仰諸国に広がり候事に候はずや　神仏ともに
或時代に同一のもの諸国に起り候事ありと存じ候　如貴説民俗
学進み候はば解釈出来候ことも多く御座候ことと存候　右等
何の御参考にも不相成ことは奉存候へども　御返信迄に申上
候　頓首　（「石神問答」）

山中はシヤクジに対する問いかけに対して、その名の由来を三つの説で応答している。一つは御神体が石であるため、二つ目は計測尺を神として祀ったため、三つ目は社宮司から転じて神に奉仕する神を表しているためとする。その上で、ある一時代の流行物である可能性が高いと述べ、一地方で流行したものが諸国へと広く伝播したものとしている。山中の知っている情報を踏まえながら自説が展開されている手紙を見て、普通ならば柳田の問いはこれによって満たされるはずだ。しかし、問いは問いを呼び、この手紙は三四通にまで膨れ上がっているのである。その流れを追っていかなければならない。

柳田は一〇月六日の山中への返信で、シヤグジの起源を石の神に求める山中の説に疑問を呈して、「（イ）大多数のシヤグジは石神とは書かざること」「（ロ）石神は後世からのあて字らしき節々」「（ハ）シヤグジにして石を祀らざるもの多きこと」「（ニ）石を祀りてシヤグジと言わぬもの亦多きこと」（「石神問答」）と反論理由を挙げながらシヤグジは石神でないのではないかと述べるのである。続けて「そんなら何かと云う考も定まらぬうちに無責任のやうに候へ共　シヤグジの名の由来はどうも外にあるやう存ぜられ候に付試に申置候」（同前）と、山中にシヤグジの語源が石という素材から来たものではなくて、外に意味があるのではないかということを尋ねている。ほとんど直感ともいえるレヴェルで、柳田はシヤクジに何か別のものを投影しようとしているかのようである。

しかし山中の返答は「人気に投ぜし流行神は意外に分布も広く候ものにて　秋葉の火防御嶽の盗人除又は近頃の招猫の如く　諸国流行相成候事も候へば　一地方の流行殊に江戸高輪のオシヤモジの大流行は諸国にても婦人に伝はり出せしこと存じ候」（同前）とあくまでも近世的な一流行としてシヤグジを解釈している。江戸戯作文化などに通暁した山中にとっては妥当な判断といえよう。柳田はこうした山中の返答に対して、「シヤグジは決して近代の神にては無之候」（同前）として次のように自らが考える核心的仮説を提示してみせている。

佐久と申す地名は信濃の佐久郡を始め諸国に有之　尾張の
海上に佐久の島　下野那須野に佐久山も有之　又安房其他に佐
久間と申す地名も　其意義今以て不明に候へ共　多分は佐久

神と同源かと愚考仕候　日本語にて「遠ざくる」のサクなりとも可申も　現代アイヌ語にてもサクは隔絶の義有之かと存じ候　恐くは古代の生蕃即ち所謂荒ぶる神と新に平野に居を占めたる我々の祖先とを隔絶する為に設けたる一の隘勇線ならんかと愚考致候が　御意見如何承り度候
此頃新編相模国風土記を検し候に　彼地方にては石神多く社宮神又は佐護神少く　且二種併存する村は一も無之ことを発見致候　さ候へば近世となりては石神シャグジは同じ神とせしことは疑なく候　唯最初より此二つの神同一なりきとは未だ信じ難きのみならず　少なくもシャグジの名義は石の神に基かざることは延喜式之を証するかと存じ候　或は式の佐久神は今のシャグジに非ずとも申すべきも　現に御地三保の松原なるシヤグジの如きは新風土記に佐久神と記し有之候　（同前）

柳田はここにきてシャクジは石神という名が持つ想像力を超えて、古代における境界の神であるサク神と何か関係あるのではないかという疑惑を提出しはじめる。柳田はそれがもともと同一の神であるということを言い渋っているが、音韻、すなわち音声の比較によってみえてくるものは、まごうことなく過去のなにがしかの境界なのであるとするのである。どうにも「古代の生蕃即ち所謂荒ぶる神と新に平野に居を占めたる我々の祖先とを隔絶する為に設けたる一の隘勇線」と関係あるのではないかと柳田は続ける。すなわち、平地人としての農耕民と先住異族であるかもしれないような山人たちの境界線、いわゆる「日本人」というものが画定する列島の輪郭を、この音声が時間を超えて残存し、指し示しているのではないかと述べるのである。

柳田の問いの視野はここで、時間的に大きく膨らみ始める。それは、ほとんど日本列島の境界線を時間的に切り始めるかのように、爆発的に名前の謎へと迫っていく。すなわち「隘勇線」という空間的境界線は、シャグジという時間を超えてやってきた〈言〉によってはじめて提示されていくのである。もはやシャクジとして看取される音声はただの名ではない。歴史のその先から意味を失わずにやってきた名であり、依然境界として力を有し続けるような「神の名」として立ち現れるのである。

4　変容する読解

一通り山中への質問によって問題が整ったこの段階で、考古学者である和田千吉にもし柳田の仮説が正しかった場合重要になるであろう遺跡について尋ねている。[11] それは「将軍塚」や「十三塚十三本塚十三坊塚」「スクモ塚」などについてである。おそらくこれはもし「隘勇線」というものが存在したならば、その境界に立っていたであろう遺跡群であり、柳田は前述の山中への手紙と同日に興奮を抑えられないかのようにして送っている。

一月九日に山中から柳田へ応答が返ってくる。山中の答えは、柳田の説はあるいはその通りかもしれないが「小生一向考も無御座候」（「石神問答」）として若干の驚きとともに受け入れている。そしてサク神の「サ」というものが自分から距離のあるものを指し示す語であることを考えるに、さもありなんと続ける。一月二三日から柳田は山中と白鳥庫吉に書簡を書き、道祖神や山神、そしてサグジなどを挙げて代表的な民間信仰について教えを乞うというように、問いは問いを呼んでいく。[12] 最初はほとんど身の回りにあるような石神についての簡略な問いは、全国に広がる数多の名前の差異のなかで増幅し、ほとんど想像もつかないかのような古代へとさかのぼりはじめていったのである。

三四通もの手紙のやり取りを通じて、柳田は一番最後の山中への手紙において次のように大きく結論づけている。

> 塞をソコと申すこと古く日本及韓国にてしかなりしのみならず、支那にても塞、柵共にサクの音有之候にや、稲葉君山氏話に、満州にて故の辺境の地をチヤカ又はチヤハと申し候も、支那の塞の音なるべしとのことにて候、沼垂柵、石船柵などの柵の字、在来の訓はキにて候へども、或はサクにて柵戸はサクノへかも知れず候、又守公神はソコの神即ち塞神なりしを、ソクジともスクジとも申候より、いつと無く「公を守る」など云う無理なる文字を附会せしものに候はん。(…)サクも亦日本語にて辺境のことなりしを想像すべく、現に信州の佐久郡の如き、上毛の渓谷と高からぬ山脈を隔て、もと湖水ありて土著の早かりし地方と見受け候へば、蝦夷に対立して守りたる境線の義なるべく候。従ってサグジ又はシヤグジも塞神の義にして、之を古代に求むとせば、式の石神とは直接の聯絡無く、却って甲斐などの佐久神と同じ神なるべきか。唯石を祝して神と祀るは相同じく候へば、之を石神と混ずるも亦事実を誤らずと云ふに止るべく候。
>
> （「石神問答」）

柳田は結局のところ、シヤグジが石神であるという説を退け境界の神であるという説を採用した。ある古代において存在したであろうし、今も存在し続けているかもしれない「いくつもの日本」（赤坂憲雄『一国民俗学を越えて』）を見出した。そしてこれはもっぱら〈言〉の集積の名の下に、「神の名」の発見としてやってきたものなのである。

石神とシヤグジの関係性は、柳田の〈物〉と〈言〉の関係性に対応するものということができるだろう。ある物質的な徴である〈物〉としての石はここにおいて、十分条件であれど究極的に付属物でしかありえない。むしろ名において与えられる〈言〉が〈物〉を神へと変形せしめているのである。そしてその〈言〉のひとつの完全な状態である「神の名」は、語彙変化しながらも意味を失うことなく信仰によって力を保持し続ける。〈物〉は柳田においてこうした位置付けにおいて語られるのである。

そのように考えたとき柳田を問う枠組み自体は大きな変容を迫られるだろう。もはや世界は数多の物質的基盤としての〈物〉に〈言〉が与えられるものとしては立ち現れない。むしろ、信仰によって今なお力を発揮し続ける「神の名」が、そうした〈物〉を成り立たせしめているとさえいうことができるのである。そしてこれはある言語を用い、ある観念のなかに生きるならば、〈物〉を〈物〉としか呼称できないし、そうでないように口を開こうとしても〈物〉という言葉に回帰してしまうことに端的に表れているようなあの魔力性を担保するものでもある。そのうえで〈言〉のなかに、結局のところ「神の名」の正体であった、ある普遍の一点たる〈物〉を柳田は探し求めるのである。

もし柳田國男という「名」とともに、その「神の名」の言語がわれわれの均質なはずの言語に散りばめられていたならば、あたかも偽物の金でつくったはずの貨幣に本物の金が紛れ込んでいたかのように、交換そのものの神話は音を立てて崩れてゆくだろう。未だ力を失うことのない〈言〉の発見は、われわれが書き、読み、話す言語をでこぼこの平面へと変えていく。わたしたちは砂金採りのようにして、流れゆく川の浅瀬のなかにそれらを拾い集めることができる。「名をめぐる問い」、この二重写しの思考を柳田からどこまで読み取ることができるのか、それがわたしたちに課せられた読解の「名」のように思われる。

付記　柳田國男という「名」

柳田という「名」によってどうしようもなく捉えられてしまった最初のひとりは、間違いなく柳田國男その人であった。「僕の詩はディレツタンチズムだつた。僕はもう覚めた。戀歌を作つたツて何になる！その暇があるなら農政學を一頁でも讀む方が好い」。田山花袋の『妻』においてこのように言い切る西少年は、まだ名字が松岡であった柳田をモデルとしているといわれる（岡谷公二『殺された詩人』）。松岡國男を模して叫ばれる言葉は、過去の詩を描く少年たる自己から決別し、公に入ることへの重みを文学青年たちに叩きつけるものであった。花袋のスケッチが示すように、一八九九年五月『帝国文学』に二篇の詩を発表したのを最後に、松岡國男は詩作の筆を折ってしまう。一般に「歌のわかれ」として知られるこの文学からの離別は、民俗学者・柳田の原点を語る際に必ず参照されてきた問題であるが、ここにおいて松岡國男が「柳田國男」という名を用いはじめたという、「名」の問題が分かち難くまとわりついていることは指摘しておかなければならないだろう。

一九〇〇年に農商務省に入省が決定すると、松岡國男は大審院判事・柳田直平の養子として入籍し、柳田姓を名乗りはじめる（鶴見太郎『柳田國男』）。柳田が柳田國男になるのは「歌のわかれ」と、そして大々的に農政學研究に打ち込んでいくのとほとんど同時期のことであった。柳田にとって「名」の変容は、自らがその後〈物〉に対して〈言〉の優越を主張していくのと並行するかのようにして、柳田自身を蝕んでいったように思われてならない。

松岡國男から柳田國男へ、なんの断絶もないと考えるならば、人は柳田学の奥にひそむ或る微妙なものを見失い、それをまっとうすぎて、いささかよそよそしいものと解するだろう。しかしそこに断絶を見るならば、柳田学を陰翳に富んだ、身近なものとして発見するのである。柳田國男は松岡國男を否定した。そして松岡國男の心にまといついていたすべてのもの、つまり私的にすぎるものや、幼児的なものや、女々しいものや、弱々しいものや、社会に背をそむけがちなものや、暗さや、厭世観といったものを追放した。そして柳田國男の読者は松岡國男を忘れ去る。

（岡谷公二『柳田國男の恋』[13]）

岡谷公二によってこのように語られる柳田の改名は、「名」のみが神性を伝えるとする柳田の立場をほとんど完全に反映しているといってよい。「名」が詩人たる松岡國男を侵食していくその苦痛のなかに、柳田民俗学の特異性は回収されていくのである。

柳田の「名をめぐる問い」は連鎖し、言語の上を巡っていき、そうして自らの元へ跳ね返っていく。柳田の改名は、ここにおいてもはやただの改名ではない。「柳田」という大いなる問いかけの場が誕生した瞬間へと、必然的に変容しているのである。「柳田國男」という渦の中心は、柳田という〈物〉の上に張り付けども〈物〉は徹底的に顧みられることはない。〈言〉の探究が柳田がもはや自らのことがわからぬまでに分解してしまっていくというだけではなく、本質を付与するような「名」が柳田本人をも変えてしまったということでもある。そうして、柳田自身をもはやわからなくなってしまっていたであろう、柳田とは何だったのか、という問いは、今日にも繰り返し説かれ続けるのである。それは柳田自身が提出した「名をめぐる問い」の自食作用的帰結だったのではないかと思われてならない。

石橋直樹（いしばし・なおき）
二〇〇一年、神奈川県生まれ。民俗学・批評・現代詩などについて。論考「ザシキワラシ考」で二〇二〇年度佐々木喜善賞奨励賞を受賞、および論考「〈残存〉の彼方へ——折口信夫の『あたゐずむ』から」で第二九回三田文學新人賞評論部門を受賞。その他、「『二重写し』と創造への問い——『君たちはどう生きるか』の引用の思考」（『現代思想』二〇二三年一〇月臨時増刊号）、「看取され逃れ去る『神代』——平田篤胤の世界記述を読む」（『現代思想』二〇二三年一二月臨時増刊号）など。
X（旧 twitter）：@1484_naoki

1 代表的なものには、花田清輝「柳田國男について」『近代の超克』（講談社現代文庫、一九五九）や、吉本隆明「共同幻想論」ほか『柳田國男論集成』（ＪＩＣＣ出版局、一九九〇）。

2 代表的なものに、ポスト・コロニアリズムの影響を真っ向に受けてなされた九〇年代の柳田批判が存在する。これには、川村湊、村井紀などによって帝国主義に関与したことを取り沙汰されてなされた批判と、子安宣邦によって行われた国民国家論的に批判するものの二つの潮流が存在する。しかしこれらは赤坂憲雄・柄谷行人らによって反批判がなされている（赤坂憲雄・柄谷行人「柳田國男の現代性」『atプラス18』太田出版、二〇一三）。

3 絓秀実『アナキスト民俗学』（筑摩選書、二〇一七）において柳田論争は「総括」されるが、柳田が言語という問題に注力しているのに対し（絓氏は）日本のモノ性を持ち出して柳田批判を支持している。

4 「いわゆる言文一致はまだ途上にあって、声の語りにふさわしい文体も生まれてはいなかった。柳田は『聞く』ことよりも、じつは『書く』ことに試行錯誤を重ねなくてはならなかったのだ。その苦心の痕は草稿類のいたるところに見いだされる」（赤坂憲雄「はじめに」『原本遠野物語』岩波書店、二〇二二）

5 柄谷行人『日本近代文学の起源』（講談社文芸文庫、一九八八）などにおける柄谷の一連の議論では、風景と主体が分離・構成されていくという均質的言語の発見によってなされた近代論に焦点が当てられ、柳田はそれを成立させる下部構造の発見者として評価される。**この論点と同一平面上に存在している問題は、単に柳田が近代的言語観を貫通してしまう言語観を提示していることにある。すなわち、歴史から切り離されて常に特権的であり続けるような「名」を柳田が据えることによって、言語の交換は困難なものとして書き換えられているといってよい。**

6 代表的なものに、渡勇輝「柳田国男の大正期神道論と神道談話会」『佛教大学大学院紀要文学研究科篇』（四九号、佛教大学、二〇二一）、および同著者「柳田國男と『平田派』の系譜『平田篤胤——狂信から共振へ』（法藏館、二〇二三）。例えば前者における神道私見論争の読み直しにおいて、次のように述べられるのは重要だろう。**「柳田の議論は、民間宗教者への視点を閉ざして『常民』へ転向していったのではなく、はじめから『国民』の信仰を明らかにするために、同時代の『国民道徳』論と対峙するべく議論が展開されていたのである。**しかもそれは、同時代の学者たちが理想とする近代的な『国民』像とは異なる、別の『国民』像を、近代以前の民間信仰から照射しようとした点で、近代社会そのものを相対化する射程をもっていた」。

7 本居宣長の次の方法論を参照して、柳田の問題系を〈言〉と〈物〉に絞った。「抑意と事と言とは、みな相稱へる物にして、上代は、意も事も言も上代、後代は、意も事も言も後代、漢國は、意も事も言も漢國なるを、書紀は、後代の意をして、上代の事を記し、漢國の言を以、皇國の意を記されたる故に、あひかなはざること多かるを、此記は、いさゝかもさかしらを加へずて、古より云傳たるまに記されたれば、その意も事も言もままに、相稱て皆上代の實なり」（本居宣長「古事記傳一之巻」『柳田國男全集』第九巻、筑摩書房、一九六八）。

8 「方言周圏論」とは「中央部としての近畿地方から東西・南北に同じように離れた対象地点には同じような民俗が伝承しているものと予想し、その中央からの距離の相違が新旧を表現して9 岩竹美加子「『重出立証法』・『方言周圏論』再考」においては、フィンランド学派などを経由してこうした方法論が柳田に輸入されていることについて指摘されている(『未来』三九七号、未来社、一九九九)。

10 ここで一つ注釈を入れるならば、民俗学の哲学的潮流について紹介したい。新体詩におけるロマン主義的潮流の影響を大いに受けた柳田は、〈言〉が全てを照らしていくような言語観を発明した疾風怒濤運動の流れ着いた末裔でもあった(注釈中注釈①)。疾風怒濤運動をゲーテに「吹き込んだ」ヨハン・ゴッドフリード・ヘルダー(Johann Gottfried von Herder)の言語観とは、「言語は単なる悟性の道具以上のものであり、逆に言語こそ『人間の認識全体に限界と輪郭を与えるもの』として、人間の全精神活動を規定する本質要素とみなされている」(注釈中注釈②)ものであり、それまで神学・啓蒙主義の観点から絶えず議論が循環的に繰り広げられてきた言語の問題について、理性即言語という観点を打ち出したものといえる。こうした〈照らし出すもの〉としての言語観は、上古研究・神話学・法制史・言語学を広範に取り扱うヤーコプ・グリム(Jacob Grimm)とヴィルヘルム・グリム(Wilhelm Grimm)によって実証的方法論に整えられてのち、ヴィルヘルム・マンハルト(Wilhelm Mannhardt)による農業儀礼の研究と文献資料の照らし合わせという民俗学的基盤とヴィルヘルム・ハインリヒ・リール(Wilhelm Heinrich Riehl)の国家学提唱を待って、やがて近代科学としての民俗学へと橋渡しされていった(注釈中注釈③)。

注釈中注釈①:島村恭則「民俗学とは何か」『民俗学を生きる——ヴァナキュラー研究への道』(晃洋出版、二〇二〇)において、ヘルダーの対啓蒙主義を受け継ぐものとしての民俗学が示される。

注釈中注釈中注釈①:生きた世界との失われた中間項、すなわち自由という欠陥を乗り越えるために誕生する〈言〉こそ人間の理性そのものであり、人類を発展し続ける世界認識の一環としての「辞書」の持続的形成過程に見出すヘルダー的言語観は、このようにみるならば民俗学の隠れたる主題ともいうことができる。

注釈中注釈中注釈②:柳田がメドチの問題を零落説によって解くが、これはヘルダー的言語観においては価値が反転している。すなわち、偶然的原因などによって語彙変化する言葉そのものを神として記述したのであって、妖怪とは語彙変化した語根の現在的形態である。

注釈中注釈②:J・G・ヘルダー「解説」『言語起源論』法政大学出版局、一九七二年。ヘルダーの民俗学への強力な影響関係は、志村哲也「ヘルダーの『民謡集』と民謡論:最近のヘルダー研究の一側面」『上智大学ドイツ文学論集』(上智大学、二〇〇三)などにも詳しい。

注釈中注釈③:河野眞『民俗学のかたち——ドイツ語圏の学史にさぐる』(創土社、二〇一四)参照。

11 「柳田の『石神問答』における考古学の位置づけは、考古学という学問そのものの体系をふまえたものではなく、あくまでも民俗的な小祠の信仰や石造物、自然石によせる信仰の歴史的展開を考えようとする際の、いくつかの視点のひとつであっただろう」(小池淳一「柳田民俗学の形成と考古研究」『国立歴史民俗博物館研究報告』国立歴史民俗博物館、二〇一七)。

12 この頃の柳田と白鳥の関係は「再刊序」に次のようにある。「この一巻の書の成った頃には、私は市谷で白鳥先生の隣の町に住んで居た。家がポストの距離よりも近かつた故に、自分で手紙を持参して懇ろな批判を受けたことを覚えている」。

13 なお、ここには柳田の秘された恋人たる伊勢屋の娘・よね子が夭折したことが指摘されている。

文献

柳田國男「盆過ぎメドチ談」『妖怪談義』角川ソフィア文庫、二〇一四年
「石神問答」「再刊序」『柳田國男全集』第一巻、筑摩書房、一九九九年
「蝸牛考」『柳田國男全集』第五巻、筑摩書房、一九九八年
赤坂憲雄『一国民俗学を越えて』五柳書院、二〇〇二年
石井正己「石神問答」『柳田國男全集』第一巻、筑摩書房、一九九九年
岡谷公二『殺された詩人——柳田國男の恋と学問』新潮社、一九九六年
岡谷公二『柳田國男の恋』平凡社、二〇一二年
後藤総一郎「柳田学前史の意義」『柳田学前史』岩田書院、二〇〇〇年
柴田武「方言周圏論」大藤時彦編『講座日本の民俗1 総論』有精堂、一九七八年
田中宣一『名づけの民俗学——地名・人名がどう命名されてきたか』吉川弘文館、二〇一四年
田山花袋「妻」『田山花袋全集』第一巻、文泉堂書店、一九七三年
鶴見太郎『柳田國男』ミネルヴァ書房、二〇一九年
福田アジオ「比較研究法」『柳田国男の民俗学』新版歴史文化ライブラリー、吉川弘文館、二〇〇七年
ミルカ・イヴィッチ、早田輝洋/井上史雄訳『言語学の流れ』みすず書房、一九七四年
本居宣長「古事記傳一之巻」『本居宣長全集』第九巻、筑摩書房、一九六八年

「戦場」から「遊び場」へ——西田幾多郎と三木清の関係性を手がかりに「批評」の論争的性格を問い直す

岡田基生
OKADA MOTOKI

独自の哲学体系を創出し「京都学派」と呼ばれる思想の系譜を生み出した西田幾多郎と、西田の『善の研究』に影響を受けながらも時事的な評論及び実践へと次第に開かれていった三木清。二人の関係性から、哲学と批評の緊張関係や「遊び」としての批評のあり方を論じる。執筆者は、宮沢賢治をはじめとして、哲学や文学を批評のフィールドで論じながら人文系の学問を社会に開くことを実践している独立研究者・岡田基生。

NISHIDA KITARO／MIKI KIYOSHI

1　「論争」が「戦争」に変わらないために

「批評」という営みが、批評の対象（言論、作品、活動など）の問題点を指摘する、という側面を含んでいる以上、それは論争的性格を離れることができない。この性格をどう捉えるのか。それが問題である。問題点を指摘することは、直ちに対象のすべてを否定することではない。しかし、しばしば論争という構えを取ると、問題点を指摘する以上のところまで足を踏み入れてしまうことがある。そうなると、相手を叩き潰すこと、その価値を全面的に否定することにまで進んでしまうことも少なくない。「論争」は「戦争」になってしまうのだ。「論戦」、「論敵」、「陣営」……。批評の世界で使われる戦争に由来する用語からは、戦いを批評にとって本質的であるかのように捉える信念も垣間見える。批評と戦いは本質的に結びついているのだろうか。このように批評の論争的性格を問い直すのは、国と国の間であれ、人と人の間であれ、分断を感じることが少なくないからである。[1]

どうすれば、批評が生み出す「論争」が「戦争」になることを避けることができるか。私は、自らの思想的な参照軸である西田幾多郎（一八七〇―一九四五）と三木清（一八九七―一九四五）に立ち返りながら探究している。当初、私は大学の哲学科で西田を研究していたが、大学院の博士前期課程の時その弟子の三木に研究対象を変更した。それは、理論の領域で根源的な立場を追求する西田の姿勢に限界を感じ、理論と実践の往復を重視し批評家として活動する三木の姿勢に可能性を感じたからである。三木は哲学に対して西田とは大きく異なるスタンスを取ったが、それにもかかわらず西田と継続的に向き合うことを通して独自の発展を遂げることができた。

私は、西田と三木の関係性の中に「論争」が「戦争」になることを避ける手がかりがあるのではないかと考えている。

2　哲学に対する西田幾多郎の姿勢

西田と三木は、哲学についてどのような点で対立していたのか。まずは、西田の哲学に対する姿勢を理解する必要がある。

小林秀雄が「学者と官僚」（一九三九）の中で、西田の文章を「日本語では書かれて居らず、勿論外国語でも書かれてはゐないといふ奇怪なシステム」と評したことは広く知られている。このように評された文章の特徴は、哲学に対する西田の姿勢に由来している。ようやく自らの「根本的思想」を明らかにしたと感じた時点で書かれた『哲学論文集第三』（一九三九）の「序」の中で、西田は下記のように自らの哲学の目的を語っている。

私はいつも同じ問題を繰返し論じて居ると云はれるが、「善の研究」以来、私の目的は、何処までも、直接な、最も根本的な立場から物を見、物を考へようと云ふにあつた。すべてがそこからそこへといふ立場を把握するにあつた。

西田の目的は、根本的なリアリティを徹底的に明らかにすることである。彼は、欧米の哲学や宗教の考え方を理解するとともに、禅の修行を行うなど、東アジアに継承されてきた精神的伝統を深く体得することを目指しながら、自らの思想を形成していった。それらの思想の対立を、自らの内に引き受けながら、それらの思想が、私たちが生きている現実のどういう面を捉えたものなのかを、整合的に位置づけることができる立場を見出すことが、西田の課題であった。そのような立場に至るには、さまざまな立場をコラージュ的に折衷することではなく、無批判に前提されているものを乗り越えていく必要がある。

そのような志向をもつ西田の思索という場では、従来のドイツ語や英語で書かれる思考のスタイルも、従来の日本語で書かれる思考のスタイルも解体されることになる。西田の思索から生まれた現実把握のシステムが、既存の思想的伝統を前提とする立場から見て「奇怪」に見えることは自然なことである。西田もそのことを自覚した上で、自分の思索が理解されることよりも、さらに根本的な立場に至ることを追求していたと言える。そのような優先順位は、彼の理論と実践に対する姿勢に基づいている。

彼はその最初の著作『善の研究』（一九一一）の「考究の出立点」を

めぐる章の中で「我々は何を為すべきか、何処に安心すべきかの問題を論ずる前に、先ず天地人生の真相は如何なる者であるか、真の実在とは如何なる者なるかを明にせねばならぬ。」と述べている。つまり、理論と実践の間には順序があり、まず理論に取り組み、その後に実践を考えるべきだというのである。

このような理論と実践に対する態度は、晩年に至るまで続いており、先に言及した『哲学論文集第三』（一九三九）でも西田は、理論的な問題の探究にまず取り組むことの重要性を強調している。西田が、この論文集の後に『日本文化の問題』（一九四〇）や「世界新秩序の原理」（一九四三）などでの時局に対する発言という実践を行った[2]のも、周囲に求められたからだけでなく『哲学論文集第三』で自らの「根本的思想」を明らかにしたという実感を持てたからだろう。西田は、実践的な問題に取り組む前に、まず理論的な問題に取り組むという順序を重んじ、実際にその順序に従ったのである。

だが、西田自身、例えば『哲学論文集第五』の「知識の客観性について」（一九四四）の中で「哲学は我々の自己が真に生きんとするより始まる。我々の自己の自覚の仕方であり、生き方である。対象的学問と異なつて、民族や個人の体験が基礎となると思ふ」と語っているように、哲学が単なる理論的な営みではなく、生きるという営みから生まれるものであることを認めている。西田の思索も日本の近代化という時代状況の中で生まれたものである。[3] そのように考えるとき、「理論が先、実践は後」という順序は実情に即しておらず、そもそもその順序で哲学を行う必要があるのかという問いが湧いてくる。

3　哲学に対する三木清の姿勢

私が本格的に「理論が先、実践は後」という順序で哲学を進める必要があるのかという問いを抱いたのは、大学院の博士前期課程に入った二〇一五年頃である。この問いは、私が西田の著作を読み解くなかで生まれたものであるとともに、東日本大震災、大学の中で「哲学対話」をはじめ哲学を社会に関わらせる試みが盛んになってきたこと、人文系学問の必要性に関する議論が活発になったことなど、時代の影響を受けて生まれたものである。実践と関わりながら遂行される哲学は可能なのか。そのような問題意識が深まったとき、西田を批判的に継承した三木の姿勢に惹かれるようになった。

三木は、理論と実践を行き来することを重視しながら哲学を行った。その考え方は、マルクス主義の影響下で形成された。三木が西田から距離を取り、マルクス主義に接近していた時期の論文である「ヘーゲルとマルクス」（一九二八）では、以下のように論じられている。

> 理論と実践との弁証法的統一の上に立つ哲学のみが真に具体的なる哲学である。未来への展望を含むか否かが学問の現実性の基準である。我々はこのことをマルクス主義から学ばねばならぬ。

「理論と実践との弁証法的統一」とは、理論と実践が、一面においてそれぞれ独立性をもつとともに、他面において、互いが互いの前提となるという事態のことである。理論は価値判断から自由に、実践的な目的や応用と無関係に求められる知識であり、理論の目的は概念、原理、法則のような一般的なものである。それに対して、実践は価値、理想、規範にかかわるものであり、つねに特殊的なものに関係する。しかし、このように対立する両者が「実践は理論を要求し、理論は実践によって発展する」という相互依存的な関係にある。それは、そもそも理論は単に純粋にそれ自身のために求められるのでなく、むしろ実践的な課題の中から生まれ、そのようにして生まれた理論の真理性は実験の成功や産業の発達によって確かめられる、ということである。このように理論と実践の間に往復関係を認め、「未来への展望」を重視する点で、三木は西田と大きく異なっている。

三木は、一九三〇年に治安維持法で逮捕され、マルクス主義から「転向」した。そして、大学を追われ、在野の知識人となった。その状況にも後押しされて、文芸、思想、政治などの観点から時代を批評するという仕事に取り組むことになる。彼は、自らが遂行していた批評という営みをどのように理解していたのだろうか。

三木は『改造』に発表した「批評の生理と病理」（一九三二）において「批評の根本的な機能」を論じている。それは「人間の精神をその自然的傾向に属する自働性に対して防御すること」だという。そして「批評の精神は或る意味では懐疑のこころである、懐疑のこころは相対性の感覚である」と語った。つまり、自分たちの社会の中で当たり前に見えることを相対化して検討することが批評の機能だというのだ。

その上で彼は「批評の生理と病理」の中で、批評と実践の関係について下記のように論じている。

> 好《よ》き批評家は身体をもてる精神でなければならない。しかるに批評家が真に身体をもつとき彼は批評家以上のものとなる、彼は実践的指導者となり、或ひは文化の諸領域における創作家、創造者となるであらう。しかしまた他の方面から見ると、批評の精神なくして指導者も創作家もないであらう。

ここでいう「身体」というのは、価値判断の基礎となるスタンスのことだろう。それがなければ、何かを評価することはできない。しかし特定のスタンスで現実に働きかけるという方向を徹底すると、その人はもはや単なる批評家ではなくなり、実践を導く者や自ら創作する者になる。そのような実践や創作は、今の社会の当たり前を問うものとして遂行されるという点で「批評の精神」に貫かれていると言える。その上で三木は指導者や創作者とならない批評家の役割も認めており、それを「啓蒙家」と捉えている。ここでいう「啓蒙」とは「古いイデオロギーに対する新しいイデオロギーの宣伝及び普及」を意味している。三木は、批評家がもつ実践的関心を重視しているのである。以上をまとめると、彼は批評と実践の相補的な関係性を重視し、二つの極として、批評の精神をもつ実践家と、実践的関心をもつ批評家を考えていたと整理できる。

このような批評と実践の理解にもとづいて、三木自身は、どちらかと言えば、批評の精神をもつ実践的指導者になることを目指していたようだ。彼は『夕刊大阪新聞』に掲載された「哲学と教育」（一九三七）において、哲学者を「教育者」として捉える哲学観を提示している。

哲学者は責任を負はない観想者でなく、世界を動かす者、世界を形成する者でなければならない。かかるものとして哲学者は教育者でなければならない。

ここでいう「教育」は、「世界を、社会を、人間を形成する」という意味で理解されている。当時、彼が行っていた「教育」は、まずこの文章が新聞に掲載されているように、言論によって世の中に働きかけることである。また、彼は、岩波文庫の設立に関わるなど、言論のプラットフォームをつくることにもかかわっていた。他にも、三木は、近衛文麿のブレーントラストである昭和研究会で政策決定に関わろうとしたり、理化学研究所が母体となった新興財閥・理研コンツェルンの刊行する雑誌『科学主義工業』を通して産業界に対して将来の技術に関する提言を行ったりしていた。

4 西田幾多郎と三木清の関係性

先に引用した「哲学者は責任を負はない観想者でなく、世界を動かす者、世界を形成する者でなければならない」という一文には、「観想者」、つまり理論的認識にとどまっている哲学者に対する論争的な姿勢が込められている。この箇所に、三木による西田批判を読み込むこともできるだろう。

この一文が書かれたのは、一九三七年である。西田は、一九三九年に『哲学論文集第三』を出した後、当時の政治や文化について発言するようになった。その変化には、このような三木の要求に対する応答という側面もあると推察される。それ以前にも、西田が『無の自覚的限定』（一九三二）以降、マルクス主義への応答を行うことによって、自らの哲学を形成していった背景には、三木をはじめとするマルクス主義に傾斜した世代からの影響がある。西田から三木への影響があるだけではなく、三木から西田への影響が読み取られるのである。

西田と三木の関係を考える上で、さらに興味深いことは、一九三〇年代後半以降、西田とは明確に区別される哲学観にもとづいて活動している三木が、理論的には、西田に接近していることだ。これは、三木が実践の見地に立ち、新たな社会を構想するために、自分自身も含めて当時の人々の思考の前提となっている世界観や人間観を問わざるを得なかったからだと考えられる。[4]

また、三木が西田に反発しつつも西田に接近できたのは、西田の「弟子に対する態度」による部分もあるだろう。西田の門下から、欧米哲学の研究という域を超えて、独自の哲学を構築する哲学者が多く育ったことの要因の一つもその態度にある。三木は「西田先生のことども」（一九四一）で以下のように綴っている。

弟子たちの研究に対しては、先生はめいめいの自由に任されて、干渉されることがない。その点、無頓着に見えるほど寛大で、一つの型にはめようとするが如きことはせられなかつた。先生は各人が自分の個性を伸ばしてゆくことを望まれて、徒に先生の真似をするが如きことは却つて苦々しく感じられたであらう。こんなことをやつてみたいと先生に話すと、先生はいつでも「それは面白からう」といつて、それに関連していろいろ先生の考へを述べて下さる。

ここに見られるのは、弟子たちを自由に遊ばせ、弟子たちが望む方向に進むのを、師としてサポートするという姿勢である。ここには、意見の対立や論争を潰し合いにしないヒントが見られる。

さて、西田と三木の関係性を手がかりにしつつ、批評における論争が戦争にならないようにするにはどうすればよいか、という私が最初に提示した問いに答えよう。それは、異質な立場の者同士がぶつかり合う場を、「戦場」ではなく「遊び場」とすることである。

試みにボードゲームというメタファーで説明しよう。ボードゲームには、対戦型ゲームと、協力型ゲームがある。対戦型ゲームは参加者同士で勝ち負けを競うものであり、協力型ゲームでは参加者同士が同じ目標を共有し、それを達成することに挑戦するものである。いずれにせよ、それは遊びであり、対戦する場合でも相手を叩き潰すことは目指されない。あくまで対戦するという役割を演じているだけである。批評にも、意見の対立を通して議論を尽くすという対戦型ゲームのような側面と、相手から影響を受けたり相手に助言したりという協力型ゲームのような側面がある。

遊びは不真面目なもので、余裕があるときにしかできないものとも思われる。しかしそれは、遊びと仕事を区別する場合の話である。仕事を遊びとして捉えるとき、遊びはもはや不真面目なものではない。真剣に全力を出し切るものである。それによって楽しさと相手へのリスペクトが生まれる。逆に批評が「現実の改善を目指す仕事」と区別された遊びとなるならば、それは真剣さを失った馴れ合いとなる。

ゲームは「特定のルールに従って行われる遊び」であり遊びの一形態だが、遊び自体はゲームという在り方に限定されない。三木が西田に対して、時に論争的になり、時に接近したように、遊びはゲームのルールを書き換えることもできる。遊びにとってルールは仮のものであり、ルールに従うことがゲームの条件であるとともに、遊び自身はそれに縛られない。批評は、特定のルールに従うゲームの中で真剣にプレイしつつ、そのゲーム自体を相対化するという、アクロバティックな行為である。それを遊びとして遂行するとき、その営みは真剣であることによって楽しいものとなり、また自分の思想的立場は「ロール」となり、思想的立場への感情的な固執から解放される。

このような遊びは、一人ではできない。自分は自分自身の物の見方を相対化できない。自己を相対化することは、同時代の立場の異なる人、さらには過去の人々と格闘することによって可能となる。[5]そのように他者とともに遊ぶ場である批評の空間は、単に何でもできる場所ではない。最初に勝利条件や禁止行為を合意しないとトランプゲームやスポーツの試合を楽しめないように、他者とともに遊ぶためには、さまざまな権力関係を考慮しながら、場のルールを合意していく必要がある。

また、遊びの場を継続していくためには閉鎖的にならず、門戸を開いていくことも重要である。日本の批評文化では、必ずしも論旨が明瞭ではないエッセイ的な文体や、これまでの学問や批評の文脈の理解が前提とされる書き方が一般的だった。しかしメディア環境の変化によりそのような文脈の共有が困難になりつつある中、自らが何を目指してどんな前提認識の上で語っているのか、読者に示していく必要があるのではないか。

5　哲学と経営が交わる遊び場

私は博士前期課程の時、批評の精神を備えた実践を重視する三木の研究をする中で、アカデミアで研究することよりも、社会の中で哲学を活用する道を模索したいと思い、民間企業に務めながら研究を続けることにした。そのような探究の中で「遊びの精神」が重要な役割を果たしている。

IT企業を経て、生活提案型書店でビジネス書や人文書を扱っていた時期に、私は哲学と経営が交わる領域である「世界観」に関心を持つようになった。「世界観」は、今日のビジネスの中で「ブランドのコンセプトや雰囲気、組織の明文化されない共通認識」といった意味合いでカジュアルに使用されることが多い。しかしもともとは哲学用語である。三木が執筆した『世界文芸大辞典』の「世界観」の項目では「世界の全体及びそのうちに於ける人間の位置に就いて或る人間もしくは人間の集団が有する観念、見解」と定義されている。つまり、特定の個人、または特定の集団が、世界全体をどのようなものとして、また、その世界の中で自分たちをどのような存在として捉えているか、ということだ。世界観は、自然観や人間観、社会観などさまざまな物の見方（イメージや信念などを含む）が複合的に組み合わさって構成されている。私たちは多くの場合、自分がどんな世界観を通して物を見ているか、自覚していない。

私は、特に「企業の世界観」に注目し、働いている人たちが自らの企業の世界観を自覚し、発展させたり、改定したりするための理論と方法を探っている。これは、新たな時代の社会や文化の基盤として、新たな世界観を構築することを重視した三木の姿勢を継承するものである。[6] 私が三木や彼の同時代人のように民族や国家の世界観ではなく、企業の世界観に注目しているのは、企業が今まで以上に社会を改善していく主体となりつつあるからである。20世紀における企業の社会貢献は、企業の目的が利潤追求だという前提にもとづいて、「フィランソロピー」や「メセナ」のように利益の一部を社会に還元するものが主だった。しかし今日では「ESG投資」や「パーパス経営」のように、企業の経済活動自体を社会貢献的なものに変えていく流れが広がりつつある。自社のサービスによってどんな社会課題を解決できるかが問われる時代に変わりつつあるのである。

そのような時代に企業が「何を目指すか」を決める上で（しばしば無自覚な）前提となるのは、「世界をどのようなものとして観ているか」である。例えば「人間自身も自然のエコシステムの中に含まれており、他のものとの関係を考慮しながら振舞う必要がある」と捉える世界観を前提とする時、何かをゴミとして捨てるのではなく、どのように循環させるかを探るという発想が生まれやすい。一方、自然を「人間が自由に活用できる資源」として捉える世界観から、この発想が出てくることは期待できない。

また世界観を自覚し発展させることは、文化の多様性を高めることにつながる。それも私が企業の世界観に注目する理由である。一つの立体を見るためのさまざまな視点があるように、世界という複雑な構造体を捉える世界観は多数存在しうる。国内外のさまざまな地域の食文化が共存し影響を与え合うことによって私たちの食文化が豊かになっているように、多数の世界観が共存し影響を及ぼし合うことによって、マジョリティのニーズだけにとどまらない多種多様なニーズを満たすサービスやプロダクトが生まれるだろう。

私は企業の世界観に関する探究を進めるため、経営者やコンサルタントなど実地経験のあるメンバーと研究会を行っている。その研究会では、哲学の理論と企業に関するケーススタディを行き来しつつ、企業の世界観に関する理論と、それを自覚し発展させる方法の構築を目指している。[7] このような探究の場は、哲学と経営という異質なものがぶつかり合いつつ協力し合う遊び場となっている。

6　世界観が自覚される遊び場

批評の精神は自己自身をも批評することを求める。そのため、集団の世界観が自覚されることをポジティブに捉えてその可能性を探る私自身の実践にも、批評の目を向けてみよう。集団の世界観を自覚することによってどんな問題が生じる可能性があるだろうか。集団の内部に対しては同じ世界観を持つように強要すること、集団の外部に対しては別の世界観を持つ人たちを排除したり同じ世界観を持つように強要したりすることが起こりうる。これは世界観に限らず、価値観にせよ、ルールにせよ、「共有をめぐる暴力」に妥当することである。共有される観念のなかで、世界観が持っている特色は、それが知情意、真善美の全側面が結びついたものとして、人間の知性にも美意識にも道徳性にも強く働きかける傾向があることである。

世界観の共有をめぐる暴力の典型例は、異なる世界観をもつユダヤ人に対するホロコーストを行ったナチス・ドイツである。アドルフ・ヒトラー（一八八九―一九四五）の『わが闘争』（一九二五―一九二七）の中でも「民族主義的世界観」という表現が活用されている。[8] では、どうすれば、世界観の共有が強要や排除という戦争的な態度と結びつかないようにすることができるだろうか。私の回答は、世界観が自覚される場を「遊び場」とすることである。この解決策を具体的に考えるために、西田の個人（「個物」と表現される）に対する考え方がヒントとなる。『哲学論文集第三』（一九三九）の「図式的説明」では、個人が行為することについて以下のように整理されている。

> 全体的一に属しては、我々は唯動くといふことがあるだけである。孤立的な個物としては、我々は唯思ふと云ふことがあるだけである。Bxのbxとしての我々がMxのmxとして、我々は真に個物的に働くと云ひ得るのである。

ここでいう「全体的一」とは「特定の社会的集団」を表している。私たちが、その中の単なる一員として、その集団内の仕組みやルールに従っているだけでは、「唯動く」というだけで自由はない。しかし、そういった仕組みやルールを無視して「孤立した個物」として遊離していても「唯思ふ」だけで現実を動かすことはできない。「Bxのbx」というのは、特定の社会的集団（Bx）の一員（bx）を表している。それに対して、「Mxのmx」というのは「創造的世界の創造的要素」や「世界的個物」とも言い換えられるもので、さまざまな集団を越えた場である世界（Mx）の一員（mx）としての私たち一人ひとりのことである。[9]これは、集団に反抗するだけの単なる個人でもなく、また単なる集団の一員でもない。それは集団の中で活動しつつ、集団を越えた立場から集団の仕組みやルールを変えることができる在り方のことである。私たちは単なる集団の一部になっていることも少なくないが、集団を作り変える個となるポテンシャルを持っているのである。

　このような西田の考え方をヒントに、世界観を自覚し発展させる方法について考えてみよう。世界観も、集団が共有している仕組みの一種である。個人のもつ世界観は、集団の世界観の影響を受けながら形成されるが、私たちはそれぞれ独自の経験を持ち、複数の集団に属することも、集団を移動することもできる。また一つの集団に属しながらも、別の世界観に触れることができる。したがって、私たちの世界観は、自らが属する集団の世界観と部分的にしか重ならないものである。また集団の世界観は、多様な個人の世界観が照らし合う関係の網の中で形成されていくものである。

　このような構造にヒントを得ながら、「共有の暴力」に陥らない企業の世界観の自覚の仕方を実現することもできるだろう。例えば、それぞれのメンバーが自分の属する集団の世界観として感じているものを語り合う場として、時にぶつかり合ったり、時に化学反応が起こったりする遊び場を体現するワークショップを実施することができる。そこで重要なのは、「私たちの世界観は○○だ」という固定的な統一見解を作ることを目標にしないことである。この遊び場の中で浮かび上がるものは、それぞれのメンバーの捉え方が相互に影響を与え合いながら変化しているダイナミックな構造体であり、その中には相対立する見方も含まれている。むしろ、目標にすべきことは、そのような構造体として集団の世界観を自覚することで、それが発展することであり、その上で日々の業務の捉え方が変わったり、新たなアイデアが生まれたりすることだろう。

　さて、私はここまで異なる思想的立場を持つ人たちが関係しあう場を「遊び場」に変えることを提案してきた。そのような場で働く「遊びの精神」は、ゲームに熱中するだけのものではない。それは、自分がプレイするゲームのルールを問い直し、場の仕組みを協議していく力を持っている。この精神が、争いに陥らないで、問題点を指摘し改善の道を探ることを可能にするのではないか。

岡田基生（おかだ・もとき）
一九九二年、神奈川県生まれ。独立研究者・書籍編集者。上智大学文学部哲学科卒、同大学院哲学研究科博士前期課程修了。社会の中で哲学を活用する道を模索するため、民間企業で働きながら研究を行っている。ＩＴ企業を経て、代官山 蔦屋書店にて人文コンシェルジュおよび人文・ビジネスフロアのマネージャーを務めた後、ビジネス系出版社に入社。現在の主な研究対象は宮沢賢治の思想。過去の連載に『「ほんとうのさいわい」につながる仕事――宮沢賢治に学ぶワークスタイル』（図書出版ヘウレーカ）、『READ FOR WORK & STYLE』（FINDERS）。寄稿に「イーハトーヴ――未完のプロジェクト」『アンソロジスト vol.5』（田畑書店）など。

1 争いは、利害の対立と思想の対立のどちらか、あるいはその両方から生まれる。例えば、同じマーケットで利益追求を目指している企業同士が争うという場合、思想は同じだが、利害が対立していると言える。それに対して、現時点で主流となっている価値観を肯定する人と、それを問題視し新たな価値観を提示する人の間には、思想の対立がある。もちろん利害の対立も重要な論点だが、論争が関わるのは思想の対立であるため、今回はその点に焦点を当てる。

2 西田の政治的発言の問題点については、注5を参照。

3 例えば、その思索の前提に、どのように日本の近代化を進めるかを考えるための基盤をつくる、といった実践的な意図を読み取ることもできる。

4 例えば『構想力の論理』の「序」（一九三九）での中で、「私は私自身のいはば人間的な問題から出発しながら、現在到達した点において西田哲学へ、私の理解する限りにおいては、接近してきたのを見る。私の研究において西田哲学が絶えず無意識的に或は意識的に私を導いてきたのである」と語っている。「私自身のいはば人間的な問題」というのは「客観的なものと主観的なもの、合理的なものと非合理的なもの、知的なものと感情的なものを如何にして結合し得るかといふ問題」に憑りつかれていたことを指している。これは一見単なる理論的な問いにも見えるが、「新しいゲマインシャフト的文化」を生み出すという実践的な課題とも結びついている。これは、三木が次の文化の方向として構想しているものである。近代以前は、主観的なもの、非合理的なもの、感情的なものが優位のゲマインシャフト（「共同社会」あるいは「基礎社会」と訳される）的な文化であったのに対し、近代になると、客観的なもの、合理的なもの、知的なものが優位のゲゼルシャフト（「利益社会」あるいは「派生社会」と訳される）的文化が支配的となった。この二つの側面の間で揺れ動き、両者が両立する生き方や、社会の在り方を求める三木の実践的な問題意識から出発した探究が、西田が理論的な問題意識を突き詰めることによって到達したものの影響を受けながら進展しているのである。

5 このように批評や実践を「遊び」として行うことを提案することは、西田の実践の問題点を乗り越えることにもつながる。弟子たちに対してすぐれた遊び場を提供することができた西田だが、彼の政治的発言に関しては、太平洋戦争の推進に加担したという批判がなされている。まず前提として、西田は反帝国主義・反全体主義の立場を主張しており、「万世一系の我国体」や「八紘為宇」など当時使用されていたスローガンを、反帝国主義的・反全体主義的な意味で書き換えることで軍部の暴走を抑えようとしている。例えば「世界新秩序の原理」では「英米的思想の排撃すべきは、自己優越感を以て東亜を植民地視するその帝国主義にあるのでなければならない。又国内思想指導の方針としては、較もすれば党派的に陥る全体主義ではなくして、何処までも公明正大なる君民一体、万民翼賛の皇道でなければならない」という。こういった発言の評価は、三木や戸坂が治安維持法で逮捕されて獄死したように、強力な思想統制が行われていた時期のものであることを前提しつつ行うべきだが、結局のところ、当時の体制にお墨付きを与えているように受け取られるという逆効果を招いたと言わざるを得ない。このような発言に関して、西田の意図はよかったが、選んだ方法に問題があったと考えることもできなくはない。しかし、彼が自らの置かれた状況や自分の文化的アイデンティティを十分に相対化できていたのかは疑問である。そのような相対化を可能にするのが、遊び場において他の立場の人と向き合うことなのである。

6 「世界観構成の理論」（一九三三）という論文の中で、三木はドイツの哲学者ヴィルヘルム・ディルタイ（一八三三―一九一一）の「世界観学」が単に「観想的」で「実践的見地」を含んでいないことを批判しつつ、今日の問題は「世界観定立 Weltanschauungssetzung」であると述べている。

7 その際、哲学と経営を結ぶモデルケースとして、例えば、前川製作所で西田哲学にヒントを得ながら実践の中で独自に発展した「場所的経営」や、現象学との対話の中で発展した野中郁次郎氏の「ナレッジ・マネジメント」の理論などを参照している。

8 例えば『わが闘争　下』には「民族主義的世界観は決して人類の平等を信じないばかりか、かえって人類の価値に優劣があることを認め、そしてこうした認識から、この宇宙を支配している永遠の意志にしたがって、優者、強者の勝利を推進し、劣者や弱者の従属を要求するのが義務である、と感ずるのである」という一文が見られる。

9 西田は、世界の構造を把握することを目指し、それを図式的に説明する際は、図形とアルファベットで表現した。彼は、集合を「M」のように大文字で表し、その中の要素を「m」のように小文字で表すという表記法を用いている。これらの記号は、ドイツ語の単語に由来していると考えられる。「B」は「besonder（特殊的）」、「M」は「Medium（媒介者）」の頭文字であろう。なお「B*x*」や「M*x*」の「*x*」は集合のバリエーションを表している。例えば「B*x*」はさまざまな社会のバリエーションのうちの一つの社会、「M*x*」は過去現在未来の世界のバリエーションの中のうちの、ある時点の世界を表している。それと同じく「b*x*」や「m*x*」の「*x*」はさまざまな個がある中での一つの個を表している。

文献

西田幾多郎『善の研究』『西田幾多郎全集』第一巻、岩波書店、一九六五年
「序」『哲学論文集第三』『西田幾多郎全集』第九巻、岩波書店、一九六五年
「図式的説明」『哲学論文集第三』『西田幾多郎全集』第九巻、岩波書店、一九六五年
「知識の客観性について」『哲学論文集第五』『西田幾多郎全集』第一〇巻、岩波書店、一九六五年
「世界新秩序の原理」『西田幾多郎全集』第一二巻、岩波書店、一九六六年
三木清「ヘーゲルとマルクス」『三木清全集』第三巻、岩波書店、一九六六年
「世界観構成の理論」『三木清全集』第五巻、岩波書店、一九六七年
『構想力の論理』『三木清全集』第八巻、岩波書店、一九六七年
「西田哲学の性格について」『三木清全集』第一〇巻、岩波書店、一九六七年
「批評の生理と病理」「哲学・文芸用語解説（一）『世界文芸大辞典』執筆項目」『三木清全集』第一一巻、岩波書店、一九六七年
「哲学と教育」『三木清全集』第一三巻、岩波書店、一九六七年
「西田先生のことども」『三木清全集』第一七巻、岩波書店、一九六八年
小林秀雄「学者と官僚」『小林秀雄全集』第六巻、新潮社、二〇〇一年
アドルフ・ヒトラー、平野一郎／将積茂訳『わが闘争　下』KADOKAWA、二〇〇一年

実感としての「過去」――江藤淳論

松本航佑
MATSUMOTO KOSUKE

代表作『成熟と喪失』によって現在の批評シーンにおいても存在感のある文芸評論家・江藤淳は、「過去」と「私」をどのように考えていたのか。日本浪曼派を批判した保守派のリアリストとしても知られる江藤の思想を紐解くのは、山田孝雄、蓮田善明などを対象とする、近代国学研究者・松本航佑。

ETO JUN

1 「過去」と「現在」の距離

「私」とは何者か。この問いを前にして我々はどのように答えれば良いのだろうか。おそらく、「私」はこのような性格で、何を好み、あるいは嫌い、どのような仕事をしていて……、といったように、自身にまつわる事柄で「私」を説明しようと企てるに違いない。だが、「私」はそのようなものだけで本当に説明することが可能なのだろうか。自分の属性や経歴のみで本当に「私」は語りつくせてしまうのだろうか。

おそらくそんなことは不可能だ。「私」を説明するときに用いる言葉、それこそ一人称である「私」ですら、積み重ねられてきた日本語の歴史から切り離せはしない。日本語をもって思惟し、日本語をもって他者と関わり続ける限り、その歴史の制約から逃れることなど決してできないのである。

そういった至極当たり前で、それでいて忘れがちなこの事実について、江藤淳（一九三二―一九九九／昭和七―平成一一年）という批評家は自覚的であり続けたといえる。

江藤淳という名は筆名であり、本名は江頭淳夫という。少年期に第二次世界大戦における日本の敗戦を経験し、「解放感と喪失感とを同時に感じ」（「年譜」）た彼は、昭和三一年になると、挑戦的な夏目漱石論をひっさげて文壇に登場した。

漱石以外の文学論でも『作家は行動する』や『小林秀雄』等、著名なものは多数あり、なかでも『成熟と喪失』については、現在もなお言及されることの多い一冊である。

また、保守系知識人としても記憶されており、なかでもGHQ占領期に形成された「禁忌」の影響を紐解いた『一九四六年憲法――その拘束』や『閉ざされた言語空間』などの著作でも知られていよう。

更に彼はエッセイも多数執筆しているが、そこには「○○と私」という題を頻繁に用いている。「〇〇」には今思い出すだけでも「漱石」「アメリカ」「戦後」「文学」「妻」「犬」等々……、江藤は「私」との関係から、対象を描き出すことを好む人だったのであろう。

そんな江藤は、批評において「過去」と「私」の間に横たわる緊張感を強く意識していた。そのことは昭和三一年のデビュー作『夏目漱石』の次の一文から即座に諒解されよう。

> 夏目漱石の死後、すでに四十年の歳月が流れている。忘れ去られるには充分な時間であるが、作家の名声はいよいよ高い。しかし、これを漱石が現代に生きている証拠だと思ったら大間違いで、彼の名声にはコットウ品特有の事大主義や回顧的な匂いがつきまとっている。彼を讃美しようとする声は、すべて彼を過去へ押しやろうとする声にすぎない。（…）ここで、過去は決して完了したものではなく、完了していない故に価値がある、というような教訓を思い出さねばならない。漱石は何一つ完成したわけではないので、彼の偉大さは、彼がなしかけた仕事を我々に向って投げてよこそうとしているその姿勢にある。それを受けとめる以外に、漱石を現代に生かすことは出来ない。ぼくらはその姿勢を支えているものを探ろうとするのである。
>
> （『決定版　夏目漱石』）

弟子たちが語る「漱石先生」は、江藤から見れば夏目漱石という個人の実像を忘却させ、「コットウ品」として珍重し、賞玩するようなものでしかない。彼らの過剰な「漱石」賛美は、漱石という個人を「神話」化し、硬直した「過去」へと幽閉する営みにしか映らないのである。だが、門弟たちと世代を異にする江藤にとって、漱石はそんな「思い出」ではありえなかった。彼にとっての漱石とは、今なお絶えず問いかけてくる「過去」であり、「現在」に生きている課題なのである。

「過去」は静的なものではない。完了しない動的なものだと江藤はいう。そこから放たれる問いかけを、「我々」の立場から聞こうとする姿勢から彼の批評は出発している。ただしそれは、「過去」を徒らに「現在」へと引きつけ、好き放題に処断するといった類いの批評ではない。後述するように「過去」があたかも現前しているかのように語る「神話的」な表現を彼は嫌った。さらに言えば澁澤龍彦のように、「私」を超えて静的な遺物、江藤の言葉で言えば「コットウ品」の「オブジェ」と一体化することでもない（七草氏の論考を参照）。漱石をはじめ、「過去」が放つ問いかけと、思惟する「私」のあわいに立ち上がってくるもの、これが江藤にとっての批評なのである。

その姿勢は、彼の高浜虚子への評価に端的に現れていよう。「リアリズムの源流」で、正岡子規と高浜虚子の「写生」論を対比させ、次のように述べる。

> この応酬は、いわば二人のリアリズム観の本質に触れた応酬にほかならない。「殺風景」かもしれないが、「写生」は必然的に「空想」、すなわち対象にまつわるアルージョンやアソシエイションを「排斥」しなければならぬとした子規は、期せずして逍遥にかなり近いところに立っていた。その理論の背景にあるのは科学

であり、この場合「写生」の客観性という概念は、無限に自然科学の客観性に近づく。極言すれば、子規の意識の中では、「夕顔の花」は「夕顔の花」という言葉ではなくて、「其花の形状等目前に見る」印象の集合でありさえすればよい。ここでは言葉は言葉としての自律性を剥奪されて、無限に一種透明な記号に近づくことになるからである。

これに対して、虚子にとっては、「夕顔の花」はいくら「写生」的、あるいは客観的に用いようとしても、言葉という一点から離れられぬものである。それは対象を指示はするが、決して透明な記号にはなり切れない。換言すれば、この「夕顔の花」という言葉は、子規が主張するように、全く自分の自由になり、自分の感受性だけに支配される透明でニュートラルな、無性格なものではあり得ない。したがって、もし俳句における「写生」が言葉によって成立するものなら、それは厳密には「古人の知らぬ新たらしい趣味」などというものではあり得ず、どこかに「歴史的連想」の附着したものでしかないはずである。

（「リアリズムの源流」）

子規の提唱した「写生」の概念は「「其花の形状等目前に見る」印象の集合でありさえすればよ」く、言葉を「無限に一種透明な記号」としてしまう。「リアル」を事象そのものとしてベタに捉えてしまえば、子規の立場にも納得しそうになってしまう。だが江藤は、子規の論に歴史的意義を認めながらも、「極論」であったとする。「写生」が言葉で行われる以上、「リアリズム」として成立するためには、虚子の立場が必要なのだという。虚子曰く、言葉には常に「歴史的連想」が附着している。そのため、「私」の言葉が日本語である以上、「透明でニュートラルな、無性格なもの」にはなり得ないのだと。だが、この認識が「リアリズム」を成り立たし得ると江藤は説くのである。「過去」に支えられてこそ、「現在」は初めて描き出せるのである。ただし、「過去」のみが言葉と結びついている訳ではない。同論考で「言葉を用いてなされる以上、それは必然的に過去に持続し、他者と社会に開かれたものとならなければならない」と述べるように、言葉は「他者」から切り離されては存在し得ない。「過去」と「他者」、その両者に相渉ってこそ「文学」足り得る。仮にそのどちらが欠けていれば、それは「文学」などとは呼べない代物なのだと江藤は考えているのである。

この「文学」観は、日本浪曼派に対する痛烈な批判となっていよう。彼は「神話の克服」内で、日本浪曼派を次のように評している。

いまかりに私は「文学作品」といった。しかしすでにふれたように彼らの書いたものは正確に「文学」ではなく、また「作品」でもない。右に述べたような「日本ロマン派」の特性は、文学者としての完全な堕落であって、彼らを「文学者」と呼ぶことには、非人間的な「自然」を人間的な「文化」と混同するのと同様なあやまりがあるのであろう。（…）「神話」や「民俗」がそのままで「文学」になることはない。そこにはかならず「自然」の次元から「文化」の次元への意識的な転位がなければならないのである。

（「神話の克服」傍点原文、以下同様）

江藤は「ロマンティシズム」を「軽蔑的呼称《ペジョラティブ》」として用いることを憚らない。「神話」であれ、「民俗」であれ、人間不在の「自然」をさも「文化」であるといい、「過去」があたかも我々の前に現前しているかのように説く者達を、「文学者」などと絶対に認めようとはしない。

先に見たとおり、江藤にとっての「文学」とは「過去」と「他者」とにわたらなくてはならなかった。その点、日本浪曼派は「過去」に自身を結びつけてはいるものの、「他者」を拒絶する内閉的なものででしかなかった。詳しくは、武久氏の論考を参照していただきたいが、保田の立ち上げたエモーショナルな共同体に「他者」が存在し得ないことは明白である。保田が喚起する「過去」は、その共同体に身を置く者にのみ意味を持つ。江藤はいみじくもこれを「神託」でしかないと看破している。「神託」がその共同体の内側でしか機能しないことをあらためて説明する必要はあるまい。

ともあれ、「他者」不在の表現を、江藤は「文学」などと絶対に認めない。「過去」を引き受けつつも、「他者」、つまりは「現在」と関わらせるための「意識的な転移」を「文学」は志向せねばならないと江藤は考えるのである。彼がリアリズム系の保守派言論人として名を馳せたのはこのような点によるだろう。「過去」を無批判に持ち出すことなく、「現在」の側から「過去」を捉え直すことが「文学」の営みなのである。無論、それを行う主体は「私」以外ありえない。「文学」を成立させるためにも、「私」は「過去」を引き受けねばならず、「現在」へと開かなくてはならない。そのあわいに立つ「私」から、江藤の思索は始まるのである。

「過去は決して完了したものではなく、完了していない故に価値がある」という江藤の提言を、我々はもう少し意識してみてもいいのではないか。決して我々は「現在」のみに生きているのではない。「過去」は「現在」の背景にあり続けている。そんな当たり前の話を、江藤は批評のなかで説き続けていたのである。

2 「なごり」としての評伝

これまでくどくどと述べてきたが、それならば江藤にとって「過去」とは一体どのようなものであったのだろう。無論、彼が「過去」や「歴史」について観念的に述べている文章を掲げることは容易だ。だが、むしろ私は、江藤が「過去」をどのように感じたのか、といったところのほうが重要に見える。それこそが、江藤淳の語る「私」と「過去」との関係の起点だと思えてならないからである。

幼少のころ、江藤は次のような体験をしたという。

> 小学校に上るか上らないかというころ、私はひとりで家の納戸にはいりこんで、薄暗い電燈の下でそこにうずたかく積んである昔の本を眺めているのが好きだった。ここで「昔」というのは、とりもなおさず「幕末から明治・大正」という意味である。それらの本にはたいていうっすらとほこりが積っていて、「昔」のもの特有の匂いをただよわせていた。(…)
> それはもちろん湿気とかび、それにほこりがまざりあった匂いにすぎなかったのだけれども、私にはあたかもそれが「歴史」そのものの匂いであるかのように感じられた。つまり「歴史」

というものは納戸の中の本や長持のように、ある匂いと重みとをもって私の前に現存しているものである。

（『海舟余波』）

早熟の少年、江頭淳夫が感じた「湿気とかび、それにほこりがまざりあった匂い」、これこそが批評家江藤淳にとっての「歴史」であった。これまで取り出されることもなく、家人にさえ置いてあることも忘れられた、ほこりをかぶったものの「匂い」。本であれ長持であれ、そこから漂いくる「匂い」こそ、江頭少年の体験した「歴史」なのである。「過去」は直接経験することができない。しかし、残された「匂い」を通じ、江藤は「過去」を実感したのである。

この文章は『海舟余波――わが読史余滴』のプロローグに書かれたものである。書名からもわかるように、勝海舟の評伝である。

ところで、そこに付されている「余波」とはどのような意図を持つのだろうか。これは第一に、江藤が同書のあとがきで明言している通り、明治三二年に巌本善治がまとめた海舟の語録『海舟餘波』から借用してきたものである。「余波」とは、和語に読めば「なごり」となろう。「なごり」は「㊀風がやんでも、まだ静まらない波。㊁波がひいたあとに残る海水」とあり、古くは多く「余波」と表記された（『新明解国語辞典　第四版』、三省堂、昭和四七年）。

「余波」とは、いうなれば残り香のようなものである。本体が去ってもなお、その人を今も想起させるものごと、それを「余波」と江藤は表現したのである。江藤の「過去」は「なごり」をもって感じ、「匂い」をもって想起する、そういった追想のようなものであったといえそうである。海舟の「なごり」を感じ取るという姿勢が『海舟余波』という題に表現されている。

またもう一点、同書あとがきで「「餘波」であって「余波」ではない」と断っていることに注意されたい。巌本の「餘波」はそのまま「なごり」と解してよい。しかし江藤の「余波」については「なごり」とも異なる含意があろう。「餘」の新字として現在「余」が用いられているが、これは通常「あまる」などといった意味で理解される。だが、その他の用法として、この字には一人称としての意味があることを思い出していただきたい。

つまり「余波」は「餘波」であると同時に「私」と海舟との関係を示唆したタイトルといえはしないだろうか。これは江藤が度々愛用した「〇〇と私」という型とも通じていよう。彼は「歴史」を論じる中でもなお、「私」との関係から話を始めている。「私」を起点に「歴史」へと分け入っていく評伝、それこそが、『海舟余波』という書なのである。

そのなかで江藤は勝海舟を「政治的人間」と定義した。「政治的人間」とは、政治家とイコールの存在ではない。江藤曰く、「政治的人間」とは「成功すべく運命づけられた人々、あるいは成功しなければならぬ人々」なのである。「成功」により「現実を保全」する使命を担う人々、それこそが「政治的人間」であるという。「失敗」によって後世に名を残す「思想家」「文学者」とは全く異質な存在として「政治的人間」海舟は語られるのである。

本書では、海舟と西郷を対比させ、その両者が異質であることを説く。幕末における江戸城の無血開城や、海軍卿として海軍の創設に携わった海舟の功績は「現実を保全」する行為だったとして積極的に評価される。対して西郷は周知の通り明治政府に反旗を翻すという無謀な西南戦争を引き起こし、案の定「失敗」した人物として論じられている。しかもそれは単純な「失敗」などではなく、思想としての「失敗」だったと江藤は述べているのである。

だがこのような西郷や乃木の姿は、なんとよく小説の主人公に似ていることだろうか。しかも彼らは単純に失敗するばかりでなく、〝失敗への情熱〟によって生きているところが偉大であり、小説というよりはほとんど叙事詩の英雄を思わせさえする。つまり彼らは実人生に文学を生きたのであり、そのことによって決して完結しない歴史に完結の幻影をあたえてくれたのである。

(『海舟余波』)

「成功」する海舟と「失敗」する南洲。しかも後者は意志的に「失敗」しているのである。しかもその「失敗」は、すくなくとも直近の「現実」にはなにも寄与しない甚だ迷惑なものでしかなかった。

しかし、皮肉なことに、「文学的英雄」は、「失敗」によって愛惜され、その精神は後世に広く語り継がれていくのである。西郷は「官軍」からも「古今無双の英雄」と高らかに歌われ、後世には「大西郷」と敬仰されている。

反対に、海舟は維新期の傑物ではあれども、その精神を讃えられることは少ない。「政治的人間」は「文学的英雄」と対極的に、「成功」によって憎まれ共感されず、その精神が後世に語り継がれることはない。「このような人間を救うことができるのは、神のほかには後世の追憶と共感だけではないか」と江藤はいう。神でない江藤は、だからこそ『海舟余波』を執筆したのである。

だが、江藤は「政治的人間」への「思慕」からこの書を著したのではない。「しかし私たちが愛することができるのは、大久保ではなくて西郷のほうである」(同前)と述べるように、文学者である江藤の「思慕」は、政治的な「成功」を収めた海舟や大久保利通ではなく、「文学的英雄」の西郷へと向けられているのである。

それでは「政治的人間」に、一体どの立場の「私」から共感しているのか。それは、彼がこの時期に探っていた「治者」のあり方と深くかかわっていよう。

昭和四五年に連載が始まった『海舟余波』がそうであるように、この時期の江藤は「治者」の問題を真正面から取り上げ始めていた。その嚆矢ともいえる代表作『成熟と喪失』は昭和四一年より連載が開始されている。そこでは、庄野潤三の小説『夕べの雲』を引き合いに出し、「治者」の存在を次のように語っている。

私が以前『夕べの雲』について「治者の文学」といったのは、大浦が存在証明にしているこの怯えの感覚と「不寝番」の意識を指してである。もしわれわれが「個人」というものになることを余儀なくされ、保護されている者の安息から切り離されておたがいを「他者」の前に露出しあう状態におかれたとすれば、われわれは生存をつづける最低の必要をみたすために「治者」にならざるを得ない。つまり「風よけの木」を植え、その「ひげ根」を育てあげて最小限の秩序と安息とを自分の周囲に回復しようと試みなければならなくなるからである。

（…）「被治者」の姿勢に安住することは、概念と素朴実在論の世界に固執して、自己の内外におこりつつあることから眼をそらし、結局現代を無視することになるであろう。しかし逆に「治者」の不幸を引きうければ、作家は別種の、おそらく前人未踏の難問に出逢わなければならない。

（『成熟と喪失』）

ここで語られる「治者」と「政治的人間」はほぼ同一のものであろう。「自己の内外に起こりつつあること」に眼を向ける「治者」のありようは、内憂外患への対処に奔走する「政治的人間」勝海舟と重なっている。海舟は「国家」という「「風よけの木」を植え」、「現実を保全」した「治者」であり、江藤はその内側で少年期を過ごしたのである。

その「治者」が植えた「風よけの木」を「喪失」した経験が、江頭少年にとっての「敗戦」だったのではなかったか。

しかし敗戦によって私が得たものは、正確に自然が私にあたえたものだけにすぎない。私はやはり大きなものが自分から失われて行くのを感じていた。それはもちろん祖父たちがつくった国家であり、その力の象徴だった海軍である。

（「戦後と私」）

「治者」が作り上げた「国家」や「海軍」は「敗戦」によって失われた。しかも、「戦後」になってもそれは帰ってこなかったのである。ことに、「海軍」の「喪失」は、江藤にとって重要な意味を持っていた。

彼の祖父江頭安太郎（元治二―大正二年）は、海軍大学校を首席で卒業した俊英であり、「国家」が持つ力の象徴たる「海軍」の中将であった。いずれ海軍大臣となることを嘱望されるほど人物であったが、惜しくも在職中に病没してしまったという。

当然、江藤は顔を合わせたこともない。だが、威厳ある肖像写真と共に、祖母や父の語りを聞き、彼は祖父の姿を知ったのである（「戦後と私」）。また、江藤は別の機会にも祖父を感じていたことだろう。あの納戸で読んだ「幕末から明治・大正」の本は祖父が集めたものであったに違いない。祖父の「なごり」を江藤はこのような形で「実感」していたのである。

だが、そんな思い出も、米軍の空襲は焼き払ってしまった。

家もなくなっていた。大久保百人町の家は五月二十五日の空襲で焼けていた。父はなぜか荷物の疎開をためらっていたので、私を祖父や亡母につなげていた遺品や記録も、わずかな品物を除いて全部焼けた。

（同前）

空襲により、幼少期に潜り込んでいた納戸は焼け落ち、祖父と、そして亡き母とのつながりは、彼の手元から失われてしまった。更に、それに続いて「敗戦」は、「祖父たちがつくった国家」と「海軍」まで江頭少年から取り上げたのであった。

『海舟余波』は、この「喪失」から書き出された。海舟を描くことは、江藤にとって祖父を語ることとつながっている。「過去」である海舟を語ることは、「私」の側にある祖父を通じて果たされたのだといえよう。彼の「歴史」評伝は、「私」と不可分だったのである。

3 日本浪曼派との「再会」

そういえば、江藤は晩年に西郷論を執筆していた。その題は『南洲残影』。海舟が「なごり」であるならば、南洲は「おもかげ」であろうか。西郷の「おもかげ」を偲ぶ海舟の姿から、この評伝は始まっている。政治の第一線を退いた海舟が、その「おもかげ」を偲んで認めた薩摩琵琶曲『城山』を江藤は聴き、つぎのような感想を抱いた。

いずれにせよ、弾奏の間から甦えるのが合戦の情景であってみれば、その曲譜が勇壮活発であることに不思議はない。実際、そこには感傷的なものはいささかもない。だが、それでいて聴く者の心に惻々と沁み入って来るのは、これが敗軍の譜にほかならないという事実である。かならずしも詞章に、「……諸手の軍《いくさ》うち破れ、討ちつ討たれつやがて散る」云々という文句があるからではない。撥を叩きつけるように使って、絃を弾き鳴らすだけではなく、楽器の胴を容赦なく打ち鳴らすという、急調子の奏法に魅了されているうちに、薩軍敗退、西郷最期の哀しみが、やむこともなく身に沁みわたって来るというのである。

（『完本　南洲残影』傍訓原文）

江藤は『城山』という曲の調べに、勇猛でありながらもどこか悲哀を感じてしまう。しかし、なぜ西郷の物語に悲哀を覚えるのだろうか。当時を知る訳でもなく、ましてや地縁すらない自分が、どうしてこのような悲劇に感動してしまうのか。江藤はそう自問して筆を進めていく。そのうち、彼はこの曲が「滅亡の曲譜」だからだと気づくのである。江藤は『城山』と『平家物語』を聞き比べ、こう語る。

栄華の頂点を極めた平家が、一人残らずみな亡んでいった。これほど由々しくもまた驚くべきことが、この世にまたとあり得るだろうか。それが稀有の出来事であるからこそ、その滅亡は語りつづけられねばならず、悼みつづけられなければならない。そういう平家琵琶の曲調が薩摩琵琶に伝えられ、明らかにあの『城山』一篇に甦っている。『城山』もやはり、全的滅亡を奏でる曲譜である。だからこそそれは哀しいのである。

（同前）

平家と西郷の滅亡の物語、平家の栄華は乱世の前にて塵と化し、私学校の薩摩隼人は「官軍」の前に露となって消えていった。あとに残った琵琶の響き、その激しくも哀しい調べに彼は心を揺り動かされる。

しかし、これは不思議な話である。先に述べた平家と西郷の悲哀に、なぜ江藤が共感し得るのだろう。どちらも「滅亡」はしたが、その物語に感動するためには、江藤もまた何かしらの「滅亡」を体験していなければ共感し得ようがないのである。むろん、江藤は「滅亡」を体験している。昭和二〇年の敗戦、それこそが江藤にとっての「滅亡」ではなかったか。

西南の役の激戦地、田原坂を訪れた江藤は偶然ある歌碑を見つけ、そこに刻まれた

ふるさとの　驛におりたち
眺めたる　かの薄紅葉
忘らえなくに

という歌に足を留めている。

このあえかなる歌の作者は蓮田善明。三島由紀夫にも影響をあたえた日本浪曼派系統の国文学者でもある。昭和二〇年八月一九日、戦地において上官を射殺し、自身もまたそのピストルで自決するといった熾烈なエピソードにおいても知られていよう。そのような最期を迎えた善明が残した、なんとも穏やかな歌碑をみつけ、次のようにいうのである。

ところで、植木町が蓮田の「ふるさと」だとしても、何故この碑は田原坂の古戦場に立っているのだろう。「烈火の如き談論風発ぶり」（三島由紀夫『文藝文化』のころ）を謳われた蓮田の文学が、何故「ふるさとの驛」の「かの薄紅葉」という表象によって要約されているのだろう。

そう自問したとき、一種電光のような戦慄が身内を走った。西郷隆盛と蓮田善明と三島由紀夫と、この三者をつなぐものこそ、蓮田の歌碑に刻まれた三十一文字の調べなのではないか。西郷の挙兵も、蓮田や三島の自裁も、みないくばくかは「ふるさとの驛」の、「かの薄紅葉」のためだったのではないだろうか？

滅亡を知る者の調べとは、もとより勇壮な調べではなく、悲壮な調べですらない。それはかそけく、軽く、優にやさしい調べでなければならない。何故なら、そういう調べだけが、滅亡を知りつつ亡びて行く者たちの心を歌い得るからだ。

蓮田善明その人と、蓮田の歌を碑に刻んだふるさとびとたちが、交々にそう語りかけて来るように思われた。田原坂の空間には明治十年の西南の役の時間が湛えられているだけではなかった。この時空間には、昭和二十年の時間も昭和四十五年の時間も、ともに湛えられてめぐり来る桜の開花を待っていた。

（同前）

桜の梢をながめつつ、また来る春に「過去」を見る。蓮田と三島の死、これらが西郷の「滅亡」の系譜へとつながると、江藤はここで悟るのである。あえかで、かそけく、そしてやさしい調べによって「滅亡」は悼まれ続ける。「滅亡」を悼む江藤の筆致はなんとも儚く、そして美しい。

だが、江藤は日本浪曼派を批判してやまなかったはずである。それにもかかわらず、ここには「神話の克服」に見られたような断罪の気負いは一切見られない。『南洲残影』に至り、江藤は「偉大なる敗北」に共鳴してしまっているのではないか。麒麟も老いては駑馬に劣るように、江藤もまた耄碌してしまったのか。ことはそう単純ではない。江藤は若き日に日本浪曼派と出会っていたのだから。

昭和二三年の晩夏、江頭少年は下十条（現東十条）の古書店で『反響』と題された詩集を手に取っている。その小さな詩集の作者は伊東静雄といい、日本浪曼派における代表的な詩人として知られている。当時一〇代だった江藤はそのことを知らなかったようであるが、それでも日本浪曼派との遅れた出会いを果たしたことは間違いない。そこで得た感慨の深さは、『反響』に出会わなければ「いまとはまったく違うことをしていたかも知れず、ひょっとしたら生きてすらいなかったかもしれない」（『なつかしい本の話』）という言葉からも、かなりのものであったことが伺える。

そこに収録された「夏の終り」という詩は、江藤が当時抱いていた「うずき」に応えてくれたという。

夜來の颱風にひとりはぐれた白い雲が
氣のとほくなるほど澄みに澄んだ
かぐはしい大氣の空をながれてゆく
太陽の燃えかがやく野の景觀に
それがおほきく落とす靜かな翳《かげ》は
……さやうなら……さやうなら……
……さやうなら……さやうなら……
いちいちさう頷く眼差のやうに
一筋ひかる街道をよこぎり
あざやかな暗緑の水田《みづた》の面《おもて》を移り
ちひさく動く行人をおひ越して
しづかに村落の屋根屋根や
樹上にかげり
……さやうなら……さやうなら……
……さやうなら……さやうなら……
ずつとこの會釋をつづけながら
やがて優しくわが視野から遠ざかる

一見すれば、明るい空を「ひとりはぐれた白い雲」が渡っていく様を描いた叙景詩である。ただ、この詩から「かそけく、軽く、優にやさしい調べ」を感じ取ることは許されるのではなかろうか。

実際、江藤にとって、これは「敗戦」の「悲しみと喪失」を「アイロニカル」にうたった詩であったのだという（『なつかしい本の話』）。はじめに触れたように、彼にとっての「敗戦」は「解放感と喪失感とを同時に感じる」ものであった。だが「戦後」の言論統制がもたらした「民主化」「解放」などの言葉は、江藤の感じた「喪失感」を次第に塗りつぶしていったのである。その抑圧こそ、彼が覚えた「うずき」の正体だったのである。

ふりかえってみると、私たちはそのころ、敗戦の悲しみをうたうことを許されていなかった。いや、私たちは、敗戦の悲しみを感じることをそもそも許されていなかった。それが国を占領されていることの、もっとも端的な意味であった。私たちは、喜ばなければならなかった。日本が「民主化」され、戦犯が巣鴨につながれ、闇市が栄えて弱肉強食の自然状態がいたるところで展開されていることを。私たちは敗れたばかりではなく、敗れたことを喜ばなければならないのであった。

（『なつかしい本の話』）

「占領」によって意識することを許されなかった「喪失」の「悲しみ」

を、江藤はこの詩を介して思い出すことができ、そして正しく「悲しむ」ことができた。彼の「戦後」は、この詩から始まっているのであった。

そうした事情を鑑みれば『南洲残影』に残されたあの言葉は、日本浪曼派との「再会」と呼ぶべきもののように思えてならない。気鋭の批評家であった江藤が、その初期の業績において必死に否定し去ろうとした日本浪曼派と時を経て和解する、そのような文章として理解できはしないだろうか。『海舟余波』のころ、江藤は西郷を否定的にしか物語れなかった。それは求めていた「政治的人間」の姿と相反していたことが主たる原因だろう。だがその背景に、「英雄」を賛美してやまなかった日本浪曼派への忌避感があったことは否めない。そんな江藤が晩年に至り、『南洲残影』を書き上げた。遠ざけていた南洲の「おもかげ」を追いかけながら、自身の「過去」とも「再会」している。日本浪曼派と出会い、一時期は遠ざけていた「過去」と向き合いながら対話していく。そういった側面があるように見えるのは、私の感傷にすぎないであろうか。

ともあれ、「過去」としての「文学」や「歴史」、はたまた「なつかしい本」を、江藤は「私」という立場から語り続けたのである。彼は常に「過去」を参照し、「私」と結び付けることによって「現在」へと絶えず再生し続けてきた。それは「過去」を本当の意味で「喪失」しないという営みに他ならない。「喪失」を彼が口にするとき、対象は「私」を介して「現在」へと新たにつなぎ直される。彼があえて「喪失」を語るのは、語られずに「忘却」されるという、本当の「喪失」を避けるためではなかったか。江藤の批評は、「忘却」を拒絶することから始まっているのだから。

江藤の自裁からすでに約四半世紀の歳月が流れている。ときの流れが早まった現代において、忘れ去られるには十分な時間であるが、批評家の名声はいよいよ高い。江藤も例にもれず「コットウ品」となりつつあるのかもしれない。だが、私は江藤を生きた「過去」として見たい。江藤は何一つ完成したわけではない。彼の偉大さは、彼が見出した「過去」へと真摯に向きあおうとする姿勢そのものにある。それを受けとめる以外に、江藤を現代に生かすことは出来ない。「私」と切り離せない「過去」こそが、「私」をいま、ここに生かしている。この実感からしか、我々は歩み出すことができないのである。

松本航佑（まつもと・こうすけ）
平成八年、長崎県生まれ。皇學館大学大学院文学研究科神道学専攻博士後期課程所属。近代における古事記研究史を専攻しており、山田孝雄、蓮田善明を中心に国学的な古事記論を対象としている。

文献

江藤淳「年譜」『江藤淳著作集』第六巻、講談社、昭和四二（一九六七）年
『海舟余波――わが読史余滴』文藝春秋、昭和四九（一九七四）年
『なつかしい本の話』新潮社、昭和五三（一九七八）年
「リアリズムの源流」『リアリズムの源流』河出書房新社、平成元（一九八九）年
『成熟と喪失』講談社文芸文庫、平成五（一九九三）年
『完本　南洲残影』文春学藝ライブラリー、平成二八（二〇一六）年
「戦後と私」『戦後と私・神話の克服』中公文庫、令和元（二〇一九）年
伊藤静雄「夏の終り」『定本　伊藤静雄全集』人文書院、昭和四六（一九七一）年

悲しき革命家としての鹿島茂

TSUYACHAN
つやちゃん

一九世紀のフランス文学を専門とする文芸評論家であり、古書コレクターとしても著名な鹿島茂。パリの風俗、美術と映画、ベンヤミンに吉本隆明と、多岐にわたって語る鹿島のその思考に一貫するものは何なのか。ラップミュージックをはじめとした音楽やファッション、モードなどを横断的に論じてきたつやちゃんが解き明かす。

KASHIMA SHIGERU

長いあいだ、私は早めに寝ることにしていた。ときには、蠟燭を消したとたん目がふさがり、「ああ眠るんだ」と考える暇さえないこともあった。しかし、そんなときでも、三十分もすると、もうそろそろ眠らなければならない時間だという思いが強くなり、目が覚めてしまうのだった。まだ手に持っているつもりの本をナイト・テーブルに置こうとして、蠟燭を吹き消そうとする。眠ろうとしながらも、さきほどまで読んでいた本の内容について思いを巡らすことを止めずにいると、その思いがすこし特異な様相を帯びてくる。作品に語られていたもの、つまり、教会や、四重奏や、フランソワ一世とカルル五世の抗争などに、私自身がなってしまうのだ。（『「失われた時をもとめて」の完読をもとめて』）

夢と現実が入り乱れる中うつらうつらとまどろむ、その深層の中、あるいは集団の夢の中で、ある一つの流れ――自動律のような――が生まれる。それは、私にも乗り移る。今どこにいるのだろうか。夢に巻き込まれ、どこまでも連れていかれてしまう私――眠っているのに運動しているかのような――。

＊

鹿島茂（一九四九―）と聞いてまずイメージされるのは、彼が「具体」の人であるということだ。それはもちろん、世界でも有数の一九世紀フランス古書コレクターである事実から想起される（『子供より古書が大事と思いたい』）。東京・神保町で、バルザックやユゴーらが当時のパリ風俗を描いた『Le Diable a Paris（パリの悪魔）』なる古書――木版画の押絵が描かれ、深緑色の革で装丁されていた――に出会った瞬間、その魅力に憑りつかれ収集家人生が始まってしまったというエピソードを鹿島は様々なところで語っている。

その衝撃的な遭逢以来、大量の書籍に淫し、紙に埋没し、ついには渋谷に〈NOEMA images STUDIO〉という書斎スタジオを、神保町に〈PASSAGE by ALL REVIEWS〉なる書店を立ち上げるまでに至った。デビュー作『馬車が買いたい!』(一九九一)は、まさにその鹿島の性質が凝縮された偏執的とも言える作品である。馬車という事例を題材に日常生活の細やかな場面ひとつひとつをありありと想像し得る次元にまで徹底的に具体として羅列し、註釈を連ねていく拡大鏡のような視力によって、一九世紀フランス文学を愉しむ下支えを作ったと言える。けれどもそれを、今で言うところのオタク気質なる烙印とともに処理したうえで、いわゆる博学インテリなどと形容して片づけてしまうのはいささか勿体ない。なぜなら鹿島は細部にこだわり存在そのものを凝視しながらも、極めて正統的な構造主義者として全体を見つめ、俯瞰的視野で数多の差異を採集してきたからである。つまりそれは、コレクターとしてその主従を逆立ちさせ、いわば差異を発見するために収集しているかのような素振りを見せる、ということなのだろうか。否、実はそういうわけでもないところが鹿島のつかめなさである。たとえば、『セーラー服とエッフェル塔』(二〇〇〇)を見てみよう。

SMに、縄や紐などの道具で複雑に縛った「亀甲縛り」というジャンルがあることを知った鹿島は、欧米のSMを形作る主要な要素が「革」と「鞭」で成り立っている事実を対比させ、それらを日本の農耕文化と欧米の家畜文化という違いで説明する。いわゆる比較文化としての解説であればそれで十分かもしれない。けれども鹿島は、エロティシズムに深く関連する行為についてそういった味気ない説明に安住することへの不十分さを自覚したうえで、「SMというおよそ脳髄的なセックスを説明するのに、その上部構造(精神)を無視して下部構造(物質)のみこだわっている」と戒める。「SMとは、なによりもまず精神の動きであるという事実を確認しておかなければならない」というわけだが、だからこそもう一段階思考を深め、欧米の革や鞭によるSMを、馬と御者の支配－服従関係を反映したものとして捉える。

一方で、日本の亀甲縛りについては参照元が着物にあるという仮説を立ててみるものの、「亀甲縛りの縄は、着物の帯や伊達巻きとは辻褄があわない」と述べ、納得しない素振りを見せる。その後さまざま思考を彷徨った結果、最終的にたどりついたのは「米俵」であった。「女性のような円筒形の物体を力学的かつ合理的に縛る」方法は米俵にしかないこと。「縄でキリキリと締め上げられて、少し凹み、そのことで逆に丸みを帯びた」部分がエロティックであること。「縛ることで、本来はアモルフ(不定型)な米(女体)にきっちりとしたかたちを与え、モノとして客体化するという関係」であること——(『セーラー服とエッフェル塔』)。

「SMと米俵」というタイトルのこの論考はエッセイ調で書かれた数頁の短いものだが、大胆で軽やかな運動神経に鹿島の神髄が凝縮されている。マクロとミクロを行き来しながら国ごとのSMの違いに目を凝らし、〈関係－部分〉という両者が生み出す交通の循環に身体を投じつつも、その網目から浮き上がってくる空気を捉え、それが表象する具体にまで切り返していくアプローチ。いつも通り神田の街で古書収集に勤しんでいた際に緊縛写真集を見つけたことから始まったというこの論は、〈具体の収集→構造化→差異の発見→差異の表象による具体化〉という流れをたどっており、具体から始まり具体へ戻るという点において極めてアクロバティックだ。同様の芸当は膨大な著作の中に多く観察できるが、ベンヤミン主義者を自覚する鹿島が『『パサージュ論』熟読玩味』（一九九六）や『パリのパサージュ——過ぎ去った夢の痕跡』（二〇〇八）で展開した論はとりわけ重要である。

　パサージュがいま、注目のスポットになっている理由、それは、過去の華やかな繁栄の記憶をとどめたまま長い時間隧道（タイム・トンネル）の中に入りこみ、そこから突如、現代に姿をあらわしたからである。過去の繁栄の時代、人々はパサージュで、未来へと向かう夢を見ていた。もちろん、一人一人は活発に活動し、目覚めていたが、その集団的な無意識の中では、人々は、自分たちの未来を投影した夢の中でまどろんでいたのである（『パリのパサージュ』）。

　ベンヤミンは、資本主義の黎明期に見られた集団的意識——まさに一九世紀パリのような——を「眠る巨人」、経済を「内臓感覚」、パサージュやモードなどをその「表現」としての「夢」と表象した。ベンヤミンのこうした認識について鹿島は、上部構造・下部構造というマルクス主義的な歴史的唯物論を貫きながらも、視覚性・具象性を高めるために擬人的な性格の強いフロイトの夢理論を用い補強したのではないか、と推察する。と同時に、「眠る巨人」というイマジネールについて「一九世紀的な共同幻想とは異なって、個々の眠る人が集合的に集まってできあがったものではない」とし、「一九世紀のパリという巨人・巨女が眠りつづけるには夢を見ている必要があるが、その夢の供給源たる内臓、すなわち、経済はあくまで生きて活動していなければならず、理の当然として、経済を支える個人的意識は常に覚醒していることが要求され」、さらに「個人の意識が覚醒して経済を支えているからこそ、集団的意識という巨人・巨女は、それをパサージュやモードという夢に表現することで眠り続けることができる」とも述べる。

　右記の通りパサージュの有するシュールレアリスム的な夢を指摘しつつ、鹿島が特に着目したのは、ベンヤミンが「眠る人」のシンボルを「衣服のひだ」に投影した箇所である。「子どもが（そして、成人した男がおぼろげな記憶の中で）、母親の衣服のすそにしがみついていたときに顔をうずめていたその古い衣服のひだのうちに見いだすもの——これこそが、本書が含んでいなければならないものなのである」という箇所を引き、「『パサージュ論』を『ひだ論』と呼んでもいっこうに差し支えない」と語る鹿島は、次のように断言する。

> 「眠る人」から出発したわれわれは、ようやくここにおいて「ひだ」にたどりついた。「ひだ」こそは、「眠る巨人」が「夢」として「表現」するほかなかったパサージュやモードといった原現象のシンボルにほかならない。というのも、それは「見たところどうでもいいような、今では失われたもろもろの形式」の典型だからである。
>
> （『『パサージュ論』熟読玩味』）

　「ひだ」に着目し、当時の時代背景を元に衣服の細部に目を凝らしたうえで着用している人物像までをも突き詰めていくさまは、まさしく具体へのこだわりを貫いてきた鹿島ならではの観察眼である。同時に、乳離れの遅い甘ったれの子供（ベンヤミン）が世紀末のブルジョワ女性の間で流行していた「上着付きドレス」を着た母親にまとわりつき、ドレスの上着のすそを握りしめスカート部分のギャザーに顔をうずめているときに見出した「なにものか」が何を表象しているのか紐解いていく仕草も、極めて特徴的だ。鹿島自身がデリダの「エクリチュール」の概念を参照に出しながら「本に書いてある内容よりもむしろ形のあるボディそれ自体の方が重要である」という倒錯した価値観を説明している通り（『多様性の時代を生きるための哲学』）、それは古書収集を通してマテリアルへのフェティシズムを追求してきた彼ならではの着眼であって、「ひだ」という小さな具体性を巨大なテーマへと接続させる視点を駆使しているのである。

さて、いささか唐突かもしれないが、そのような〝大きなテーマ〟と〝物質性の伴った具体〟を接続させる身体感覚は、たとえば蓮實重彥による表層批評のような手つきを連想させもする。『監督 小津安二郎』に代表される通り、「物語」を生成する前の「行動」、はたまた「行動」を形成する前の「動作」や「身振り」や「形象」や「色彩」そのものという具体に着眼することで作品それ自体に肉薄していった蓮實だが、いわば細部の具体に対する観察が作品全体に通じていくという点においては共通しているだろう。

実は、卒論の主査をはじめとして、蓮實と鹿島は過去に師弟関係にあった。けれども当時、雑誌『エピステーメー』でのミシェル・フーコーへのインタビューやクリスチャン・メッツ著『映画と精神分析——想像的シニフィアン』（二〇〇八）の翻訳を蓮實に依頼され進めていく中で、鹿島は自らの適性に対する違和に気づくことになる。デビュー作『馬車が買いたい！』の新版（二〇〇九年）の刊行に際して、執筆時のことを振り返りながら鹿島は次のように告白している。

すなわち、構造主義と記号学が全盛だった一九八一年に、私はクリスチャン・メッツ『映画と精神分析——想像的シニフィアン』の翻訳を同じ白水社から出したが、それによって逆に自分はこうした概念操作に向いていないことを決定的に悟ってしまい、その反動として、具体的なモノを求めて文学・歴史の大海に泳ぎ出すこととなったのである。そして、この「概念からモノへ」という内発的転換は、私が意識してか否かは別として、多くの同時代人の心の中に起こりつつあった変化とかなりの部分で同調していただろう。

概念からモノへ、いわば構造から具体へという転換の中で、鹿島はエクリチュールにおいても意識の変化を見せる。当時の周囲が皆、蓮實の〝宙吊り〟や〝運動〟といった「常套句を無意識的に真似て、それをシニフィエと対置するように」なり、「その結果、みんなミニ蓮實重彥になっていってしまった」様子を批判的に受け止めながら（『多様性の時代を生きるための哲学』）、蓮實の特徴とも言うべきシニフィアンへの固着から距離を置きはじめたのだ。いわばシニフィエとシニフィアン双方において、具体的なモノを平明なエクリチュールで語る方向へと舵を切っていったのである。

かくして、具体に始まり具体へと着地する思考の過程を、平易な語彙と装飾を排した文体で表現するという鹿島のスタイルが築かれることになるのだが、そういった態度が価値観のレベルで最も顕在化したのが『ドーダの人、小林秀雄』(二〇一六)ではないか。ここでは、「どうだ、まいったか」の「どうだ」に虚栄心やマウンティングといった意を込めながら、小林の著作がどれも晦渋な文章や己の純度の高さを示す目的において「ドーダ」で成立している構造を暴いていく。結果、「批評とは他人の作品をダシに使ったドーダなのである」という痛烈な結論を小林にも自著にもぶつける鹿島だが、インテリによるドーダの意地の張り合いを冷静に分析する態度は、まさしくパフォーマティブな文体から距離を置いてきた鹿島ならではだろう。

そもそも鹿島は、家に一冊も本がなかったという貧乏な酒屋の息子として生まれ育ったという。古書収集に目覚めた時期も意外と遅く、三〇代前半の時から始まったコレクションは、夥しい数の古書購入と幾度となく借金を重ねる生活へと転じていった。具体から始まり具体に着地するという点においてモノを操ることで思考を回転させていく鹿島だが、それはコレクターとして常に買い、読み、書き、また買い、という資本主義を回転させ続けるラットレースに身を投じ続けていることそのものにほかならない。そこでは、買うこと/読むこと/考えること/書くことがそれぞれ歯車として一体化しながら終わりなき旋回を繰り返している。

具体にまみれた自らの体験をもって歯車に身を投じる鹿島は、市場における資本主義ゲームの力学へと関心を向け、その後『小林一三――日本が生んだ偉大なる経営イノベーター』(二〇一八)や『この人からはじまる』(一九九五)といった著書を記すことになる。エッセイ集『衝動買い日記』では、「買う/モノを手に入れる」ことの連続性に加えて、古書に数十万円を出すにもかかわらず電化製品に数千円を払うのも惜しむ貧乏性なアンバランスさを開示している。この鹿島の庶民感覚から提示される「具体的なモノ/平明なエクリチュール」は、大衆へとアクセスする共通の言語となり得ると同時に、蓮實が駆使していた概念言語と明確な距離を置くものにもなるだろう。具体を起点にした思考の旅を具体へと帰着させ続ける鹿島の歯車のような回転運動は、生活者の日常なるものにべったりと張りつきながら、この数十年間、ひと時も離れる素振りを見せない。

そこで見逃せないのが、鹿島の代表作の一つに数えられるであろう『吉本隆明1968』(二〇〇九)ではないか。小林多喜二『党生活者』(一九三二)をめぐり中野重治ら日本共産党の党員文学者と平野謙との間で起こったいわゆる「ハウスキーパー論争」において、吉本が社会常識に照らしたうえで世のインテリたちの不毛な論争をぶった切った点を、鹿島は高く評価する。曰く「マルクスやレーニンに学んだ唯物史観などではなく、むしろ、たくましい民衆の本音である」とのことだが、「大衆の原像」なるものを批評の倫理として持ち合わせていた吉本について、下層中産階級の出自を持つ人間が知的上昇を遂げて階級を離脱するときに訪れる根源的な「悲しみ」を真正面から見据えていたのではないか、とも推察するのだ。実際、鹿島は吉本の文章で個人的に一番好きだというくだり――近所のがき連中と遊んでいたある日、私塾に通うためにその輪を抜けてしまう場面――を引用し、「おそらく、吉本はこの階級離脱の瞬間の原体験の原感情をもとにして、大衆の原像を練り上げていったのだ」と想像する(『新版　吉本隆明1968』)。

同様に、冒頭での『セーラー服とエッフェル塔』の論理展開にならうならば、具体的な下部構造(物質)に長年憑りつかれてきた鹿島についてここでその上部構造(精神)を無視して論を進めるわけにはいかない。なぜなら、吉本に見出した「悲しみ」こそ、鹿島自身が持ち合わせてきたものだからである。果てしない資本主義の回転に身を投じながら吉本的な「大衆の原像」を忘れない鹿島は、たとえば『悪の引用句辞典』(二〇一三)では「フランス文学者となったいまも私は「日本人」が「日本語」でフランス文学やフランス文化のことを語ったり書いたりするという浮ついた営為の意味を、かつての大衆たるもう一人の自分に問いかけずには一行も書くことはできないのだ」と内省する。はたまた、『子供より古書が大事と思いたい』においては、古書収集という行為について次のように記すことで自身を批評にもさらす。

> コレクターとは、常に「党」を開いていくことを運命づけられた悲しき永久革命者の別名にほかならない。

コレクションには自動律のような意志があり、互いに無関係に存在していたアイテムが一か所に集められたとたん一種の共鳴現象を起こし、いわば「一枚岩であったはずの党の中に党内フラクションが形成される」ことでフラクションはフラクションでいることができず、一つの党として独立する。コレクションに内在する意志がコレクターに乗り移り次々に新しいコーパスを開いていくその様子を指して鹿島は「悲しき永久革命者」と形容するが、それはまさしく、もはや自らの意志を超えたところで日々古書を買うこと/読むこと/考えること/書くことを歯車として回し、特定の場所に安住することのない鹿島自身を指してもいるだろう。

収集家人生として常に「党」を開いていくこと、日常を回転させ具体から具体へ歯車をまわしていくこと、その果てしない運動性——何者かの力によって今いる地点から離れていかねばならないという半ば強制的に動き続ける状態にこそ、悲しみは宿っている。大衆主義を掲げ階級離脱の寂しさを背負い続けた吉本隆明とは異なる種類の革命家として、歯車を回し動き続けるという営みによって「具体的なモノ/平明なエクリチュール」を操作しながら延々と新たな構造を生成してきた鹿島。今いる地点に留まることはできない、あるいは運動し続けなければならない——悲しき革命は、収集家としての命が尽きるまで——否、尽きたあともその著作やコレクションの中で自動律が渦巻くことによって——永久に終わることなく続く。

つやちゃん
文筆家。音楽誌や文芸誌、ファッション誌などに寄稿。女性ラッパーの功績に光をあてた書籍『わたしはラップをやることに決めた フィメールラッパー批評原論』(DU BOOKS)が音楽本大賞2023最終候補に選出。その他、著書に『スピード・バイブス・パンチライン――ラップと漫才、勝つためのしゃべり論』(アルテスパブリッシング、二〇二四)、代表的な論考・エッセイに「シャネル、コラージュ、サンプリング 通俗と中毒のブランド」(『ユリイカ』二〇二一年七月号)、「どうせ死ぬので。J-hyperpop/背徳グルメ/揺らぐ肉体[DEMO](DEAD*AT*18)」(『ユリイカ』二〇二二年四月号)、「母音殺し、ピンポン玉のゆくえ――HipHop と TikTok の現場から」(『ユリイカ』二〇二二年八月号)、「来たるべきフィメール/ラップ以後の可能性について」(『ユリイカ』二〇二三年五月号)、「解体される柴田聡子――「雑感」論」(『ユリイカ』二〇二四年三月号)、「BUCK-TICK におけるSF的想像力――人間と機械、生と死の狭間で」(『SFマガジン』二〇二四年四月号)など。

文献

鹿島茂『『パサージュ論』熟読玩味』青土社、一九九六年
『セーラー服とエッフェル塔』文春文庫、二〇〇〇年
『悪の引用句事典——マキアヴェリ、シェイクスピア、吉本隆明かく語りき』中公新書、二〇一三年
『新版　吉本隆明1968』平凡社ライブラリー、二〇一七年
『「失われた時をもとめて」の完読をもとめて——「スワン家の方へ」精読』PHP研究所、二〇一九年
『新・増補新版　子供より古書が大事と思いたい』青土社、二〇一九年
『パリのパサージュ——過ぎ去った夢の痕跡』中央文庫、二〇二一年
『多様性の時代を生きるための哲学』祥伝社、二〇二二年
『新版　馬車が買いたい！』白水社、二〇二四年

蓮實重彦、あるいは不自由な近代人

SUZUKI WATARU
鈴木亘

フローベール研究から出発した仏文学者であり、アカデミズムでも批評の場でも第一線で活躍し続けている蓮實重彦。『表層批評宣言』等の著作を丹念に読み解きながら、「近代」という観点から蓮實にとって「批評体験」とは何か、単著『声なきものの声を聴く――ランシエールと解放する美学』を上梓した美学研究者・鈴木亘が探る。

HASUMI SHIGEHIKO

1 批評体験

蓮實重彦（一九三六―）は最初の著作『批評あるいは仮死の祭典』（一九七四）の第二段落で、すでに自身の文体的特徴をかなりの程度発揮させながら、しかしいくぶん実存主義の香りを残した調子で、「批評体験」について次のように説き起こしている。

> ところでおよそ「作品」と呼ばれるものと関わりを持ってしまうことは、環境として馴れ親しんでいた言葉の秩序が不意にあやういものとなり、無秩序という秩序しか支配していない別の系列へとむりやり移行させられることである。言葉はいきなり白痴の表情をまとい、経験的な「知識」では統御しえない遙か彼方へと身をひそめ、その非人称性と越えがたい距離とによってわれわれを無媒介的に犯し、遂にそれと等しい白痴の表情をまとうことまで強要しにかかる。だから、日ごろの読書行為の中で襲われる眩暈に捉われたまま、われわれは新たなる環境に順応しようと躍起になるのだが、勿論その方法はどこにも示されていない。そこで漂流が、存在の崩壊がはじまる。そしてその崩壊感覚は、生の条件の逸脱にたえず脅やかされているが故に、文字通りなの始まりを告げるものでもあるのだ。

蓮實にとって「およそ「作品」と呼ばれるもの」を読むことは、未知なるものと不意に出会ってしまうことである。それは日常的な言語使用の基盤を揺るがし、その自明性を解体させる。読書とは通常の認識枠組みに則って言葉から意味を取り出す営みであるどころか、むしろその枠組みが言葉によって裏切られ、失調させられる事件なのだ。それがもたらす「眩暈」は未曾有の感覚であるがゆえに、人はそこから脱する「方法」を持ち合わせていない。こうした状況にあって、それでも何とか存在根拠を確保しようとする格闘に、蓮實は「批評体験」の始まりを見て取っている。

本稿の全体を通じて示されることだが、蓮實の批評活動は最初から今まで、こうした「批評体験」に立脚し続けていると言ってよい。デビュー作で提起されたかかる構えが、文学にとどまらず蓮實のあらゆる批評を、シリアスだったり軽妙だったり語調の差はあれど、貫いているのだ。ジャンルの異なるいくつもの著作で、先の引用に重なる記述が繰り返されている。例えば映画論――「映画のたぐいまれな氾濫の中に身を置きながら深めていった自己の崩壊意識の徹底化(…)見るものと見られるものとの間に展開されるこの絶えることのない相互侵略の闘いを、自分から自分を引き離しながら刻々かちとってゆく苦しげな存在確立の歩みを、われわれはとりあえず「批評体験」と呼んでおく」(『映画の神話学』傍点原文)。あるいはスポーツ批評――「スポーツには、嘘としか思えない驚きの瞬間が訪れる。また、人はその驚きを求めて、スポーツを見る。文化として始まったものが野蛮さにあられもなく席巻される瞬間を楽しむのです。優れた選手とは、文化として始まったものを、いきなり自然によって蹂躙してしまう野蛮な存在にほかなりません」(『スポーツ批評宣言』)。さらには、ふとした日常の些事についても――「地下鉄の中で「地下鉄の乗客」という人にいきなり出会ったわけです。これはかなりすさまじい体験でして、座っていてふっと顔をあげると目の前に「地下鉄の乗客」がいるわけです。(…)その時、初めて、地下鉄には乗客がいる、という未知の現実を事件として体験しました。「あなた、どうしたんですか」と思わず言葉をかけたくなるような、絶対的な「地下鉄の乗客」って人がいるわけです」(『マスカルチャー批評宣言』)。この出発点は最近の著作においても、つまりは半世紀に渡って不変である。「映画は、見るものをたちどころに武装解除しにかかり、それにさからう術は一向に見あたらない」(『ショットとは何か』)。

一貫してこのことにこだわる蓮實の戦略が今なお刺激的であるとすれば、それは人々がこの「批評体験」から目をそらし続けているからだ。事実、未知なるもののもたらす「眩暈」を既知の図式へと回収しようとする姿勢もまた、蓮實が当初から批判してやまなかったことである。再び『批評あるいは仮死の祭典』の言葉を借りれば、「「作品」を前にして迷う権利をあらかじめ放棄」し、「曖昧たることしかありえぬものを捏造された鮮明さに、生の条件としてある混沌を虚濁の透明性に、迷路を直線の透視図に置き換える作業に専念する」態度に、しかもそれこそが「批評」であるとでも言わんばかりの態度に、蓮實は苛立ちを隠さない。

批判されるべきこの既知の図式は、蓮實においてさまざまに語られている。例えば、語の厳密な意味で夏目漱石を「読むこと」をせず、「則天去私」とか「自己本位」といった「符牒」で漱石を「神話」化すること、「明治」や「女」によってそれらしい漱石の「人影」を確認し、「文学」というおなじみの「制度」を補完すること（『夏目漱石論』）。画面に見えているはずのものを見ようとせず、小津安二郎の映画を「単調さ」や「もののあわれ」といった「小津的なもの」をめぐる「紋切型」、「いまそこには存在しない物語」に還元すること（『監督 小津安二郎』）。美しい「運動」の営みであるはずのスポーツを、得点や勝敗といった「記録」や、フィールド外での「逸話」の集積としか考えないこと（『スポーツ批評宣言』）……。このリストもまた、いくらでも続けることができるだろう。

「神話」、「制度」、「物語」、何と呼ばれようがそうしたものへの還元的思考を廃し、むしろ〈紙面に書かれていること〉、〈画面に見えているもの〉に、つまりは表層に目を注ぎ、それがもたらす「眩暈」あるいは「驚き」の経験を辿ること。それが既存の批評に対するアンチテーゼとしての蓮實の実践なのだと、さしあたり表明してみる。蓮實において批評とは、作品について一定の仕方で書くための方法とか、一定の仕方で書かれた文章を総称するジャンルとか、あるいはその衰退や延命や復権が叫ばれたりするような制度とかである以前に、そのつど一回的で特異な出来事の経験を生きることそのものだ。

――ごく基本的な態度に思われよう。だが今なおそれが徹底されないのは、制度や紋切型の誘惑があまりに強いものだからだ。人は存在を揺るがす真の批評体験に出会おうとせず、心地よい紋切型にたやすく身を委ねてしまうのである。いささか逆説的な言い方をすれば、人がこの誘惑に流され続ける限り、それを教え諭す蓮實の実践もまた延命され続ける。共犯関係、と皮肉を言っても良いかもしれないが、少なくとも彼の批評の有効性が、そのテクスト的強度以前に、あるいは「蓮實派」・「蓮實門下」の権勢などといった業界政治の問題ではまったくなく、むしろこうした人間の傾向性に支えられていることは指摘しておくべきだろう。

だがもし、「読むこと」あるいは「見ること」をめぐるこの実践を「方法」として整理し、そこに彼の著作タイトルから借りた「表層批評」の名を与えてみるとすれば、それは蓮實の企図をすぐさま裏切ることになる。これは「表層批評」という紋切型に彼を回収し、その旗手として神話化し、実際のテクストを読まずに済ますための手立てにほかならないからだ。もちろん旧弊な徒弟制ではないのだから、背信それ自体は別に悪くない。本人もまた、〝蓮實重彦が蓮實重彦をやっている〟とでも形容したくなるような言論活動を通じて、自身をめぐる神話をユーモラスに再演しているようにも思われる。だがこの背信がテクストから目をそらし、偽りのイメージへと還元することに結びつくならば、その一点において、およそ人は紋切型への回収に抵抗しなければならない。蓮實への忠義ではなく、読むことの豊かさの肯定のために。

したがって重要なのは、紋切型への抵抗という彼の問題意識そのものを継承しながら、蓮實重彦と再び向き合うことである。例えば「表層批評」のような紋切型、神話的イメージに丸め込まれる手前で、蓮實のテクストを読むこと、そこに何が書かれており、何が書かれていないかを確かめることである。われわれは以下、彼の著作の中でも最も紋切型の単純化にさらされてきたと思われるテクストを軸に、この読み直しを試みることになる。それは他でもなく、『表層批評宣言』（一九七九）その本である。

2　表層批評？

そもそも『表層批評宣言』には、タイトルや目次を除いて「表層批評」の語は使われていない。蓮實はこの本文で、「表層批評」をそれとして規定しているわけでも、自らの方法として引き受けているわけでもないのだ。なるほど「表層的批評」という表現であれば一度かぎり現れる（二四二頁）が、それも「あとがき」というパラテクストにおいて、通りすがり的に書きつけられているだけである。蓮實自身、文庫版刊行（一九八五年）に際して寄せた「文庫版あとがき」で、この著作名そのもののいかがわしさを指摘した上で、自分は「表層批評」なるものを提唱した覚えなどない、と突き放す。

『表層批評宣言』という六つの漢字のつらなりは、表層を批評するぞと宣言すると翻訳さるべきか、表層において何ごとかを批評するぞと宣言していると翻訳さるべきなのか、あるいは批評宣言を表層にかさねあわそうと翻訳さるべきなのかさっぱりわからない。いずれにせよ、文中で触れられてもいるとおり、表層は、あるとき、荒唐無稽な力をあたりに波及させながら回帰すべき現象であって、たえずそこに在るというものではないのだから、表層批評宣言なる六語の組み合わせをどのように翻訳するにせよ、それが方法確立の宣言などであろうはずもない。

それにもかかわらず人は、表層批評なる「方法」がそこに示されていると思い込み、それを蓮實重彥の名に帰属させ、蓮實と言えば表層批評だ、という紋切型に安住してきた。ひとえに楽だからだ。「この題名は、他人を安心させるための装置だったのかもしれない」（同前）。『物語批判序説』という別の著作名を念頭に（あるいは念頭にすら置かず）、蓮實を「物語批判」の担い手に位置づけて済ませるのも同様だろう。

とはいえ、ここで「表層」という語彙そのものを蓮實から切り離したいわけではない。そうではなく、蓮實におけるこの語の特権性は踏まえた上で、それを紋切型のイメージから少しでも上書きすることが重要である。そのためにも『表層批評宣言』の記述を軸に、「表層」の語にあえて〝厚み〟のようなものを与えてみたい。

先の引用に読まれる通り、「表層」は「荒唐無稽な力をあたりに波及させ」る動的な契機であってみれば、それが「制度」なり何なりを批判的に捉える契機として、これまで縷縷述べてきた蓮實の批評戦略を引き継ぐ観念であることは言うまでもない。だがそれは議論のための空疎な観念ではなく、むしろ具体的な事物と対応する語として登場する。すなわち「表層」とはまずもって、文字通りの「紙」あるいは「壁」のことなのだ。

蓮實は例えば「書物の歴史」といった学的言説において、印刷術の発明という出来事がことさらに語られる一方、「大量の書物の印刷を支えたはずの「紙」」の生産や流通については、「「書物の歴史」は完全に沈黙し続けている」と述べる（同前）。また、「民主主義とは、投票用紙と身分証明書を交換しあう「紙」の儀式」（同前）であるにもかかわらず、その現実が重要視されることはない。あるいはヨーロッパの教会建築論において、「円柱」や「穹窿」には多くの分析が尽くされているのに比して、「壁」は無視され「屈辱的な位置」に押し止められている(同前)。蓮實が注意を促すのは、現行の「文化」という「制度」において、紙や壁という表層はいたるところに存在し、制度の成立条件そのものをなしているにもかかわらず、まさに当の制度によって、不可視の領域へと排除されているという次第である。

もちろんこの不可視性を指摘し分析することが批評なのではない。それは学問なり理論なりが行うことである。批評とは蓮實にとって不意に遭遇する驚きと眩暈なのであってみれば、表層の不可視性が可視的なものに転じる瞬間はまことに批評的な体験であるだろう。そのことを『表層批評宣言』はこう言い表している。

ここで言説を始動せしめその方向を指示するものとして問われるべき「批評」は、経験的な知の領域においても、反省的な知の水準においても、知そのものとこの上なく密接して生きる何ものかが、そのあまりの遍在性ゆえに視線から脱落し、二義的=周縁的な場へとみずからを貶め、しかもその寡黙な相貌によって、最も有効なかたちで不可視の「制度」を支えているという事実を原理や構造の側から分析し記述することではなく、最も現実的な一点から、「制度」が誇示する顕在と隠蔽の身振りへと踏み込むことによって、可視的な事件として生きることでみずからを消してしまうことにほかならないだろう。(…)平坦で、単調で、運動が廃棄されているかにみえる表面としての「紙」が、あるいは「壁」が「批評」の契機として重視されねばならぬとしたら、それはこうした特権的な表層たちが、いま、その圧倒的な遍在ぶりにもかかわらず、あるいはその遍在ぶり故に、あからさまに虐げられ、貶められた具体性として、人びとの瞳から視力を、そして精神から思考を奪っているからにほかならない。

ところでここには、ひとがいわゆる「蓮實文体」としてイメージするものの典型が示されているだろう。引用冒頭から延々と続く文章が、「〜することではなく」とやにわに否定され、さらに再び長大なパッセージが続く、というものである。これについては二つ付言しておこう。第一点。引用文に見られる発想や語彙はミシェル・フーコーに由来するが、「〜ではなく〜である」の構文で長大なパッセージを繋げてゆくその文体もまた、かなりフーコー的である。第二点。「なければならない」「ほかならない」の断言調と並んで、書くことと読むことの運動性それ自体を示しているかのようなこうした文体的特徴を、蓮實の「肉体的なエンターテイメント」(同前)の実践として見ることは容易い。彼がテクストに書いていることと、彼がテクストを通じてやっていることとの興味深い関係――いわばテクストのパフォーマティヴな性格――については大いに展開の余地があるが、ここでは蓮實がジョン・フォード『シャイアン』上映時のパリの映画館で遭遇した、それ自体「映画史が永遠に記憶すべき最も美しい映画的身振り」であるような、一人の少年の挿話を引用しておこう。蓮實の筆致は、日常における「批評体験」と言ってもよいその映画的瞬間を、これもまた活劇的な語り口で、つまりは「エンターテイメント」そのものとして、いわば再上映することに成功している――

真夜中をかなりまわった最終回の上映の終った直後、一人のフランス人の少年が、観客席の椅子を三列ほどとびこえて、夫婦というよりは恋人らしい一組の若い男女の方めがけて殺してやると叫んでとびかかり、総立ちになった観客注視のもとに、その男の首を両手でしめはじめ、激しい抵抗にあっていったんははねとばされると、改めて男の胸につかみかかり、まさにあれこそを組んずほぐれつというのだろうが、人間のたてる声の中でもっとも感動的な吼り声とともに通路をころげまわり、そのいきおいで何人かのミンクのコートの貴婦人が悲鳴とともに横倒しとなり、罵声がとぶ、嬌声があがる、わって入った男の眼鏡が割れる、と、まあ、絵に描いたような乱闘がはじまったのだが、誰もが呆気にとられて見まもるほかなかったその騒動がおさまったとき、ネクタイの乱れを気にもせず息をはずませながら立ちあがった少年は(…)

(『映画狂人シネマの煽動装置』傍点原文)

ともあれ話を戻せば、「特権的な表層」、物質的表層としての紙があってこそ、紙と「言葉」が(これもまた物質的に)密着したものである「書物」が、表層として生み出される(『表層批評宣言』)。われわれのよく知る比喩表現としての「表層」は、そこに基礎づけられている。すなわち表層は、こうした唯物論的条件のもとで初めて、メタフォリカルな意味での「深層」――そこに込められた作者の思想とか、そこに反映している社会的状況とか、作品成立の歴史的背景とか――の対立物として立ち上がってくるのだ。すなわち深層を廃した〈書かれていること〉そのものとしてである。そしてこうしたいわば二重の表層性は、書物からそっくりそのまま映画にも適用される。映画とはフィルムないし画面という物質的な表層に、〈見えているもの〉が密着したものからだ。したがって例えば次のように語られる。「しばしば問題とされる小津的な「無」とは、いささかも宗教的で形而上学的な概念ではなく、フィルムの表層に刻みつけられた建築学的=形而下的な(つまりからっぽの空間の)イメージなのだ」(『監督　小津安二郎』)。なお『表層批評宣言』で種明かしされている通り、「表層」という語彙の出どころは『意味の論理学』のジル・ドゥルーズである(同前)。「表層」は哲学的にも豊かな射程を有する語であるわけだ。

以上すべてからして、蓮實の「表層」は、例えばポストモダンとかニュー・アカデミズムとかと(不適切に)結びつけられるような「軽薄さ」の範疇にはそう還元できるものではない。実際、ここで表層と名指されるものへの着目もまた、時代の徒花ではなく、文学でも映画でも近年まで蓮實に一貫する態度である。それは集大成的文学論『『ボヴァリー夫人』論』(二〇一四)では「テクスト的(な)現実」と呼ばれ、綺麗な対をなすかたちで、集大成的映画論『ジョン・フォード論』(二〇二二)では「フィルム的(な)現実」と呼ばれている。もちろんこのことは、「表層」への志向が八〇年代前後の時代的要請と絶妙に共鳴していたことを否定するものではない。しかし最終節の内容を先取りして言えば、彼の態度がそのもとに括られるべき歴史的条件を指し示す語彙は、ポストモダンではなくむしろ近代《モダン》である。

3 遊戯と倒錯

「表層」の体験、「批評体験」を掲げ続ける蓮實。それが「制度」や「物語」にどうしても依拠してしまう人々の傾向性と裏腹であることは述べた通りである。ここで注意すべきは、『表層批評宣言』において、蓮實は両者を正面から対立させているわけでも、前者によって後者を打ち破ろうとしているわけでもないということだ。ことはそう素朴ではない。というのも蓮實にとって制度とは、単なる「悪」として「否定」されうるものではないからだ。それは「不断に機能している」にもかかわらず、「人が充分に恐れるに至っていない」ものである。つまり問題は、人々が制度のもとで「不自由」であるのに、それに気づかず「自由」であると錯覚し続けていることなのだ。蓮實の目論みは「表層」を持ち出してその不自由を思い起こさせることにあるのだが、制度は不断に機能している以上、その目論みもまた、制度の外部にやすやすと立つことはできない。すなわち『表層批評宣言』は、「表層の顕揚を志向しつつもろもろの距離と深さとにとらわれて生きるしかない書物」なのだ(『表層批評宣言』)。

ではどうするか。蓮實が提唱するのは「一つの遊戯的な姿勢」である。それはこういうものだ。

それは、「倒錯」の姿勢である。「制度」の機能を意図的に模倣しながら、その反復を介して「制度」自身にその限界を告白させること。あるいは「制度」がそうした言葉を洩らしそうになる瞬間を組織し、そのわずかな裂け目から、表層を露呈させること。「物語」の説話的持続の内部に、その分節化の磁力が及びえない陥没点をおのずと形成させること。そのためにも、いたずらに「反＝制度」的な言辞を弄することなく、むしろ「制度」の「装置」や「風景」を積極的に模倣しなければならない。(同前)

指摘すべきは、この「遊戯的な姿勢」、「倒錯」の姿勢もまた、最初に引用した「批評体験」の変奏として読まれうることだ。先に取り上げた驚きや眩暈は、ここで書かれる「裂け目」「陥没点」によって与えられるからである。ただしここでは最初の引用に漂う受難や危機のニュアンスは薄れ、能動的な戦略性が強調される(なお『表層批評宣言』では、「」に「」のニュアンスを重ねる発想が悪しき制度化の一環として非難されており、その自己批判は微笑ましい)。批評体験は到来を待つというより、制度の「積極的な模倣」によって獲得されるのだ。これは例えば『小説から遠く離れて』(一九八九)における中上健次論に具体的に示されている。蓮實によれば中上は、「明らかに意識的な作業として」、類型的な物語を小説に――「黒幕と双子」の物語を『枯木灘』に――取り込み、それを一旦は反復しながら、そのクライマックスが不意に失調する瞬間を描き出す――黒幕との対決がカタルシスを形成しない――ことで、物語を宙吊りにしえた作家である。蓮實は中上のこうした作劇に、「批評の実践」(同前)とまさに呼ばれるべき試みを見出している。

あえて制度に身を任せ、「反復」させてみることで、制度に自らその限界を露呈させ、自壊させること。この戦略はドゥルーズがマゾヒズムに見出したユーモアのそれだろう。蓮實は一九七三年に、ドゥルー

ズの *Présentation de Sacher-Masoch* を『マゾッホとサド』として翻訳出版している。ところで、ここで次のように口を挟みたくなる向きがあるかもしれない。このユーモアの姿勢、制度内破的な実践を、蓮實は自らのキャリアにおいてどれほど果たしえていただろうか？　語学教科書『フランス語の余白に』（一九八二）の著者紹介欄に「制度的には東大助教授という身分に拘束されつつ」と自虐的に記していた蓮實は、しかし順当に学部長、副学長を経て、総長という大学制度の中枢に身を置くに至る。それがどれほど成功した「遊戯」たりえたか、そこにどれほどの批評的契機がありえたか、その問いは開いたままにすることにして、本稿は最後に、蓮實のこうした身振りもまたひとつの歴史的条件に規定されていることに触れておく。「近代」と呼ばれるものがそれだ。

4　凡庸と近代

蓮實が『凡庸さについてお話させていただきます』（一九八六）で述べるところによれば、われわれの生きるこの時代は「凡庸さ」の時代である。これもまた蓮實の著作にたびたび登場する概念だが、つまりは作品AよりもBのほうが優れている、作家XよりもYのほうが才能がある、といった「相対的な差異」によって比較可能なものが「凡庸」の次元に属するとされる（他方、いわば批評体験をもたらすような絶対的な差異は「愚鈍」と呼ばれる）。これが近代の問題なのは、「いわゆる近代国家が成立した一九世紀以後」に初めて、「義務教育の普及と議会制民主主義の確立とにより、権利として誰もが何かになれるという社会が形成」されたからである。かつては例外的な作家のみが芸術に携っていた一方、近代においては誰しもが、「才能の有無にかかわらず、文学なり芸術なりを夢想」するようになる（同前）。そこで芸術は絶対的な経験の契機であるよりもむしろ、民主的に共有された話題として、相対的な比較によって「凡庸」の次元で語られるものとなる。蓮實によれば小林秀雄や吉本隆明ら「日本の文芸批評の伝統」もまた、誰々のほうが優れている、という判断を通じて「適度に起伏にとんだ光景の凡庸さを補強」する、「きわめて安全な言葉」に満ちている（同前）。とすれば蓮實の立場は、自らもまた凡庸から脱しえないという不自由さの自覚のもとで、芸術家を「相対的な差異の場」からの「離脱」において捉えることになる（同前）。

述べられている事柄はやはり、「制度」に対する「批評体験」の擁護という構図の再変奏ではあろう。しかし重要なのは、この構図が近代の問題として歴史的限定を与えられていることである。そこから論点を二つ引き出しておきたい。第一に、ここで近代的凡庸の成立はフランス第二帝政の樹立（一八五二年）と重ね合わせられている。ナポレオン・ボナパルトの甥である――凡庸な――ルイ＝ナポレオンが、クーデタの後に国民投票を経て皇帝の座についたこの帝政を、蓮實は「何かにつけて二番煎じ」と形容し、その非正統的な「二流」ぶりに凡庸の時代の象徴を見て取る。蓮實はまた、この凡庸さを当時の政治の場面にも地続きのものとして、自民党の「ニューリーダー」やアメリカのレーガンを引き合いに、「たいへんな政治的才能の持主なんて居なくても政治は十分機能していける」（同前）時代なのだと嘆息する（この嘆息の身振りもまた、蓮實が自覚するように凡庸なのだが）。

総長となり、フランスから勲章も貰うまでの自らの歩みが、近代の凡庸な政治家たちを模倣し反復していなかったかどうか、蓮實は少なくともそのことに意識的だったはずだ。何せ、ルイ＝ナポレオンの義弟ド・モルニーを論じた『帝国の陰謀』（一九九一）から、随所で披露されるカジュアルな政談まで、彼はこの手の話題が嫌いではないようなのだから。

　第二に、蓮實はフーコー『言葉と物』の議論を下敷きにしながら、自身にとって特権的な批評対象である（長編）小説と映画もまた、近代の「人間」がもたらした普遍的ならざる産物だという見地に立つ。

私は、映画は「人類」の文化的な資産ではないと思っています。では誰が映画を作ったかといえば「人間」である。その場合の「人間」とは、フーコーのいう「奇妙な経験的＝先験的な二重体」にほかならず、それは「日付の新しさが容易に示されるような」ごく最近の「発見」にすぎません。要するに普遍的な「人類」とは異なる「人間」というものが、ひとまず近代と呼んでよかろう一時期に世界に姿を見せてしまった。その有限な「人間」が捏造したもののひとつが散文のフィクションとしての長編小説、もうひとつが現実とも仮象とも決めがたい映画だと考えています。

（『映画時評2012-2014』）

　映画について言えば、それは一八九〇年代の発明という意味で「ひとまず近代と呼んでよかろう一時期」のものだというばかりではない。映画はその物質的側面からして、一秒間に二四コマの画像がもたらす「錯覚」であって、普遍的な「世界の再現」そのものではない（同前）。それは歴史的にも存在論的にも有限な人間の産み出した、普遍を装う「いかがわしい捏造物」（同前）であるというのが蓮實の立場である。

　小説に関しては、蓮實は様々な著作で、「散文は生まれたばかりのものである」というギュスターヴ・フローベールの言に触れ、それが一八五二年――第二帝政樹立の年――の書簡によることにも注意を促す。ただし蓮實が言いたいのは、小説がその日付をもって誕生したジャンルだということではない。そうではなくて、小説は詩や戯曲と異なって、「西欧の伝統的な詩学、美学、もしくは修辞学にとっては思考しがたい」（『『ボヴァリー夫人』論』）もの、理論的根拠を持たない非正統的な形式だということである。小説はしたがって、読むそのたびごとに、ひとつの「事件＝できごと」（同前）として無根拠的に現出せざるをえないものである点で常に新しい。つまりその非正統性、いかがわしさゆえに、小説は「古典的な表象体系の透明な秩序」を揺るがしうる、近代に固有の「過剰性」を抱え込んでいるのだ（同前）。言い換えれば、物語を穿つ陥没点をである。

　要するに、蓮實の批評語彙も、その対象も、政治的（にして批評的な？）振る舞いも、近代の枠組みに規定されているということだ。とはいえそれをもって蓮實の乗り越えなどを云々したいわけではない。本稿が見出してきたのは、蓮實の方法ならざる批評、現代的意義や流行り廃りを越えて、語の厳密な意味における「読むこと」と「見ること」に等しくすらある批評だった。もちろんそれもまた、「物語」や「紋切型」や「表層」や「裂け目」の近代的配置と同様、「人間」が「人間」である限りで有効なものではあろう。小説と映画という近代的ジャンルと切り離しがたい動詞かもしれない。それでも、そうした「知識」などどうでもよくなるような経験、歴史性の自覚など失効するような経験を、作品はもたらすのではなかったか。何よりまずこの「批評体験」から出発すること。蓮實がわれわれに与える最良の教えはそれである。

鈴木亘（すずき・わたる）
一九九一年、栃木県生まれ。東京大学大学院人文社会系研究科助教。専門は美学。著書に『声なきものの声を聴く――ランシエールの解放する美学』（堀之内出版、二〇二四）。翻訳にジョルジュ・ディディ＝ユベルマン『受肉した絵画』（共訳、水声社、二〇二一）など。論考に「笑いの二つの身体――植木等と松本人志」（『ユリイカ』二〇二四年二月号＝特集＝クレイジーキャッツの時代）など。

文献

蓮實重彦『批評あるいは仮死の祭典』せりか書房、一九七四年
『夏目漱石論』青土社、一九七八年（講談社文芸文庫、二〇一二年）
『映画の神話学』泰流社、一九七九年（ちくま学芸文庫、一九九六年）
『表層批評宣言』筑摩書房、一九七九年（ちくま文庫、一九八五年）
『フランス語の余白に』朝日出版社、一九八一年（増補版、二〇二三年）
『監督　小津安二郎』筑摩書房、一九八三年（増補決定版、ちくま学芸文庫、二〇一六年）
『シネマの煽動装置』話の特集、一九八五年（『映画狂人シネマの煽動装置』河出書房新社、二〇〇一年）
『マスカルチャー批評宣言1――物語の時代』冬樹社、一九八五年
『凡庸さについてお話させていただきます』中央公論社、一九八六年
『小説から遠く離れて』日本文芸社、一九八九年（河出文庫、一九九四年）
『スポーツ批評宣言　あるいは運動の擁護』青土社、二〇〇四年
『『ボヴァリー夫人』論』筑摩書房、二〇一四年
『映画時評 2012-2014』講談社、二〇一五年
『ショットとは何か』講談社、二〇二二年
『ジョン・フォード論』文藝春秋、二〇二二年

「あなた」をなかったことにしないために――竹村和子論

NAGAHAMA YOSHINO
長濱よし野

英米文学者でありフェミニズムの思想家、ジュディス・バトラーの訳者としても著名な竹村和子。大庭みな子を研究する傍ら在野の編集者・ライターとしても活躍する、長濱よし野が、その呼びかけに応え、日本のフェミニズムに功績を残しながらも早世した彼女の思想を読み解く。

TAKEMURA KAZUKO

ここにわたしがいる。脳裏には――今遠くでたしかに呼吸をしている――さまざまな「あなた」(たち)が浮かぶ。それぞれを今、個別具体的な「あなた」として思う。わたしはわたしのことを「わたし」だと思う。そしてあなたもまた、あなた自身を「わたし」と思い、わたしのことを「あなた」と呼ぶだろう。

これからはじめるのは、ジュディス・バトラーの訳者で知られる竹村和子(一九五四―二〇一一)という人物とその言説についての批評であり、話題は主に、性にまつわるアイデンティティの政治と倫理についてである。そのような文章を書くにあたり、わたしは「わたし」のこと、そしてわたしが確かに知る「あなた」(たち)のことを思いながら書こうと思う。その理由は、まず一つには、この社会をとりまく抑圧と差別について考えるとき、「わたし/あなた」がどのようなアイデンティティや立場であれ、このわたし(たち)こそが一人も洩らすことなく抑圧構造(及びその再生産システム)にとりこまれているからである。そしてもう一つ重要なのは、わたしがその抑圧構造に抗したいと思うとき、最初の手がかりとして、少なくともわたしにとって最も確かなのは「わたし」が感じたあらゆる苦悩や傷や喜び、この抑圧の構造を要因のひとつとしてうまれた「わたし」の感情や悩みだと思うからである。

だからこそわたしは、この先を書く前に、いわば半径一メートル以内でわたしが感じたこと、あるいは出会ってきたすべての「あなた」を思い出すことからはじめる。構造的な問題に向き合い、それに抗しようという時、最初に必要なのは、そのような近距離からはじめることであり、それこそが大きな構造をも変えていくことにつながるとわたしは信じている。そしてこれから論じようとする竹村和子もまた、多くの人のもとにその言葉を届けつつも、後に詳述するように、近距離の「わたし／あなた」からフェミニズムをはじめとするセクシュアル・アイデンティティの政治と倫理について思索を深めていった人であった。むしろそうした竹村の言説の姿勢が、個別具体的な「わたし／あなた」を思うということに、わたしを向かわせる。そのように言うのが正しい。

アイデンティティの概念を「差異化」という言葉で言い換えれば、一方で、周縁を見えなくして均一化する抑圧操作を、差異化という戦略を使って可視のものとしながらも、他方で、差異が固定して新たな階層秩序に陥らないように、無限に差異化を押し進める、そのような二重の作業が、ぜひとも必要だということになる。

右に示したのはトリン・T・ミンハ『女性・ネイティヴ・他者』の訳者あとがきで竹村が書いたものだ。英米／英語圏文学、批評理論、フェミニズム、セクシュアリティ研究を専門としつつそれらの横断的な研究者でもあった竹村和子の言説を端的に説明するとすれば、わたしはこの一文を選ぶ。ここにみえるのはすなわち、抑圧構造に向き合う上で、二項対立と、二項対立ではとりこぼしてしまうものの往還が必要であるということだ。

たとえば女性差別や同性愛差別といった差別と抵抗の歴史を考えるとき、まずそこで考えうるのは、そうした差別が、「男性ではないもの」とされてきた「女性」というカテゴリーに対する差別、「異性愛者ではないもの」とされてきた「同性愛者」に対する差別として、考えられてきたということだ。これは、抑圧構造の一側面を二項対立的にとらえたものであり、そのような二項対立のもとで発生している権力勾配は是正していく必要があるのは言うまでもない。とはいえ抑圧構造の「一側面」であると書いたように、単純な「男／女」「異性愛／同性愛」という二項対立を持ち出すだけでは、トランスジェンダー・ノンバイナリーのライツや、「女性」「同性愛者」とカテゴライズされるなかで発生する経済的・人種による権力勾配を無視しかねない側面があるのも事実である。

構造的な問題に抗しようという時、そこでは二分法によって可視化されるべき差別の現状が一方ではあり、もう一方では、単純な二分法であらゆる声を抹消してしまわないように、「無限の差異化」つまり、カテゴリーの外縁そのものをとらえ直し続ける必要がある。竹村が想定しているのはそうした往還であり、この往還に向き合い続けたのが竹村和子という人であった。

いま、女性差別や同性愛差別、トランスジェンダーやノンバイナリー、アセクシュアル、アロマンティックに対する差別、人種による差別、その他ありとあらゆる「正しくない」として排斥され、抑圧され、棄却されてきたアイデンティティに対する差別について考え、抗しようというとき、なぜいま竹村を読み直す必要があるのか。それは、おそらく単に二項対立的なものとしてとらえられがちなこのアイデンティティの政治について、そして二項対立だけでは取りこぼしてしまうものがあまりに多すぎる「倫理」の問題について、竹村の言説は「無限の差異化」、境界の絶え間ない引き直し、という往還的思考法を倫理／政治の実践として提示してくれるからだ。またそれを「わたし／あなた」の距離からはじめていく竹村の言説は、それぞれの「わたし」から、構造への抵抗へと一歩踏み出していけるということを示してくれる。

1　それでも「フェミニ・ズム」を手放さない

竹村和子は一九九〇年代後半に登場し、一九九七〜二〇〇一年まで雑誌『思想』に連載された五つの論文は、代表作『愛について——アイデンティティと欲望の政治学』として二〇〇二年に刊行された。上野千鶴子はこれを「鮮烈」な「デビュー」（「あなたをわすれない」）としており、竹村は『愛について』をきっかけとして、英語圏文学・フェミニズム・セクシュアリティの研究者として知られるようになった。また、竹村はこの時期には岩波書店『思考のフロンティア』シリーズより、フェミニズムの概説書『フェミニズム』をも執筆・刊行することとなる。第三波フェミニズムの真っただ中である。

女性の相続権、財産権、参政権を求めた第一波（一九世紀末から二〇世紀前半）、男女の社会制度・政治上の不平等を支える考え方自体を問い直した第二波（一九六〇年代〜）。そして続く第三波（一九八〇年代〜）は、第二波を引き受けつつ「性別以外の属性に基づく女性たちの差異や多様性により一層の注意を払おう」としたものであった。（清水晶子『フェミニズムってなんですか?』、竹村和子『フェミニズム』）。

また特に一九九〇〜二〇〇〇年代は特に慰安婦問題等のなかでフェミニズムへのバックラッシュが強まった時期ともいわれている（西川ほか『フェミニズムの時代を生きて』）。上野は当時について「ジェンダー平等に関して一定の前進があったからこそ起きた反動」（同前）だったと回想していた。ではこうした状況に直面した竹村が発信した言説はどのようなものであったか。

竹村は『フェミニズム』序文で、フェミニズムに対する社会的イメージはおそらく大抵の場合「権利を奪われている女」が「権利を過剰に付与されている男」に対する異議申し立てという図式であろうと述べる。またそうしたイメージのもとでは、男性が「この性の不均衡はもしかしたら自分自身を呪縛しているのではないか」と感じても、フェミニズムという語では居心地の悪さを感じて「男性学」「ジェンダー研究」という語を選択するかもしれず、また女性であってもそのなかにはあらゆる個人の差異を含む以上、「女」とひとくくりに語られることに疑念を感じて「セクシュアリティ研究」や「カルチュラル・スタディーズ」の方へ向かうかもしれないと、竹村は続けて書く。そしてそれはフェミニズムが「フェミナ（女）」という語を母体にした造語である限り避けがたい事態であること、またフェミニズムの実践が歴史的に背負ってきた限界でもあることを竹村は指摘したうえで、竹村は性の抑圧のあらゆる制度に抵抗する手法としてフェミニズムという語を使用することは「かならずしも最適な選択ではない」とまで言いきってしまう。

しかし重要なのはその後だ。

それでもなおわたしは、少なくとも現在では、フェミニズムという言葉を手放したくはない。その理由は、けっしてフェミニズムを「女の権利の主張」という枠に閉じこめて、「女」を理論の基盤、あるいは解放されるべき主体として、保持したいと願っているためではない。わたしがフェミニズムという用語のもとにしばらくは思考を進めようと思っている理由は、「女」であることはたやすく身体的な次元に回収され、そして身体は還元不可能な与件だと理解されているので、もっとも根源的な本質的属性とされている「女」というカテゴリーを根本的に解体することなく、「男」に対する抑圧も、「非異性愛者」に対する抑圧も、また性に関連して稼働している国籍や民族や職業や地域性などの抑圧も、説明できないのではないかと危惧しているからである。

（『フェミニズム』）

竹村はフェミニズムの限界を感じつつも、「それでも」フェミニズムを手放さないと力強く述べる。フェミニズムが歴史的に見れば「女性の権利の主張」を起点にしていることは事実でありそのことはもちろん軽視しないとしても、竹村にとってそれは最終目的ではない。あくまで「女」という語を入口としてあらゆる差別と抑圧について、またその抑圧を生みだし再生産するシステムについて考えることが、竹村にとってのフェミニズムなのである。

　また、「女」という語彙は、いわばある種の〝印〟だといえる。だからこそ竹村は、「「女の解放」という姿勢自体を問題化」し、最終的には「女」というカテゴリー自体を「無効化」することを、「フェミニズムという批評枠を必要としなくなるとき」を、そしてフェミニズムを「現在女と位置づけられている者以外に開いていくこと」をめざしているのだ（同前）。

　竹村が文章を発表しはじめた一九九〇年代後半、すでに強まりを見せていたバックラッシュのなか竹村のフェミニズム観は、逆風そのものに立ち向かうというよりも、逆風とフェミニズムの位置関係を俯瞰して観察し、フェミニズムという言葉と歴史の限界性を見つめつつも、しかしその上で改めてフェミニズムを諦めない、というものだ。フェミニズムが二項対立的異議申し立てであるという認識はいまなお一般的に定着しているものであろう。いわば喧嘩腰的なイメージである。

　もちろん、こうした喧嘩腰ゆえにきりひらかれてきた女性の人権は多くあり、わたしは今その政治によってきりひらかれてきた地平の上にたっている。しかしながら竹村がここで、真向からの喧嘩をするのではなく、フェミニズムの立場に立ったうえで、マイノリティや構造的弱者のみならず、男性・異性愛者といった構造的に特権性をもつ者、マジョリティもまた抑圧構造に取り込まれていること、そしてその全員がそれぞれフェミニズムという思考の入口を手にしうることを示していたのは重要だ。

　わたしがフェミニズムにしっかりと向き合い始めたのはちょうど二〇歳になったころだった。それまでフェミニズムという言葉を知っていたにもかかわらず、その頃になってようやく、わたしの日頃の悩みや葛藤がフェミニズムと分かちがたく結びついていることに気が付いたのだった。しかしそこでフェミニズムについて学んでいこうと思ったとき最初に抱いたのは、単純な二項対立（にみえる）形で、女性を抑圧される側・男性を抑圧する側と分離する事への違和感であった。女性は常に必ず「被害者」なのだろうか、男性もまた抑圧をうけているのではないか（であるとすればそれは一体何か）、そもそも男女という枠組みだけではとらえきれないものが多いのではないか、そして、フェミニズムに対する反動やそれに伴う人々の分離は、この先どうしたら解消することができるのだろうか、こうした思いがフェミニズムの学びの入口にたったときにわたしにうかんだものであった。

　しかしこれらの問いは、そもそもわたしがフェミニズムを二項対立的な政治としてとらえていた点で前提からして間違えていたのだ、と今では思う。竹村の想定するフェミニズムは、あらゆる差別・抑圧とそれを稼働させているシステムをとらえる入口として「女性性」をとらえている。フェミニズムの目的地は単に「女性の権利向上」ではなく、女性性を入口としてあらゆる差別構造をとらえ、その構造を瓦解し、また「女性」というカテゴリーすら解体・無効化し、最終的に「フェミニズム」という語が「使命を終える」（『フェミニズム』）地点なのだ。

　フェミニズムは、決して、それさえ掲げれば正しいというような、万能なイデオロギーではない。わたし達がここで思い出さなければならないのは、ときに「フェミニズム」「女性の権利」という旗印のもとで、同性愛差別やトランスジェンダー差別、人種差別が行われてしまう事実があるということである。これはこれまでの歴史においてもそうであり、いまも確かにある現実である。[1]

　フェミニズムが女性というカテゴリーを保持する際に、巧妙に排除・棄損されていく人々のこと。竹村のフェミニズムが優れているのは、フェミニズムのなかでさえときに起こってしまう排除を見逃さない、見過ごさないからである。竹村が提示するフェミニズムとは、あらゆる差別に抗すべく、その入り口として女性性をとらえるものであり、シスヘテロ女性が被っている抑圧は、トランスジェンダーや同性愛者を抑圧する言説やシステムとも連動する構造的問題であり、むろん後者の方が幾重にも抑圧を受けているのだが、そのすべてに抗するべく思索を進めていく必要があると竹村は考えているのである。

　また竹村の言説は、構造的強者と構造的弱者というカテゴリー間での対立的な政治ではなく、あらゆるアイデンティティをもつ個人が、それぞれいかにフェミニズムという言葉を手に取り思索を進めていくことが可能かをさぐるものであった。こうした姿勢は、その言説内容のみならず、竹村自身の文体／語りにもあらわれている。

2　言語／物語に投企された者として

それらは、〈わたし〉から遠く隔たったどこかべつの場所で、あるいは〈わたし〉にときたま到来するべつの機会に、起こるものではない。それらはつねにいまここで、〈わたし〉と〈あなた（たち）〉のあいだで、つまりはその「あいだ」を再生産し、「あいだ」によって再生産されている〈わたし〉の「なかで」起こっていることである。

（『愛について』傍点原文）

わたしは、あなたとわたしを同質性という囲いのなかに閉じ込め、その囲いのなかでわたしとあなたを引き裂くすべての言語に抵抗する。

（…）だからわたしは忘れない、あなたの身体を、あなたへの愛を、愛がもたらす諧調のすべてを私が感じていたことを。忘却は記憶を呼びよせ、記憶は過去を現在の物語に変える。記憶は、現在刻々の「行為」であり、そのなかで新しくよみがえるあなたは、幾重にも増幅し幾多のかたちに姿を変えて、「母なるもの」「女なるもの」の名前を無効にしていく。（同前）

竹村の主著『愛について』の主題は、「セクシュアリティ」と「アイデンティティ」。前者は「〔ヘテロ〕セクシズム」（性差別＋異性愛主義）をはじめとして複雑に絡み合う規範が唯一正統とされて、異端や病理とされた愛のあり方を幾重にも抑圧／棄却していく仕組みを系譜学的に分析するものであった。そして後者は性差別や植民地主義に抗するための政治／倫理の問題として「アイデンティティ」やその形成の現場において、個別の「語り」をいかに聴く／語るかについて問い直していくものである。その分析はどちらも緻密で、非常に慎重なものだ。しかしとりわけ後者で「語り」の問題に着目した竹村の著作それ自体が、多くの読者をエンパワメントし、また思考をおし進める力を持った理由は、その緻密な論理性・学術的な信ぴょう性だけではない。問題は竹村自身がいかに語っていたかである。

『愛について』の文体の特徴といえば「わたし」「あなた」の二人称の語りであろう。ではこれはなぜ、いかにして力を持つか。

この問いを考えるにあたり、手元に引き寄せたのがコロナ禍を挟んで赤坂憲雄・藤原辰史によって交わされた往復書簡『言葉をもみほぐす』（写真：新井卓、二〇二一）である。本書は、人災を含む災害・為政者による抑圧が繰り返される現実のなか、すぐれた人文学者たちの言葉をもってさえも現実が暗くありつづけていることを問題意識とし、しかしそれでもなお言葉に出来ることがあるとすれば何か、という藤原の問いを出発点としていた。

この問いに対して民俗学者・赤坂憲雄は「言葉の力を、それゆえ言葉への信頼をとりもどすことは、いかにして可能か。それはあくまで、臨床的なフィールドにねざしてこそ可能となるにちがいない、そう、わたしは信じています」と応じている。それは赤坂がこれまでの研究の歩みのなかで、「いつしか、とても具体的な人や物や場所に繋がり、そのやわらかな裏付けを受けながら言葉をくりだすことを、自らの知の作法とするようになってい」たことに由来する信念であった[2]（『言葉をもみほぐす』）。ここで重要なのが言語の「臨床」性というものである。具体的な人や物や場所を「裏付け」として言葉をくりだすこと。藤原もまた赤坂の応答に対し、「具体的な人間の顔なり足なり手なり、その肌理《きめ》を思い浮かべつつ言葉を紡げば、どんなに抽象的な内容でもきっと力を持つでしょう」と返していた。それは藤原が『分解の哲学』（二〇一九）執筆にあたり、「一人の人間のことを思い、その人のために書いて」いたという記憶に裏打ちされたものでもあった（同前）。

竹村がセクシュアリティ・アイデンティティの問題について分析を進めるなかで、「わたし」から「あなた」へ呼びかけるとき、それがただ人文アカデミズムの中でのみ検討されるのでなく、現実を変えうるような力をもっているのだとしたら、それは言語として「臨床」性を帯びていたからではないだろうか。

ここで『愛について』序で竹村が「物語」「比喩」という言葉から議論をはじめていることも思い出したい。

> わたしたちは何らかの「物語」なしに、自分の感情を感じることも、自分を把握することも、行動することも、何かを理解することも、他の人々との同意を得ることも、あるいは誤解、決裂することもできない。

竹村は、わたし（たち）が自分自身の個別具体的な生を解釈する上で、他者と共有する／社会に流通する「集合的な物語」を必要としていると言う。確かに身近な範囲でも自己認識と他者との共生を円滑に進めるために、時に約束事のようなものが共有されていることは容易に思い浮かぶ。そして「物語」を構成するのは「言語」だ。わたし（たち）はハイデガーが言うように、常に既存の言語の中に「投企」されていることをここで竹村は強調する。しかし竹村が言うこの「物語」とは〝社会規範〟としてわたし（たち）の生を縛るものでもある。ヘテロセクシズム、ドメスティックイデオロギー、生殖イデオロギー、ロマンティックラブイデオロギー、モノガミー規範など、本来あらゆる「諧調」をもつ愛を、ペニスを中心とした形で序列化して解釈する力学といったそれぞれの規範、またそれらの絡み合いのことなのだ。竹村が特に問題化するのは、元々はわたし（たち）の目の前のあらゆる出来事に暫定的に割り当てられた単なる「比喩」に過ぎなかった「物語」が、反復されることでわたし（たち）のなかで「事実」として価値づけられてしまうことである。わたし（たち）は、それが錯覚であるにもかかわらず、物語／社会規範が「事実」そのものであるといつしか思いこまされてしまうのである（『愛について』）。

しかしここで重要なのは竹村が、個別具体的な生について、それが「集合的な物語」から常に「ずれ」ていくものだととらえていることだ。竹村はそのことこそ、社会規範が「事実」ではなく単に「比喩」にすぎないことを「気づかせてくれる」契機になるのだと言う（同前）。竹村はわたし（たち）を抑圧するものが「物語」／「言語」であり、そこからの脱却もまた「言語」を根拠にしなければならないと考えていたのである。

だからこそ竹村は、自らの言葉の実践からはじめていこうとしていたのではないか。臨床性とはすなわち、個別具体的な生が社会規範からずれていく場面のことだ。藤原の言葉を借りれば、それは「わたし」と「あなた」の「肌理」ともいえるものだろう。そして具体的な個人を思いながら発される「わたし」と「あなた」の語りは、テクスト内のみならず、読者をもその語りの内側へと巻き込んでいく。

3　アイデンティティの倫理のために——「わたし」の解体からはじめること、あるいは「鬼」として

「わたし」と「あなた」の「肌理」、と語るとき、続けて浮かぶのは〝個人的なことは政治的なことである〟という第二波フェミニズムのス

ローガンである。それはつまりアイデンティティの政治／倫理の問題だ。『愛について』のもう一つの主題である「アイデンティティ」の政治・倫理について考えるにあたりまず思い出したいのは、竹村が差別の構造をとらえるとき、たとえば同性愛差別を稼働させている〔ヘテロ〕セクシズムが抑圧するのは、同性愛者だけではないこと、異性愛者もまた「自己限定」させられていると考えた点だ。

また上野（「あなたをわすれない」）や新田（「すべてが途切れなく」）が指摘するように、竹村の目的は、アイデンティティという概念やそれに付随して稼働する認識そのものの解体であり、竹村にとって既存の権力秩序の下での見かけだけの平等や承認は決してゴールではない。たとえば竹村は、語りえぬとされたものを語り手が語ろうとし、聞き手がそれを聞くことで理解し、同情したとしても権力付置は変わっていないことを指摘する。上野はこうした姿勢について、「彼女の目的は、（…）異性愛制度のもとで性的マイノリティの「人権」や「承認」を確保することではない」（「あなたをわすれない」）と書いていた。

その上で、あらゆるアイデンティティの人々が「語り」を語る／聴くことを通してアイデンティティの倫理を実践するには、そしてゆくゆくは既存の権力付置を温存した言語内での「アイデンティティ」を解体するためには、どうしたらよいのか。そこで提示されているのが、自己と他者の間主体的な政治と、「自己の位置をずらし、自己のなかに差異を生じさせていく」（『愛について』）自己内部の内主体的な倫理、その往還である。

竹村はここで、アイデンティティ獲得の過程が「わたしは〜である」と規定することではなく、「「わたしでない」ものを生みだし、それとの差異化をはかる」ものであることに注目していた。その意味で、たとえば異性愛者は自己内部にあった「同性愛」を自己の外へ放擲することで「異性愛者」のアイデンティティを獲得していることになる。そこで竹村が重視したのは、この自己の内側から放擲した（と思い込んでいる）ものに目を向けることであった。既存の言語体制の中での、マジョリティとマイノリティの間の見かけだけの平等にとどまらないために重要なのは「人と人の〈あいだ〉」での「政治」だけでなく、「自己のなかの〈あいだ〉」、つまり自己の複数性をまなざし直すことだと、竹村は考えたのである（同前）。

語りえぬとされた語り手とその聞き手が、互いに「自己を引き裂き、還元不可能な他者性を双方の身体と精神に呼び込むことが可能になったとき」（同前）、アイデンティティの倫理はその入り口を見せる。竹村はそうした「自己同一性の中断の不断の実践こそが、差異を表面的な平等に取り込まないアイデンティティの政治的実践だと言えるだろう」（同前）と述べていた。

これはいわばアイデンティティの「瓦解」である。それが恐怖と不安を伴う状態であることは容易に想像されるだろう。『愛について』序で竹村は同書の執筆が「いかに自分と向き合い、自分をある意味で危機に陥れるものか」と気づいて愕然とし、また「自分が粉々に砕けるような気がして、恐ろしくて身がすくむ思いがした」と書いている。規範に対し疑念を抱き、思考の上で対象化し、抵抗を試みようとしても、その解体はその規範を内面化した自己の破壊を伴う。私自身もまた、その破壊を前にして「恐ろしくて身がすく」み続けている。しかしその一方で、私が震えながら立ってはじめて、わたしに重なるように見えてくる像が一つある。それが「鬼」である。わたしは今、自分が二〇歳前後でフェミニズムに出会ったとき、同時に「鬼」という言葉にも出会っていたことを思い出している。

> 三従の美徳に生きるはずの中世の女が、鬼〔般若〕となるということのなかに、もっとも弱く、もっとも複雑に屈折せざるを得なかった時代の心や、苦悶の表情をよみとることができる（…）世阿弥は〈鬼の能〉にふれて、「形は鬼なれども、心は人なるがゆへに」という一風を想定している。私が〈鬼〉とよばれたものの無残について述べようと思うのも、このような人間的な心を捨てかねて持つ鬼に対する心寄せからである。
>
> （『鬼の研究』傍訓・注は省略）

馬場あき子『鬼の研究』は、主に中世までの「鬼」にまつわる言及や表象について分析するものであり、決して現代について考察するものではない。しかしながら、里に定住せず生きる山の盗賊や、能の鬼女、あるいは「まつろわぬ」とされた民の表象に私がこの本のなかで出会う時、わたしは、現代の不均衡な社会構造のなかで懸命にいきようとし、また声をあげようとする（私を含む）無数の鬼たちのことを思う。馬場は「累々と屍を積み、土に帰したであろう鬼」について、それは「王朝繁栄の暗黒部に生きた人びとであり、反体制的破滅者ともいうべき人びと」だと述べていた。そして、馬場は「われわれ自身が、孤独な現代の鬼である」かもしれぬとも書いている（同前）。

あまりに不均衡にできたこの社会のなかで、構造的に抑圧された者が声をあげようとすること、あるいはそれを聞こうとすること。竹村は、そうした「聞きえない」とされてしまう「声を語る」こと、「語りえない」とされた「声を聞く」ことを「〈正義《ジャスティス》への訴えかけ〉」と言い換えていた（『愛について』）。そしてそうした声は、「語るものにさえ制御」できずに「溢れでる」ものであり、それはまた「語る者にも聞く者にも」「不安と不確かさを否応なくもたらす苦悶の言葉、狂気の声」として現れると竹村は言う（同前）。竹村がここで「狂気」という言葉を出したのは、竹村自身が後述するように、9・11同時多発テロ事件が念頭に置かれたものであった。「狂気が、本来は聞き取られない声をなんとか届けようとする絶望的な試みであるならば、それを聞くものは、その声を不条理の暴力として」（同前）まず聴くだろうと竹村が言うように、今にも抹消されようとする声が発露するとき、時にそれは狂気として受け取られる。それは馬場がまなざした、中世の鬼女や、「反体制的破滅者」としての「鬼」たちと重なる像なのではあるまいか。

しかしここで言わなければならないのは、私は、聞きえぬ声＝狂気を発する者たちを、アイコンとしての「鬼」としてまつりあげたくはないということだ。なぜなら、馬場もまた、先ほどまとめて引用した箇所で世阿弥の言葉を引いて言うように、「鬼」とはまさに「人」のことにほかならないからだ。「あなた」や、「わたし」と同じだ。

わたしは、わたしを「鬼」だと思っている。私の中に生じる悲しみや怒りのなかに、私は、時に狂気の片鱗を発見する。時に、他者や社会から見て私は狂気として映るのではないかと考える。あなたももしかしたら、「鬼」であるかもしれない。「わたし」の目に映る「わたし／あなた」は「鬼」であり、そしてまぎれもなくあたたかい血の流れる「人」だ。悲しみや喜びを感じ、風にふれ、黙ったり、しゃべったり、笑ったり、泣いたり、そして時に怒ったりする「人」だ。

しかし、やはり鬼とは、いわば（構造的）他者の表象である。鬼とは、反体制や狂気の表象である。「聞きえぬ」「語りえぬ」とされた声、時に狂気として受け取られてしまう声。竹村はそうした声を、「語る者にも聞く者にも、何を語っているのか、何が語られているのかわから」ないものだとしていた（同前）。そして竹村はそうした、怒りや悲しみや、なにかさえ定かでない、狂気〟声を聞こうとする／語ろうとする、「挫折」も伴う政治と倫理の場から「目をそむけないでいること」が重要であると述べる（同前）。

それは言い換えるとすれば、あるいはまずわたしに出来ることがあるとすれば、ほかならぬ「わたし」や「あなた」を〝なかったことにしない〟ということなのではないか。

また、こうも言えるかもしれない。竹村が言う「自己同一性の中断」とは、自らのうちにある「鬼」を見つめなおすことだと。アイデンティティ形成の過程で、「わたしではない」と自己の内から排除し、他者に投影した要素。例えば異性愛者が「私は異性愛者である」ではなく、「私は同性愛者ではない」と考えることで異性愛者のアイデンティティを獲得する過程において、「同性愛」は本当に本人から遠く隔てられたのではなく、言語として他者化されたのであって、それは自己の内側にとどまっていると竹村は指摘する。セクシュアル・アイデンティティとは、事実としてすでに存在するのではなく、社会的・言語的に構築され個人に付与されていくものだ。つまり普段自分がアイデンティティだと信ずるものは、決して一貫固定した事実ではない。普段他者性だと思っているものもまた、言語として他者化されているにすぎず、むしろ自己の内側にすでに常にそれはあり、だからこそ言語的な他者化が要請されるのだと竹村は考えていた。鬼が構造的他者の表象だとすれば、それはいつしか「わたし」が、確かに「わたし」の中にあるにもかかわらず、「わたしでない」と排除した他者性のことであり、「自己同一性の中断」とはそうした「鬼」を〝なかったことにしない〟ことだと言えるのではないか。

「わたし」が「わたし」を「鬼」だと思うとき、それは「わたし」のなかに「鬼」という他者をもつということだ。鬼とは、反体制であり、狂気であり、そしてかつて「わたしではない」と思い込み自己の内から放逐した他者である。しかしわたしを「わたし」と思うわたしは、かつて放逐したはずの「鬼」と目を合わせる。そして「鬼」である「わたし」はあゆみをはじめ、ときに「鬼」をもつ「あなた」に出会う。そのすべてを、わたしは今、なかったことにしたくないと思う。

「わたし」は、今思う。「あなた」を思う。これまで出会ったすべての人を、景色を、出来事を、作品を、そして目を合わせたわけではないけれど、遠い過去の人々の息遣いを、そのすべてを、「あなた」として思う。そしてまだ出会ったことのない、これから出会うかもしれないし、出会わないかもしれないすべての「あなた」を出来る限り思う。

「わたし」は、だれのこともなかったことにしたくない。これからもしない。そしてそれを、言葉だけにしたくない。わたしには限界があり、傷つけられる可能性と同時に傷つけることも可能性としてもち、また沢山の間違いをすでにしている。だから信じなくてもいい。わたしさえ、欺瞞かもしれないと思う。それでもなお、わたしは、すべての「あなた」をなかったことにしたくない。「あなた」に出会うわたしのことも、なかったことにしたくない。わたしは、ときに「狂気」として人々の目に映り、ときに簡単になかったことにされてしまう「あなた」や「わたし」を、なかったことにしない。

「あなた」と「わたし」をなかったことにしないために、この声が、そして竹村和子の言葉が、今「あなた」のもとに届いていくことを願う。

長濵よし野（ながはま・よしの）

二〇〇〇年生まれ、神奈川県育ち。早稲田大学 大学院 教育学研究科国語教育専攻修士課程在籍中。大庭みな子について研究するかたわら、フリーの編集者・ライターとしても活動する。『とある日　詩と歩むためのアンソロジー』（二〇二三）では編集組版を担当し、「とある日」編集部として責任編集・川上雨季と共に第一二回エルスール財団新人賞（現代詩部門）を受賞。X（旧 twitter）：@lululu2_22

1　近年では、フェミニズムを語りつつトランスジェンダーを排除せんとして「女性の危険」を煽るようなTERF（Trans Exclusionary Radical Feminist）言説が流布されてしまっていた。特に二〇二三年には「LGBT理解増進法」の制定をめぐって、トランスヘイト言説が一部SNSを中心に流通していたが、その一例としてシス女性が更衣室やトイレや公衆浴場で不安を抱えるのは問題であるため、性的マイノリティはマジョリティに対する「配慮」をすべきであるというものがあげられる（神谷悠一『検証「LGBT理解増進法」』）。しかしまずここで言わなければならないのは、LGBTとりわけトランスジェンダーに対する差別・格差を解消するための場において、まず可視化・是正されるべきは、特権的位置にあるシスジェンダーでなく、トランスジェンダーが置かれている差別・格差であり、トランスのライツを語るための場で、特権的位置にあるシス女性の性被害を「議論」として持ち出すことそのものが特にトランス女性の生や尊厳に対する抑圧につながっているということである。いうまでもなく、「性暴力」の問題の罪のありかは「性暴力」という行為そのものにあり、「トランスジェンダー」の在り方と紐づけられるものでは決してない。トランスジェンダーのライツを語る場で「女性の危険」を持ち出すことはそもそもが作り出された架空の問題・デマであり、女性に対する性暴力問題はそれとして、きちんと検討・解消されていくべき重要な事項である。

2　本書の臨床性にまつわる批評は別稿（「言葉と距離と喪失のなかで――ある手紙について、および大庭みな子「青い狐」論」『ぬかるみ派　vol.3　絶滅の世代』（二〇二三））に纏めたので、そちらも参照されたい。

文献

竹村和子『フェミニズム』岩波現代文庫、二〇二四年
　『境界を攪乱する――性・生・暴力』岩波書店、二〇一三年
　上野千鶴子「あなたをわすれない」
『愛について――アイデンティティと欲望の政治学』岩波現代文庫、二〇二一年
　新田啓子「解説――すべてが途切れなく」
赤坂憲雄／藤原辰史『言葉をもみほぐす』岩波書店、二〇二一年
上野千鶴子『不惑のフェミニズム』岩波現代文庫、二〇一一年
神谷悠一『検証「LGBT理解増進法」――SOGI差別はどのように議論されたのか』
　かもがわ出版、二〇二三年
清水晶子『フェミニズムってなんですか?』文春新書、二〇二二年
トリン・T・ミンハ、竹村和子訳『女性・ネイティヴ・他者』岩波書店、一九九五年
西川祐子／上野千鶴子／荻野美穂『フェミニズムの時代を生きて』岩波現代文庫、
　二〇一一年
馬場あき子『鬼の研究』三一書房、一九七一年

#01 | Name 赤井浩太

Theme

「俺」に問う、「俺」を使う、「俺」は出会う

AKAI KOUTA

俺は、「私」というやつが一番の謎であるならば、それは思わせぶりな形をした無意味な石ころだと思っていた。飽きるほどそれを見つめ、饒舌な独り言を浴びせたあとで、俺は気づいた。それは観察したり解釈したりするものではなく、ブン投げて使うものだと。腕の振り方は見よう見まねだ。あとはおのれの試行錯誤だ。門前の小僧、習ってなくてもやってみろ。やる前からごちゃごちゃ考えるな。言うべきことはひとつだ。くらえ、俺を。

START

小林秀雄
『小林秀雄初期文芸論集』
（岩波文庫、1980）

寄り道

ドストエフスキー
『地下室の手記』
（江川卓訳、新潮文庫、1970）

START

谷川雁
『谷川雁詩集』
（現代詩文庫、1968）

秋山駿
『舗石の思想』
（講談社文芸文庫、2002）

文学や哲学の参考書が欲しい人には、きっとなんの役にも立たない。この本を読むべきなのは、石ころの灰色を凝視してそこにおのれを見ているヤツだけだ。自明とされる日常生活がヒビ割れたヤツだけがこれを読め。

平岡正明
『地獄系24』
（芳賀書店、1970）

社会的に正しいことを言うためのガイドマニュアルが欲しい人には、きっとなんの役にも立たない。この本が教えるのは、思想的剛速球、政治的大暴投のための、一人称のピッチング・フォームだ。くらえ、これが俺だ！と叫びたいヤツだけが読め。

GOAL

K DUB SHINE
『理由』
（2004）

GOAL

般若
『HANNYA』
（2009）

「ギドラ　ブッダ　雷　ペイジャー　オレが狂ったのはヤツらのせいさ」。出会いの数々が「俺」を構成する。替えがきかないのは、「俺」が出会ったものたちだ。

寄り道

セリーヌ
『夜の果てへの旅』
（生田耕作訳、中公文庫、2003）

#o2 Name 小峰ひずみ

Theme

批評家たちはいつまで名誉を毀損し続けることができるだろうか

KOMINE HIZUMI

スラップ訴訟と呼ばれる「名誉毀損」に基づく損害賠償請求が行われるようになった。「中立」を装った私法の領域拡大が公共を狭める。言論による応酬が誰かの「名誉毀損」にあたるならば、言論は委縮せざるをえない。どんな言葉が「公」たるに値するか？ いまや民事訴訟が公共領域を決定する役割を担うことになるだろう。かつて批評家は罵詈雑言を交えつつ論戦を繰り広げた。批評家はいつまで自他の名誉を毀損し続けることができるだろうか。

木庭顕
『新版 ローマ法案内——現代の法律家のために』
（勁草書房、2017）

法学者が厳密なテキスト批評を要請するのは、その解釈が人命に関わる問題だからだろうか。「アクロバティック」な解釈で読者を快楽に誘う文芸批評の対極にありながら、その緊張感では勝るとも劣らない。木庭は、近代国家が備える法律がローマ法を祖型とするならば、そのローマ法を現代的に読み替える必要があるという明確な方針を提示している。昨今、所有に対してコモンや共有地の復権が叫ばれているが、木庭が強調するのは占有だ。とにもかくにも、法学がわからなければ変革のことなど何もわからない、と思わせる一冊。

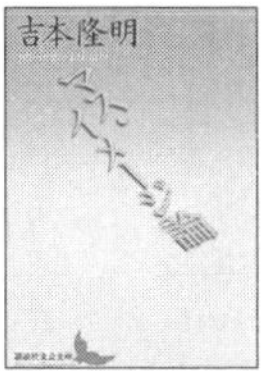

吉本隆明
『マス・イメージ論』
（講談社文芸文庫、2013）

1980年代あたりから、吉本は消費社会の太鼓持ちになっていく。その悪罵は単なる左翼へのやっかみに堕落していく。『情況への対話』は現代のXのような質の悪さだ。これ以降に優れた悪罵を獲得していくのは、むしろ、左派たちの方である。

田中美津
『いのちの女たちへ——とり乱しウーマン・リブ論』
（現代書館、2016）

呉明植
『民法総則』
（伊藤塾呉明植基礎本シリーズ4、弘文堂、2023）

大石あきこ
『維新ぎらい』
（講談社新書、2022）

橋下徹から名誉毀損で訴えられた衆議院議員・大石あきこの自伝。果敢な戦術の採用で人気がある政治家だ。激しいその口調は生来のものではなく、マンガ『じゃりン子チエ』を読んで学んだらしい。本書はそんな彼女の知性の高さをうかがわせる。特に大阪維新の会を決して侮らない冷静な分析は他の論客と一線を画す。かつて批評家には対となる小説家がいた。私はそのような小説家を見つけることができていない。しかし、指標は必要だ。だから、勝手に彼女の活動を横目で見ながら批評を書いている。

絓秀実・花咲政之輔編
『ネオリベ化する公共圏——壊滅する大学・市民社会からの自律』
（明石書店、2006）

早稲田大学闘争の進行とともに書かれた論集。大学という公共空間がいかにして私有化されていくかが論じられている。最近でも、愛知大学自治会の旗をもった学生らが愛知大学から「無断で大学名を使った」と退学処分を下されていた。これもスラップ訴訟と同じ原因からなるだろう。消費社会化（ブランド!）とネオリベラリズムが進んだ時代では、名前こそが利益を生み出す所有物とみなされる。

#03 Name 松田樹

Theme

この居心地の悪さに嫌気がさした人のために

MATSUDA ITSUKI

ずっと抑圧があると思って生きてきた。これらの批評と文学の歴史から、である。しかし、周りを見渡せば、なんでもありの「幸福な焼野原」(©小泉義之)。オーソドキシーなんてない。批評はどこから読んでもよく、文学も娯楽の一つに成り下がった。抑圧はなく、奇妙な居心地の悪さだけがある。幸福といえば幸福だ。だが、歴史を引き受けることでしか生み出せない達成は確かにある。本当に、新しいものを生み出そうとするならば。

START

『柄谷行人
蓮實重彦
全対話』
(講談社文芸文庫、2013)

文学を学ぶのに、なぜかここから始めた。というよりむしろ、ここから始めないと、嘘だと思った。本書には、批評家はあらゆる物事を論じうるし、そのようなさかしらな知性をも悠々と超えていくのが文学だという信念が込められている。

井口時男
『批評の誕生/
批評の死』
(講談社、2001)

中上健次
『枯木灘』
(河出文庫、2015)

今ここ、を問い直すこと。批評的態度とはそれ以外にない。あなたの人生は父や先祖の反復かもしれず、立っている土地は被差別の歴史を負っているかもしれない。本書が批評家たちを熱狂させてきたのは、読み手のあなた自身を鋭く問い直すものであるからに他ならない。

寄り道

絓秀実
『1968年』
(ちくま新書、2006)

大江健三郎
『万延元年の
フットボール』
(講談社文芸文庫、1988)

寄り道

村上春樹
『1973年のピンボール』
(講談社文庫、2004)

GOAL

柄谷行人
『終焉をめぐって』
(講談社学術文庫、1995)

文学を用いて、自分の生きる時代を総括する。批評と文学と私語りの幸福な一致が本書にはある。批評家は時代と共鳴する。しかし、終焉の宣言は次のスタートを切るためだったはずである。引き受けなければならないのは、後を生きる我々である。

#04 | Name 韻踏み夫

Theme

誰も 絓秀実のように 批評を書けない

INFUMIO

絓秀実が多くの優れた批評家論、「批評の批評」を書いてきた理由は、「文学場」における「闘争」、「実践」として「時評」的に「批評」を書いていたからだ。それが「研究」との違いである。だがすでに九〇年代に絓は、「批評家」と「研究者」の間で領域の曖昧化が進んでいる事態を指摘し、自身は「「批評家」と「研究者」の分離＝闘争を推し進めたい」と述べていた（「「文学場」の変容――「批評」と「研究」の闘争を提起する」）。

廣松渉
『マルクス主義の地平』
（勁草書房、1969）

近代＝「ブルジョア・イデオロギー」の乗り越えと疎外論批判の線で、新しいマルクスを提示した。「人間主義」／「科学主義」を同時に乗り越え、「人間的本質の回復的実現」を目指す「疎外論」から「物象化論」へ。

長崎浩『叛乱論』
（合同出版、1969）

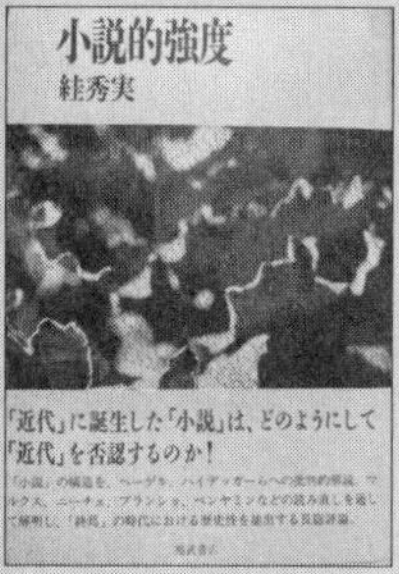

絓秀実『小説的強度』
（福武書店、1990）

平野謙
『文学・昭和十年前後』
（文藝春秋、1972）

津村喬
『戦略とスタイル
増補改訂新版』
（航思社、2015）

差別論、日常生活批判、一九三〇年代論、メディア論、戦後民主主義批判、労農派、毛沢東主義、吉本隆明批判……。多岐にわたるトピックを最先端の理論とともに。絓秀実も多くを引き継いだ、六八年の先駆的批評家。

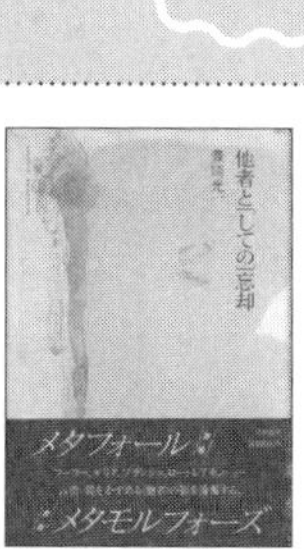

豊崎光一
『他者と(しての)忘却』
（筑摩書房、1986）

ヘーゲル的弁証法を瓦解させる「外」の書き手ブランショというモチーフが描き出される。二者間の対話は、ここにおいては、弁証法的に発展することなく「無限の肯定によって、反復によって進められるだけである」。

#05 Name 森脇透青

Theme

アドゥレセンス黙示録：森脇透青の場合

Moriwaki Tosei

単線的な「影響」や「読書遍歴」を再構成することなど不可能なので、2011～2018年くらいの期間（高校入学から大学卒業まで）で印象に残っているものを大雑把に図にした。矢印は単に僕の心理的なつながりのみを示している。哲学科だったが、勉強そっちのけで時代錯誤的なサブカルを追いかける堕落学生で、卒論と院試に間に合わせる形でようやく本腰入れて哲学書を読んだようだ。

#06 Name 住本麻子

Theme

それでも フェミニストで いたい人へ

SUMIMOTO ASAKO

エッセイや漫画といった「女子」カルチャーを通してフェミニズムに出会い、理論書や批評も読むようになった。しかししばらくすると、これでいいのかという思いにとらわれる。フェミニズムの目指す平等とは何なのか、何が差別を生んでいるのか……知れば知るほどわからなくなり、正義と悪が反転するような感覚に何度も陥った。けれどそのたびに、やはりフェミニズムにとどまらざるをえないと、多くの書物にそう教えられた。

START

雨宮まみ
『女子をこじらせて』
（幻冬舎文庫、2015）

女性の欲望とはなんなのか、たとえばAVが好きな女性は単に男の欲望を内面化しているにすぎないのか？ AVライターという実践のなかで生まれた生々しい性との格闘は、「こじらせ女子」のイメージとはまったく別ものである。

寄り道

ロクサーヌ・ゲイ
『バッド・フェミニスト』
（野中モモ訳、亜紀書房、2017）

斎藤美奈子
『紅一点論——アニメ・特撮・伝記のヒロイン像』
（ちくま文庫、2001）

絓秀実
『1968年』
（ちくま新書、2006）

「一九六八年」運動のナショナリズムを暴く華青闘告発によって、障がい者運動やウーマン・リブなどのマイノリティ運動が生まれ、今日のポリティカル・コレクトネスの土壌が生まれた。その両義性のニュアンスをどう受けとめるのか、いまも問われている。

寄り道

ジュディス・バトラー
『ジェンダー・トラブル——フェミニズムとアイデンティティの攪乱』
（竹村和子訳、青土社、1999）

田中美津『【新版】いのちの女たちへ——とり乱しウーマン・リブ論』
（現代書館、2016）

七〇年代のウーマン・リブ運動のなかで先頭切って出てきた女性の著書。一文が長く一見読みにくいが、リブ（フェミニズム）に身を投じながら、言いえぬような矛盾や葛藤が言葉として奇跡的に成立している。

GOAL

瀬戸夏子
『現実のクリストファー・ロビン』
（書肆子午線、2019）

#07 Name 七草繭子

Theme

人間を やめたい人に

NANAKUSA MAYUKO

夜空を見る度に考える。月には生物がいるのだろうかと。石を見る度に考える。石が人間に進化することは絶対にあり得ないことだろうかと。
私は鉱物になりたい。骨になってみたい。月などの天体でもいい。肉体という生の、有機的な、生命に満ち満ちた、そんなあり方にはもう飽きた。私は飽きっぽいから、今度は無機的な、なるべくひっそり生きているようなものに変身してみたい。

新井素子
『わにわに物語』
（講談社文庫、1995）

想像してご覧、ぬい生を（ぬい生とは、ぬいぐるみの生という意味である）。この物語は人間が書いたものではない。新井素子の家に住むぬいぐるみ、わにわにが書いたものである。誰がぬいぐるみには意識がないなどと断言できよう。私の一番好きなわにわにの台詞は以下のものである。「莫迦やろー、将来に希望を持ってないと、まともなぬい生歩けないぞ。健全なぬいぐるみって、いっつも希望に満ちているもんなんだから」。私の家のぬいたちも、いつかわにわにのように饒舌に語り出してくれる日が来るだろうか。

人間をやめたい人に

澁澤龍彦
『高丘親王航海記』
（文春文庫、2017）

岡上淑子
『はるかな旅――岡上淑子作品集』
（河出書房新社、2022）

花田清輝
『アヴァンギャルド芸術』
（講談社文芸文庫、1994）

「われわれの主体性は、われわれ自身が、客体の状態にまで追いつめられたとき、はじめて確立するのではなかろうか。」――。花田はドン・ファン論の中で鉱物中心主義という概念を提示する。さらに、「どうしてかれらは、生物にだけ意識の存在をみとめ、無生物にはみとめないのであろうか。」と生命のあるもののみを尊重する態度を花田は問う。私は考える。そこにある花の、植物の、鉱物の側に立った時、そこから何が見え、何を感じるだろうかと。

マンディアルグ
『大理石』
（澁澤龍彦・高橋たか子訳、人文書院、1971）

秋田昌美
『快楽身体の未来形――TERMINALBODY PLAY』
（青弓社、1993）

稲垣足穂
『天体嗜好症――一千一秒物語　21世紀タルホスコープ』（河出文庫、2017）

天体は人間を無視して回り続ける。宇宙は人間が夢見たものか、それとも宇宙が人間を夢見ているのか。ガリレオは地動説を、ケプラーは天体の運動法則を、ハッブルは宇宙の膨張を、稲垣足穂は天体を玩具にできることを発見した。宇宙にとっては人間は宇宙のことわりに従って動く人形のようなものであり、『天体嗜好症』の中での中心は決して人間ではなく、あくまでも中心は星や月などの天体なのである。足穂にとっては人間が人形という玩具ならば、天体も玩具であり、世界の全ては機械仕掛けの玩具のようなものなのかもしれない。

#08 Name 後藤護

Theme

アートフルな画文共鳴《エクフラシス》の快楽

GOTO MAMORU

「一枚の絵は一万字に勝る」（大伴昌司）、「絵のない本なんて何の役に立つのよ？」（『不思議の国のアリス』）。ようするに図像より文字が偉いなんて誰が決めた？ 一方向に読み進めることを強要する「活字人間」（マクルーハン）の父権的／抑圧的なグーテンベルク銀河系を粉砕するには、図像の力しかない。セリーヌが『虫けらどもをひねりつぶせ』で「芸術家の糞にたかる蛆虫」「本物の便所」と呪詛した「批評家」を撲滅しよう。

START

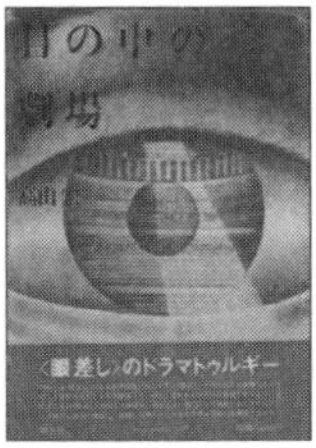

高山宏
『目の中の劇場』
（青土社、1985）

日本のゴシック研究の最高峰。暇なアンファン・テリブルたちの「批評のための批評」が跋扈する80年代に秘やかに上梓された、デス渋谷系ならぬデス・ニューアカの名著。ヴィジュアル三昧で画文共鳴の極北。

寄り道

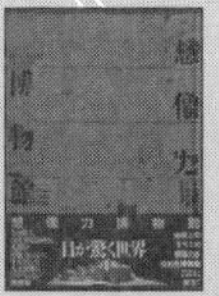

荒俣宏
『想像力博物館』
（作品社、1993）

宇川直宏
『DOMMUNE』
（2010年開局のライブストリーミング・チャンネル）

書物で教養を作った人間に飽き飽きしている。音楽と対話がマスターメタファーである宇川にとって教養は耳学問であり、美術家である宇川にとって説得はヴィジュアルである。曼荼羅式に一瞬でわからせるのである。

ラニ・シン編
『ハリー・スミスは語る——音楽／映画／人類学／魔術』
（湯田賢司訳、カンパニー社、2020）

バーバラ・スタフォード
『アートフル・サイエンス——啓蒙時代の娯楽と凋落する視覚教育』
（高山宏訳、産業図書、1997）

人体に電流を流して実験するとか、18世紀フランスの実践科学は教育なのか見世物なのかわからないあざとい領域で一般大衆を啓蒙していた。アートフル（技巧三昧／詐欺三昧）に図像を用いる力がいま求められている。

寄り道

マーシャル・マクルーハン
『グーテンベルクの銀河系——活字人間の形成』
（森常治訳、みすず書房、1986）

GOAL

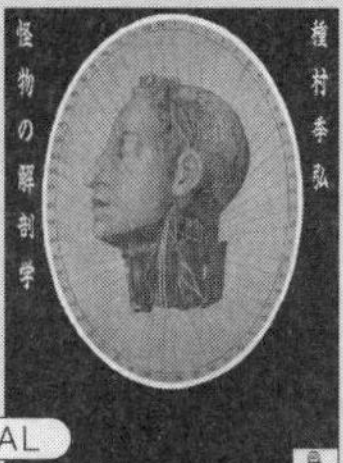

種村季弘
『怪物の解剖学』
（河出文庫、1987）

#09 Name 武久真士

Theme

「詩的なもの」と向き合って

TAKEHISA MAKOTO

ここに「詩」と「詩的なもの」とがある。「詩的なもの」、「詩」のようだけれども「詩」ではないもの。詩ではない……？ では、どこに「詩」と「非詩」との境界線を引けばよいのだろう。僕たちの思う「詩」も、もしかしたら結局「詩的なもの」にすぎないのではないか？ 詩はその都度作り直されなければならないだろう。「詩的なもの」に囲繞されながら、その中で常に生まれ変わらなければならないだろう。

START

『サクラノ詩——櫻の森の上を舞う』

（枕、2015）

作中では中原中也や宮沢賢治などの引用が散りばめられ、「詩」が桜のごとく舞い散っている。自分が詩的なイメージによって装飾された有機交流電燈に引き寄せられた、蛾であったことを白状しておかなくてはならない。

『中原中也詩集』

（岩波文庫、1981）

寄り道

鮎川ぱて

『東京大学「ボーカロイド音楽論」講義』

（文藝春秋、2022）

絓秀実

『日本近代文学の〈誕生〉』

（太田出版、1995）

いつも先に「詩」があった。ところがそれはいつの間にか忘れ去られ、あとには「詩的なもの」だけが残っている。「詩的なもの」の他に「詩」なるものがあるらしいことを、覚えていてくれる批評家は貴重である。

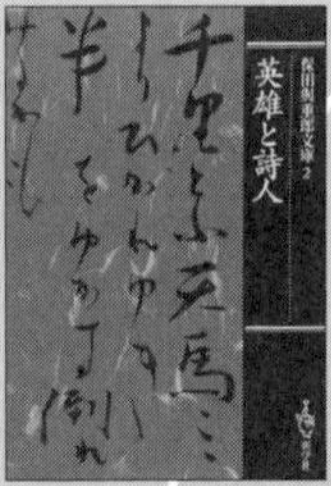

保田与重郎

『英雄と詩人』

（新学社、1999）

寄り道

ミシェル・ド・セルトー

『日常的実践のポイエティーク』

（山田登世子訳、ちくま学芸文庫、2021）

GOAL

稲川方人

『詩と、人間の同意』

（思潮社、2013）

「詩的なもの」のなかでどのように「詩」を立ち上げていけばいいのだろうか。あるいは、「詩的なもの」だけで案外世界は回っていくのかもしれない。稲川は世界に抗しながら、「詩」について考えるということを考えている。

#10 Name 平坂純一

Theme

人文知における鬱。振り返させるな、ロウ、ロウ。

HIRASAKA JUNICHI

僕には奇妙な体質があって、荻窪のヤブ医者（加藤登紀子似の女医・全共闘世代・待合室には東京新聞）が云うには、「躁鬱病」の疑い、入院の必要があるらしい。僕に生活と自己を顧みる感情、あまりにもなくて困っていても、それを補う入院費など持ってない。自殺を真剣に考えたあとマクドナルド4発食ったりする。

どうでもいいことだが、鬱を乗り越えるに適した文物を90年代育ちの僕から紹介したい。

START

佐野洋子
『100万回生きたねこ』
（講談社、1977）

小学校の図書館で50回借りれば、純然な意味で鬱を意識した。何度も生きては不遇に死ぬドラ猫。王の飼い猫、老婆、船乗り…何度も死ぬ。ある生で、ドラ猫が好いた白猫と子作りさえすれば、輪廻が止まる。つまり、般若心経の絵本。勃起をすることが恐ろしいとすら思った。

立川談志
『新釈落語咄』
（中公文庫、1999）

寄り道

『夫婦善哉』
（1955年公開、監督・豊田四郎）

原田芳雄
『B級パラダイス——俺の昨日を少しだけ』
（ベストセラーズ、1982）

1940年台東区金杉生、焼け跡派。DDTの粉まみれにされた少年は、米兵相手にコンドームが配られるのを見た。やがて、「銀座の写真が撮りたい」で、筆記試験ない会社に採用されるもズル休みの病名なくなり退社。後の映画スター、松田優作の師匠の青春はかなり鬱だ。

寄り道

川上洋平
『ジョゼフ・ド・メーストルの思想世界——革命・戦争・主権に対するメタポリティークの実践の軌跡』
（創文社、2013）

E・M・シオラン
『E・M・シオラン選集〈5〉深淵の鍵』
（出口裕弘他訳、国文社、1977）

僕の憂鬱が「原罪」に由来することを教えてくれたのは、フランスの思想家ジョゼフ・ド・メーストルだった。不眠症の詩人E・シオランもまた彼の愛読者だった。「私が多くの病気を何ら区別しなかったのは、それらが悉く懲罰だからである」。荻窪の町医者こそが告解なき現代の罪人なのだ。

GOAL

西部邁
『ファシスタたらんとした者』
（中央公論新社、2017）

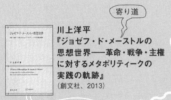

#11 Name **渡辺健一郎**

Theme

批評家は目指してはいけない

WATANABE KENICHIRO

演技をめぐるアイロニーの一つに、演じようとしてはいけない、というものがある。世阿弥なら「せぬひま」と呼ぶこの極意は、表現一般に当てはまる。批評を書こうとする意識は、批評から最も遠い。より良く舞台に立つためには、言葉のリズム、相手の呼吸、足の裏の感覚の一つ一つに集中せねばならない。しかし無論、集中しようとする意識は集中から最も遠い。はてさて。

大澤真幸
『不可能性の時代』
（岩波新書、2008）

虚構だと分かったうえで本気で事にあたる――大澤が批判的に論じる「アイロニカルな没入」は、俳優論と表裏をなしている。没入すら諦められかけているこの時代、アイロニー／没入問題は要・再考。

福田恆存
『人間・この劇的なるもの』
（新潮文庫、1960）

寄り道

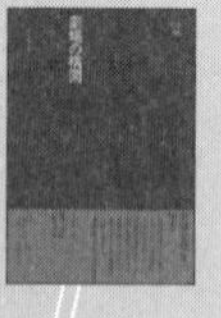

清水裕之
『劇場の構図』
（SD 選書、1985）

ブリュノ・ラトゥール
『社会的なものを組み直す』
（伊藤嘉高訳、法政大学出版局、2019）

社会科学にできることは、「批判的に距離を取るのではなく、批判的に近づくこと」。非人間も含めた無数の俳優たちがより良く（共に）生きていくための、絶えざる「翻訳」作業。別様に言い換えていくこと。

寄り道

世田谷パブリックシアター
『春琴』――谷崎潤一郎『春琴抄』、『陰翳礼讃』より
（サイモン・マクバーニー演出、深津絵里／笈田ヨシほか出演、2008～2010、2013）

ナショナル・シアター・ライブ
『るつぼ』
（アーサー・ミラー作、リンゼイ・ターナー演出、2023）

「狂ったフリ」＝羊狂の演戯が、最も難しい。舞台上の相手を騙しつつ、観客にはフリであることが伝わらねばならない。そして、フリがフリにとどまらずコントロール不可能になる地点で、悲劇が生起する。

ヴァルター・ベンヤミン
『ドイツ・ロマン主義における芸術批評の概念』
（浅井健二郎訳、ちくま学芸文庫、2001）

#12 Name 前田龍之祐

Theme

「夢の世界」へと懐疑的に飛び込む

MAEDA RYUNOSUKE

かつてミラン・クンデラは「世界という罠の中の人生の研究」と小説を定義していたが、クンデラのような世界文学は、まるで「夢の世界」（柄谷行人）のようにとりとめがなく、時に不条理な〈運命＝罠〉に晒される人々の「人生」に焦点を当てる。世界文学としてのSFが描くのは、更に強力なその夢である。それを読むことで私は、自分の人生、そして夢を、懐疑的に語り始めるようになる。批評の病に憑りつかれたのはその時だった。

START

東浩紀
『ゲーム的リアリズムの誕生──動物化するポストモダン2』
（講談社現代新書、2007）

ゼロ年代批評は自分の青春だった。ただのオタクが批評に触れる回路はこれしかなかった。が、なかでも本書のような「文芸評論」を最初に手にしたのは、その後の道行きをある意味で決定させたのかもしれない。

サミュエル・R・ディレイニー
『エンパイア・スター』
（米村秀雄訳、サンリオSF文庫、1980）

ジュディス・メリル
『SFに何ができるか』
（浅倉久志訳、古本晶文社、1972）

ニューウェーヴSFとの出会いは完全に未知との遭遇だった。こんなにかっこいい小説があるのか、まずそう思った。本書はその世界へ分け入る確かな指針を示している。オールディス、バラード、ディック……、この本の表紙に書かれている作家たちは皆、今でも私を捉えて離さない。

寄り道

浜崎洋介
『福田恆存 思想の〈かたち〉──イロニー・演戯・言葉』
（新曜社、2011）

リチャード・パワーズ
『舞踏会へ向かう三人の農夫』 上・下
（柴田元幸訳、河出文庫、2018）

本書を読んで、改めて私は小説に圧倒された。個人の運命と歴史が一枚の写真によって重なり合い、時空を超えて「二〇世紀」を舞台にした物語が立ち上がる。想像と思考の「飛躍」の力──私にとって、小説の魅力はこれに尽きる。批評とは、この力との対峙である。

寄り道

笠井潔
『機械じかけの夢』
（ちくま学芸文庫、1999）

GOAL

山野浩一・荒俣宏・松岡正剛
『SFと気楽』
（工作舎、1979）

#13 Name 安井海洋

Theme

あなたは なにも見ていない

YASUI MIHIRO

読むことに行き詰っていた。読むべき文献は無数にあるのに追いつかず、自分の専門である小説さえ読み通せなかった。熊倉涼子の絵画と出会ったのはそんな頃だった。私たちはなにも見ていない。熊倉は物を見るとはどういうことか、物とはなにかを私に突きつけた。見ることにも政治は入り込む。視覚情報を言語化すれば足りるというものではない。私たちがなにを見ていないのかを、言語以前の状態から問い起こさねばならない。

START

熊倉涼子の絵画

視覚の内実を問うたことのなかった私に、物を見るとはどういうことかをラディカルに示してくれたのが熊倉の絵画だった。また彼女の作品に引き合わせてくれた飯盛希の美術批評は、今も書くときの指針になっている。

スヴェトラーナ・アルパース『描写の芸術——一七世紀のオランダ絵画』
(幸福輝訳、ありな書房、1993)

一点透視図法で信仰や神話の世界を描く絵画は、ルネサンス期のイタリア以降西欧の主流だった。しかしそればかりがヨーロッパではない。オランダには日用の器物を多視点で描く絵画があった。オルタナティブな絵画史の快著。

寄り道

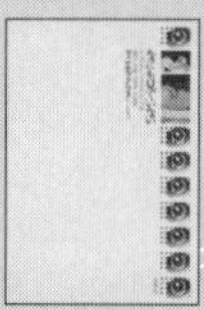

ダニエル・アラス『なにも見ていない——名画をめぐる六つの冒険』
(宮下志朗訳、白水社、2002)

寄り道

布施哲『世界の夜——非時間性をめぐる哲学的断章』
(航思社、2021)

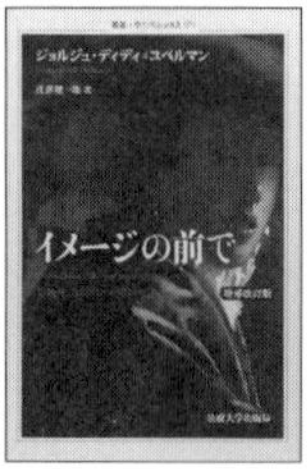

ジョルジュ・ディディ=ユベルマン『増補改訂版 イメージの前で——美術史の目的への問い』
(江澤健一郎訳、法政大学出版局、2018)

フェルメールの絵画片隅にある赤い塊はなにを示すのか。著者は、画中のモチーフの歴史背景を文献資料によって説明して足れりとする図像学に批判の槍を向ける。人は言語化し得ないものをこそイメージに託す。

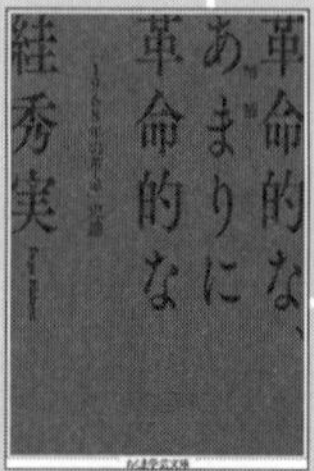

絓秀実『増補 革命的な、あまりに革命的な——「1968年の革命」試論』
(ちくま学芸文庫、2018)

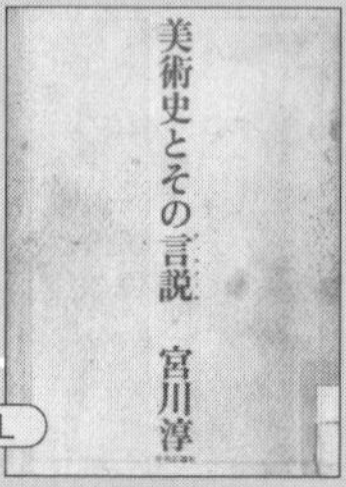

GOAL

宮川淳『美術史とその言説』
(中央公論社、1978)

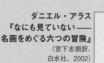

#14 Name **角野桃花**

Theme

愚か者がこの世界でのたうち回った跡

SUMINO TOUKA

人としての尊厳が壊される記憶を事実として受け入れ、「怒り」を自覚してからの人生は「のたうち回る」という言葉がぴったりだ。とにかく自分の運命を呪い、破壊衝動を持て余していた。正しくあれない自分を世界のバグだと思っていたし、世界に自分を淘汰してほしかった。でも同時に、私の居場所をこの世界から切り出すのに必死だった。そんな私に差し出された可能性が批評だった。私は地獄に堕ちてもいいと、その手を取った。

START

© イクニチャウダー／ピングループ

『輪るピングドラム』
（幾原邦彦監督、2011）

この世界には居場所がない、ずっとそう思って生きていた。そんな存在が、虚構を介して同じような存在の他者にどんな手を差し出せるか？　今はどこかで死んでもきっと誰かが私を見つけてくれると信じている。

真木悠介
『時間の比較社会学』
（岩波現代文庫、2003）

寄り道

江藤淳
『成熟と喪失――“母”の崩壊』
（講談社文芸文庫、1993）

津村記久子
『君は永遠にそいつらより若い』
（ちくま文庫、2009）

吾峠呼世晴
『鬼滅の刃』
（集英社、2016～）

己を虐げた者への最大のリベンジは、執着を捨て幸せになることという言説が欺瞞だと思う者達よ。怒りを原動力にまちがわずに生きていこう。私達は可哀想なんかじゃない。怒りも記憶も、自分だけのものだ。

GOAL

木村敏
『自己・あいだ・時間――現象学的精神病理学』
（ちくま学芸文庫、2006）

匿名化する世界で、私はひたすら他者と関わりたかった。この私の隣に生きる他者と交感し、交換不可能な瞬間をしなやかに生きたい。木村の理論をもとに、そんな生き方を世界から切り出そうとしている。

寄り道

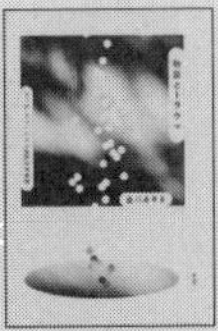

岩川ありさ
『物語とトラウマ――クィア・フェミニズム批評の可能性』
（青土社、2022）

#15 Name 古木獠

Theme

旅、出会いのたびに変容する場所《トポス》

FURUKI RYO

安定した日常のあたかも正しいかのような秩序から逃れ出て、夢か現かもわからない旅をしていると、いつの間にか日常というものが変わっている。出発した場所に帰ってきた時には、同じその場所が違う場所かのように思えてしまう。旅のコツは上手に誘惑されることだ。少し躊躇うくらいのわき道に逸れてみればこそ、新たな出会いがあるというもの。

寄り道

中上健次
『日輪の翼』
(河出文庫、2012)

寄り道

唐十郎
『二都物語・鐵假面』
(新潮社、1973)

GOAL

土屋恵一郎
『社会のレトリック——法のドラマトゥルギー』
(新曜社、1985)

中村雄二郎を師の一人とし、『へるめす』誌にも寄稿している、デビュー論文は『新劇』誌に書いた観世寿夫についてのエッセイという異色の法哲学者。演劇的に構成される法のトポスには、魅惑的な路地が幾通りも伸びていた。

START

廣末保
『悪場所の発想』
(ちくま学芸文庫、2002)

差別され排除・蔑視される者の側から見た民衆の思想史。芝居などの悪場所の持つ秩序を撹乱する力は、虚実皮膜の、虚構的に生み出されるものだ。フィクションこそが私たちを日常空間の外へと連れ出し、秩序を変革さえする。

東浩紀
『観光客の哲学　増補版』
(ゲンロン叢書、2023)

左右の対立で語られる殺伐とした政治を巧みに解きほぐしてくれたと思った。それも「観光客」がそれをゆるく結び直すというのだから面白い。観光客のふとした寄り道こそが普遍性へと通じるなどと誰が考えただろう。

中村雄二郎
『魔女ランダ考——演劇的知とはなにか』
(岩波書店、1983)

山口昌男
『文化と両義性』
(岩波現代文庫、2000)

#16 Name 石橋直樹

Theme

盤石な教養とともに、毅然とした態度で知の真髄を歩め。

ISHIBASHI NAOKI

なにものにも根ざしていない無数の批評なるものが跋扈しはじめて、我々が、その口当たりの良さを贋物の金貨で買うようになってから、長い月日が経った。地滑りする言葉は鎮まるべき場所を失い、我々がかつて来た道とこれからゆくべき道を忘却せしめ、こんなにも不毛の大地が姿を現している。しかし、わたし、そしてあなたたちは歴史のなかにいるのだ。その連綿と続く過去との対決のなかで、毅然として現在を生きていく、それが批評ではなかったか。

START

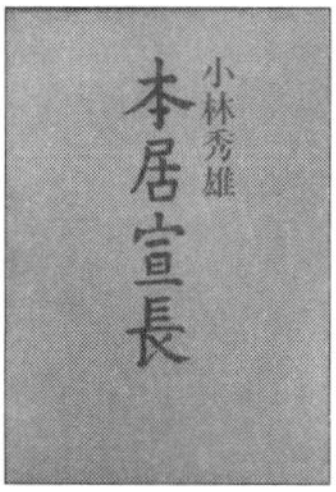

小林秀雄
『本居宣長』
（新潮社、1978）

高校三年生の頃だったか、この本を紐解いて、たった数頁も読み進めることができないという挫折をした。墓の前で立ち止まる宣長、そして小林、わたしはその遥か手前で立ち止まる。真贋の究極の判別不可能性の前から、読書ははじまる。

T・S・エリオット
『文芸批評論』
（矢本貞幹訳、岩波文庫、1962）

寄り道

折口信夫
『古代研究』
（角川ソフィア文庫、2016～2017）

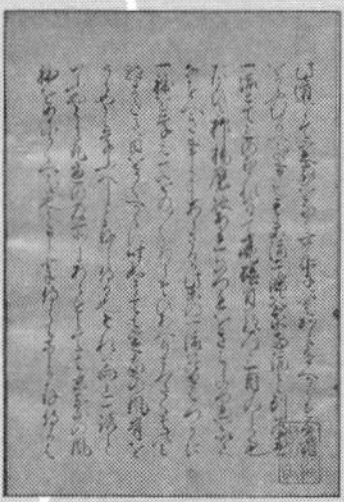

正徹
『正徹物語』
（1448）

本居宣長
『紫文要領』
（岩波文庫、2010）

「源氏見ざる歌詠みは遺恨の事なり」という藤原俊成の言葉は、何も歌詠みだけに限らない。宣長の読みはテクストの深層へと深く深く潜っていき、源氏はここでひとつの文学の中心として革新される。もはやわれわれは源氏を素通りすることなどできない。

GOAL

寄り道

キェルケゴール
『死に至る病』
（斎藤信治訳、岩波文庫、1957）

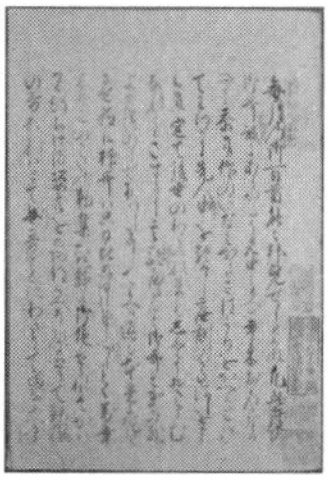

藤原定家
『毎月抄』
（1219）

偽書説もあるが、その真贋にかかわらず、創作と批評のありとあらゆるすべてがここに書き込まれているといってよい。しかしその心を得ることは一夜にしてならず、再び読書と創作の日々に罷り離らなければならない。そして、いける処まで自らの知を肉薄させることを夢見るのである。

#17 Name 岡田基生

Theme

これからの人文知を探る

OKADA MOTOKI

「本を読む人」から「物を造る人」へ。1940年代の三木清は知識人のイメージを変えることに挑戦した。今、人口減少が進み、経済大国としての地位を失いつつある日本の中で、どんなヴィジョンを提示することができるのか。社会の在り方に大きな変化をもたらすテクノロジーと経済活動に対して、人文知はどんな関係を築くことができるか。行動しながら問い続ける。

START

見田宗介
『現代社会はどこに向かうか——高原の見晴らしを切り開くこと』
（岩波新書、2018）

寄り道

梵寿綱
『生命の讃歌——建築家 梵寿綱＋羽深隆雄』
（美術出版社、2017）

宮沢賢治
「農民芸術概論綱要」
『宮沢賢治全集10』
（ちくま文庫、1995）

なぜ労働がつまらないと感じるのか？　宮沢賢治は、その理由を「生活と芸術の分離」に見る。そして、自らの生活そのものを実演されるアートへと変容させせることを試みた。世界が一つの劇場として生きられる時、何が起こるのか。

安斎勇樹・塩瀬隆之
『問いのデザイン——創造的対話のファシリテーション』
（学芸出版社、2020）

ワークショップは、共同探究の形式であり、参加者同士の関係性が変容する場である。本書は、教育学にもとづいて地域や企業の課題を解決するワークショップの方法を提示していく。「社会と接続された知」の一つの典型を示す一冊。

ブルネロ・クチネリ
『人間主義的経営』
（岩崎春夫訳、クロスメディア・パブリッシング、2021）

資本とは？　経営とは？　人文的教養をベースに根源的な問いに取り組み、社会を変えるべく行動する経営者がいる。その名はブルネロ・クチネリ。彼は、イタリアの小さな村ソロメオから「人間のための資本主義」を実現しつつある。

寄り道

林要
『温かいテクノロジー——みらいみらいのはなし』
（ライツ社、2023）

GOAL

三木清『哲学ノート』
（中公文庫、2010）

#18 Name 松本航佑

Theme

「まなぶ」ことと理解すること

MATSUMOTO KOSUKE

よく言われる話であるが「まなび」とは「まねび」であり、「まね」から始まるものであった。相手の「まね」をし、その姿を自身で再現することが「まなび」だったのである。そうしてみると理解するといった程度では不十分である。理解から更に一歩踏み込み、相手の口ぶりをわが物にすることが必要なのだ。批評にここまでのことが必要なのか、私は知らない。ただ、「まなぶ」ことで、対象をリアルに感じられることだけは確実だろう。

START

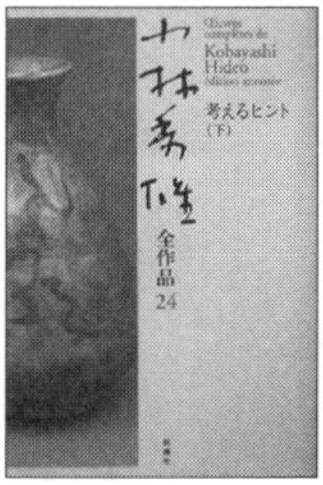

小林秀雄
「考えるということ」
『小林秀雄全作品集』24所収
（新潮社、平成16）

「考える」とは、「身に感じて生きる」ことだという。この感覚を「幻想」だと指摘することは容易い。だが、人の生がそんな「現実」だけで推し量れるような代物であるならば我々は一体何を苦労しているのだろうか？

寄り道

世阿弥
『風姿花伝』
（応永年間）

本居宣長
『うひ山ぶみ』
（寛政11）

宣長は初学者にこういっている。「すべて万の事、他のうへにて思ふと、みづからの事にて思ふとは、浅深の異なるものにて、他のうへの事は、いかほど深く思ふやうにても、みづからの事ほどふかくはしまぬ物なり」と。

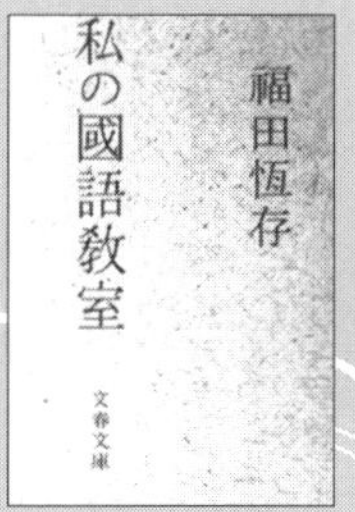

福田恆存
『私の國語教室』
（文春文庫、平成14）

寄り道

足立巻一
『やちまた』上下
（中公文庫、平成27）

蓮田善明
『現代語訳　古事記』
（岩波現代文庫、平成25）

古語を「みづからの事」として「まなび」、それを活かすとこういった訳が生まれるのかもしれない。歌謡の訳は七五調を基本とした律文で行われているが、そこには原文の字面を超えた大胆な訳も存しているのである。

GOAL

江藤淳
『南洲残影』
（文春学藝ライブラリー、平成28）

#19 Name つやちゃん

Theme

都市、消費、中性、身体——わたしとは？

TSUYACHAN

地方に育った私は、メディアを通して見聞きする、都市の軽薄で煌びやかな消費社会性に惹かれ生きてきました。ボードレールから始まったその憧憬は、資本主義に対する肯定を孕みながら、ヒップホップ的なマインドへ接続するように。他方で、消費社会の作り出す可愛いさやけばけばしさにも心奪われ、自身の中を流動するジェンダー観にも向き合うようになりました。その間、鹿島茂の著作はずっと近くにあった気がします。

START

ボードレール
『悪の華』
（堀口大學訳、新潮文庫、1953）

田舎の実家の窓から眺めていた“そこに根を張る大木”とは全く異なる、誰かと誰かが今この瞬間にすれ違い街中に消えていく、刹那的なロマン。その哀しさ、その虚しさ、その尊さ、その夢、そのダイナミズム！

SCARS
『THE ALBUM』
（2006）

資本主義のゲームに飛び込み、歯車の中を回転し続ける。そこで取引されるのは——違法ドラッグ。合法と違法の境界線を彷徨うことでの、生きた実感。私が私であるということを確認できる、生きた心地！

ロラン・バルト
『表徴の帝国』
（ちくま学芸文庫、1996）

ピナ・バウシュ振付
『春の祭典』
（ヴッパタール舞踊団・初演1975年）

寄り道

寄り道

『魂のジュリエッタ』
（フェデリコ・フェリーニ監督、1965）

SOPHIE
『Oil of Every Pearl's Un-Insides』
（2018）

けばけばしくバブルガムな世界観に陶酔。男性と女性の境界、肉体とインダストリーの境界、ダサさと洗練の境界、ポップとアバンギャルドの境界。それらの狭間を常に動的に／可変的に揺らぎ続ける、絶え間ない運動性！

GOAL

鹿島茂
『新版 吉本隆明1968』
（平凡社ライブラリー、2017）

20

Name 鈴木亘

Theme

言葉をたぐりよせる練習

SUZUKI WATARU

何かを語らせると止まらないとか、一日に何千字も書き続けられるとか、そういうタイプではなく、そのために困ることもないではないのですが、しかしそうであるがゆえにこその批評との関わり方もあるはずです。言葉をたぐりよせる手引としての批評。もちろん、批評なんて所詮はそんなもんだ、みたいに、露悪や軽薄を気取りたいわけではありません。むしろこのように言うことで、言葉に対するひとつの態度表明を行いたいのです。

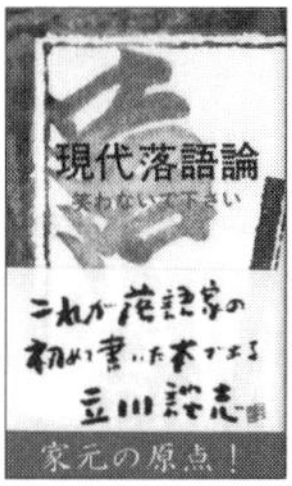

立川談志
『現代落語論』
（三一新書、1965）

語られるべきものに語彙を、論法を、観点を与えることが批評であるならば、しばしば実践家自身がその最良の担い手となるでしょう。決定的な言葉を現場に導入する、あるいは発明する知性の努力を、このテクストは伝えています。

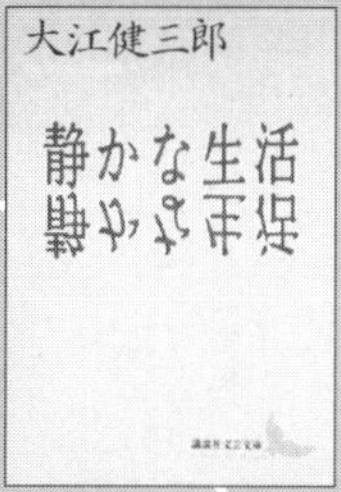

大江健三郎
『静かな生活』
（講談社文芸文庫、1995）

寄り道

佐野元春
『ザ・ソングライターズ』
（スイッチパブリッシング、2022）

『犬猫』
（2024年公開、監督・井口奈己）

まずは作品と出会うこと、出会ってしまうことです。もちろん「作品」という単位にこだわる必要はありません。何だっていいのであって、一場面、一節、細部と呼ばれるものとの出会いかもしれないし、ごく日常的な出来事かもしれません。

竹村和子
『愛について——アイデンティティと欲望の政治学』
（岩波現代文庫、2021）

反対に、アカデミックな制度と切り結びながら書かれる批評もあるでしょう。いやむしろ、そうした制度を乗りこなしつつそこに裂け目を入れるところに、批評の良き狡猾さがあるはずです。その範例がこのテクストの文体的強度と精度です。

寄り道

松浦理英子
『ナチュラル・ウーマン』
（河出文庫、2007）

蓮實重彦
『批評あるいは仮死の祭典』
（せりか書房、1974）

#21 Name **長濵よし野**

Theme

そうでなく そうでもある すべていくつものわたし

NAGAHAMA YOSHINO

社会のなかで正常・一般とされる認識、枠組み、居場所、道筋、それに沿って生きれば、あるいは生きることができれば、無理なく生きることができる社会だ。ここは。それが「排除」を前提としているのは勿論として、私もかつて、手のかからない適度な優等生でいることができた。たぶん、生き心地はよくなかった。余白を知ること、境界を越境すること、私の中の汚濁や他者性と出会い続けること、私の生はそのなかにこそあった。

START

宮崎駿
『風の谷のナウシカ』
（徳間書店、1983～1994）

苦しみの中で、そっとユートピアへの道筋を耳打ちされたとしても、私はそれを望まない。そんな場所へ行かない。最悪最高最悪と罵りながらこの世界を踏み歩く。ナウシカが「清浄と汚濁こそ生命だ」と叫ぶ。私もそれに続いて歩く。

赤坂憲雄
『異人論序説』
（ちくま学芸文庫、1992）

常に私は「異人」だった。少なくとも19歳の私はそう自己規定した。確かに私は常に「どこかのだれか」ではあった。ただ、その「どこか」はいくつもあった。複数の居場所を行き来する私こそが、無限の移動こそが、私そのものだった。

折坂悠太
『平成』
（2018）

榎本櫻湖
『Lontano』
（七月堂、2018）

小さな樹海のようだ。言葉を理解せんとする私の意志を拒まれて、ようやく抜け出したかと思えば、いつしか元いた場所に戻されている。もう一度、と何度も通過を試みる。謎めいたそれは謎めいたまま私の手元にある。私はそれを大切に抱えている。

ミシェル・ド・セルトー
『日常的実践のポイエティーク』
（ちくま学芸文庫、2021）

ダナ・ハラウェイ
「サイボーグ宣言」
（1985）

GOAL

『愛について
アイデンティティと
欲望の政治学』
（岩波現代文庫、2021）

第2部

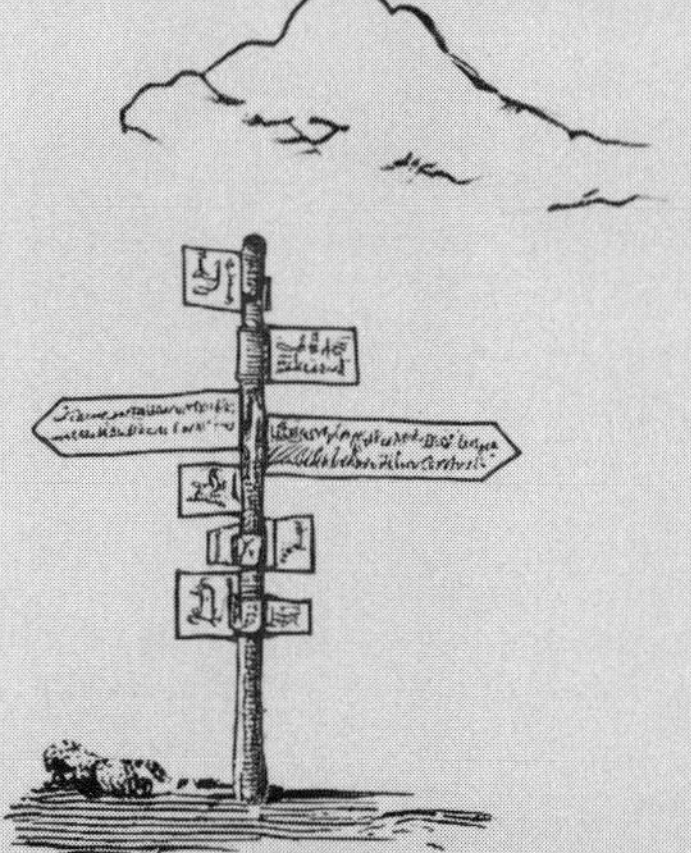

座談会

赤井浩太×松田樹

聞き手＝浦田千紘（編集者）

なぜ、いま批評の企画？

浦田　人文書院・編集者の浦田です。二〇二三年四月から二四年三月まで人文書院のnoteで一年間のあいだ月二回の連載を続けてきた「批評の座標」。こちらを増補して書籍化するにあたり、本日は、改めて企画の経緯や振り返りを行うために京都に集まりました。連載の編集を担当し、この本の編者となっている赤井浩太さんと松田樹さんに来ていただいています。よろしくお願いします。

赤井　なんか緊張するな。

松田　赤井さんは書き言葉と話し言葉に分裂があるからね（笑）。じゃあ、企画の前段階辺りから話始めよう。この企画、そもそもどういう経緯から走り出したんでしたっけ？

赤井　人文書院に松田くんを紹介したんだよ（笑）。

松田　そうだ。二〇二二年頃に、僕が研究している中上健次の博士論文を人文書院の編集さんに読んでもらった。今もその企画は走っていますが、これが人文書院との縁の始まりでした。

赤井　僕もその時一緒にいて、高島鈴さんの『布団の中から蜂起せよ』（二〇二二）の編集担当をされていた浦田千紘さんと会って、僕から「noteで新人企画をしませんか」と提案した。

浦田　人文書院としては、――というよりわたしとしては――ちょうどnoteを立ち上げたばかりで、ウェブでの認知度を上げるために、連載を始めたかった。

松田　あとは、付随的な要素として、僕と赤井さんは、過去に、それもやはり京都に通い詰めて、吉永剛志さんの『NAM総括』（二〇二一）という本の編集を一緒にやった。じつは、編集の共同作業も初めてではなかった。だから、赤井さんが横にいた僕も巻き込んでくれたんだよね。個人的には、この企画を進める際に折に触れて、同書のことを考えていた気がします。

赤井　僕と松田くんの組み合わせなら、確かに『NAM総括』編集班だね（笑）。柄谷行人が立ち上げたNAMという運動体が終わったあと、「革命」や「組織と個人」みたいな大きな問題設定や運動と結びついた現場感覚が、批評から失われていったように思う。そしてその後、少しずつ批評が萎んでいった感触がある。

二〇二一、二二年ごろには、文芸誌主宰の群像新人評論賞とすばるクリティーク賞という批評の新人賞が立て続けになくなってしまった。「批評の座標」立案から本書に至る動機は、僕としてはこの出来事が決定的だった。僕自身は第二回のすばるクリティーク賞を受賞して世に出してもらったけど、周囲に批評を書く同人誌界隈の人がけっこういたのに、その登竜門になるような新人賞が文芸誌から消えてしまった。じゃあもう自分たちで批評をやる場所をつくるしかないと思った。

松田　つまり、群像新人賞にしてもすばるクリティーク賞にしても、新人の批評家が先行世代を引き受けて乗り越えていくような批評家の登竜門であった。現代では文芸誌がその役をもう降りてしまった。それはNAMの後、批評から歴史的な問題設定や運動との関わりが失われてゆく延長線上に見える、と。こういう前段階があり、じゃあ自分たちでなにかつくってみようと「批評の座標」を始めたんですよね。

浦田　依頼元としては、そのように大きく受け止めてもらえてありがたかったです（笑）。

「批評の批評」をあえてやる

浦田　では次に、「批評の座標」に企画が固まっていったのは、どういった経緯でしたか？　お二人としては、そこにどういうコンセプトを込めたんでしょうか？

松田　「批評の座標」というタイトルを示したのは、僕だったと思います。簡単に言うと、批評の座標軸＝見取り図のようなものを示したかった。しかし、まず言っておくべきは、それは、「批評の批評」なんですよね。正直、外から見ると、後退戦じゃないかと思われてしまうフシがあった。けど、まずは状況整理をしないとなにもできない。なにを、あるいは誰を、今ちゃんと論じて問題にすべきなのか。

赤井　「批評の批評」が要請される背景として、ぶっちゃけ今って上の世代が壁に見えない。たとえば、さっきの批評新人賞がわかりやすくて、それは上の世代に先行者がいて、それを批判して次の世代が出てくるというような……。ただ、その批判と乗り越えの歴史は近年批判される批評の権力性なのかもしれない。つまり「父」の抑圧、「オイディプス・コンプレックスを前提にしてしまっている」と。しかし他方で、「自分にとってこの対象が重要である」、「避けて通れなかった」、「面白いことを教えてもらった」、みたいなことってあるはずだよね。そういうのを引き受けている書き物があまり見られなくなってしまったように思った。

松田　だから結局、「批評の座標」という企画名となり、執筆オーダーとしては、以下のようにまとまりました。①自分にとって重要な、あるいはアクチュアルな読まれるべき「批評家を紹介」してくださいということ。②その先行者を批判するなり、ズラすなりして、そこからご自身の「問題意識を提示」してくださいということ。つまり、「紹介と提示」。たとえば、今あまり読まれなくなってしまっている福田恆存という人は、①どう重要で、②それが書き手（たとえば本書の渡辺健一郎さん）の実践や問題意識とどう結びついているのか。今のさまざまな問題が、結局、かつてやられた論争の反復に過ぎないことを、みんなどれほど自覚しているのか。

浦田　限られた文字数で、かなり難しいことをお願いするなあと思っていました（笑）。

松田　でも、今はそのことが見えなくなってしまっていますが、新人評論賞というのは、歴史的に見てもそういう性格を持っていたと思います。結局、あらゆる批評家の出発は「批評の批評」だと思う。たとえば、柄谷行人のデビュー評論「思想はいかに可能か」（東大五月祭懸賞論文）は、吉本隆明、三島由紀夫、江藤淳の三人を並べて全員批判する形をとっている。自分の来歴を語りながらそれを越える作業をしないと、先行者との差異化もないし、どういう立場に自分が寄って立っているのかもわからない。今書かれているものの多くは、反復の自覚がなさすぎるように思います。

浦田　つまり、先行世代の重みが前提にある、ということでしょうか。

赤井　そうですね。たとえば、福田恆存にも初期作品に「誠實といふこと」という小林秀雄論があるけど、めちゃくちゃ熱いもんね。「ぼくがかれ〔小林〕を怖れたのは（…）、自分のうちにあつて自分の存在をおびやかすものとしてであつた。自意識と呼んでしまへばひどくあつけない」ってね。どれだけオイディプス的な病にかかってるのか（笑）。とはいえ、ここまで言わなくても先行者へのリスペクトと批判はセットでしょうと思う。自分がなにを読んできたのか、どこから来たのかを、「批評の座標」では提示してほしかった。

幸福な焼け野原

赤井　一方で、これまで浦田さんが人文書院で編集されてきたのは、『99％のためのフェミニズム宣言』（二〇二〇）や『布団の中から蜂起せよ』といった本ですよね。これらの本を担当されてきた経歴と「批評の座標」はどう結びついていますか。

浦田　当初から、書籍ではできない挑戦的な企画がネット上ではできるのではないかと思って、お二人に声をかけました。『99％』はフェミニズムの未来を語る宣言文ですが、現代の状況を批判しながら、過去の運動の歴史を編み直している。ただ理論的に語っているので、翻訳や海外のフェミニズムの歴史に慣れていない読者にはとっつきにくいところがあります。が、その『99％』にとても反応してくださったのが『布団』の高島鈴さんで、『99%』で抽象的に語られていたことが高島さんの声を通すとより広い読者に響くのだと確信し、その経験から、抽象的な議論を日常の言葉遣いに落とし込む必要性をあらためて感じました。学術書はどうしても読者との距離がある。その間を繋ぐことが本来の批評の使命だとこの企画を通じて知り、「批評の座標」と自身の仕事との繋がりが後から見えてきたようにも思います。

松田　言い古されたことですが、批評は新しい言説が入ってきたときのクッションというか、日本の文脈に置き換える役割を担ってきたんですよね。たとえば、昭和初期に怒涛のように翻訳・輸入されてきたマルクス主義に対する小林秀雄や三木清のような位置がそれに相当します。

赤井　欧米で流行っている話が日本に入ったときに変質するというのは、今でもよくありますから。

松田　現在は、グローバリズム全盛で、いきなり普遍的な命題に直面する。「思弁的実在論」や「加速主義」や「人新世」など。しかし、いつも紹介されては定着せずにすぐ消えていくわけで。問われるべきは、果たしてそれらの問題が日本という場で、あるいは日本語で考える意味はあるのかということだと思います。過去に何度も言われてきたように、そもそも日本語で「哲学」とは可能なのか。

柄谷が『批評とポスト・モダン』（一九八五）で言っていたことですが、日本で思想をしようとすると、グローバルスタンダードの「輸入」とそれを日本的に移植する「建築」の両方をしなければならない。そこには日本語という障壁が否応なく存在する。「思弁的実在論」も「加速主義」も「人新世」も、定着しないのは、そもそも「speculative realism」や「accelerationism」を日本語にそう翻訳してしまったからではないか。とすれば、近代日本語の問題からずっと地続きなものではないか。

だから、「輸入」の全盛期に、僕らはあえて、いまさら「建築」をしたつもりです。しかし、その「あえて」が「あえて」と捉えられなかったのも事実で、極めて保守的な企画に映ってしまった。昔ながらの批評企画の一種だよね、と。

赤井　反動なんじゃないかという見方をしている人もいると思う。俺としては「反動だからなに」という気持ちもあるのだけど（笑）。「建築」の話で比喩的に言えば、周りはIKEAやマクドナルドばかりでつまらんし、過去に建てられた天守閣のその廃墟を使って、秘密基地や掘っ立て小屋をつくってみたってわけ。

松田　ピンとくるのかこないのか……（笑）

浦田　じつはわたしは批評がそれほど危機的な状況にあるとは思っていなくて、文フリや同人誌は活況で、みながそれぞれ書きたいように書く楽しい時代だと思っていました。

松田　その通りで、さっきの普遍的な命題に直面するという話と同じで、ある意味では「幸福」だとは思います。赤井さんが教えてくれましたが、小泉義之さんは「批評の座標」に対してこういう反応だったそうです。「年寄り的には、〈思想零年〉的な設えにじつは戸惑うこともあるのですが、たぶん現在そうやらなければならないのだと思います。別の言い方をすれば、幸福だなと羨ましくも…」（Xより、現在アカウントは消滅）。いや、正直、「羨ましい」とかふざけんなよ、と思いましたが（笑）。やってるこちらは最悪ですよご老体、と。

赤井　いやいや、まったく「幸福」な時代だ。前も後ろもないし、革命も文脈もあったもんじゃない。つまり〈思想零年〉の「幸福」は厚顔無恥を強いられるってことだよ。小泉さんのことじゃないけど、ワケ知り顔で若者をたしなめて仕事をしたかのような気になってる連中よりかはナンボかマシさね。

松田　先行世代から見ると、知的に後退しているように見えるんでしょう。しかし、野暮も無謀も承知だけど、そもそも「座標」と名づけている通り、過去の言説を整理をして箱みたいなものをつくらないと、前に進むにも切断するにも、なにもできないんじゃないかと。

赤井　ゼロ年代だったら『重力』、『フリーターズフリー』、『VOL』、『新現実』か、あるいはゼロアカ道場か、みたいな、活動家もオタクも批評ワナビーも、それぞれみなさん「住む場所」も「参照枠」もあったでしょう。ないからね、いま。どこで誰がなにをやっていて、誰がどのように読まれていてってことは、「隣村」が無数に広がるネット上では逆にすごく見えづらいと思う。

浦田　『ゲンロン』で行われた『現代日本の批評　1975—2001＋2001—2016（全2巻）』とかは、箱にはなりえなかったのでしょうか。

松田　今、なかなかあれを参照するのさえ、難しくなっていると思うんです。大学的な知を批判し、『ゲンロン』のようにサブカル・オタク系の消費コンテンツも含めて「教養」と銘打ってみても、今の消費者にはそれさえ歴史的に遡ってもらうのは困難になっている。別にアニメを見るからといって、過去の作品やそれを囲む言説空間にまでは遡らない。

　だから、これは後に述べる書籍化のコンセプトにも関わりますが、この本では時代的な連続性をあえて解体している。つまり、『批評空間』や『ゲンロン』の年表（タテ）ではなくて、ジャンル横断的な広がり（ヨコ）を意識している。まさに焼け跡的に。

　『批評空間』で行われた『近代日本の批評　明治・大正・昭和編（全3巻）』はNAMに至るまでの近代日本の思想史を自覚的に描いていて、明らかに同時代の運動と結びついたものでした。『NAM総括』を編集していてよくわかりました。そして、それを受け継いだ『ゲンロン』の「現代日本の批評」は一九七五年から年表を始める。つまり、「近代日本の批評」やそれが前提としていた運動の可能性が潰えたところから、消費コンテンツを含めた文化史として現代日本の言説空間を構成する。

　でも、僕らからすると、その従来の批評企画が前提としてきた、小林秀雄がいて次に誰かがそれを受け継いで脈々とあって現代へと至るみたいな、歴史的な連続性がもはや解体されている。

　実際、新人賞の撤退はそれを反映していたわけで。先行する両企画とも整理の仕方にそれぞれ編者の問題意識が現れていると思いますが、我々もまたそのようなタテのつながりの不在という現状認識を映し出して本を編みました。

連載を終えて

浦田　では、連載を終えての感触はどうでしょうか。一年間の連載で、二三名の方に筆を取っていただきましたね。

赤井　寄稿者の皆様に参加して頂けて嬉しかったですし、ありがたいと思いました。ただ僕が、一か月に一人の連載ってさみしいなと思い、単純にかける二をして連載回数二三回を提案したんですが、そのぶん忙しくなってしまったので、関係各位にはお詫びをしたい。

松田　編集メンバーは、誇張抜きで、一年これに捧げたと思います（笑）。

赤井　でも、この人数だから良かった面も多いと思います。今の批評家たちの書きたい対象、批評のスタイル、相手にしている客層が全然違うというヴァリエーションの豊富さがちゃんと可視化できた。

松田　つまり、批評ジャンルが多様化しているということですよね。寄稿してくれた方には、「ライター」という肩書きの下で書き物をしている人も多い。たとえば、つやちゃんさんとか。

　つやちゃんさんは音楽専門のライターと思われているけれども、じつは鹿島茂から強い影響を受けているとか、旧来の文芸批評が異なる形で展開されているというのは、この企画をやってみて初めて可視化されました。つやちゃんさんに依頼をしたら、「取り上げたいのは鹿島茂です」と返事が来て、みんな驚いたんだよね。あるいは、角野桃花さんが木村敏を漫画やアニメ批評とかに転用するとか、従来ではあまりなかった展開の仕方だと思います。

赤井　前田龍之祐さんによる山野浩一論（SF評論）や安井海洋さんによる宮川淳論（美術批評）とかもね。ジャンル多様性は意識しながら編集した。つやちゃんさん、韻踏み夫さん、僕は日本語ラップ批評をしていて、日本語ラップって「そこに批評はあったのか」と思われるかもしれないけど、この企画では各自の背景にある文芸批評の歴史と接続できた気がしています。他にも、後藤護さんや七草繭子さんが取り上げた種村季弘や澁澤龍彦とかも、従来は純文学系の批評とは別個に語られてきたよね。この企画を進めてみて、今の批評がジャンルや対象にとらわれない柔軟な展開を見せていることがあらためてわかったと思う。

松田　それは先行する批評企画に対する差異化にもなる。たとえば、佐々木敦の『ニッポンの思想』（二〇〇九）はゼロ年代までの批評史を描くが、そこでは『批評空間』以後「東浩紀のひとり勝ち」とされています。柄谷行人や蓮實重彦、浅田彰、中沢新一などを辿って、最終的に東一人に収斂されていく批評の歴史が描かれる。

赤井　男の子が好きなスマブラ的な勝ち負けの歴史観だ。

松田　それに対して、この企画で結果的に提示されたのは、むしろ拡散していく批評のあり方。鹿島茂をインストールして日本語ラップ批評に接続したり、木村敏をキャラ論として展開したり、ゲームのルールを書き換えるような自由なジョイントが意識されている。

浦田　新たなつながりや語られ方が生まれるという意味では、まさに〈零年〉の批評ですね。

松田　そう。いわゆる大手文芸誌などに目を向けると、小林秀雄や福田恆存の実存的な語りをするのが古き良き文芸批評だと思われているきらいがある。他方では、それに反発するかのように、noteや同人誌レベルではマンガやアニメ批評が中心的に展開されている。つまり、書かれている内容ではなく、対象と媒体選択の時点で棲み分けが行われている。

　さらに、どちらも今日的な批評のあり方を体現していると思っていて——近代文芸批評かゼロ年代批評か——、相互に交通がない。それが問題だと思っていたので、僕としては今回さまざまな議論の立て方が掲載されることで、批評の再ラベリング化、再命名化ができればいいなと思ってた。自覚的に畑を荒らしたつもりです。

浦田　確かに批評の多様性を一目瞭然な形で見せられたのはよかったと思います。その都度、編集補助班には原稿の依頼から下読みチェック、時には書き手との内容相談など、色々と動いていただきました。この辺りの仕事の流れは、お二人が最初から思い入れがあったんですよね。

赤井　近年とりわけすでにブランドが確立されている研究者や評論家か、俳優やアイドルといった他分野で名前が売れている人に書いてもらって、その書き手がすでに持っている客で部数を稼ぐというスタイルが一般化している。いまはそもそも書ける人か、まったく違うジャンルから有名な人を採用するしかなくなっている。これは最初に述べた批評賞の終わりと同じ話で、やはり文芸誌で批評の書き手を育てなくなったということなんじゃないか。

　それと同じことをしても仕方ないので、編集補助班では寄稿者の皆さまに初稿から最終稿のあいだに何度か改稿をお願いし、その都度相談に乗ることもできるかぎりさせてもらいました。もちろん不十分な点や至らない点は多々あったかとは思うのですが。それが原稿を仕上げていくなかで必要な仕事だとは思う。

文体の再発明

松田　あと、印象的だったのは、文体を論じる人が多かったことです。従来はジャンル的に離れていると思われていた議論の領域をクロスさせたり、過去の書き手を別のテーマや異なる読者層に向けて蘇らせようとするならば、必然的に文体を変えなければならない。

　近年の批評からはいわゆる歴史意識が希薄だと言いましたけど、逆に言えば、書き手の目は読者にこそ向いている。先行者を引き受け乗り越えていくのが旧来型の批評のモデルだとすれば、むしろいまはどう届けたいのかというところに書き手の意識が向いている。近年はview数とかインプレッションが露骨に可視化されるので、読者に媚びているとも言えますが。

　しかし、いずれにせよ今の書き手はメッセージを届けるときの文体を意識しなければ書けなくなっている。先に述べた、実存語り／オタク・サブカル批評との乖離は、この文体の再発明をサボってきたから読者層が固定化され、相互に交通がなくなってしまったんだと思います。思えば、かつて「棲み分ける批評」で東浩紀もまた、柄谷行人に端を発する二つの批評の脈流——書かないインテリ（浅田彰）と書きすぎるジャーナリスト（福田和也）——を腑分けした上で、それを繋ぐ新しい文体が必要という提起をしていました。

浦田　確かに、東浩紀を扱った森脇透青さん、絓秀実を扱った韻踏み夫さん、斎藤美奈子を扱った住本麻子さんや、あるいは松田さんの柄谷行人論も、文体分析のような形になっていましたね。

松田　少なくとも、僕自身はアカデミックな文体でも、いわゆる文芸批評の文体でもない形で書けるようにならないといけない、という切迫感がここ数年ずっとありました。今回も、そうでなければ、柄谷フォロワーや批評好きにだけに読まれて、新しい読者には届かないだろうと。その過程で、柄谷の異様な文体とその変遷は面白いなと感じ、最終的に論の流れがそこに収束していった。

赤井　批評かくあるべしといった議論よりも、どういうスタイルで書きたいか、つまりどのようにかっこつけたいのか、ってことの方が書き手にとって重要だと思う。僕がすばるクリティーク賞を受賞したときのコメントに「批評とは知的なアジビラである」と書いたのだけど、やっぱりどう読者を煽動するかを考えた。批評家には、イデオローグ型とアジテーション型があるんだけど……。

松田　なんやそれ、なんか新説が出てきた(笑)。

赤井　イデオローグ型は読者の視界を乗っ取る。世界の見え方を書き換えて、世界を考える思考法みたいなものを読者に注入する。

浦田　具体的に誰でしょう? 吉本隆明とか?

赤井　そう。吉本とか柄谷には社会の見方を変えてしまう文章の力がある。松田くんの論じていた柄谷の文章の「運動」的な面もそうだし、あるいは小峰ひずみさんの吉本隆明論でも掬い取られていたような、敵を「名指す」ことで対立状況を画定する言葉もそうだね。現状に説明を与えて、この先に革命が到来する、みたいに読者に特定の世界観を信じ込ませるのがイデオローグ型。一方で、読者の情動に働きかけて、いまこれを聴かなくてはならない、見なくてはならないと思わせるような瞬発力のある批評もある。たとえば、蓮實重彥。蓮實自身が言っていた気がするけど、彼は映画に関しては「いらっしゃい、いらっしゃい」しか言ってない(笑)。ただの「呼び込み役」だと。でも、蓮實のこの発言は賛同できる。「これを見よ」とどれだけ力強く、あるいは面白く言えるか。

松田　鈴木亘さんが蓮實の「批評体験」について論じてたけど、あの「批評体験」の特権化って読者を憧れさせるんだよね。蓮實は最初期の小林秀雄論で——やっぱり蓮實もまたスタートは「批評の批評」ですね——読者の「嫉妬」を喚起させる批評家の身振りについて論じている。最近、しばしば「ポストクリティーク」とか言われるわけですが、少なくとも周りを見れば批評が議論を活性化したり、知的刺激を生み出す状況は変わっていない。「ポストクリティーク」と呼ばれる現象は、新しい形で過去にアクセスし直せる身軽さとじつは表裏一体。「幸福」なんだから、文体を変えたり、読者層を混在させたり、無茶苦茶にしてしまえばいい。

赤井　いや、さっきは「不幸」だ、みたいなこと言ってたじゃん(笑)。

松田　抑圧がないことを逆手に取ればよくて、かっちりとしたゲームセッターがいないということを「幸福」だと受けとめてしまえばいい。批評って決まった型があるわけではないんだから。

赤井　批評ってそもそもそういうものでしたよね。どこかで変にアカデミック化してしまったんじゃないかな。植草甚一とか坪内祐三とかいたり、あるいは匿名批評とかもあるわけで。僕自身が平岡正明から出発したから言うけど、まず彼が変なのは書くものによって文体がまったく違う(笑)。アジテーション調だったり、べらんめえ調であったり、一人称も「おれ」、「わたし」、「おいら」、「余」とか、論考の主題や掲載媒体によってちがう。こんなの論文では絶対に採用されない。でも、そこに読み物としての面白さを感じてくれる読者は一定数いるはず。
　たとえば今回の企画では、平坂純一さんがご自身の師である西部邁について回想を交えて書いていて、「僕が西部邁を初めて観たのは」とくるわけだけど、この内容なら確かに「僕」だよなぁと思った。こういう「読ませる文体」の工夫はいくらでもできるはず。
松田　他方で、この企画について、別の観点からも一点言っておくと、最近はネット媒体における書き手の青田買いが進んでいる。企画を自己批判するとすれば、そういう青田買いの風潮に乗ってしまった。やっぱりネット媒体ということで単価は安くなっているし、やりがい搾取になっているところがどうしてもある。
赤井　noteという媒体は初発として悪くはなかった。パッと読んでもらえたし耳目を引くこともできた。けれど、それが書き手にとって幸福だったかどうか、批評の初読者にとって読みやすかったかどうかも別だし、まだまだ検討の余地がある。
松田　SNSとの相性がいいというのは炎上リスクとも裏腹で、多少はその辺りを回避しながら原稿を進めたのですが、逆に言えば冒険的なことはできなかったと思います。歴史的に見ても論争が議論を活発化するところがあるはずなのですが。
赤井　とりわけ、いまは炎上リスクを出版社も書き手も考えるし、表現に自己規制がかかってしまう。ただ反省点は山ほどあるけれど、一度つくれたことは次に生かせるのではないかと思う。毛沢東風に言えば「泳ぎのなかで泳ぎをおぼえる」、やればわかるということです(笑)。

書籍化にあたって

浦田　では、最後に、連載から本としてまとめるにあたって、どのようなことを考えていますか。
赤井　書籍化にあたっては、「旅」というコンセプトでまとめてみました。旅行って個々人いろんな経験があって正解がないし、その経験はいわば自然に身体化されている。その旅行体験のようにそれぞれの書き手が自分の来歴を見せるという仕方で、読者に批評を紹介するのはどうだろうかという開き方を考えてみました。
松田　二〇人以上の寄稿者＝紀行者がいるからには、それぞれが示す批評の来歴＝旅路にバラエティがあるはずですよね。読者がそこから自分のノリに合う旅の仕方を見つけてもらって、軽い近郊旅行から始めてもいいし、いきなり自分の知らなかった世界に入り込んでしまうようなバックパッカー旅に出てもいい。
赤井　俺はもともとバックパッカーだったんだけど、世界一周の旅でも、西周りでいくか東周りでいくか、どのようなルートを辿るかに個性が出る。いわゆる遺跡マニアもいれば、アイランドホッパーもいる。地球をどう辿るかに正解はなく、旅の仕方にこそ面白い個性が出てくる。
松田　それで言うと、ぼくは旅よりも、引きこもってただ地図を見るのが好きですね。それは批評のマッピング好きにも通じている。旅行は、マップで入念に見てから行くか、バックパッカーのようにいきなり跳び込むか。
赤井　見るまえに跳ぶでしょ(笑)。
松田　そこは、僕らの違うところです。僕は跳ぶ前に一回見たい。状況を俯瞰して整理したいという抜き難い欲求がある。状況を正確に把握できないとなにもなし得ないし、最悪の場合、常に同じところを堂々巡りしているに過ぎない。「批評の座標」というタイトル案を提案する時に意識していたのは、こういう言葉です。「誰かのひいた座標の上にのっていてはだめなのです。そこから停滞か、あのくりかえしが生れるのです」（江藤淳「埴谷雄高への手紙」）。僕は反復になったら意味ないと思うから、自分の仕事としても意識しているのは歴史的な整理や総括です。

　たとえば、「政治と文学」という問題設定や「父」「母」という隠喩で社会情勢と作品分析を等号で結ぶ議論が今さらまた流行っているわけですが、それは一九七〇年代に切断されたものが反復・回帰している。これは以前に、赤井さんにも手伝ってもらった企画で明らかにした（特集「『政治と文学』再考――七〇年代の分水嶺」『国文論叢』二〇二二）。そんな現状へのカウンターをわざわざしているのは、反復を自覚しないと、過去の問題の周辺をずっとぐるぐる回っているだけになりかねないからです。

浦田　序文にも反映されている通り、「旅」の捉え方には異なる性格が反映されている二人ですが、いずれにせよ編者二人の趣味と実益がちょうど合流したのが「旅」だったということですね。

松田　特に、批評ジャンルの多様化や書き手のヴァリエーションをパッと可視化できるのがこれかなと思いました。この本自体をどこから見てもいい「旅行カタログ」的につくっている。『近代日本の批評』や『現代日本の批評』が歴史（タテ）だとすれば、僕らは空間（ヨコ）ですね。この先行する二つの批評企画は時代錯誤的に装われた「教養主義」であって、その裏面にはじつは『別冊　宝島』のシリーズとか色んな書き手をポップに紹介するものが沢山あった。批評企画ということで、前の二つと比べられるかもしれないけど、むしろこっちのノリを反映させた面もある。

なぜマップは必要か

赤井　シーンを可視化しつくり出すという意味でのマップはわかる。でも、マップはいつの間にか聖典化するんだよね。そこは僕は問題だと思う。

松田　もちろん。でも焼け跡状態ならば、こういう状況ですと可視化し示すのは今を生きる書き手としての責任の取り方じゃないでしょうか。そこは赤井さんと意見が違う。みんながバラバラのゲームをやるだけがいいとは僕はまったく思わない。この本も「こんな風にマップとかつくって」みたいな形で馬鹿にされることから始まるべきで、それによってなにか現在の状況や暗黙の前提が可視化されればいい。色んな雑誌の年表とかも、基本、おかしくない？ってところから言及が始まりますよね。

浦田　ツッコミ待ちってことですよね。

松田　そうそう。たとえば、何度も参照軸になっている『近代日本の批評』の言及対象もまったく自明ではない。戸坂潤とか中井正一とか当時はなかなか参照されにくくなっていただろう書き手も入っていたし。

赤井　そうだね、それは彼らのでっちあげ。

松田　自分たちの状況をうまく説明するためにでっちあげた。しかし、でっちあげたことも含めて、ある種の現状に対する責任の取り方だし、後世から見れば歴史的な価値を持つポイントではあると思う。

赤井　確かに。僕が日本語ラップ批評をしていて思ったことは、一ヶ月に何曲出るんだという、無数に作品がある状況で、商品の渦にバーッと巻き込まれていくなかで、「これはいい」「これはよくない」というレベルの議論とともに、「これはこういう文脈のなかにある」と作品ひとつひとつに凹凸をつけるということが必要な批評的営為なんだろうなと。

松田　それがないのは、創作者にも不幸な状態であると思います。たとえば、僕は中上健次という作家の研究をしていますが、彼は批評家に伴走されなかったら、あれだけの作品力とプレゼンスを発揮しなかったことは断言できる。

　中上は徹底して私小説作家だったと思います。が、批評がその作品に日本の近代史や天皇制の問題や小説技術論を上乗せして魅力を増幅してくれた。作家自身もその言説空間を最初からアテにして書いている。柄谷と中上がペアで語られる所以です。それは中村光夫と三島由紀夫、江藤淳と大江健三郎の関係でもそう。

一方、寄って立つ足場がないことは批評家にとっても不幸で、参照するものがないと批評が単なる好悪の判断になってしまう。たとえば、江藤が論じた漱石を吉本が論じ直し、柄谷がそれをまたひっくり返すとか。そういう参照関係がなくなると、単なる好悪やレビューにしかなり得ない。事実、そうなりつつありますが。その時、嘘でも責任を取る人は必要じゃないかなと思う。

浦田　好悪の話で終わってしまう理由として、今はファンダムを形成して受け取る層が分断されていることもあると思います。普段批評を読まない読者であれば、その言及が単に作品にケチをつけているとみなされることもある。好悪やレビューを超えたものとして存在していた、批評の面白さってなんでしょうか。

松田　少し角度を変えてみると、批評ではなく、「考察」は最近流行っていますよね。「ワンピース」の謎を読み解くとか。しかし、それはコンテンツ内で言葉が閉塞していて、端的

に言うと他者性がない。伏線をどこまで精緻に読み解くかだけに論じる側の力は傾けられているし、受け手もそこから出ようとしていない。
　対照的に、批評はむしろ言葉に宿される他者性が重要。大澤聡さんが「批評の二重（多重）底構造」と『批評メディア論』（二〇一五）で名付けていますが、簡単に言えば批評文に埋め込まれたコンスタティブ（事実確認的）な議論の裏にはパフォーマティブ（行為遂行的）な言説が隠されている。つまり、批評のなかである作家を評価することは、同時にその批評の書き手のポジションや問題意識に結びついている。「考察」を読むとコンテンツをより楽しく豊かにしてくれて「スッキリ」という感じかもしれませんが、批評を読む時にはコンテンツ外の、他者性を宿したその文脈が理解できないと読めないところが抜きがたくある。「批評がわかりません」っていう悩みは多くのところがここに起因している。
　ただし、今はパフォーマティブな面まで追ってくれる読者を前提に書くことは難しくなっている。単に貶していると見なされる危険性は常にある。だから、先に述べた文体の再発明というのは、「背景を勉強しろ！」といった「教養主義」的な臭みを抜いた上で、作品に対する判断とそれを取り囲む自分の問題意識の提示や文脈づくりを、一つの文章の内で並行して行わなければならないということ。

赤井　なるほど。確かに、そのパフォーマティブな側面は「批評的文脈」＝「マップ」によって楽しめるようになるのかもしれないね。
　でも、整理しとくと、地図制作者と伴走者もまた違う役割を持っている。前者は、浅田彰もそうだし、それ以前には磯田光一とか平野謙とか、状況を整理して当時の文化や創作物がどんな問題設定で動いているかの交通整理をする役割。
　他方で後者、伴走者としての批評は、マップの外側に対する感度がないと不可能だと思うんだよね。つまり価値を決めてくれる相場をアテにすることができない地点にある作品に、どれだけ言葉を届かすことができるかという……そこにマップ化される以前の批評の冒険があるわけでさ。
前者は勉強になるけど、俺は後者のルーズな方が断然好きだね。たとえば『ジャズ宣言』（一九六九）の平岡正明、『'89』（一九九〇）の橋本治、『制服少女たちの選択』（一九九四）の宮台真司、『ケータイ小説的。』（二〇〇八）の速水健朗とか。批評対象に関する評価が固まる前の、それを語るための言葉が乏しい対象に取り組むときが一番危うくて魅力的。
　それで言うと、この企画についてもそうで、さっき話したように今は踏まえるべき議論の前提が共有できない。であれば、厚顔無恥であろうとなんだろうと、自分たちでイチからつくるしかないだろう、と思ってやった。

浦田　東浩紀さんのゲンロンの活動と同じように、こういう時代になってみれば、書き手に声をかけたり、企画を動かしたりすることも含めて批評活動であるということですね。

旅としての読書

浦田　書籍化にあたって、新たに付したのが「序文」「クエストマップ」「ブックリスト」「編集後記」です。「ブックリスト」については、どうでしょうか。

赤井　ここにも、ジャンルの多様性を評価したいというコンセプトが反映されている。

松田　つまり、文芸批評、音楽批評とジャンルごとに閉じているように思われているが、実際には閉じてないよと示したかった。

赤井　たとえば、磯田光一の『思想としての東京』（一九七八）はジャンル的には文芸批評だけど、空間論的にも文化史的にも展開しうるよね、とか。あくまでも「このように読める、展開していく可能性がある」というのをタグで示している。

松田　それで言うと、このリストをつくっていて感じたのは、花田清輝・橋本治・絓秀実の三者のすばらしさですね。彼らが最もタグ付けが多い。つまり色んなジャンルに展開可能性のある書き方をしている。いま彼らにそれぞれ再評価の機運がきているのも、十分頷かれる。

赤井　『革命的な、あまりに革命的な』は二〇一八年に文庫化されて我々の世代から下の世代まで大きな影響を及ぼしたわけだけど、そこでも一九六八年という学生運動が最高潮に盛り上がった時代の姿を、詩、小説、美術、映画などの領域を横断して論じている。

松田　というよりむしろ、絓にしても橋本にしても、そういうメインとサブの混在、ジャンル的な混淆性こそが、彼らの体験した学生運動の文化的氾濫の時代だったんだよね。まさに六八年とは「文化革命」である、と。そもそも何度も言及してきた小泉義之自身がその時代の活動家であり、六八年自体がいわば元祖〈思想零年〉だった。

　タグの面から言えば、花田・橋本・絓を高く評価するこのリストは、さまざまな文化が領域ごとに収まることなく連動して氾濫へと向かった六八年の連続性の下にいるという自覚を打ち出している。それをまた文芸批評や音楽批評など、それぞれのジャンルごとに限定してしまうのは嘘だし、それこそ反動じゃないかと思う。

赤井　このリストは、本書の「旅」というコンセプトにも対応させています。難易度によって分けた「まずはここから日帰り観光名所」とは、国内旅行くらい。浅草寺や日光東照宮、通天閣みたいな「ベタベタだけど一回は行っておきたい」的な観光地。「一度は行きたい長期旅行定番スポット」は、海外旅行で行くようなエッフェル塔やタージマハル、サグラダファミリア、アンコールワットってところかな。

松田　国内の観光地よりは少しハードルが高いけど、ここも一回行ってみたいよね、と話題に上るようなところ。前者がライト層向けの入門的な本だとしたら、後者はもう少ししっかり読み込みたい人向け。

赤井　そして、最期に「危険な匂いのストリート　裏路地」。これは繁華街の裏通りとかの危険な香りがするところという意味で、幻惑されてほしいテキストを選んだ（笑）。ああだこうだ言いながらこのリストを読んでほしいし、あれが入ってない、これが入ってないと思ったら、ブログなどで自分なりのブックリストをつくって公開してほしい。

浦田　今おっしゃっていただいた難易度別の三つのゾーンがあって、それぞれ一五のタグが割り当てられています。その箇所に、五冊ずつ選んでいただいたので、全部で二二五冊ですね。ジャンルも特徴的で、たとえば「自伝・紀行」という書き物のタグがありますね。

松田　これは赤井さんがとくに入れたいと言っていた項目ですね。

赤井　じつは批評の伝統のなかには「自伝・紀行」がずっとあった。中村光夫の『戦争まで』（一九四二）、加藤周一の『羊の歌』（一九六八）、小田実の『何でも見てやろう』（一九六一）、橋本治の『ぼくたちの近代史』（一九八八）とかね。外国の経験や自分の生い立ちを批評家が語るのは伝統芸能のようにあって、すごく好きなのよね。そういう語りが意味を持つものとしてあり得た。つまり、自分の生き様を語ることを通して、ある時代や社会の断面を描くような文芸がある。批評ってまだピンとこないなぁって人はここから読んでみてもいいかも。

松田　自分の人生を語りながら社会について考える、ということですね。

赤井　江藤淳の『アメリカと私』（一九六五）とかね。アメリカのプリンストン大学に着任した江藤は、妻の入院騒動を通して米国社会における「適者生存」の厳しさを肌で感じる。雨宮処凛も当時の「若者の貧困」をテーマに取材をして雇用問題に関してノンフィクション、つまりルポ的な仕方で問題提起をする。近年で面白かったのは、ブックリストには入れられなかったけど、千葉雅也の『アメリカ紀行』（二〇一九）。自伝や紀行って、批評文の読み物としての面白さを反映しているものだと思う。

浦田　一方で、「ライティング」という枠は松田さんが入れたいと思ったタグですね。

松田　これには、二つ理由があります。一つは、先にも述べたように、批評を創作と結びつけたいからです。この本の企画しかり、今の批評は議論の中で議論をしているというか、コンテクストありきで論を展開しているような空中戦の印象があって、やはりどこかで創作の足場を持たないといけない。だから、三島や谷崎の『文章読本』のような作家による文章論を、創作の場と結びついた新たな批評のあり方を導くものとして捉え直してみたかった。

　もう一つの理由として、今の批評がどこに次代の読者を獲得する可能性を持っているかというと、それは創作者だと思います。批評賞は消えたけど、詩や小説の新人賞の投稿数は反比例するかのように増えている。このことの意味を批評プロパーの人間は、誰もちゃんと考えていない。

　別の観点から言えば、今の書き手では千葉雅也や福尾匠や山本浩貴（いぬのせなか座）は、批評プロパーとは違った新しい読者層を開拓している。彼らは批評と創作をある程度シームレスに結びつけているからこそ、制作の場でもしばしば参照されるような発想と文体を獲得している。そういう風に、かつての批評も創作者の側から読み直され、リサイクルされるといいなと思っています。井口時男や斎藤美奈子などの文章論を選びましたけど、それらのテキストは今書こうと思っている人に役立つヒントばかりじゃないかなと。

　ちなみに、今僕が教えている創作科の前任者は清水良典で、彼から仕事のバトンを引き継いだのですが、おそらく彼はそういう風に一種の創作として批評を考えていたと思っています。

赤井　最後まで小説に付き合った人だね。柄谷とか東が哲学に行き、絓や福田和也が政治や歴史に行っちゃうのとは逆に。

松田　そうですね。まさに『皆殺し文芸批評』（一九九八）という本では柄谷、東、絓などに混ざって登壇し、みんな哲学か政治の話に収束するのだけど、彼は富岡多恵子や古井由吉など現代作家の話に終始している。文芸批評がどこまで行っても文章の芸であることに付き合い続けたと思うんです。そのことを引き受けたいし、今こそ色んな人にその意味が届くんじゃないかなと思っています。

赤井　あと、アカデミックな成果も入れているのが、今風なのかなと思う。良くも悪くも、そこの分け隔てがなくなっている。この企画を進める中で、「結局、批評ってよくわからなくて難しく感じてしまう」って言われたんですが、批評ってもっと身軽だし横にずれていくことの肯定だと思うので、楽しんでできることが伝わればいいと思います。

浦田　網羅することを意識せず、それこそ旅行のように、自分の興味関心の赴くままにリストを見ていってほしいですね。

松田　「クエストマップ」という形で寄稿者＝紀行者の面々がどんな本を読んできたかの来歴も本書には収録されているので、こちらに挙げられている本やテーマ設定と合わせて読んでもらいたいです。

批評はこれからどうなる？

浦田　最後にざっくりとした質問ですが、批評は今後どうなっていくと思いますか？

赤井　僕は「批評はこれからどうあるべきか」をあまり考えたことがないんだけど……今ってむしろ「ポストクリティーク」とか、「批評の衰退」とか、批評は終わった的な話が多いよね。

松田　「終わる終わる詐欺」。いつまで経っても「終わるんだ」って言い続けることによって生きのびるという。

赤井　終わってんのは批評じゃなくてそれ言ってるやつだから（笑）。世界はすでに始まっているし、状況はつねに動いていて、たとえば、日本語

ラップも短歌も俳句も、今あらためて盛り上がりを見せている。批評家や学者がなにを言おうが、作家やアーティストは物をつくり続けているわけ。問題なのはこちらがそれを語る言葉を持っているかどうか。批評の言葉がないとは、「面白い」でも「かっこいい」でも「すごい」でもなんでもいいけど、感動したときにそれを具体的に語りうる言葉がないということ。僕自身、日本語ラップ批評に取り組んでるけど、最初はラップってどう論じればいいのって思ったし。

松田　「日本語ラップ批評」の方法論なんてものがなかった中で、自分なりにつくり出すしかなかったわけですよね。古き良き文芸批評が成り立たなくなったことを、「批評の終わり」と嘆くのは簡単だけど。日本語ラップの重要さを言語化したいけど、語る言葉や問題設定がない。だからこそ、政治の世界にフィールドを移し、平岡正明の音楽＝政治論へと迂回するという、無茶をやったわけだ。いわば、さっきのタグの展開可能性として示唆したものを、本当に現実化しちゃったみたいな（笑）。

赤井　そうそう。領域を横に越えるような展開。外山恒一が『全共闘以後』（二〇一八）で八〇年代の状況を整理する際に「政治・文化・思想」をそれぞれ運動すべき運動として捉えているわけだけど、これって当たり前のようでなかなか成立しづらい。今後、この三つの領域に干渉するような動き方が色んな方面で必要だと思うな。

松田　色んな方面というのは、たとえばどんな?

赤井　近年のフェミニズムやLGBTQの盛り上がりは、連動がある程度上手くいった結果とは言えると思うんだよね。たとえば、#Metoo運動やレインボープライドとかがあって、思想的にはジュディス・バトラーの人気やヴァージニア・ウルフの再評価、インターセクショナリティ論が盛んになった。一方、小説や映画で言えば、姫野カオルコ『彼女は頭が悪いから』(二〇一八)、『82年生まれ、キム・ジヨン』(二〇一八)、あるいは雨宮まみ原案の映画『ずっと独身でいるつもり?』(二〇二一)とかが注目されていたと思う。それと同時に、ZINEや同人誌等を含めたいわゆるアマチュアリズムによる文化的な創作活動も緩やかに連動しているように見えた。

浦田　日本ではアディーチェの『男も女もみんなフェミニストでなきゃ』(二〇一七)が大きな転回点だったように記憶しています。

くぼたのぞみさんや鴻巣友季子さんたち翻訳者の仕事を通じて、ブラック・フェミニズムを含む英米圏に繋がって、近年は黒人女性の体験を聴き取りした『塩を食う女たち』(二〇一八)などの藤本和子や森崎和江の本が立て続けに文庫化されています。斎藤真理子さん(『キム・ジヨン』翻訳者)の活躍を筆頭に、韓国文学の盛り上がりも続いていますね。

世界各国のフェミニズム・ムーヴメントと繋がることもあれば、日本のフェミニズム史をタテに掘るいわゆるリバイバルの動きもあり、さらにはフェミニズムからケアや黒人運動、反資本主義という思想の広がりもある。老若問わず読者がいるのもうまく繋がった要因だと思います。

その分、「女性」にどこまでこだわるのかという点で軋轢が出始めているのは、長濱よし野さんの論考にもありましたが。「性/ジェンダー」の大きな問いが中心にあるので、「政治・文化・思想」の繋がりが読者に見えやすいのかもしれません。

赤井　ここで我田引水すると(笑)、俺が日本語ラップを通して批評的な問題として提起できたことは、ひとつには「音楽(文化)」と「日本語(思想)」と「レペゼン(政治)」っていう三つの項を、「日本語ラップfeat.平岡正明」で繋げることができたということなんだと思う。

自分的には「六八年思想 Remix」ぐらいの気持ちでやった。自分で言うのもあれだけど、それ以降、音楽が思想的・政治的な側面から論じられることが期せずして増えたような感じもする。俺は批評ってやっぱり状況介入的な側面があると思うから——歴史的な射程のある骨太な仕事にも憧れるんだけど(笑)、批評的な「瞬発力」でもって「政治・文化・思想」をガッチャンコするような、横っ飛び的な知性があるものが、今後の批評としてもっと出てくるといいなと思う。

松田　折り目正しい「研究」では、それはほとんど不可能ですしね。よくて、最近の事象やポップカルチャーにも軽く触れましたみたいな研究者の「アウトリーチ活動」にしかならない。そういう一般に向けて平たく研究成果を公表する活動が盛んになっている分、批評には今そうしたアクチュアルな切断力がますます求められている。

浦田　一方で、批評は「瞬発力」によって、同時代的な状況に介入するものだけではないですよね。近代史を展望するような視野の大きな仕事もまた批評と呼ばれている気がします。

赤井　そうですね。今後の俺自身が目指したい仕事は、こちら。つまり、そうした状況介入性を持ちながらも、むしろ歴史観や世界観をつくり出すような「骨太」な批評。今の作品に対して、歴史的なパースペクティブを与える仕事。

音楽に関する言説の多くは、数百字のディスクレビューやインタビューがほとんどになっている。けど、いまの作品やアーティストに対して、その背後に広がる歴史的な展望を拓くごっつい仕事が、若い人たちからどんどん出るといいなと思っている（ブーメランだけど笑）。

松田　つまり、歴史的・空間的に大きな視野を提示してくれることで、普段の見えている景色を書き換える体験を提供してくれると。それによって創作も議論も活性化される。たとえば、赤井さんにとってそのような振る舞い方をした書き手が、平岡正明だったわけですね。

赤井　そういうこと。俺にとっては、たとえば森秀人が言うように「ジャズ・スタイルで革命論文を書く」ような平岡正明の六〇年代の文章が一番フィールしたわけ。平岡の文を読んで、世界の見え方が一気に変わるような体験があった。

　ついでに言えば、その体験をもとに今の社会について書くときには、平岡正明の文体をすげえ分析してサンプリングした。一文目はどうする、語尾はどうする、命令形はどこで使う、主語はなにでいく、誰をどう叩くとか。

　まさに「形から入る」だけど、形をバカにしてはいけなくて、形それ自体が自身の依拠する歴史性や目指すべき目的を表していたりする。思想的な問題設定としても、平岡のジャズ論や谷川雁のアジテーション論を引き継ぐ形で日本語ラップを論じたわけだけど、それは彼らの議論が現代にも届くぐらいの歴史的な射程が長い「骨太」な論を展開していたということだと思う。

松田　僕が批評を好きなのも、こうした現在に厚みを持たせる部分ですね。状況介入のために、歴史的にあえて迂回をする。その迂回によって、今とは異なる景色を開示する。たとえば、中村光夫の『風俗小説論』（一九五〇）や平野謙の『文学・昭和十年前後』（一九七二）。彼らは同時代の文学のあり方を批判するために、歴史を遡って問題を検証してゆく。そこでは「骨太」な歴史の遡行と「瞬発力」のある状況介入性がセット。

　もっと情況論に引きつけて言えば、吉本隆明の『共同幻想論』（一九六〇）。今から見れば「トンデモ本」の類ですが、同時代の天皇制打倒を旗印にした運動に棹差すためにあえて日本神話に遡行する。その厚みをもった状況介入であることで、読者の視界をハックして革命のリアリティを担保するとともに、南島やアイヌといった政治問題にまで議論と運動を拡大していく。

赤井　読むことがなければ書くことはない。批評家はつねに「歴史主義」に立つ必要はないが、やはりどこかにそうした「歴史」への視線を含んでいなければいけない。

松田　それは「教養」のような難しい知性としてある必要はなくね。赤井浩太は日本語ラップの現状を論じるために平岡正明に遡ったかもしれないけれど、今はそう歴史を振り返る仕草は自明ではない。その時にヒントになればいいと思ってこの企画ではあえて後退戦をやった。繰り返しになりますが、これは整理が目的ではなく、ここからなにか書き物が生まれるのが大事だと思います。

赤井　それを地図好きの君の口から聞けるとは（笑）。

松田　やっぱりなにかを書きたい、創作したい欲求って面白いし、それを尊重することからしか批評は始まらないと思う。しかし、一方で創作礼賛、なんでもいいから書いたもん勝ち、という文フリ市場のような昨今の風潮にも抑制的でなければならない。批評は、創作を活性化し、また同時に抑圧を与えるものでなければいけない。

　たとえば、日本語で書く意味を問うこと。先に述べた通り、ある種のグローバル化の恩恵としていきなり普遍的な命題に直面できるかのように思われているが、「政治的正しさ」「ポリティカル・コレクトネス」という言葉にせよ、そう訳された瞬間、あるいは訳されないでカタカナ語に留められた瞬間、どういう意味が発生するのか。その日本語の非透明性を考えるところから書くことへの問いが始まる。それは日本語で思想や議論がなされてきた歴史を考え直すことに必然的に行き着くはず。

赤井　真面目なインテリですな（笑）。俺はぶっちゃけそこまで考えて批評に入ったわけじゃなかった。まず体が動いた。バックパッカーとして世界を旅して、そこで見た世界があまりにも日本とは違いすぎた。その時、この世界ってなんなんだろう？っていう疑問に応えるような言葉が欲しかった。それで思想や政治や文学とか、色んな本を乱読するようになって、なぜか批評家になった。

　俺がデビューした時、神戸で会った松田は山ほど本を読んでるわりに、でも今の世界にほとんど興味を持たないで、クソつまんなそうな顔をしてたわけだけど……。

浦田　え、今からだとあんまり想像つかないんですが、そんなつまんなそうな感じだったんですか？

松田　やめて、最近やっと楽しくなってきたのに……（笑）。

　たぶん批評を読んできた経験と、それを今の社会でどうアウトプットしていいのかが、当時はわからなかったんだと思う。それは今の学生でも、テキストだけ読んで考えていると、往々にして起きることなんじゃないのかな。赤井浩太と出会ってそういう批評の使い方があったんだとびっくりした。この企画を人文書院にいきなり持っていくとかの、「まず体が動いた」言動もだけど。

　最初に会った時に話したのは、秋山駿や谷川雁のこと。しかし、それを通じて見てる世界は全然違った。赤井さんは我々の世代で非常に盛り上がっていたSEALDsの運動とかを念頭に置いて話していたけど、僕の興味はたんに彼らの文章だけにあった。秋山の主語の出し方とか、谷川の比喩の使い方とか。僕にとって批評家は、ロジックだけでは展開しえない領域まで議論を掘り進め、そのためにねじくれた面白い文章を書けるか否かだった。

　その観点で、今あまり読まれませんが、井口時男も山城むつみも加藤典洋も面白かった。しかし最近になって、そのようにテキストに死蔵されている文章技術が今の世界を語る上でも有効なんだと、気づいて楽しくなってきた。

赤井　うむ。

　ところで、この本をこの座談会から読んでいるそこの君。この本を舐めるようにして読めとは言わんが、しかしこの本に収められた論考やブックガイドは、その数だけある旅の足跡なのであって、批評を歩いたという記録と記憶なわけだよ。なにか一つでいい。面白いと思った本やテーマが見つかったなら、自分の足で歩きたまえ。

　具体的には本屋さんか図書館に行きたまえ。デケえ本棚の前に立って、そこに並ぶ背表紙をジッと見て回り、本と目が合ったら迷わず掴むのだよ。それが新しい世界への鍵だから。俺が言えることなんてそれぐらいだ。

松田　誰やねん（笑）。つまり、この本は丁寧に勉強しようと読むのではなくて、自分にひっかかる単語や文献、あるいは問題設定から読み始めてほしいです。批評家たちの色んな手札や論のヴァリエーション、すなわち「この世界の歩き方」を見て、今の社会の新しい論じ方や遊び方を開発して欲しいですね。

BOOK LIST
ブックリスト

批評の旅は、どこからでも、誰からでも。あるいは、それを自由に繋ぎ合わせても。

批評に様々な広がりとレイヤーがあることを可視化するため、あえて日本語の文献に限定したブックガイド。

#文学

まずはここから日帰り観光名所

- **柄谷行人『終焉をめぐって』** 1990
  #政治・社会 #哲学・思想 #論争
- **寺山修司『戦後詩』** 1965
  #政治・社会 #サブカル・文化史
  #演劇・舞台
- **前田愛『文学テクスト入門』** 1988
  #身体・精神分析 #空間・建築
  #ライティング
- **瀬戸夏子**
  『現実のクリストファー・ロビン』 2019
  #政治・社会 #身体・精神分析
  #自伝・紀行 #ライティング
- **笠井潔『物語のウロボロス』** 1988
  #哲学・思想 #サブカル・文化史
  #美術・ファッション

一度は行きたい長期旅行定番スポット

- **柄谷行人**
  『日本近代文学の起源』 1980
  #政治・社会 #哲学・思想
  #美術・ファッション
- **江藤淳『成熟と喪失』** 1967
  #政治・社会 #哲学・思想
  #サブカル・文化史 #空間・建築
  #紀行・自伝
- **大岡信『蕩児の家系』** 1969
  #サブカル・文化史 #人類学・民俗学
- **橋川文三**
  『日本浪曼派批判序説』 1960
  #政治・社会 #哲学・思想
  #人類学・民俗学
- **中村光夫『風俗小説論』** 1950
  #政治・社会 #論争
  #サブカル・文化史

危険な匂いのストリート裏路地

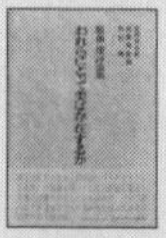

- **谷川雁『原点が存在する』** 1958
  #政治・社会 #哲学・思想
  #人類学・民俗学
- **秋山駿『内部の人間の犯罪』** 1967
  #政治・社会 #哲学・思想
  #身体・精神分析 #空間・建築
- **服部達**
  『われらにとって美は存在するか』 1956
  #政治・社会 #哲学・思想
  #サブカル・文化史 #音楽
- **小谷真理『女性状無意識』** 1994
  #政治・社会 #サブカル・文化史
  #映画・写真・ラジオ #身体・精神分析
- **入沢康夫**
  『詩の構造についての覚え書』 1968
  #哲学・思想 #サブカル・文化史
  #ライティング

#哲学・思想

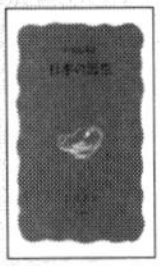

・**丸山眞男『日本の思想』**1961
#文学　#政治・社会　#論争
・**東浩紀**
『動物化するポストモダン』2001
#政治・社会　#サブカル・文化史
#マンガ・アニメ
・**落合陽一『魔法の世紀』**2015
#政治・社会　#サブカル・文化史
#美術・ファッション
#映画・写真・ラジオ
・**浅田彰『構造と力』**1983
#政治・社会　#サブカル・文化史
#身体・精神分析
・**大澤真幸**
『虚構の時代の果て』1996
#文学　#政治・社会
#サブカル・文化史　#身体・精神分析

・**中江兆民『三酔人経綸問答』**1887
#文学　#政治・社会　#論争
・**東浩紀『存在論的、郵便的』**1998
#文学　#政治・社会　#論争
#身体・精神分析
・**柄谷行人『探究I』**1986
#文学　#政治・社会　#論争
#身体・精神分析　#ライティング
・**西田幾多郎『善の研究』**1911
#政治・社会　#身体・精神分析
#人類学・民俗学
・**戸坂潤**
『日本イデオロギー論』1935
#文学　#政治・社会　#論争

・**福田和也『奇妙な廃墟』**1990
#文学　#政治・社会
#論争　#サブカル・文化史
・**澁澤龍彦『サド復活』**1959
#文学　#サブカル・文化史
#身体・精神分析
・**竹内好『日本とアジア』**1993
#文学　#政治・社会
#論争　#自伝・紀行
・**保田與重郎『近代の終焉』**1941
#文学　#政治・社会　#論争
#美術・ファッション
・**田中美津**
『いのちの女たちへ』1972
#文学　#政治・社会　#論争
#身体・精神分析　#自伝・紀行
#ライティング

#政治・社会

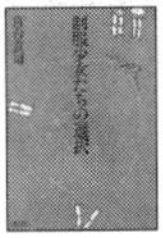

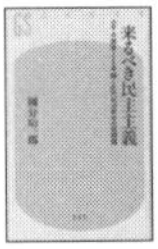

・**福沢諭吉『文明論之概略』**1875
#哲学・思想　#論争
・**村上泰亮・公文俊平・佐藤誠三郎**
『文明としてのイエ社会』1979
#哲学・思想　#論争
#サブカル・文化史　#空間・建築
・**宮台真司**
『制服少女たちの選択』1994
#哲学・思想　#論争
#サブカル・文化史
#身体・精神分析　#空間・建築
#自伝・紀行
・**高坂正堯『国際政治』**1966
#哲学・思想　#人類学・民俗学
・**國分功一郎**
『来るべき民主主義』2013
#哲学・思想　#論争
#空間・建築　#自伝・紀行

・**絓秀実**
『革命的な、あまりに革命的な』2003
#文学　#哲学・思想　#論争
#サブカル・文化史　#美術・ファッション
#映画・写真・ラジオ
・**上野千鶴子**
『近代家族の成立と終焉』1994
#文学　#哲学・思想
#身体・精神分析　#人類学・民俗学
・**野呂栄太郎**
『日本資本主義発達史』1930
#哲学・思想　#論争　#人類学・民俗学
・**森崎和江『第三の性』**1965
#文学　#哲学・思想
#身体・精神分析　#自伝・紀行
・**丸山眞男**
『現代政治の思想と行動』1956
#哲学・思想 #論争

・**竹内洋『革新幻想の戦後史』**2011
#哲学・思想　#サブカル・文化史
#自伝・紀行
・**外山恒一『全共闘以後』**2018
#哲学・思想　#論争
#サブカル・文化史　#自伝・紀行
・**加納実紀代**
『女たちの〈銃後〉』1987
#文学　#哲学・思想
#論争　#自伝・紀行
・**橋本治**
『江戸にフランス革命を!』1989
#文学　#哲学・思想
#サブカル・文化史　#美術・ファッション
#演劇・舞台　#空間・建築
・**酒井隆史『通天閣』**2011
#哲学・思想　#サブカル・文化史
#空間・建築

#サブカル・文化史

・**金井美恵子**
『夜になっても遊びつづけろ』1974
#文学　#マンガ・アニメ
#映画・写真・ラジオ　#ライティング

・**岡田斗司夫『オタク学入門』**1996
#マンガ・アニメ　#映画・写真・ラジオ

・**中島梓『文学の輪郭』**1978
#文学　#マンガ・アニメ
#映画・写真・ラジオ　#演劇・舞台

・**宮台真司ほか**
『サブカルチャー神話解体』1993
#哲学・思想　#マンガ・アニメ
#映画・写真・ラジオ　#身体・精神分析

・**宮沢章夫**
『NHK　ニッポン戦後サブカルチャー史』
2014
#文学　#政治・社会　#マンガ・アニメ
#映画・写真・ラジオ　#空間・建築

・**鶴見俊輔**
『戦後日本の大衆文化史』1984
#政治・社会　#哲学・思想　#音楽
#マンガ・アニメ　#演劇・舞台

・**大塚英志**
『「彼女たち」の連合赤軍』1996
#文学　#政治・社会　#マンガ・アニメ
#身体・精神分析

・**種村季弘『魔術的リアリズム』**1988
#文学　#哲学・思想
#美術・ファッション　#身体・精神分析

・**澁澤龍彦**
『悪魔のいる文学史』1972
#文学　#哲学・思想
#美術・ファッション　#身体・精神分析

・**高山宏『近代文化史入門』**2007
#文学　#哲学・思想
#美術・ファッション　#空間・建築

・**嶽本野ばら『それいぬ』**2001
#文学　#哲学・思想　#マンガ・アニメ
#自伝・紀行

・**小林よしのり**
『ゴーマニズム宣言』1993
#文学　#政治・社会　#哲学・思想
#論争　#マンガ・アニメ

・**速水健朗『ケータイ小説的。』**2008
#文学　#政治・社会　#マンガ・アニメ
#音楽　#空間・建築

・**坪内祐三『ストリートワイズ』**1997
#文学　#政治・社会
#哲学・思想　#空間・建築
#自伝・紀行　#ライティング

・**荒俣宏『パラノイア創造史』**1985
#文学　#哲学・思想
#美術・ファッション　#身体・精神分析

#論争

・**福田和也『作家の値打ち』**2000
#文学　#サブカル・文化史
#ライティング

・**絓秀実**
『小ブル急進主義批評宣言』1998
#文学　#政治・社会
#サブカル・文化史

・**上野千鶴子・小倉千加子・富岡多恵子**
『男流文学論』1992
#文学　#政治・社会　#哲学・思想
#身体・精神分析

・**臼井吉見ほか**
『戦後文学論争』1972
#文学　#政治・社会　#哲学・思想
#サブカル・文化史

・**吉本隆明『「反核」異論』**1982
#文学　#政治・社会
#サブカル・文化史

・**中野重治**
『藝術に関する走り書的覚え書』1929
#文学　#政治・社会
#美術・ファッション

・**加藤典洋『戦後的思考』**1999
#文学　#政治・社会　#哲学・思想

・**『近代の超克』**1942
#文学　#政治・社会　#哲学・思想
#美術・ファッション
#映画・写真・ラジオ

・**花田清輝『復興期の精神』**1946
#文学　#政治・社会　#哲学・思想
#サブカル・文化史　#美術・ファッション
#映画・写真・ラジオ　#身体・精神分析
#人類学・民俗学

・**吉本隆明・武井昭夫**
『文学者の戦争責任』1956
#文学　#政治・社会　#哲学・思想

・**仲正昌樹**
『ポスト・モダンの左旋回』2002
#文学　#政治・社会
#哲学・思想

・**柄谷行人・絓秀実ほか**
『皆殺し文芸批評』1998
#文学　#政治・社会　#哲学・思想
#サブカル・文化史　#ライティング

・**巽孝之『日本 SF 論争史』**2000
#文学　#哲学・思想
#サブカル・文化史　#身体・精神分析

・**小谷野敦『現代文学論争』**2010
#文学　#政治・社会
#哲学・思想

・**谷川雁・吉本隆明ほか**
『民主主義の神話』1960
#文学　#政治・社会　#哲学・思想

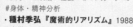

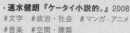

#音楽

・**輪島裕介**
『創られた「日本の心」神話』2010
#政治・社会　#サブカル・文化史
#演劇・舞台
・**浅田彰『ヘルメスの音楽』**1985
#哲学・思想　#サブカル・文化史
#美術・ファッション
・**大和田俊之**
『アメリカ音楽史』2011
#政治・社会　#哲学・思想
#サブカル・文化史　#演劇・舞台
#空間・建築
・**佐々木敦『ニッポンの音楽』**2014
#文学　#哲学・思想　#サブカル・文化史
・**菊地成孔・大谷能生**
『東京大学のアルバート・アイラー』
2005
#政治・社会　#サブカル・文化史

・**佐藤良明**
『ラバーソウルの弾みかた』1989
#文学　#政治・社会　#サブカル・文化史
・**小泉文夫『日本の音』**1977
#哲学・思想　#演劇・舞台
#人類学・民俗学
・**小林秀雄**
『モオツァルト・無常という事』1961
#文学　#哲学・思想
#美術・ファッション
・**細川周平**
『近代日本の音楽百年』2020
#政治・社会　#サブカル・文化史
#映画・写真・ラジオ
・**毛利嘉孝**
『ポピュラー音楽と資本主義』2007
#政治・社会　#哲学・思想
#サブカル・文化史　#空間・建築

・**平岡正明『ジャズ宣言』**1969
#政治・社会　#哲学・思想　#論争
#サブカル・文化史
・**市田良彦『ランシエール』**2007
#政治・社会　#哲学・思想
#身体・精神分析
・**北村昌士**
『キング・クリムゾン』1981
#政治・社会　#哲学・思想
#サブカル・文化史　#美術・ファッション
・**椹木野衣**
『シミュレーショニズム』1991
#政治・社会　#哲学・思想
#サブカル・文化史　#美術・ファッション
・**片山杜秀『音盤考現学』**2008
#政治・社会　#哲学・思想
#サブカル・文化史

#マンガ・アニメ

・**大塚英志『アトムの命題』**2003
#文学　#政治・社会　#哲学・思想
#サブカル・文化史
#映画・写真・ラジオ
・**斎藤美奈子『紅一点論』**1998
#文学　#政治・社会
#サブカル・文化史　#身体・精神分析
・**宇野常寛**
『ゼロ年代の想像力』2008
#文学　#政治・社会　#論争
#サブカル・文化史　#空間・建築
・**四方田犬彦『「かわいい」論』**2006
#政治・社会　#サブカル・文化史
#美術・ファッション
・**夏目房之介**
『マンガはなぜ面白いのか』1997
#サブカル・文化史　#身体・精神分析
#ライティング

・**石岡良治**
『視覚文化「超」講義』2014
#政治・社会　#哲学・思想
#サブカル・文化史　#映画・写真・ラジオ
・**伊藤剛『テヅカ・イズ・デッド』**2005
#哲学・思想　#サブカル・文化史
#論争　#映画・写真・ラジオ
・**斎藤環**
『戦闘美少女の精神分析』2000
#哲学・思想　#サブカル・文化史
#美術・ファッション　#身体・精神分析
・**四方田犬彦『漫画原論』**1994
#文学　#政治・社会　#サブカル・文化史
#映画・写真・ラジオ
・**細馬宏通**
『ミッキーはなぜ口笛を吹くのか』2013
#サブカル・文化史　#音楽
#映画・写真・ラジオ

・**呉智英『現代マンガの全体像』**1986
#文学　#政治・社会
#哲学・思想　#サブカル・文化史
・**東浩紀『郵便的不安たち』**1999
#文学　#哲学・思想　#サブカル・文化史
#美術・ファッション　#身体・精神分析
・**小泉義之**
『あたかも壊れた世界』2019
#文学　#政治・社会　#哲学・思想
#映画・写真・ラジオ　#身体・精神分析
・**中島梓『美少年学入門』**1984
#文学　#サブカル・文化史
#映画・写真・ラジオ　#身体・精神分析
#ライティング
・**押井守・笠井潔**
『創造元年 1968』2016
#哲学・思想　#政治・社会
#サブカル・文化史　#自伝・紀行

#映画・写真・ラジオ

- **加藤幹郎**
『「ブレードランナー」論序説』2004
#サブカル・文化史　#マンガ・アニメ
- **蓮實重彥**
『監督　小津安二郎』1983
#文学　#政治・社会　#哲学・思想
#サブカル・文化史

- **四方田犬彦**
『ブルース・リー』2005
#政治・社会　#身体・精神分析
#サブカル・文化史
- **多木浩二『天皇の肖像』**1988
#政治・社会　#美術・ファッション
#身体・精神分析　#空間・建築

- **北村紗衣**
『お砂糖とスパイスと爆発的な何か』2019
#文学　#政治・社会
#サブカル・文化史　#演劇・舞台

#美術・ファッション

- **鷲田清一『ちぐはぐな身体』**1995
#政治・社会　#哲学・思想
#身体・精神分析
- **北澤憲昭『眼の神殿』**1989
#政治・社会　#サブカル・文化史
#空間・建築

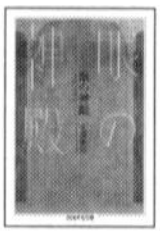

- **蘆田裕史『言葉と衣服』**2021
#文学　#哲学・思想　#ライティング
- **若桑みどり『イメージを読む』**1993
#サブカル・文化史　#空間・建築
- **山本浩貴『現代美術史』**2019
#政治・社会　#サブカル・文化史

- **佐藤卓己『八月十五日の神話』**2005
#政治・社会　#サブカル・文化史
- **蓮實重彥**
『ハリウッド映画史講義』1993
#文学　#政治・社会　#哲学・思想

- **上野昂志『黄昏映画館』**2022
#政治・社会　#自伝・紀行
- **津村喬『横議横行論』**2016
#文学　#政治・社会　#哲学・思想
#サブカル・文化史
- **坪井秀人『声の祝祭』**1997
#文学　#政治・社会
#サブカル・文化史　#演劇・舞台

- **平芳裕子『まなざしの装置』**2018
#政治・社会　#サブカル・文化史
#映画・写真・ラジオ　#身体・精神分析
#空間・建築
- **岡崎乾二郎**
『ルネサンス　経験の条件』2001
#哲学・思想　#空間・建築

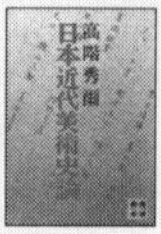

- **高階秀爾『日本近代美術史論』**1972
#政治・社会　#サブカル・文化史
- **椹木野衣『日本・現代・美術』**1998
#政治・社会　#哲学・思想
#サブカル・文化史　#音楽
#演劇・舞台

- **中井正一『美学入門』**1951
#政治・社会　#哲学・思想
#映画・写真・ラジオ

- **松田政男『風景の死滅』**1971
#政治・社会　#哲学・思想
#サブカル・文化史　#演劇・舞台
#空間・建築
- **中平卓馬『なぜ、植物図鑑か』**1973
#政治・社会　#音楽　#演劇・舞台
#自伝・紀行　#ライティング

- **大月隆寛『無法松の影』**1995
#文学　#政治・社会
#サブカル・文化史　#人類学・民俗学
- **植草甚一**
『映画だけしか頭になかった』1973
#サブカル・文化史　#自伝・紀行

- **伊藤俊治『ジオラマ論』**1986
#政治・社会　#サブカル・文化史
#美術・ファッション　#空間・建築
#人類学・民俗学

- **宮川淳**
『鏡・空間・イマージュ』1967
#文学　#哲学・思想　#論争
#空間・建築
- **花田清輝**
『アヴァンギャルド芸術』1954
#文学　#政治・社会　#論争
#サブカル・文化史　#映画・写真・ラジオ

- **石子順造『俗悪の思想』**1971
#サブカル・文化史　#マンガ・アニメ
#映画・写真・ラジオ
- **小野原教子『闘う衣服』**2011
#文学　#政治・社会
#サブカル・文化史　#マンガ・アニメ
#映画・写真・ラジオ　#身体・精神分析

- **小田原のどか**
『近代を彫刻／超克する』2021
#文学　#政治・社会　#空間・建築

#演劇・舞台

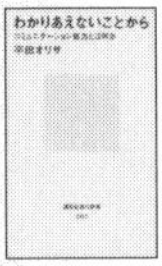

・三浦雅士『バレエ入門』2000
#政治・社会　#哲学・思想
#身体・精神分析　#美術・ファッション

・山崎正和『演技する精神』1983
#哲学・思想　#美術・ファッション
#身体・精神分析

・西堂行人
『日本演劇思想史講義』2020
#政治・社会　#サブカル・文化史
#身体・精神分析　#人類学・民俗学

・平田オリザ
『わかりあえないことから』2012
#哲学・思想　#身体・精神分析
#自伝・紀行　#ライティング

・扇田昭彦『日本の現代演劇』1995
#政治・社会　#サブカル・文化史

・福田恆存
『人間・この劇的なるもの』1956
#文学　#政治・社会　#哲学・思想

・折口信夫『日本藝能史六講』1944
#文学　#政治・社会
#サブカル・文化史　#人類学・民俗学

・戸板康二『歌舞伎への招待』1950
#文学　#サブカル・文化史
#空間・建築

・鈴木忠志『演劇とは何か』1988
#哲学・思想　#身体・精神分析
#自伝・紀行

・黒ダライ児
『肉体のアナーキズム』2010
#政治・社会　#サブカル・文化史
#美術・ファッション　#身体・精神分析

・寺山修司『迷路と死海』1976
#文学　#政治・社会　#サブカル・文化史
#身体・精神分析　#空間・建築

・別役実『言葉への戦術』1972
#文学　#政治・社会　#哲学・思想
#サブカル・文化史
#映画・写真・ラジオ
#身体・精神分析　#空間・建築

・菅孝行『戦後演劇』1981
#文学　#哲学・思想　#政治・社会
#空間・建築

・國吉和子
『夢の衣裳・記憶の壺』2002
#哲学・思想　#サブカル・文化史
#身体・精神分析

・鈴木晶『バレエの魔力』2000
#文学　#政治・社会　#哲学・思想
#サブカル・文化史　#身体・精神分析

#身体・精神分析

・市川浩『〈身〉の構造』1984
#哲学・思想　#空間・建築
#人類学・民俗学

・河合隼雄『昔話の深層』1977
#文学　#サブカル・文化史
#人類学・民俗学

・伊藤亜紗『記憶する体』2019
#哲学・思想　#空間・建築
#自伝・紀行

・斎藤環
『母は娘の人生を支配する』2008
#文学　#哲学・思想
#サブカル・文化史　#マンガ・アニメ

・東畑開人『居るのはつらいよ』2019
#哲学・思想　#空間・建築
#自伝・紀行　#ライティング

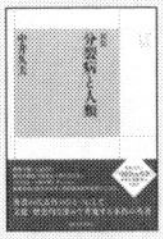

・中井久夫『分裂病と人類』1982
#哲学・思想　#サブカル・文化史
#人類学・民俗学

・竹村和子『愛について』2002
#文学　#政治・社会
#哲学・思想　#ライティング

・木村敏『自己・あいだ・時間』1981
#哲学・思想　#空間・思想

・三浦雅士『身体の零度』1994
#文学　#政治・社会
#哲学・思想　#演劇・舞台

・三島由紀夫『太陽と鉄』1968
#文学　#政治・社会
#サブカル・文化史　#演劇・舞台
#自伝・紀行　#ライティング

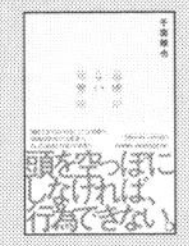

・唐十郎『特権的肉体論』1970
#文学　#政治・社会
#サブカル・文化史　#演劇・舞台
#人類学・民俗学

・松浦寿輝『口唇論』1985
#文学　#哲学・思想
#美術・ファッション　#ライティング

・千葉雅也『意味がない無意味』2018
#文学　#政治・社会　#哲学・思想
#サブカル・文化史
#美術・ファッション　#演劇・舞台
#空間・建築　#ライティング

・多木浩二『スポーツを考える』1995
#政治・社会　#哲学・思想
#映画・写真・ラジオ

・村山敏勝
『(見えない) 欲望へ向けて』2005
#文学　#哲学・思想　#政治・社会

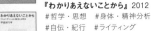

#自伝・紀行

#空間・建築

まずはここから　日帰り観光名所

・**江藤淳『アメリカと私』**1965
#文学　#政治・社会　#空間・建築

・**西部邁『六〇年安保』**1986
#政治・社会　#演劇・舞台

・**雨宮処凛『生きさせろ!』**2007
#政治・社会　#サブカル・文化史
#空間・建築

・**橋本治『ぼくたちの近代史』**1988
#文学　#政治・社会
#サブカル・文化史
#芸術・ファッション　#マンガ・アニメ
#身体・精神分析　#ライティング

・**雨宮まみ『女子をこじらせて』**2011
#サブカル・文化史　#身体・精神分析
#ライティング

・**赤瀬川原平『路上観察学入門』**1986
#政治・社会　#サブカル・文化史
#美術・ファッション　#自伝・紀行
#ライティング

・**中沢新一『アースダイバー』**2005
#哲学・思想　#サブカル・文化史
#人類学・民俗学　#自伝・紀行

・**濱野智史**
『アーキテクチャの生態系』2008
#政治・社会　#哲学・思想
#サブカル・文化史

・**五十嵐太郎**
『新宗教と巨大建築』2001
#哲学・思想　#政治・社会
#サブカル・文化史

・**猪瀬直樹『ミカドの肖像』**1986
#文学　#政治・社会
#サブカル・文化史　#自伝・紀行

一度は行きたい　長期旅行定番スポット

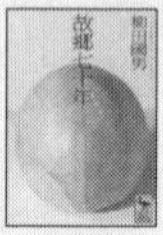

・**柳田國男『故郷七十年』**1959
#文学　#政治・社会
#サブカル・文化史　#空間・建築
#人類学・民俗学

・**中村光夫『戦争まで』**1942
#文学　#政治・社会　#哲学・思想
#美術・ファッション　#空間・建築

・**加藤周一『羊の歌』**1968
#文学　#政治・社会
#ライティング

・**竹内好『方法としてのアジア』**1978
#文学　#政治・社会　#哲学・思想

・**瀬戸内寂聴・瀬戸内晴美**
『わが性と生』1990
#文学　#サブカル・文化史
#身体・精神分析　#ライティング

・**鈴木健**
『なめらかな社会とその敵』2013
#哲学・思想　#政治・社会

・**磯崎新『空間へ』**1971
#哲学・思想　#政治・社会
#サブカル・文化史

・**今和次郎『大東京案内』**1922
#政治・社会　#サブカル・文化史
#美術・ファッション　#自伝・紀行

・**松浦寿輝『エッフェル塔試論』**1995
#文学　#哲学・思想
#サブカル・文化史
#映画・写真・ラジオ

・**吉見俊哉**
『都市のドラマトゥルギー』1987
#政治・社会　#サブカル・文化史
#演劇・舞台

危険な匂いのストリート　裏路地

・**きだみのる（山田吉彦）**
『モロッコ』1951
#文学　#政治・社会
#サブカル・文化史

・**小田実『何でも見てやろう』**1961
#文学　#政治・社会　#哲学・思想
#サブカル・文化史

#美術・ファッション　#ライティング

・**竹中労『琉球共和国』**1972
#文学　#政治・社会　#哲学・思想
#音楽　#映画・写真・ラジオ
#人類学・民俗学

・**沢木耕太郎『深夜特急』**1986～
#文学　#政治・社会
#サブカル・文化史　#ライティング

・**たかのてるこ**
『ガンジス河でバタフライ』2000
#文学　#サブカル・文化史

・**北田暁大『広告都市・東京』**2002
#政治・社会　#サブカル・文化史
#マンガ・アニメ　#映画・写真・ラジオ

・**前田愛**
『都市空間のなかの文学』1982
#文学　#政治・社会
#映画・写真・ラジオ　#身体・精神分析

・**磯田光一**
『思想としての東京』1978
#文学　#政治・社会
#哲学・思想　#音楽

・**高山宏『目の中の劇場』**1985
#文学　#サブカル・文化史
#美術・ファッション　#演劇・舞台

・**西川祐子**
『住まいと家族をめぐる物語』2004
#文学　#政治・社会
#サブカル・文化史　#マンガ・アニメ

#人類学・民俗学

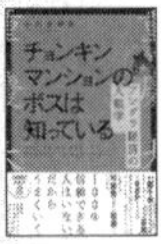

・**山口昌男『文化と両義性』**1975
#政治・社会　#哲学・思想
#身体・精神分析　#演劇・舞台

・**宮本常一**
『忘れられた日本人』1960
#文学　#サブカル・文化史　#演劇・舞台
#自伝・紀行　#ライティング

・**赤坂憲雄『性食考』**2017
#文学　#哲学・思想　#サブカル・文化史
#マンガ・アニメ　#身体・精神分析

・**小川さやか**
『チョンキンマンションの
ボスは知っている』2019
#政治・社会　#サブカル・文化史
#空間・建築　#自伝・紀行

・**岡本太郎『日本の伝統』**1956
#論争　#サブカル・文化史
#美術・ファッション　#自伝・紀行

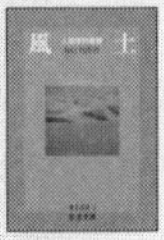

・**網野善彦『無縁・公界・楽』**1978
#政治・社会　#サブカル・文化史
#身体・精神分析　#演劇・舞台
#空間・建築

・**柳田國男『先祖の話』**1946
#文学　#政治・社会　#哲学・思想
#空間・建築　#自伝・紀行
#ライティング

・**保田與重郎『日本の橋』**1936
#文学　#哲学・思想
#美術・ファッション　#空間・建築

・**梅棹忠夫『文明の生態史観』**1967
#政治・社会　#哲学・思想
#サブカル・文化史　#自伝・紀行

・**和辻哲郎『風土』**1935
#哲学・思想　#サブカル・文化史
#空間・建築　#自伝・紀行

・**馬場あき子『鬼の研究』**1971
#文学　#政治・社会
#サブカル・文化史

・**谷川健一『魔の系譜』**1971
#政治・社会　#サブカル・文化史
#演劇・舞台

・**松永伍一『底辺の美学』**1966
#文学　#政治・社会　#哲学・思想
#サブカル・文化史　#自伝・紀行

・**中沢新一**
『チベットのモーツァルト』1983
#政治・社会　#哲学・思想
#サブカル・文化史
#身体・精神分析　#演劇・舞台

・**折口信夫**
『古代研究I　民俗学篇1』1929
#文学　#政治・社会　#哲学・思想
#サブカル・文化史　#演劇・舞台

#ライティング

・**清水良典**
『書きたいのに書けない人のための
文章教室』2014
#文学　#自伝・紀行

・**柴田元幸『翻訳教室』**2006
#文学　#サブカル・文化史　#音楽

・**千葉雅也ほか**
『ライティングの哲学』2021
#文学　#哲学・思想　#自伝・紀行

・**蓮實重彥**
『言葉はどこからやってくるのか』1968
#文学　#政治・社会　#哲学・思想
#映画・写真・ラジオ　#自伝・紀行

・**鶴見俊輔『文章心得帖』**1980
#文学　#政治・社会　#哲学・思想

・**福田恆存『私の国語教室』**1960
#文学　#政治・社会
#論争　#演劇・舞台

・**三島由紀夫『文章読本』**1959
#文学　#演劇・舞台

・**保坂和志**
『書きあぐねている人のための小説入門』
2003
#文学　#哲学・思想
#サブカル・文化史　#自伝・紀行

・**谷崎潤一郎『文章読本』**1934
#文学　#身体・精神分析

・**斎藤美奈子**
『文章読本さん江』2002
#文学　#政治・社会
#サブカル・文化史　#身体・精神分析

・**井口時男『悪文の初志』**1993
#文学　#政治・社会　#哲学・思想
#論争　#身体・精神分析

・**山城むつみ**
『文学のプログラム』1995
#文学　#政治・社会　#哲学・思想
#論争

・**多和田葉子**
『エクソフォニー』2003
#文学　#政治・社会
#空間・建築　#自伝・紀行

・**大塚英志『物語の体操』**2000
#文学　#サブカル・文化史
#マンガ・アニメ　#人類学・民俗学

・**筒井康隆**
『創作の極意と掟』2014
#文学　#論争　#サブカル・文化史

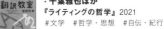

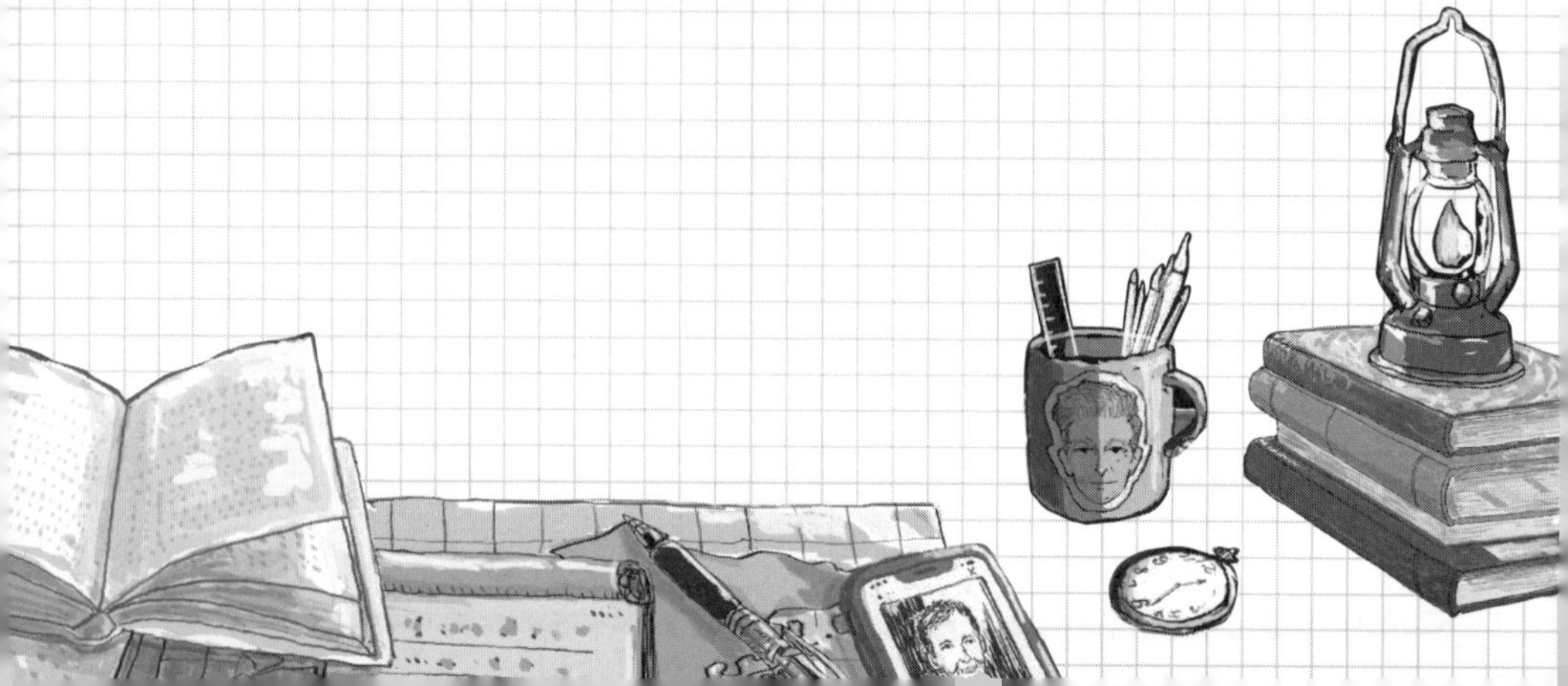

永山則夫：無知の涙

木橋

井口時男

悪文の初志

中上健次

十九歳の地図

秋山駿

内部の人間の犯罪

松田政男

風景の死滅

M.フーコー

ピエール・リヴィエール

磯部涼

令和元年のテロリズム

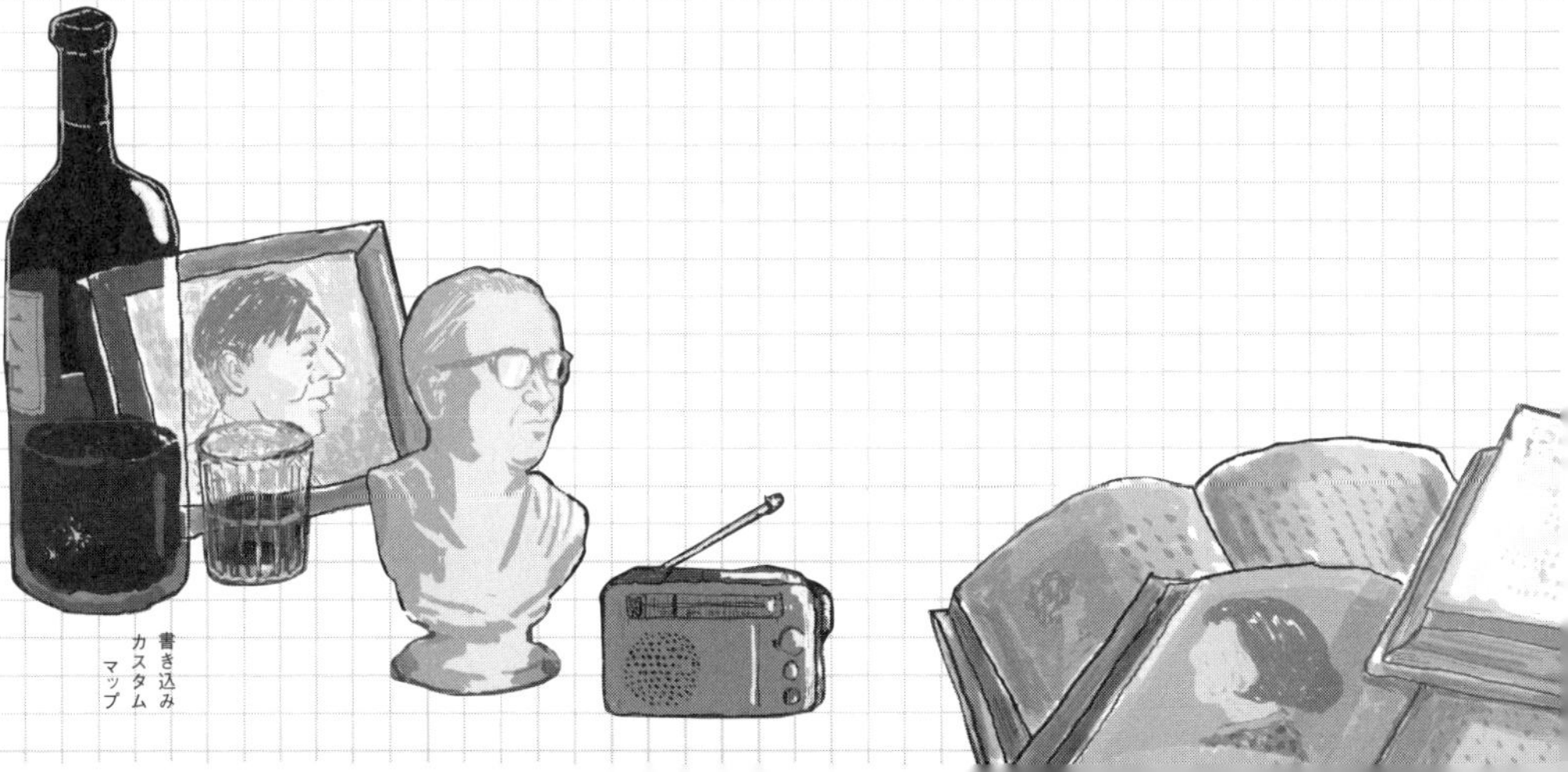

書き込みカスタムマップ

編集後記

松田樹

「ぼくは時代の感性を信じている」と、若き浅田彰は『構造と力』の冒頭に書いた。「批評の座標」を立ち上げ、本書をまとめ直す過程で、繰り返し思い出していた言葉だ。本企画では批評の現在の形を事前にモデリングするのではなく、執筆者の論考を通じて結果的に浮かび上がらせる形を取った。つまり、「時代の感性」に委ねた。異論も反論もあろうが、まずは今の姿を可視化しなければ何も始まらない。二〇二〇年代の批評がこのような形で存在していること、その姿が感じ取れるものになっていればいい。

「共感」の時代、「当事者」の時代。批評の不要が叫ばれる時代とは、「言論ではなく共感」を求める時代である（速水健朗「なぜ批評は嫌われるのか――「一億総評論家」の先に生じた事態とは」二〇二二）。「ここ数年とみに加速している文学の当事者主義化、アイデンティティ・ポリティクス化、「情動先行の言論空間」の下で「批評が忌避されている」」（大澤聡「文芸評論」『文藝年鑑二〇二四』）。差別当事者ではない者は語るな、創作者以外は口を出すな、「それってあなたの「感想」ですよね……」。だから、当事者ではないのに無駄口ばかりを叩く批評家は、出る幕がないとされる。本書に収められた新人の論考は、そのような時代の条件下にあって、別の仕方での語り口を模索する試みであったことは、ささやかにであれ強調しておきたい。

「当事者の時代」（上野千鶴子）に、批評の役割は部族主義化した議論にしなやかさを取り戻すものでなければならない。例えば、「**序文**」にも引用した通り、「動くゲイとレズビアンの会（OCCUR）」の集会に登壇した浅田彰は、そこに集まった聴衆を前に、「彼」という三人称の淡々とした語りの距離を導入する。その場に没入した当事者には書けないこともある。むしろ被害者意識を前面に出した語りの、学級会的白々しさ。かつて文学や批評が可能にしていたのは、当事者と非当事者を短絡的に分断しないこと、メタ視点の虚構を迂回することでのみ到達できる語り口を開発することではなかったか（だから『構造と力』の有名なもう一つのフレーズが、「ノリつつシラけつつ」なのだ）。

当事者でなければ、しかし同時に自分の問題を突き放さなければ、書けない。**時代の感性を信じながら、だが同時にどこかシラケていること。**つねにシラケている私が、このような本をノリで書いてしまったのは、共同作業を行なった赤井浩太と編集者の浦田千紘さんのおかげである。また、企画を始める前にも、始めてからの一年間のうちにも、さまざまに助言を下さった、数多くの批評家たちにも感謝を申し上げたい。その討論の数々がなければ、本書はなかったと断言できる。

とりわけ、特権的な謝辞は「中上健次と批評の歴史」で卒論を書いた際、縁もゆかりもない私に突然連絡を下さった絓秀実さんに。あの一報がなければ、こうして批評の本を書くなど思ってもみなかった。一介の学部生に何度も丁寧なお手紙を下さった絓さんは、多くの書き手が証言する通り、優秀な編集者だったのだろうと思う（ちなみに、その絓さんが批評を書くきっかけが中上健次であった）。『絓秀実コレクション』（二〇二三）の「あとがき」にてフライング気味に告知をされてしまったが、卒論からずっと追いかけてきたテーマは、現在書籍化に向けて少しずつ準備中である。

中上健次もまた差別の当事者でありながら、それを「私」の告白という形で語ることは絶えてなかった。中上が初めて自身の出自に触れた時、その告白は「彼」と三人称の下に語られた（野間宏・安岡章太郎・中上健次「「差別」鼎談――狭山裁判を基軸として」）。**そのようなねじくれた語りでしか語れないものがあるからこそ、文学が必要なのだ。**マイノリティ問題に政治課題が収斂してゆく六八年から書き始めた中上健次とその周囲の批評家たちは、政治運動とは別の語り口を開発しようとしていたのだと思う。次の本は、文学と政治が、批評と運動が、いかにして結びつき、また分断されてしまったのかを中上を通じて辿るものになるはずである（その手がかりの一端は「変態へと変態せよ――熊野大学の浅田彰」『新潮』二〇二四年一月号にて示した）。

本書は、現在から目を背けるものではない。むしろ後ろ向きに前に進むために作った。

赤井浩太

二〇二三年四月、人文書院のnote連載企画として始まった「批評の座標」は、本書『批評の歩き方』として結実しました。本企画の運営と本書の制作にあたっては、本当に多くの方々にご協力いただきました。「批評の座標」寄稿者の皆様。二〇二三年一〇月より「しんじんの選書」フェアを開催していただいた本屋B&B様。そして本書のデザインや制作をご担当いただいた太田陽博様と宮越里子様。また、本書の推薦文を執筆していただいた小泉義之様と荘子it様。そのほかにもさまざまな方にご助力いただきました。本書の責任編集者として心より深く感謝申し上げます。本当にありがとうございました。

二〇二二年三月、私は人文書院宛てに批評の新人発掘企画を提案しました。そのために企画書を作成し、編集補助班を組織し、寄稿者枠を二十名以上に設定しました。「オルガナイザー」としての批評家」とでも言えば聞こえは良いかもしれませんが、しかし実際に企画が走り出せば、私は関係者の間を右往左往するぐらいしかできないボンクラでした。しかしそうであるにもかかわらず、本企画は連載を無事に終え、書籍として刊行されました。それはひとえに本企画および本書に携わっていただいた皆様のお陰に他なりません。

本企画を立案するに至った動機は、私が二〇一九年にすばるクリティーク賞を受賞した頃まで遡ります。その当時の私は、とあるブログで次のように書きました。「俺の役割は、批評シーンに向けられた鉄砲玉、あるいは橋頭堡だ」と。私が自身を「橋頭堡」としたのは、当時の私の目には、自分の周囲にいる批評の若い才能たちが、未だ日の目を見る機会に恵まれていないように見えたからでした。そのために私は、たとえ傲慢であるとしても、商業出版の「批評シーン」に架かる橋に築かれた、前進のための小さな拠点になれたらと思ったのです。

そう思ってからさほどの年月も経たないうちに、二つの批評新人賞が休止になりました。当時は様々な人たちがSNSで色々なことを言っていましたが、私としては自分のやるべきことをやるだけだという気持ちでいたので、本当に「橋頭堡」になるべく、人文書院の皆様にご協力いただき、「批評の座標」と『批評の歩き方』を実現させました。したがって私にとって本書とは、批評の舞台に次の時代がなだれ込むための「橋」そのものなのです。そしてだからこそ、本書を通じて読者の皆様に若い才能の言葉が届くことを願っております。

最後に。本書の共同制作者である松田樹と浦田千紘さんには、様々な場面で支えていただきました。考えなしの見切り発車で動き出してしまった私が、本書の出版というゴールまで走り切れたのは、他ならぬお二人のお陰です。本当にありがとうございました。

浦田千紘（編集者）

二〇二二年、人文書院は創業一〇〇年を迎えた。ざっと歴史をたどれば、創立者は仏教徒であり、手がけたのは心霊治療の本だった。一九三〇年代に主な出版物は文芸に移り、岸田國士、保田與重郎、太宰治の名前が並ぶ。四〇年代終わりからはキルケゴールやヘッセ、さらにはサルトルとボーヴォワールの時代。ブルトン、生田耕作、澁澤龍彦やエリファス・レヴィの名前で社名を記憶してくれている読者も多いはず。

そんな人文書院がなぜ批評の本を、と思われる方もいるだろう。が、上記の多様な歴史の背後にはかならず紹介者・批評家の存在があり、『フリーターズフリー』という具体的な出版物を考えても、人文書院が一端を担ってきた文学や人文知の歴史は、批評に支えられていた。担当編集の枠内でいえば、本企画は『布団の中から蜂起せよ』（高島鈴）からの思いがけない縁で始まった。出版物によって「政治・文化・思想」を繋ぎ、社会をいかに想像するかという大きな問いに対するささやかだが多彩な答えになっていたらうれしい。

ご協力いただいた寄稿者陣にまず謝意を。ひとつひとつの言葉に注力する強靭さを、対象への複雑な愛を教えていただいた。なにより本書は、編者ふたりの異常な熱量がなければ生まれなかった。返信が遅れがちな編集者にこまめに連絡をとり、各寄稿者と綿密な打ち合わせをする一方で驚くほどの精度で原稿を進め、昼夜問わず、批評の新しいフィールドをめざして邁進してくれた。そしてふたりの時には無謀なほどの壮大なイメージを、太田さんがイラストに見事に落とし込んでくれ、宮越さんが美しいデザインにまとめあげてくれた。タイトルの英訳は、批評に明るい文学者トーマス・ブルックさんに相談し、これぞという訳をつけていただいた。そして簡潔で洗練された推薦文を寄せてくれた小泉義之先生、荘子itさま。無理難題をこなしてくれたみなさまに、あらためて感謝申し上げる。企画にあたって誘えなかった方、紹介しそびれた対象も脳裏をよぎる。本書が、これからは読者のみなさまと交感できるきっかけになることを願っている。

批評の歩き方
A Guide to Navigating Criticism

2024年11月30日　初版第一刷発行
2025年1月20日　初版第二刷発行

編　者　赤井浩太／松田樹
発行者　渡辺博史
発行所　人文書院
〒612-8447
京都府京都市伏見区竹田西内畑町9
電話　075-603-1344
振替　01000-8-1103

カバー・本文デザイン　宮越里子
カバーイラスト　太田陽博（GACCOH）
印刷・製本　モリモト印刷株式会社

乱丁・落丁本は送料小社負担にてお取替いたします。
https://www.jimbunshoin.co.jp/

JIMBUN SHOIN Printed in Japan
ISBN 978-4-409-04130-7 C0010